21世纪农业经济管理系列教材

农业企业管理学

Agribusiness Management

主　编　张利庠
副主编　陈卫平　郑　适

中国人民大学出版社
·北京·

作者简介

张利庠，中国人民大学农业与农村发展学院教授、博士生导师，曾任中国人民大学深圳研究院常务副院长、农业与农村发展学院党委书记兼副院长，兼任中国林牧渔业经济学会副会长、中国饲料工业协会副会长等职。主要研究领域为农业企业管理、畜牧经济、乡村振兴等。出版《管理经济学》《企业策划学》《中国饲料经济与管理研究》《中国乡村振兴理论与实施路径研究》《中国乡村振兴案例研究》《大赢家：中国饲料十大名牌企业案例研究》《大赢家Ⅱ：转型升级中的中国畜牧行业十大名牌案例研究》等学术专著和教材30余部，《中国农牧企业经营宝典》《王牌营销员强化培训全套课程》《如何打造中层干部的执行力》等培训DVD光盘10余部。作为首席专家主持国家社科基金重大课题、教育部哲学社会科学研究重大课题等科研课题多项，荣获中国人民大学十大教学标兵、全国十佳企业培训师等称号。

陈卫平，中国人民大学农业与农村发展学院教授、博士生导师，主要研究领域为涉农企业管理、农产品电商、可持续农业等。著（编）有《社区支持农业：理论与实践》《菜篮子革命：中国社区支持农业典型案例》《农业政策学》等学术专著和教材多部。

郑适，中国人民大学农业与农村发展学院副院长、教授，主要研究领域为农产品市场、产业组织、期货市场等。在国内外著名学术期刊上发表中英文学术论文数十篇，出版学术专著和译著多部。

内容简介

由中国人民大学张利庠教授担任主编、陈卫平教授和郑适教授担任副主编的《农业企业管理学》一书，是一部系统阐述农业企业管理学理论、实践与方法的教材。全书以习近平新时代中国特色社会主义思想为指导，在强调农业企业管理学基本原理和系统理论的基础上，全面总结新时代中国乡村振兴战略背景下农业企业管理的新理念和新实践，以构建新时代中国农业企业管理学的新体系和新框架。

本书强调，乡村振兴战略的提出、农业多功能化和三产融合的发展，以及各种新经营要素的聚集，使得农业企业管理学的教学和研究需要从传统的生产、需求、计划、组织、用人、控制等领域，更多地转向供应链、产业链、价值链，品牌化、智能化、金融化，以及环境与社会责任、风险控制和全社会协调发展等更广阔的领域。本书在内容上突出生态农业、循环农业、休闲农业、品牌农业、智慧农业等新理念，在形式上充分运用数据图表、经济模型、典型案例等丰富的元素，以帮助读者更好地理解相关理论，并增强教材的趣味性和实用性，启发读者的创新思维。

本书适合作为高校农业企业管理及相关课程教材，同时也是农业经济管理类干部和农业企业员工系统学习农业企业管理知识和理论的理想读物。

前　言

农业是支撑国民经济发展的基石，企业是构建国民经济体系的“因子”，管理学是农商管理、工商管理、管理科学与工程、公共管理等各专业学科的基础。农商有不同于工商的特质，时代需要真正的农商研究，世界呼唤真正的农商理论。本书在强调农业企业管理学系统理论的基础上，讲好中国故事，提炼中国模式，力争构建新时代中国农业企业管理学的新体系和新框架，这是中国农业从基于农业生产的传统农林经济管理向基于三产融合和生态文明的新农商管理发展的必然趋势。

农业企业作为现代农业的重要经营主体，经过市场经济“汪洋大海”的洗礼，逐步成为未来农业生产经营组织的主要形式。伴随着管理这门科学的不断形成和发展，农业企业管理理论与体系日益成熟和完善，对农业企业基本活动的指导作用愈发重要。农业企业管理（agribusiness management）的概念雏形是由美国哈佛大学的 J. H. 戴维斯（J. H. Davis）和 R. A. 戈德伯格（R. A. Goldberg）提出的。他们认为“agribusiness”包含农业生产资料的生产和销售，农场生产活动，农产品储藏、加工和配送及利用农产品进行后续生产的相关活动的总和。这一理论的产生是以 20 世纪 50 年代美国畜牧产业的加工、饲料和育种等企业向养殖业的纵向一体化延伸为背景，打破了传统农业经济学领域只关注农业内部的思维方式，开拓出一个从生产、加工、分销、零售到消费的全产业链视角，并随着农业产业化（agricultural industrialization）和农业企业的纵向合作战略（vertical coordination strategies）程度的加深而不断发展。直到今天，农业企业管理的概念可以被界定为在一定的社会制度下，农业企业为了达到经营目标，应用现代管理学理论、方法和工具，对企业经营要素进行优化配置，使企业在农业生产、交换、分配、消费等社会再生产过程中的各项经营活动顺利运行而开展的决策、计划、组织、指挥、控制和协调等管理工作的总称。具体来说，农业企业管理的对象是农业生产力，以及农业生产过程中产生的人与人、人与资源、资源与资源之间的关系。最终目的可以是从宏观角度上不断提高农业资源利用的生态效益、经济效益和社会效益，以满足社会日益增长的农产品需求和人类生活环境需求；也可以是从微观角度上实现农业企业健康有序可持续发展。

农业企业管理学作为高等院校农林经济管理专业一项重要的教学课程与研究方向，在“培养具有扎实的经济管理知识和较强的创新创业能力，能够在国内外农业企业、事业单位以及政府部门从事经济管理等相关工作的高级专门人才”的农林经济管理专业人才培养目标框架下，一方面从经济学视角出发，关注于理解制度、组织和市场如何影响农业企业间横向与纵向协调的关系，另一方面侧重于管理学层面的组织最优化决策问题，包括如何理解和支持农业企业的运转、财务及战略决策。因此，这是一门研究农业企业经营要素组合、经营过程协调和企业治理结构运行规律及应用方法的多学科交叉融合的学科，也是本专业学生培养农业企业综合管理思维和实战能力的关键课程，还是非经济管理类学生提升人文社科素养的重要课程。

就学科发展而言，国家乡村振兴战略的提出、农业多功能化和三产融合的发展以及金融、高科技、互联网、人工智能等新经营要素的聚集，使农业企业管理学的教学和研究需要从传统的生产、需求、计划、组织、用人和控制研究，更多地转向供应链、产业链、价值链、品牌化、智能化、金融化以及环境与社会的责任、风险控制和全社会协调发展等更广阔的领域。

农业企业管理课程的教学目标：一是使学生系统掌握现代农业企业管理的理论体系和工具方法，提高学生的管理理论水平；二是通过大量的案例教学和课程讨论将农业企业管理面临的主要问题进行场景化展示，分析和讨论各种对策方案，增加学生的“现场感”，提高学生将来解决问题的能力；三是借助农业企业管理方向的毕业实习和毕业论文（设计），力求学生能够将管理的理论知识与实践活动相结合，进一步增强学生的现代企业管理意识，不断提炼和升华学生的管理素养，以培养学生综合性的管理技能。

紧扣这些教学目标，本书力求体现以下五大特点：

第一，与时俱进，内容新颖。本书是作者在主持教育部哲学社会科学研究重大课题“乡村振兴战略实施路径研究”的基础上，在习近平新时代中国特色社会主义理论的指导下，全面总结新时代中国乡村振兴战略背景下农业企业管理的全新思维和火热实践的成果，具有极强的时代感。第二，延续经典，突出特色。本书在延续传统农业企业管理经典理论的基础上，吸收中国现代农业企业管理的最新实践和世界农业企业管理理论的创新成果，把经典理论系统化，突出中国特色模式。第三，问题导向，启发思考。本书重在调动学生的主动性和参与感。每一章节的写作体系条理清晰：首先是点明学习要点，并提出问题，强化学生的问题意识；然后围绕相关理论和鲜活案例展开介绍，引导学生运用理论框架解决实际问题；最后给出思考讨论题，充分调动学生的积极性对问题展开多角度的深刻思考，提炼优化解决方案。第四，系统学习，鼓励创新。本书力图使学生从生产运作、资源管理和运营管理等方面系统地学习农业企业管理知识。在内容上突出生态农业、循环农业、休闲农业、品牌农业、智慧农业等最新理念；在形式上充分运用数据图表、经济模型、典型案例，并适时穿插丰富的知识链接和思考题，增加学习的趣味性和实用性，启发学生的创新思维。第五，案例丰富，实战性强。新农商的最大特点就是理论联系实际，追求学以致用。为了加强学生的实战和解决问题的能力，在大量案例分析的基础上，本书提出真问题、运用实方法、总结多方案，让学生处在解决问题的教学环境中。

本书为农林经济管理专业本科生和农业管理专业硕士研究生的教材，也可作为农林经济管理学术硕士、博士研究生课程参考书，还可作为农业经济管理类干部和农业企业员工的理想培训教材。希望本书能对众多学习者增加和积累农业企业管理知识、启发企业管理思维、提升管理能力有所帮助。

本书是中国人民大学农业与农村发展学院农商管理教研室全体教师集体智慧的结晶，由张利庠教授主持设计并完成统稿。陈卫平教授、郑适教授参与了提纲的讨论。全书由12章构成，具体写作分工为：张利庠教授、宁兆硕、唐幸子编写了第一章，阮荣平副教授编写了第二章，张利庠教授、王艺诺、罗千峰编写了第三章，于亢亢副教授编写了第四章，陈卫平教授、许悦编写了第五章，于亢亢副教授编写了第六章，周云副教授编写了第七章，陈卫平教授、张扬编写了第八章，郑适教授编写了第九章，陈卫平教授、谭思编写了第十章，于亢亢副教授编写了第十一章，郑适教授编写了第十二章。

本书参考并汲取了兄弟院校近几年出版教材中的优秀成果，使之更加充分地反映农业企业管理学的最新进展和国内农业企业实践的最新变化。另外，出版社的编辑老师也对本书的审读定稿付出了辛苦努力，从而使本书能够更好地服务于专业人才的培养，也为其他希望更多、更全面系统地了解农业企业管理的人士提供了更好的渠道。在此一并表示感谢!

我国正处于传统农业向现代农业的转型升级过程中，农业经营主体企业化已成为主流趋势。国内农业企业管理学科适逢国家乡村振兴战略的重大发展机遇期，但也面临着众多理论和实践的难题，有待于在今后深入研究并加以解决、发展和完善。由于编者知识和水平有限，书中有不当甚至错误之处，恳请读者批评指正!

张利庠

2019年6月于中国人民大学明德主楼

目 录

第一章

导 论

【学习要点】

- 农业企业的界定与职能
- 农业企业的类型与特点
- 农业企业的经营形式
- 现代农业企业制度的构建

第一节 农业企业的界定与职能

一、农业及农业企业的界定

（一）农业及现代农业的概念

农业是指利用动植物的生长发育规律，通过人工培育来获得产品的产业；农业的劳动对象是有生命的动植物，获得的产品是动植物本身；农业属于第一产业，是提供支撑国民经济建设与发展的基础产业。随着时代的发展，农业的内涵不断拓展和深化，农业的外延不断延伸，农业已由动植物产品生产向微生物产品生产，由初级生物产品生产向精细食品、生化、医疗、能源等加工产品生产方面发展，农业与工业之间的界限渐趋模糊。近年来，世界各国在发展现代农业的过程中，更加注重生态环境的治理与保护，注重土地、肥料、水资源、农药和动力等生产资源投入的节约与资源利用的高效化。可见，现代农业是以生产、生态、生息为目标的可持续产业，具有以高素质农民和企业为经营主体、以科技为支撑、高生产率和高效益等特点。可以将现代农业界定为以营利性商品生产为目标、以现代化农业技术为基本手段、以公司化经营为形式的一种资本化的现代网络经济。

（二）农业企业的界定

企业是指从事生产、流通或服务等活动，为满足社会需求进行自主经营、自负盈亏，实行独立核算，具有法人资格的经济组织。在现代社会中，企业是社会的经济细胞和国民经济的基本单位，同时又是市场经济活动的主体。农业企业是指通过种植、养殖、采集、渔猎等生产经营而取得产品的营利性经济组织。农业企业有狭义与广义之分。狭义的农业企业仅指从事农作物栽培的企业。广义的农业企业是以“大企业”概念为基础的所有从事农业或涉农企业的总称，既包括以土地为投入要素直接从事农作物栽培业、林业、畜牧业、渔业和副业等生产经营活动的企业，也包括从事产前、产中、产后各环节的加工、服务等相关活动的农业企业。不同行业的农业企业生产经营或加工不同类型的农产品。在实际的经济活动中，一些大型的农业企业可能会生产经营畜牧、鱼类、蔬菜，从事多元化经营策略。

广义的农业企业按生产环节和经营活动的功能或性质又可分为以下几类：直接从事农作物栽培业、林业、畜牧业、渔业和副业等生产经营活动的企业；与农业产前服务相关的要素投入品公司，如种子公司、农资公司；以生产农业设施、设备和各种农机具为主要产品的乡镇农业制造企业；为农业生产过程提供服务的公司，如农机服务公司、植保公司、农业科技咨询公司；与农业产后服务相关的公司，如农产品储藏加工公司、农业销售合作公司、农业市场销售服务公司；生态与功能型农业企业，如生态农业园区、观光农业企业、休闲旅游等。现代农业企业包括与农业产前、产中、产后相关的所有企业，也可以称为涉农企业或者农业关联企业。凡是直接或者间接为农业生产服务的企业，都可被认为是农业企业。

二、农业企业的职能

农业企业的职能，是指农业企业在社会经济活动中所产生的功能，或发挥的作用。同其他类型的企业一样，农业企业既具有企业的一般职能，又具有农业企业的特殊职能。

（一）农业企业的一般职能

1. 组织生产力方面

根据市场需求，把握企业发展方向，调整生产结构，规划生产布局，制定各种劳动定额、技术定额及生产操作规程；依照农业生产过程中的季节性、顺序性等特点，配置和合理利用企业经营资源，如劳动力、土地、机器设备、物质资料等，生产适销对路的产品，以处理人和物的关系。

2. 调节生产关系方面

正确处理农业企业生产经营活动中所发生的人与人之间的关系，以调动人的积极性。它包括企业内部的产权关系、分配关系，所有者、经营者与劳动者之间的责、权、利关系；与企业外部的协作关系、契约合同关系、商品交换关系、债权与债务关系，以及与国家之间的经济关系等。

（二）农业企业的特殊职能

农业的特点决定了农业企业有别于其他类型的企业，具有特殊的职能。

1. 为社会提供基本的物质资料

一是生活食用品，如粮、棉、油、蔬菜、水果等直接食用的农副产品；二是生产加工用品，如各种可提供生产加工的农副产品等初级原料，这是其他企业所无法代替的职能。

2. 保护生态环境

作为以生物有机体为劳动对象的农业企业，不仅利用自然界生产各种产品，以满足社会物质需求，而且要依据系统内外环境的生态条件和经济条件，适时增加物质和能量的投入，实行集约化经营和科学化管理，不断改善农业生态环境，形成一个有利于农业生产稳定发展的生态基础和资源基础，使农业企业内部系统与外部系统协调统一。

3. 提高农民组织化程度

21 世纪，世界农业的发展趋势要求把分散的农业生产组织起来，走农业企业化经营的道路。我国改革开放以来的实践证明，解决小农户与大市场矛盾的一个有效途径，就是将农业家庭经营的市场交易整合到合作社的交易系统之中，通过合作社的公司企业（农业企业）把农民组织起来参与市场竞争；或者通过农业产业化经营形式，如以“公司＋基地＋农户、龙头企业＋农户”等形式组织农民进入市场；或者以各种形式的农业（科技）园区企业化经营将农民组织起来。只有高组织化的农民，才有高效率的农业生产力。

三、农业企业管理的内涵、职能及基本方法

（一）农业企业管理的内涵

企业管理是指在一定的生产方式和文化背景下，由管理机构按照客观规律的要求，对企业生产经营活动进行决策、计划、组织、指挥、控制和协调，充分合理开发和优化利用各种可以支配的资源，创造和增进社会福利并实现自身盈利的过程。企业生产经营活动的全过程主要包括对内部生产技术活动进行有效组织与管理，以及对充分利用外部市场机会和协调环境关系等活动进行有效分析和决策两个方面。通常前者被称为狭义的企业管理，后者被称为企业经营。“经营＋管理”构成了现代企业管理的全部内涵，也构成了广义企业经营管理的概念。

按照一般企业经营的概念，可以把农业企业管理定义为：农业企业为了及时有效地抓住和利用外部环境提供的机会，最大限度地发挥自身的比较优势，努力实现企业内部条件、经营目标与外部环境三者的动态平衡，进而实现企业的效益目标和发展目标，侧重于围绕协调和处理环境关系以及有关企业发展方向与战略决策等问题进行的一系列综合性管理活动。具体地，农业企业管理的内容涵盖许多方面，主要包括：

（1）合理确定农业企业的经营形式和管理体制，设置管理机构，配备管理人员。

（2）搞好市场调查，掌握经济信息，进行经营预测和经营决策，确定经营方针、经营目标和生产结构。

（3）编制经营计划，签订经济合同。

（4）建立、健全经济责任制和各种管理制度。

（5）搞好劳动力资源的利用和管理。

（6）加强土地与其他自然资源的开发、利用和管理。

（7）搞好机器设备管理、物资管理、生产管理、技术管理和质量管理。

（8）合理组织产品销售，搞好销售管理。

（9）加强财务管理和成本管理，处理好收益和利润的分配。

（10）全面分析评价农业企业生产经营的经济效益，开展企业经营诊断等。

（二）农业企业管理的职能

农业企业管理具有二重性，即生产力属性和生产关系属性。两者互相联系并寓于企业的生产、销售、分配等环节之中。社会主义制度下的农业企业是在服从国家计划和管理的前提下，具有相对独立性的商品生产者和经营者。为了寻求生产诸要素的最佳组合和获得经济效益、社会效益，农业企业在管理上需要执行下列职能：

（1）决策。根据正确的经济信息，对企业的经营目标以及达到目标所应采取的重大措施做出选择和决定。

（2）计划。对企业生产经营的规模、结构、布局和发展速度做出恰当的规定，对企业的产、供、销活动进行具体的安排。

（3）组织。建立合理的组织机构，选用合格的工作人员，健全各种经济责任制，以明确劳动、生产中的分工和协作，同时将生产经营活动中的各种要素全面加以组织，贯穿再生产过程的各个环节，促进合理的有机整体的形成。

（4）指挥。统一领导农业企业的生产经营活动，对企业的各种资源和生产要素进行合理调动和配置进而完成组织计划的任务。

（5）控制。充分运用经济核算等方式和途径，对企业的经营管理活动进行适时的检查、监督，以最少的投入和成本促进企业有效运转，并且遵循兼顾国家、企业和企业成员三者利益的原则，促进企业收入和盈利的合理分配，并及时纠正企业经营时出现的偏差。

（6）协调。解决企业生产经营活动中出现的矛盾和分歧，调节和处理各利益主体之间的相互关系，促进企业各环节相互配合、步调一致。

农业企业经营管理者在执行决策、计划、组织、指挥、控制和协调这些职能时，要促进思想政治工作与经济工作的协同配合，促进集中领导与民主管理相配合，综合运用物质奖励与精神鼓励等方式，维护企业的经济效益与社会效益相一致，推动企业向组织目标靠近。

（三）农业企业管理的基本方法

农业企业管理职能的实现需要借助一定的方法来完成，具体包括经济方法、行政方法、教育方法、法律方法等。

（1）经济方法。充分运用成本、利润等经济方式来调节企业的经营管理活动和经济关系结构，节约企业生产经营成本，提升企业的经济效益。

（2）行政方法。通过行政手段作用于行政指挥系统，对生产经营活动实行组织、领导、控制、监督等，进而实现企业组织目标和规划的任务。

（3）教育方法。充分运用启发、引导、宣传等方式提升企业经营管理水平，提高员工的生产积极性和经营效率，促进企业发展。

（4）法律方法。通过法律法规、规章制度来保障企业生产经营活动的正常进行，以维护企业和有关方面的合法权益。

随着农业现代化进程的快速推进，互联网技术取得了巨大进步，农业生产经营活动日趋智能化，农业企业管理也越来越多地运用数字化、模型化和最优化的科学方法来提升企业经营管理水平。

第二节 农业企业的类型与特点

一、农业企业的类型

农业企业可以按照不同的标准进行分类。

（一）按照资产的所有制分类（见图 1－1）

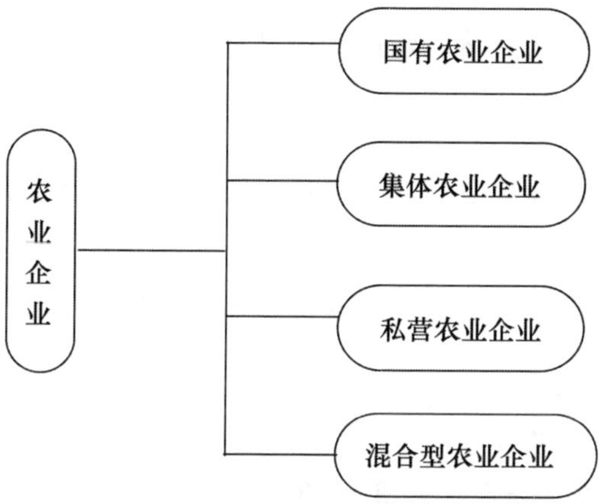

图 1－1 按照资产的所有制分类

1. 国有农业企业

国有农业企业是指农业范围内属国家全民所有制的农、林、牧、副、渔各行业企业，包括农垦系统的国有农场，农牧渔业系统实行企业管理的国有农牧渔业良种场、畜牧场、水产养殖场，林业系统的国有林场等。

2. 集体农业企业

集体农业企业是指由集体创办、集体控股，采用现代的管理模式进行经营的农业企业。

3. 私营农业企业

私营农业企业是指生产资料归私人所有，雇工 8 人以上的营利性的农业经济组织。

4. 混合型农业企业

这类农业企业是多种所有制参股的股份制企业。

（二）按照生产产品的对象分类（见图 1－2）

1. 种植业企业

种植业企业是指单纯从事农作物种植的农业企业。

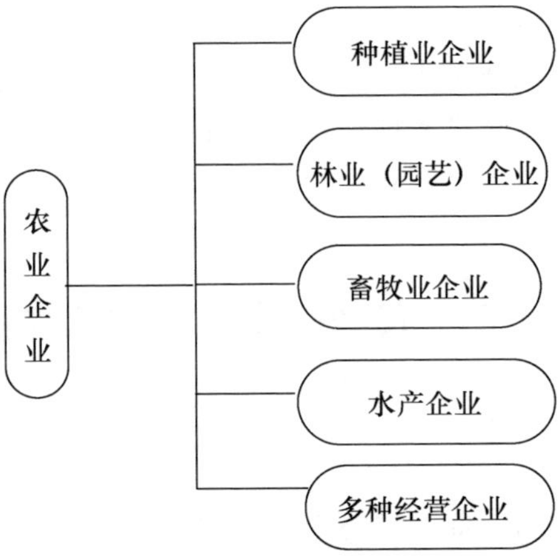

图 1-2　按照生产产品的对象分类

2. 林业（园艺）企业

林业（园艺）企业是指从事林木营造和园艺产品生产经营的实体，如园艺场、林场、茶园等。

3. 畜牧业企业

畜牧业企业是指从事动物养殖的生产经营实体，如养殖场、奶牛场、养鸡场等。

4. 水产企业

水产企业是指从事水产捕捞、养殖的生产经营实体，如渔业公司、水产养殖场等。

5. 多种经营企业

多种经营企业以一业为主，兼营其他农业项目，比如一个农业企业主要经营水果蔬菜，兼营休闲农业、采摘体验等。

（三）按照产业链的长短分类（见图 1-3）

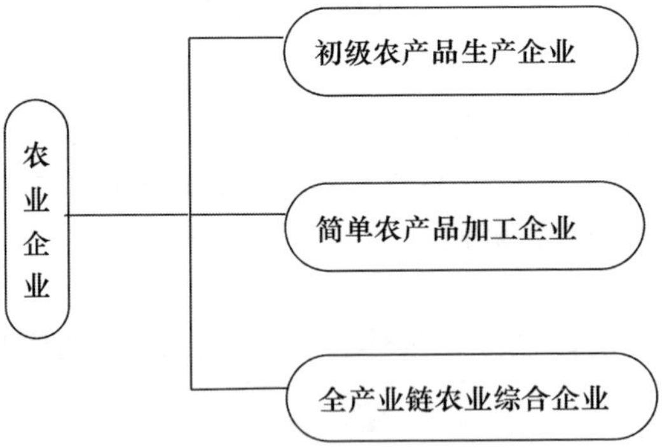

图 1-3　按照产业链的长短分类

1. 初级农产品生产企业

这类企业指专业生产初级农产品的企业。初级农产品是指种植业、畜牧业、渔业未经过加工的产品。

2. 简单农产品加工企业

这类企业主要从事农产品生产，但同时经营农产品初加工业务。农产品初加工是指对农产品一次性的不涉及农产品内在成分改变的加工，即对收获的各种农新产品（包括纺织纤维原料）进行去籽、净化、分类、晒干、剥皮、沤软或大批包装以供给初级市场的服务活动。

3. 全产业链农业综合企业

这类企业是集团型的农业企业，涵盖某类农产品的整个产业链。农产品产业链是指农产品从原料、加工、生产到销售等各个环节的关联。

（四）按照经营类型分类（见图1-4）

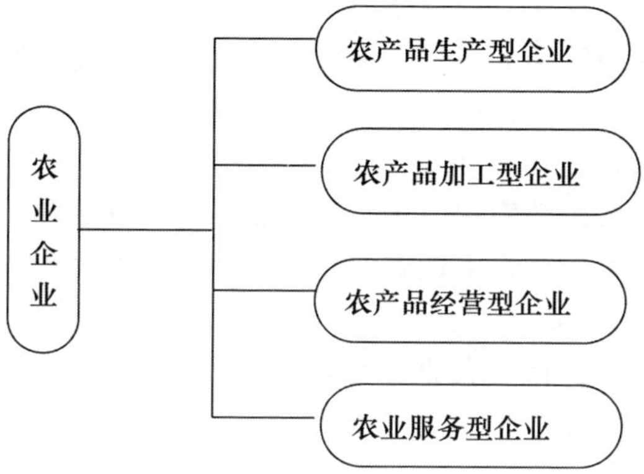

图1-4 按照经营类型分类

1. 农产品生产型企业

农产品生产型企业主要从事农产品的生产。

2. 农产品加工型企业

农产品加工型企业主要从事农产品的加工。

3. 农产品经营型企业

农产品经营型企业主要从事农产品的运输和销售等。

4. 农业服务型企业

农业服务型企业是指从事农业专业化服务的企业，如农机公司、植物保护公司等。

（五）按照发展功能分类（见图1-5）

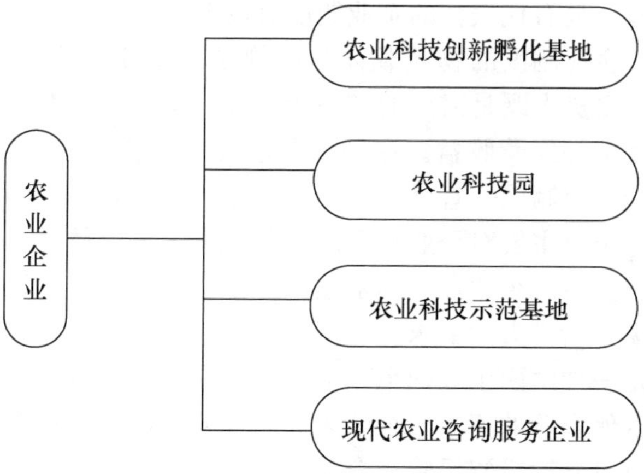

图1-5 按照发展功能分类

这类企业一般是新型农业企业。

1. 农业科技创新孵化基地

农业科技创新孵化基地是指为了吸引农业创新人才，对科技成果在一定范围内进行资本、技术和市场等方面的优惠和扶持，促进相关科技的快速发展，提供科技创新平台的农业企业。

2. 农业科技园

农业科技园是以市场为导向、以科技为支撑的农业发展的新型模式，是农业技术组装集成的载体，是市场与农户联系的纽带，是现代农业科技的辐射源，是人才培养和技术培训的基地，对周边地区农业产业升级和农村经济发展具有示范与推动作用。

3. 农业科技示范基地

农业科技示范基地一般由政府部门建立，是促进科技成果转化、开展现代农业科技示范推广、推动先进农业技术传播、引领农业高质量发展的重要示范平台。

4. 现代农业咨询服务企业

现代农业咨询服务企业包括为农业发展规划、农业产业化项目、美丽乡村建设提供各类咨询和中介服务的农业企业。

二、农业企业的特点

（一）实行现代企业制度

1. 现代企业制度的概念

现代企业制度是以市场经济为基础，以企业法人制度为主体，以有限责任制度为核心，以产权清晰、权责明确、政企分开、管理科学为条件的新型企业制度。其核心要素包括企业法人制度、自负盈亏制度、出资者有限责任制度、科学领导体制和组织管理制度。

企业制度是企业产权制度、企业组织形式和经营管理制度的总和。企业制度的核心是产权制度，企业组织形式和经营管理制度是以产权制度为基础的，三者分别构成企业制度的不同层次。企业制度是一个动态的范畴，是随着商品经济的发展而不断创新和演进的。从企业发展的历史来看，具有代表性的企业制度有以下三种：

（1）业主制。这一企业制度的物质载体是小规模的企业组织，即通常所说的独资企业。在业主制企业中，出资人既是财产的唯一所有者，又是经营者。企业主可以按照自己的意志经营，独自获得全部经营收益。这种企业形式一般规模小，经营灵活。这些优点，使得业主制这一古老的企业制度一直延续至今。但业主制也有其缺陷，例如：资本来源有限，企业发展受限制；企业主要对企业的全部债务承担无限责任，经营风险大；企业的存在与解散完全取决于企业主，企业存续期限短；等等。因此，业主制难以适应社会化商品经济的发展和企业规模不断扩大的要求。

（2）合伙制。这是一种由两个或两个以上的自然人共同投资，并分享剩余、共同监督和管理的企业制度。合伙企业的资本由合伙人共同筹集，扩大了资金来源；合伙人共同对企业承担无限责任，可以分散投资风险；合伙人共同管理企业，有助于提高决策能力。但是合伙人在经营决策上也容易产生意见分歧，合伙人之间可能出现偷懒的道德风险。因此，合伙制企业一般都局限于较小的合伙范围，以小规模企业居多。

（3）公司制。现代公司制企业的主要形式是有限责任公司和股份有限公司。公司制具有以下特点：公司的资本来源广泛，使大规模生产成为可能；出资人对公司只负有限责任，投资风险相对降低；公司拥有独立的法人财产权，保证了企业决策的独立性、连续性和完整性；所有权与经营权相分离，为科学管理奠定了基础。

2. 现代企业制度的特征

（1）通过建立和完善现代企业制度，实现市场化经营，以出资额承担有限责任，企业依法支配其法人财产，改变了过去政企不分、承担无限责任、企业依赖政府的状况。

（2）企业内部建立起由股东大会、董事会、监事会、经理层构成的相互依赖又相互制约的治理结构，明确分工，各司其职，避免监管不力或者互相扯皮的内部管理问题。

（3）企业明确以营利为目的，按照有利于市场竞争的要求，形成适宜的组织形式和科学的管理机制，促进企业的决策能力的科学化，增强企业核心竞争力。

（4）企业实行开放式经营，各种生产要素在市场上具有开放性和流动性，与外部的资本市场、人力资源市场等各类生产要素具有广泛的联系。

（二）农业企业生产立体化

相对于传统的平面型、结构单一的农业企业而言，农业立体化需要企业利用动植物和微生物的特征及其对外部条件的不同要求的有机结合，建立多个物种共栖、资源多级利用的农业生态系统典型代表。

立体农业企业生产，从层次上看，垂直空间多层配置，从空中、地面（水面）、地下（水下）形成错落有致的不同层次，不同生物活动其中；从加工程度来看，表现为由浅入深；从技术形态来看，表现为不同水平的技术交替使用，如传统技术和现代技术交替使用等。

立体农业生产企业多项目、多层次地有效利用各种自然资源，同时又有利于生态平衡，成为世界各国所追求的农业企业发展的主要模式。

（三）农业企业具有的特点

（1）农业生产的产品是有生命的动植物，经济再生产和自然再生产相结合，形成了农业生产劳动时间与生产时间不一致、生产周期长、季节性和地域性强的特点。

（2）土地是农业企业不可替代的生产资料。在工业企业，土地只是生产操作的空间；而在农业企业，农作物和畜禽必须依靠土地才能生长繁殖。

（3）农业企业产品的一部分属于国民经济所需要的粮食和工业原料，要作为商品出售；农业企业产品的另一部分要留作下一年的生产资料，或分配给成员消费。

（4）有的劳动资料与劳动对象可以相互转化。例如，幼畜是劳动对象，劳动对象便转化为劳动资料；而当产役畜被淘汰时，劳动资料又转化为劳动对象。

（5）实行双层经营体制。家庭农场既是企业的承包经营单位，又是自主经营的经济实体。农业企业的生产经营过程与家庭农场的经济活动之间存在着统中有分、分中有统、统分结合、互相依存的关系。

第三节　农业企业的经营形式

农业企业的经营形式是指农业企业的经营方式和方法的总和。我国农业企业的经营形式，将实行家庭联产承包责任制作为农村经济体制改革的突破口，按照生产资料所有权与经营权适当分离的原则，使单一的集体经营形式转变为集体统一经营与家庭分散经营相结合的双层经营、承包经营、租赁经营、联合经营、股份合作经营和集团化经营等多种形式。

一、统分结合的双层经营

20世纪70年代末期，我国农村实行家庭联产承包责任制，形成了集体统一经营与家庭分散经营相结合的双层经营体制。这种统分结合的双层经营体制具有很大的灵活性，可以容纳不同发展水平的生产力，具有广泛的适应性和旺盛的生命力。

（一）集体经营（统一经营）

集体经营也叫统一经营，是集体经济组织的另一个经营层次，是以生产资料集体所有制为基础的集体经营。它主要从事不适合家庭经营的以及为家庭经营提供产前、产中、产后服务的项目，如农产品加工、储运、农田水利、农机修理、信息服务等。集体经营还有管理协调的职能。例如，行使土地公有权，组织农业基本建设；对集体的土地等资源、财产与企业进行必要的管理和对重大问题做出统一的决策；协调各方面、各部门、各行业之间的经济利益关系；等等。集体经营也对资产积累有重大意义，包括管理好、用好现有的公共积累和固定资产，统一组织、筹划兴办企业，做好自然资源的开发、利用和保护等。因此，集体经营大多用于机械化程度高、不便分散操作的专业化企业和公司中，将生产资料的所有权、经营权及产品分配权结合在一起，统一规划分配所有的生产经营活动及任务。

（二）家庭经营（分散经营）

地区合作经济组织的承包制家庭经营，也就是分散经营，是在坚持土地等主要生产资料公有制的基础上，在地区合作经济组织的统一管理下，将集体的土地发包给农户耕种，实行自主经营，包干分配。承包制农业家庭经营的责、权、利都是通过承包合同来规定的。通过完成按家庭人口和劳动力确定的包干任务，获得土地的使用权和经营自主权，进而得到完成包干任务后的生产收益，即“保证国家的，完成集体的，剩下就是自己的”。实践证明，这种经营形式有利于处理所有者与经营者之间的责、权、利关系。

集体统一经营与家庭分散经营构成农业经营的两个层次，相互依存、相互补充、相互促进，共同发挥作用，适应我国当前农业生产力发展水平和农业企业管理水平。双层经营体制结合并发挥了集体和家庭各自的优势，把农业社会化生产同专业化管理有机地结合起来，既保留了家庭经营的长处，调动了农民的生产积极性，降低了组织管理成本，又有利于在更大范围内有效合理地分配生产资源，实行宏观决策和调控，弥补了家庭小生产的局限性；既避免了集体管理过分集中的不足，又发挥了集体统一经营的优势，成为我国农村和农业长期坚持的基本经营制度。

二、承包经营

承包经营即企业所有者（发包方）实行资产所有权与经营权相分离，按承包合同把其资产经营权交给承包方，承包方按承包合同合理使用并负责承包经营的资源和财产安全，完成合同规定的承包责任、指标和上交任务的特定经营形式。

承包经营由承包方和发包方组成，承包合同明确了双方的责任、权利和利益分配。承包方的基本权利有：评估承包资产，确定资产总额；获得资产使用权和经营自主权，如生产经营决策权、产品收益权、转包和转让权、优先承包和继承权；合理使用承包资产，合法经营，维护企业信誉，完成承包指标，确保承包资产安全；剩余利益由承包方分配。发包方的基本权利有：行使资产所有权，监督承包方的资产用途及合理使用；保证承包方的经营自主权、生产指挥权和人事调用权；向承包方提取承包金或集体提留；保证承包方在完成规定的上交任务后的利益分配自主权。

承包经营形式在目前非常普遍。国有农场实行的“大农场套小农场”的经营体制和集体经济中的双层经营体制，都是以承包经营方式为基础的。这种经营形式通过承包合同明确了发包方和承包方的经济关系，调动了承包方的生产经营积极性，为高效经营、企业化管理、资源优化配置、效率改进提供了更大的发展空间。所不足的是，短期行为比较严重。

三、租赁经营

租赁经营，是指企业所有者在资产所有权不变的前提下，将其资产出租给承租者使用并定期收取租金的一种经营方式。租赁经营的对象是企业资产。租赁一般是通过公开招标、投标确定中标者。按承租者的类型划分，租赁经营主要有以下三种形式：

1. 个人租赁

企业所有者把其资产租给个人单独经营或合伙经营。承租者要以个人财产或由其他担保人担保，共同承担经营风险。租赁经营所得归个人。个人租赁，责、权、利与个人紧密结合，且经营风险大，要求承租人有较强的责任心和经营能力。

2. 全员租赁

全员租赁也叫集体租赁，即企业全体职工集体作为承租者，共同承租企业资产。全体职工选举产生承租委员会，由承租委员会推选出企业法人代表及其他高层管理人员，具体负责租赁和生产经营等事务。全体职工共享租赁收益，共担经营风险。

3. 企业租赁

企业作为承租者用其资产作为抵押，租赁出租方资产进行生产经营。其优点是：承租者有足够的企业资产作为抵押，出租方的租赁经营风险比较小；承租企业可投入资金、技术等帮助出租方发展。

租赁经营一般存在于小型微利、亏损或濒临倒闭的企业。其具有以下特点：一是租赁人在一定时期内通过签订租赁合同将资产经营权有偿让渡给承租者自主运营；二是租赁以后，原有法人代表应让位于承租者，由承租者担任法人代表；三是原有资产仍归出租方，但在承租期间，承租者拥有充分的经营自主权，人事制度和分配办法全部由承租者自行确定。租赁经营形成了利益更直接的激励机制，能够充分调动承租者及其职工的积极性。

租赁经营与承包经营的区别：（1）合同的标的不同。租赁经营以有偿出让资产的使用权为标的，承租者只需按期缴纳租金；而承包经营以承包任务为标的，承包者必须完成各项承包任务并上交承包费等。(2) 当事人之间的关系不同。租赁经营的双方是地位平等的商品交换关系，而承包经营中双方一般存在着行政隶属关系。(3) 所有权与经营权的分离程度不同。租赁经营的承租者除缴纳租金和确保生产经营活动，享有完全的经营自主权和收益权；而承包经营必须围绕完成承包任务组织生产经营活动，在重大决策上受发包方制约和调控。

四、联合经营

联合经营，是指不同所有制性质的单位共同投资组成新的经济实体，从事经营活动。其特点是，参加经营的单位基本上保持原有的独立经营者的地位，不改变各自所有制性质，按平等、自愿、互利的原则联合经营。联合经营的内容有生产联合经营、产销联合经营、购销联合经营、科技生产联合经营等。联合经营的对象有劳动力、资金、技术、设备和土地等。联合经营的方式有紧密联营和松散联营等。近些年来，农村中推行的农业产业一体化，也是一种联营形式，它包括产供销、贸工农和农科教等相互结合而形成的一条龙经营方式，并以“公司＋农户”的特有形式，引导农民发展生产，进入流通领域。

五、股份合作经营

农业股份合作制是农村经济体制改革的又一创新。它是一个具有中国特色的、新型的农业企业经营形式。农业股份合作经营，是融合作制因素和股份制因素为一体，实行劳动联合和资金联合，以财产共同占有和个人所有相结合为基础而形成的一种经济组织形式。投资者按照章程或协议，以土地等自然资源，以及实物、资金、技术、劳动力等折成股份，自愿联合、合作经营、民主管理、自负盈亏，按劳分配与按股分红相结合，并独立承担民事责任，依法建立具有法人地位的经济实体。股份合作经营的本质特点是，实行劳动联合与资本联合相结合，按劳分配与按股分红相结合。

股份合作制具有股份制和合作制的双重特征。在联合上，股份制是资金的联合，合作制是劳动的联合，而股份合作制是既有资金联合又有劳动联合的“劳资两合”；在分配上，股份制是按资分配，合作制是按劳分配，而股份合作制是以按劳分配为主、有限按资分红的“劳资兼顾”；在生产资料与劳动者的结合上，股份制是两相分离，合作制是直接结合，而股份合作制则有合有分、分合结合；在股金管理上，股份制是只入不退，合作制是入股退股自由，而股份合作制是死股、活股并存；在股权投票上，股份制是一股一票，合作制是一人一票，而股份合作制是劳资结合。

与其他类型的农民合作经济组织不同，股份合作制企业的生产经营活动和收益分配对资本格外看重。这种类型的企业多是实体型和紧密型的，在全国范围内普遍存在，尤其是在中国的东部地区，这种类型的企业更加普遍。

与农村中第二、第三产业中的股份合作制企业相比，农业股份合作制企业表现出更加鲜明的农业特色。

(1) 集体资产所有权的社区性。农业生产资料中基本的要素，如土地、山林、水面、草原等，除法律规定为国有的，均属于社区范围内的劳动人民集体所有。农村社区的集体经济组织凭借对资源的所有权实现资源向资产的转化，并由实物形态的管理转向价值形态的管理，从而找到了在市场经济条件下发展壮大社会主义集体经济的现实途径。

（2）股权分配的平等性。股权分配的平等性有利于缩小农民之间的收入差距，有利于消除离土农民的后顾之忧，促进剩余劳动力的流动，优化资源配置。

（3）投股要素的多样性。农业股份合作制企业除了可用资金入股，还可用土地、山林、水面等生产资源的所有权和经营权折价入股，也可用技术、劳动投入或其他生产资料折价入股，这就为在农村管好、用好、用活集体资产，发展开发性农业、走农业产业企业化道路奠定了基础。

股份合作制的发展适应了我国农村现阶段生产力水平，适应市场经济和社会化大生产的客观要求，具有广泛的适应性和强大的生命力，拥有灵活的组织制度的优势，在一些有条件的农村地区得到很好的发展和应用。但是它作为一种中间型企业组织形式，也具有发展不稳定的不足之处。

六、集团化经营

集团化经营，是在生产力发展到一定水平，企业管理规模进一步扩大，向多元结构、多角化经营、超大化规模、多功能性质、国际化方向发展的基础上，建立起来的一种开发性的经济联合体。集团化经营以生产要素联合为核心，以拓宽经营领域为路径，以扩大生产能力为着眼点，以降低风险确保营利为目标，由规模不等的多个法人企业联合组成企业集团或集团公司，实行多种形式的一体化经营。目前在我国比较成功的农业集团公司是泰国正大集团，它在我国多个省建立成员企业，从农作物种子的销售开始，逐渐发展壮大，形成了“种子—种植业—饲料业—养殖业—农牧产品加工—食品销售—进出口贸易”的完整的现代农牧产业链。

第四节　现代农业企业制度规范

一、现代企业制度的特征

现代企业制度是企业组织形式、经营管理制度、产权制度等的总称，其中企业组织形式、经营管理制度是以产权制度为基础的企业制度的两个层次，产权制度是现代企业制度的核心。党的十四届三中全会指出，建立现代企业制度是企业改革的关键，是发展社会主义大生产和市场经济的要求。现代企业制度的普遍特征是产权明晰、权责明确、政企分开、管理科学。深刻理解现代企业制度的内涵，必须首先理解现代企业制度的重要特征。

（一）企业所有权与控制权分离

在企业所有权理论中，比较著名的有哈特（Hart）发展的所有权结构的模型以及阿尔奇安（Alchain）和德姆塞茨（Demsetz）提出的团队理论。前者将企业所有权定义为剩余控制权，后者则强调了剩余索取权。企业剩余控制权主要体现为投票权和监督权，是一种没有在契约中特别规定的活动决策权。企业剩余索取权是一种可以索取企业在减去所有签订的固定的合同支付之后剩余收入的权力。企业经营权是企业在经营的过程中对其财产所享有的占用与使用的权力。公司制是现代企业制度的基本形式，在公司制的企业当中，企业所有权由明确的出资者——股东所有，企业在企业法人财产的基础上，拥有民事权利，承担民事责任，参与市场竞争。企业经营权则由经过专业训练的经理人管理。股东为企业的所有者，经理人为企业的经营者，公司所有权与经营权分离。所有者与经营者之间存在信息不对称，以及所有者不愿投入监督所需要的高成本而选择“搭便车”，使得公司所有权与股东在公司的最高权力——控制权相分离。

（二）企业权、责、利明确

权责明确是指企业出资人的所有权与企业法人财产权之间的权、责、利的边界清晰。作为企业的出资者，股东有按其出资额享有投资收益、重大决策、选择经营者的权力。企业法人财产权是指企业作为独立法人所拥有的法人财产。法人财产属于公司所有，股东不得随意抽资，只能依法转让。企业以其全部的法人财产，依法自主经营，承担民事责任，自负盈亏，照章纳税，对出资者承担资产保值增值的责任。出资者与企业法人是一种平等的民事主体关系。

（三）企业债务清偿的有限性

公司制企业产权具有分散性、流动性的特征，当出现债务风险时，债权人难以从所有的投资者处追讨债务，加之企业还面临经理人的道德风险问题。因此，现代企业制度赋予投资者有限责任，当企业亏损的时候，所有投资者按照投资额的多少承担亏损和损失；当企业亏损超过投资额、依法破产时，投资者以其投入的资本额为限承担有限责任。这一有限责任的企业制度一方面有利于减轻投资者的投资风险，另一方面能鼓励其他投资者参与投资发展，体现了利益与责任的统一和权力与风险的对称原则。

（四）企业投资风险的分散性

不同于古典企业资金的筹集，现代企业采取股份制形式面向大众筹集资金，最大限度地利用了社会闲置资金。此外，公司还可通过向银行贷款，发行公司股票、债券等多种方式集聚资本，为公司扩大再生产提供了强有力的资金支持。这种可筹集到巨额资金的筹集方式把众多产权主体联系到了一起，形成风险共担、利益共享的现代企业，促进了企业健康发展。

（五）企业与政府责任分开

政企分开是指政府行政管理职能、宏观与行业管理职能和企业经营职能分开。主要包括两部分：一是政府和企业职能分开。政企之间的关系主要体现为法律关系，即政府主要依靠政策法规、经济手段等宏观措施对企业的生产经营进行调控，属于间接引导，而非直接管制。企业在这一引导下主要按照市场的供需规律进行生产。企业不再隶属于政府，企业不设定行政级别，企业员工也不纳入国家公务员序列，企业不承担应该由政府和社会组织应承担的社会职能。二是政府的社会经济管理职能与国有资产所有权职能分开。形成国有资产产权主体与企业的产权关系，明确国有资产产权主体。

（六）法人治理结构的有效性

广义的现代企业法人治理结构主要包括五个组成部分：权力机构（股东会或者股东大

会)、决策机构（董事会)、监督机构（监事会)、执行机构（经理）和利益相关者（员工、客户、社会公众等)。在企业法人治理结构这一制度下，这五个组成部分各自独立、权责明确、相互制衡，有利于企业内部不同的利益主体建立有效的自我约束、相互制衡的机制，使企业剩余控制权和索取权得到合理配置，同时也激励企业外部建立有效的法律约束下的企业经营制度、信息披露制度、资本市场交易制度等，使企业在确保各利益相关者利益的同时保持高效运转。

二、现代企业制度的形式

从企业的历史发展进程来看，企业制度的基本形式包括古典（传统）企业制度中的业主制、合伙制和现代企业制度中的公司制（见图 1－6)。这三种形式的企业有自己的优缺点、组建程序，对经济活动造成的影响也各有差异。

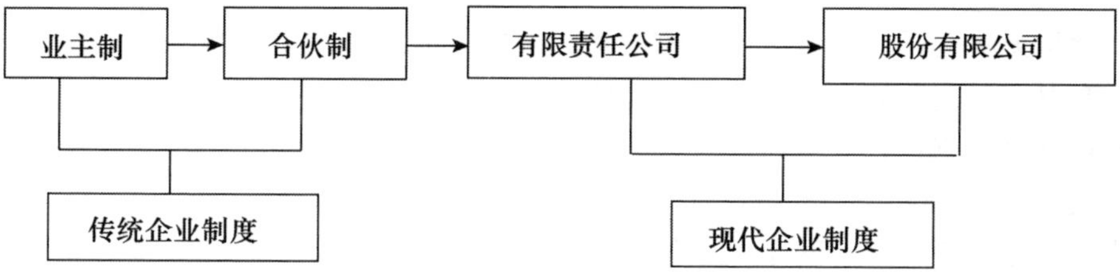

图 1－6 企业制度演变

（一）业主制企业

这一制度形式的企业又称为独立企业、个体企业。该企业的出资、利益、风险的主体均为个人。具体来说，业主自己出资，采取自主经营或者雇工经营方式，按照自己的意志经营企业，资产和盈利均归出资者个人所有。但同时，业主以其所有的个人财产而非出资的财产对企业债务承担无限清偿责任，也就是说企业一旦倒闭，业主就要用自己的全部家庭财产来进行赔偿。业主制企业在法律上为自然人企业，不具有法人资格，是最古老和简单的一种企业形式。常见的有个人开办的私营企业、城乡个体工商户、农村专业户等。

1. 业主制企业的优点

(1) 企业建立、停业程序简单。业主制企业的建立程序较为简单，无确定的资本金额要求，只需要业主个人出资，有合法的企业名称以及生产所需的条件，即可在当地工商部门申请建立、登记注册和领取营业执照，且企业产权转让的决策权属于业主个人。

(2) 产权结构主体单一。业主制企业的所有者直接从事经营活动，企业由业主所有，由业主控制，业主可以按照自己的意愿进行企业生产，即企业的所有权与经营管理权相统一，其产权结构中的主体单一。

(3) 经营方式灵活。由于企业所有权与经营权均归业主所有，业主可直接进行决策，无须与其他人商量，加之企业规模小，生产规模和方式容易改变，管理机构较少触及，其经营具有极强的灵活性，能迅速根据市场的变化而变化。

(4) 业主经营管理具有较高的积极性。企业产权结构主体的一元性决定了所有者的利益与经营者的利益完全一致，所有者的利益直接来自企业的经营效益，加之只征收业主的个人所得税，税负较轻，收益的无限性激励业主对企业生产经营过程具有充分的积极性。

（5）经营的保密性强。业主制企业获取信息的渠道较为单一，且由一人负责，企业内部的管理状况、经营状况、财务状况等均无须对外公布，因而经营的保密性较强。

2. 业主制企业的缺点

（1）企业存续期短。业主制企业的建立、存续、停业完全取决于业主个人，若业主死亡、不愿经营、犯罪在押等情况出现，企业的寿命便随之终结。这导致了企业员工和债权人的风险较大。

（2）企业发展受限制。业主制企业出资者只有业主一人，资金来源主要是个人、家庭积累，向亲朋好友借债，以个人信用或可用于抵押的财产向银行贷款等，资金来源有限，再加上企业规模小，业主个人经营能力和时间有限，因而企业难以扩大规模，企业发展受到限制。

（3）承担无限责任。企业主体的收益是无限的，所承担的责任也是无限的。业主以其个人的所有财产对企业的全部债务承担无限责任，当企业资产不足以偿清债务时，业主还须以个人家庭财产支付，经营风险大。

（二）合伙制企业

合伙制企业由两个或者两个以上的自然人共同出资，对企业联合经营，企业的利润和债务均由合伙人共同享有和承担。也就是企业资本由合伙人共同筹集，企业利润根据契约或者各自的出资比例进行分配，合伙人对企业的债务共同承担无限清偿责任。合伙制企业属于自然人企业，其与合伙人单独的法人地位在法律上是统一的。合伙制企业可分为普通合伙制和有限合伙制两种形式。普通合伙制企业中所有合伙人都参与企业经营管理，享有利润分配的权力，同时承担债务无限清偿责任和连带责任。有限合伙制企业中的有限合伙人无权参与企业经营管理，按照出资比例对企业债务承担有限责任。

1. 合伙制企业的优点

（1）企业组建较为简单。与业主制企业一样，合伙制企业的设立较为简单，政府干涉、控制较少。

（2）企业经营管理水平较高。合伙人共同经营管理企业，分工合作，集众人之智慧、才能、经验制订企业经营计划，形成较强的整体优势，有助于提高企业经营管理水平。

（3）资金来源相对较多。相比于业主制企业，合伙制企业的合伙人较多，筹资能力较强，企业信用相对较高，可用于抵押的财产较多，容易从银行处获得贷款以及从合作企业中赊销商品。有限合伙人有限承担债务责任，在一定程度上可吸引更多的投资者加入合伙制企业成为有限合伙人，企业资金来源得到拓宽。

（4）风险分散。相对于业主制企业的独自承担责任，合伙制企业共同承担经营风险，使得风险相对要分散一些。

（5）企业寿命较长。合伙制企业不是法人企业，不需要作为一个统一的纳税单位缴纳所得税，合伙人只需要将从企业分得的利润和其他个人收入加起来缴纳一次个人所得税即可，税负较轻，这使得企业合伙人的资本得到一定积累，可为企业注入新的资本，加之上述优点，合伙制企业的生存能力大大增强，其寿命一般都比业主制企业要长。

2. 合伙制企业的缺点

(1) 产权转让较为困难。业主制企业的产权转让自由，完全由业主自己决定；而合伙制企业的产权转让须经全体合伙人同意方可进行，产权转让较为困难。

(2) 经营决策存在时滞。合伙制企业的决策需要经所有合伙人的一致同意才能生效，而在决策过程中避免不了产生意见上的分歧，由于协调会产生一定的时间成本，这使得企业的经营决策存在一定的时滞。

(3) 企业寿命仍然有限。合伙制企业具有较为浓重的人合性，稳定程度有限。任何一个关键合伙人出现退出、破产、死亡、丧失经营能力等情况，或者合伙协议到期而合伙人又不愿续期，都有可能导致企业解散，所以企业寿命仍然有限。

(4) 承担无限连带责任。普通合伙人对企业债务承担无限责任，当合伙制企业的合伙财产不足以偿还债务时，普通合伙人需以个人财产对企业剩余债务承担责任。且普通合伙人之间还存在着连带责任，当企业资产无法抵债而部分普通合伙人也无力偿债时，有偿债能力的普通合伙人要对剩余债务承担连带清偿责任。

(5) 资本规模仍有限。合伙制企业虽由业主制的单人出资变成多人合伙出资，但是合伙人的资产有限，加之合伙制企业的无限连带责任增加了合伙人的投资风险，使合伙人参与集资的积极性下降，因此合伙制企业的资金规模仍然有限，生产经营规模也被局限在较小范围内。

(三) 现代公司制企业

公司制企业是由法定人数以上的出资者按照国家法律规定设立的以营利为目的的具有法人资格的企业。它是现代企业制度的基本形式。在国际上，现代公司的种类较多，以股东所负责任的不同，可分为无限责任公司、股份有限公司、一人公司、有限责任公司等。在我国，根据现行的公司法，主要形式为有限责任公司和股份有限公司。

有限责任公司简称有限公司，是指根据《中华人民共和国公司登记管理条例》的规定进行注册登记，法定人数为 50 及其以下的出资者共同出资成立，股东以其所认缴的出资额为限对公司债务承担有限责任，公司法人以公司全部资产对其债务承担全部责任的经济组织。有限责任公司又包括国有独资公司和其他有限责任公司。

有限责任公司的设立条件主要有五项：第一，股东符合法定人数；第二，股东出资达到法定资本最低限额；第三，股东共同制定公司章程；第四，有公司名称，建立符合有限责任公司要求的组织机构；第五，有公司住所。

有限责任公司的设立程序比较简单，公告、账目等都不必向外发布，公司的内部机构设置较为灵活；但是公司不能公开发行股票，其股权证不能上市交易，因此较适于中小型非股份有限公司。

股份有限公司是指 2 人以上 200 人以下为发起人，注册资本至少为 500 万元且划分为均等股份，通过发行股票来筹集资本，股东以其所持的股份为限对公司承担有限责任，公司以其全部财产对其债务承担责任的经济组织。股份有限公司的设立可采取发起设立和募股设立两种方式。前者要求所有股份均由发起人认购，不可以向社会公开招募；后者则为发起人认购一部分股份，其余向社会公开招募。所有股份公司均为负担有限责任的公司(反之不成立)，故一般合称股份有限公司。

股份有限公司的设立条件应满足法律规定的条件：第一，发起人符合法定的资格，达到法定的人数，且发起人中须有过半数的人在中国境内有住所。第二，发起人认缴和向社会公开募集的股本达到法定的最低限额。第三，股份发行、筹办事项符合法律规定。第四，发起人制定公司章程，并经创立大会通过。第五，有公司名称，建立符合公司要求的组织机构。第六，有固定的生产经营场所和必要的生产经营条件。

股份有限公司的股东以其认购的股份享有权力，每一股有一表决权，但同时需承担一定的义务；股票可以依法转让；公司应当将注册会计师审验通过的会计报告公开。

1. 现代公司制企业的优点

（1）企业财产较为稳定。公司作为企业法人，集资起来的财产属于公司，出资者不得随意抽回，只能采取依法转让的方式，除非企业倒闭或者破产，公司法人不会丧失财产权。

（2）资金筹集方式多样。公司可以通过多种方式进行筹资，比如银行贷款、发行股票、公司债券等，且一般能筹集较大数额的资金，为公司的扩大经营提供资金支持。

（3）监督与管理水平较高。公司所有权与经营权分离，所有权属于股东，经营权属于经理人员，两权的适度分离有利于提高公司的管理水平和监督水平。

（4）承担有限责任。与业主制和合伙制企业不同，公司债务属于公司法人的债务，不是股东的债务，股东的债务以其出资额为限，即股东只需承担有限责任，减轻了股东的风险，可吸引到更多的投资者。

（5）公司可无限延续。公司是法人企业，在法律上是脱离公司股东的，其具有独立的生命。除非公司破产停业，否则其可无限存续，即使公司的最初所有者和经营者都退出。

2. 现代公司制企业的缺点

（1）公司设立成本较高。相对于业主制企业和合伙制企业，公司设立条件相对较高，需满足公司法对公司成立条件的要求，且需提交各种报告文件。

（2）税负较重。要交双重税，作为独立法人的公司需根据利润额缴纳企业所得税，企业利润分配给股东后，股东还需缴纳个人所得税。

（3）存在代理问题。公司所有权与经营权分开，所有者称为委托人，经营者称为代理人，代理人代表委托人的利益实行某些决策，但是由于二者之间的信息不对称，委托人不能完全观测到代理人的行为，而代理人可能会为了自己的利益而损害委托人的利益，出现代理问题。

三、现代农业企业制度的构建

党的十八大以来，为加快我国农村经济体制的改革步伐和提高我国农业产业化水平，中央提出三个“新”的政策：构建新型农业经营体系、培育新型农业经营主体和培育新型职业农民。将这三个方面结合起来可总结为：新时期的农村经济改革的关键就是，农村农业也要建立现代企业制度。

现代农业企业制度是我国市场制度的一个有机组成部分，是与城市商业企业、信息企业、金融企业等相对应的制度形式。建立现代农业企业制度，不是简单地将名称变换为公司，也不是为了筹集更多的资金而进行简单的企业形式变换，而是按照现代企业制度的要求变革、改造现有的经营机制。实践证明，股份制公司是目前现代企业一种重要的组织形式，是现代农业企业制度的必然选择。

少数因大规模扩建和亟须技术改造而需要巨额资金支持的农业企业，可以采取股份有限公司的形式。由于按照有限责任公司和股份合作制公司等形式，在改造的过程中涉及的范围小、改造成本低，且其易于实行等特点，一般的中小型农业企业可以选择这种公司制度进行改造。此外，在我国的乡镇企业、农工商企业、农产品加工企业等涉及农业的企业中，有众多的企业或有国有性质，或有集体性质，对这些企业的改造应区别对待，选择相应的制度形式。特别是在竞争性行业的国有企业的公司制改造中，应不采取或者较少采取国有独资有限公司的制度形式，因为股份制所要求的股权分散化与国有制所有权的集中是背道而驰的。

在建立现代农业企业制度过程中，重点需要解决以下问题：

（一）建立明晰的产权制度

产权清晰是指在法律上明确企业出资者与企业的基本财产关系，它是构建现代农业企业制度的核心。产权的清晰与否将对产权的效率产生直接且重要的影响。也就是说，只有一项财产的产权明晰，该项产权在用于交易、经营或者其他目的时才能产生正的经济和社会效应。明晰的产权制度有多方面的功能：

（1）产权内部较易形成内在化的激励。产权处分结果的受益者或承担者是产权主体，为追求利益最大化或损失最小化，产权主体具有强烈的追求较好结果的内在动力，一定程度上可减少“搭便车”的行为，提高产权效率。

（2）硬化产权约束。在明晰的产权制度下，所有者可通过产权约束经营者，在一定程度上可保障财产的增值，有利于所有者权益的实现。经营者在产权约束以及内在化的激励下，硬化预算约束，实现企业自负盈亏。

（3）资产运营效率提升。产权的可分割性与可转让性使产权转让得以实现，促进了以产权转让为基础的资产合并、兼并行为的发生，增强了资产的流动性，使资源得到合理配置，提升资产的运营效率。

（4）产权的监督效率得到提高。由于产权主体都是“理性的经济人”，在趋利避害的动机下，各产权主体间易形成较有效率的相互监督关系，从而抑制不正当行为的发生，使企业行为得到规范。

（二）实行现代企业的公司管理制度

现代企业系统中的公司管理是指公司的运营。企业管理的加强需要一套符合现代企业要求的经营管理制度，重点是对企业的财务会计制度、用工制度、工资制度进行改革。

1. 现代企业的财务会计制度

农业经济活动的范围随着市场经济的发展在不断扩大，这就要求企业财务信息规范化和国际化，即建立与国际管理一致的财务会计制度体系。在强化企业自主理财权力下，完善企业的内部财务管理、监督、审计。国家相关的标准规范和法规条例是建立现代企业财务会计制度的基础。要重视会计基础工作，促进会计科目、凭证、账簿、报表的规范化；强化凭证审核工作，加强事先监督，根据原始凭证的审核编制记账凭证；严格规范记账、结账等手续，建立健全会计档案。

建立现代企业财务会计制度要重点做到以下几点：第一，建立多元化的企业财务会计目标模式，促进资金合理流动，保障企业的经营效益，维护投资主体、债权人等各方的利益，并且为企业、国家、债权人等提供真实的、有价值的信息。第二，建立经营管理型的企业财务会计工作制度，从不同层次优化规划会计系统、行为会计系统等结构，完善事前规划、事中支持、事后核算相结合的事务支持系统，促进集中核算与分散核算、财务管理与会计管理、对物管理工作与对人管理工作的结合与统一。第三，优化财务会计监督模式，建立健全以注册会计师为主体的财务会计监督制度，推进我国农业企业财务会计制度国际化进程。

2. 现代企业的用工制度

建立和完善社会保障体系，发展劳动力市场，保障劳动者依法享有自主择业权，企业依法享有自主用工权，形成合理流动的就业机制。此外，在现代农业企业公司化改造和经营的过程中，专业技术人才、贸易人才较为缺乏，且农民素质普遍偏低，他们虽可以适应规模产业化的要求，但是却难以适应加工产业化与贸易化的要求，这就需要加强对雇工的培训。

对政府而言，应该采取相应的措施完善现代企业用工制度。第一，进一步完善平台建设，疏通企业人力资源流通渠道；规范人才市场的管理，确保其运作方式的合理性；推动劳动力富余地区、职业学校等与企业建立长期合作关系，促进人力资源合理有序流动；加强互联网的开发和利用，促进企业与目标劳动力的联系。第二，优化劳动力的工作和生活环境，建立和完善有针对性的社会保障制度。第三，促进企业转型升级。农业企业用工成本居高不下，很多企业面临生存危机，政府要给予农业企业优惠的税费政策，鼓励和支持企业创新，改善生产工艺和产品结构，努力解决农业企业“用工难”“用工贵”等问题，提升企业发展后劲。第四，加强农业类院校和科研单位建设，加大对农业类院校和科研单位的投入，促进农业技术研究和运用的突破；提高农业工作者的社会地位和福利待遇，为农业企业用工和农业现代化发展提供高素质人才。

3. 现代企业的工资制度

现代企业制度的特点反映在工资制度上表现为：企业享有较为充分的工资分配自主权力，劳动力市场供求关系、企业劳动生产率以及企业的经营状况决定企业成员的工资报酬；企业资产的保值增值决定经营者的收入，劳动技能和劳动贡献决定职工的收入，即遵循按劳分配的原则。在我国农业企业中，工资制度除了要体现现代企业制度的一般特征与要求外，还应与农业经营的特点相结合，实行切合农业生产特点的按劳分配原则。企业薪酬水平的合理程度直接影响企业发展后劲和企业在人才市场上的竞争力。现代企业要提供具有市场竞争力的薪酬待遇，为农业企业吸引高素质人才；要充分确定企业内部各岗位的相对价值，利用薪酬管理来促进组织内部的公平；要提升企业薪酬与工作绩效的匹配度，激励劳动力的工作动机，奖励业绩优秀的员工。

（三）构建有效的公司治理结构

现代企业系统的公司治理层次能够确保公司运营处于正确的轨道上。现代企业的治理原则应抛弃传统的股东至上主义的思维定式，由单边治理走向共同治理。股东是公司的所有者，股东大会是公司的最高权力机构；董事会是公司的法人代表，由股东选出，代表全体股东的利益，是公司重大经营方针的制定者或者审定者，并同时检查经营方针的执行情况；公司的日常经营则由经过董事会授权的经理人员负责。企业的所有者、经营者和生产者通过公司股东会或股东大会、董事会、监事会、经理层等公司治理机构的设置和运作，形成一种制衡和约束所有者、经营者和利益相关者等的机制。在确保每个产权主体都有平等参与企业重大决策的机会和平等地享有监督的权力下，合理配置企业剩余控制权和索取权。

有效的公司治理的核心是保持董事会的独立性。当农业企业出现利益冲突时，独立的董事会可以充当不同利益主体之间的协调者，最大限度地平衡和兼顾各方利益主体，从而促进整个企业利益达到最佳状态。保持农业企业的独立性是促进公司治理的核心环节，也是保证董事会发挥其应有职能的基础和前提，具体应做到以下几点：第一，董事会要避免被少数股东或者内部经理人所控制；第二，促进不同利益主体在董事会中代言人的力量和结构的平衡；第三，董事会做决策时要通盘考虑，最大程度地处理好股东利益、农业企业利益、社会公共利益等之间的关系。

（四）明确政府和企业的职责

政府职能属于政府行政权力，是国家作为行政机关的职能；国有资产所有权职能是一种财产权利。二者的性质不一样，适用的法律也不一样。政府职能适用于行政法，国有资产所有权职能则适用于民法。这两种职能应当分开，政府不应直接参与企业的生产经营活动，不以行政隶属关系管理企业；企业应当将其社会职能还给政府和社会，企业不定行政级别。只有这样，企业才能适应市场的要求，成为依法自主经营、自负盈亏、自我发展、自我约束的商品生产者和经营单位，独立享有民事权利和独立承担民事义务。

（五）促进现代农业企业技术集成创新

近年来，我国的农业科技水平有了巨大的发展，为整个经济发展提供了重要的支撑。但是与发达国家相比，我国农业科技水平还有很多需要提升的地方，尤其是农业科技创新水平。我国农业科技投入强度还有待提升，农业科技对农业生产的贡献率需要进一步突破，农业科技投入要克服分散浪费、效率低下等问题，这些都需要通过提升现代农业科技创新水平来解决。

现代农业是具备先进的生产工具、先进的科学管理、先进的经营体系、较高的经济效益、先进生产力的商品型农业产业。农业企业是现代农业的重要主体，也是促进农业发展方式转变的重要动力；而现代农业技术是实现高产、优质、高效、生态、安全农业生产的重要因素，单一技术的进步不足以提升农业企业和现代农业的发展水平，必须依靠科技资源整合，选择有关联、能带动的多项农业技术进行联合攻关，从而提升科技创新水平，提高技术集成组装的成果转化率和农业科技进步贡献率，增强现代农业企业的核心竞争力、综合生产能力、抗风险能力和可持续发展能力。

1. 现代农业技术集成创新的内涵

自主创新主要依靠原始创新、集成创新、引进吸收再创新三种形式来实现。集成创新是在系统思想方法指导下，将不同创新主体的各种创新要素创造性地进行优化集成，为实现创新而形成功能性、适应性大大提高的有机整体的过程。现代经济社会发展呈现产业关联度、技术依存度趋强的趋势，对相关配套技术和管理模式的整合是提升生产力与竞争力的必要途径，集成创新在当前背景下更具有持续发展的优势。农业技术集成主要包括横向整合过程和纵向整合过程两个方面，即依靠组装配套先进的农业技术进而形成新的完整的技术体系，推动农业科技研发、推广、应用所有环节中各要素的自由流动和反馈调节，从而形成新的技术体系。

2. 现代农业技术集成创新的措施

农业技术集成创新是农业科技创新的重点，具有巨大的优势，将单项技术和引进技术集成为产业化技术群，强化了农业科技成果转化效应。农业技术集成创新对现实生产力具有重大影响，要进一步强化现代农业技术集成创新的战略性地位，满足新时期社会经济发展的科技需求。农业企业是现代农业技术集成创新的主体。

（1）强化农业技术科研攻关。农业类高等院校、科研院所是农业科技研发和创新的重要力量，“产、学、研一体化”科技方针的推进促进了众多具有自主知识产权的科研成果的产业化。要进一步加强科研单位与农业企业的联系，提升企业的研究实力，促进新品种开发、农产品加工等先进技术取得突破，强化创新精神和创新实践的市场价值，打破农业技术集成的体制束缚，建立健全国家与区域两级共建共享的农业科技创新中心，促进资源按照市场规律进行优化配置，健全农业技术集成创新体制，提升农业发展的核心竞争力。根据农业发展转方式和调结构新要求，促进农业科技创新方向和创新工作重点的调整，并根据市场及时调整农业技术研究重心，改变基础研究和技术引进以单项技术为主的局面；推动科研、开发和成果转化一体化发展，促进涉农科研机构形成技术联盟，打造农业科技产业链，实现科技资源共享，构建自主创新与引进技术、基础研究与高新技术、应用研究与技术开发相互结合、相互支撑的农业技术集成创新模式。

（2）打造集成创新的良好环境。政府是现代农业技术集成创新的主导，而企业占据着主体地位。政府要打造集成创新的良好环境，尤其要调动农业企业的积极性，促进现代农业技术集成创新行为主体之间的分工与有效合作，大力培育农业科技企业；政府要推动集成创新网络组织建设，打造以协同创新为目标的战略联盟，强化要素、平台、创新载体的集成效果，实现技术、生产、市场等高效集成，提高现代农业技术集成创新效率，优化科学技术、市场、产业、制度等技术集成创新环境。农业企业要根据实际选择恰当的集成创新模式，促进内部创新要素整合，同时强化外部集成网络建设，通过内外部资源要素的有效整合来提升企业创新力和核心竞争力。农业企业自身也要优化集成创新环境，构筑更好更多的集成创新平台，提升组织间创新资源配置效率。

（3）培养农业技术集成人才。农业技术集成涉及多个产业和学科领域，需要培养大量高素质的复合型、管理型人才。要依据农业技术集成的要求建立人才培养和人才激励机制，建设农业技术集成高层次研究人才培养基地，发挥农业科技学科带头人、科技企业家在人才培养上的重要作用，支持和引导农业技术科研团队建设，重点培养农业科研领军人才，多方合力打造科研创新团队，注重培养一线的科研、开发、推广等实用人才。强化人才梯队建设，发挥领军人才、创新团队在培养创新人才、优化人才结构等一系列带动人才队伍全面发展方面的作用，采取合作共建等方式来培养更多的适应产业结构调整的专业人才；促进人才的高效配置和流动，建立科学的人才管理机制和适应市场化要求的人才激励机制，为集成创新人才的培养和发展提供切实的经费保障，采取富有竞争力的人才薪酬制度，尤其注重产业发展急需的紧缺人才的引进，发挥海外高层次人才在核心技术创新方面的作用。

（4）开拓农业技术集成模式。集成创新具有极强的创造性、融合性、系统性，有利于促进不同主体之间的合作和资源优化配置。农业技术集成必须采用不同的集成创新模式才能进行资源和技术的整合，从而实现放大的集成效应。农业企业要围绕核心技术优化集成创新，获取技术集成创新自主知识产权，同时要为技术集成创新配备综合创新体系。基于核心技术优势，农业企业要整合各种技术和创新项目，打造现代农业技术集成创新优势；要集成企业经营管理各项职能，促进农业技术创新和经营战略的结合与集成，提高企业集成创新管理效能。农业企业要加强合作，致力于打造不同企业之间协同价值链网络，在现代化信息技术发展的基础上促进企业的专业化分工与协作，促进不同企业之间资源优势互补，构筑农业企业集群，提升综合集成的集聚效应和竞争优势。政府要协调统筹第一、第二、第三产业发展，强化产业支撑融合，实施农产品加工业提升行动，统筹协调初级加工、精深加工、综合利用加工共同发展，提升加工业引领融合和农业技术集成创新的能力。

【思考练习】

1. 现代农业企业经营出现哪些新形式？
2. 现代农业企业制度未来发展有什么新趋势？
3. 我国农业企业技术创新怎样才能实现更大突破？
4. 请分析农业企业管理的困境与发展对策。
5. 农业企业如何迎接我国经济转型升级的机遇与挑战？

【案例分析】

宿州“农业产业化联合体”

农业经营体系的改革和完善是我国为实现农业农村现代化而进行近40年改革的一条重要主线。新型农业经营体系作为新型农业经营主体、组织方式、服务模式的有机组合，重点解决“谁来种地”和“怎样种地”的问题。近年来，围绕新型农业经营体系改革，一些地区开展了有益的实践探索，形成了一批可复制、可推广的发展模式，在发挥新型农业经营主体骨干带动作用的同时，还能实现要素资源的优化配置，有效促进了农民增收和农业增效。

宿州位于安徽省北部，农业人口占全市总人口的77%（截止到2018年末），是典型的农业大市，也是全国重要的粮食、肉蛋、蔬菜、水果供应基地。2010年，宿州市政府所在地埇桥区被评为第一批国家级现代农业示范区，农业产业化联合体就发端于此。宿州在推动农业规模经营的过程中，出现了明显的经营主体“孤立”问题，主要表现如下：一是市场对接不够，尤其是由于信息不对称而导致家庭农场“卖菜难”“卖粮难”。二是第一、第二、第三产业脱节，家庭农场、合作社、龙头企业三者之间缺少有效合作，农业产业化发展不足。三是针对家庭农场的社会化服务不足，很多生产环节专业化、社会化水平较低。

为了解决经营主体“孤立”的问题，从2012年开始，宿州探索构建了一种新型经营主体间的利益联盟，即建立了“农业企业为带动、家庭农场为基础、合作社为纽带”的农业产业化联合体。安徽省政府在2015年出台的《关于培育现代农业产业化联合体的指导意见》中明确提出了联合体的内涵界定，即联合体是以龙头企业为核心、农民合作社为纽带、专业大户和家庭农场为基础的紧密型的新型农业经营组织联盟，联合体内各新型农业经营主体保持独立经营并有明确分工，通过签订合同，确立权责和利益，在平等、自愿、互利基础上实行紧密型一体化经营，形成一个具有规模经营优势，分工合理、优势互补、高效联合的利益共同体。它的运作模式主要包括：

(1) 搭建规范的新型经营主体联盟。由于联合体不具有法人主体资格，故采取牵头企业提出申请、县区相关部门审批认定的形式成立。宿州主要采取数量和规模双重标准对联合体进行认定。数量标准方面，要求联合体需由1家农业龙头企业牵头，1家及以上合作社和5家家庭农场共同发起，归纳为“1+M+N”模式，最低要求为“115”模式。参与企业较多时，需明确一个牵头企业，便于明确牵头责任。规模标准方面，成员必须是规范的新型经营主体。例如，家庭农场需经过认定并办理工商登记，粮食种植户面积100亩以上、年产值20万元以上、纯收入5万元以上，猪养殖户年出栏300头以上、年产值40万元以上、纯收入3万元以上，土地流转年限不低于5年，等等。宿州对经过认定的联合体纳入监测系统，实行动态管理，每两年审定一次，出现违法违规或经营不善的，则撤销资格。

(2) 构建互补的分工协作机制。各类新型经营主体之间通过签订契约合同，明确各自在联合体的分工。从调研情况来看，联合体分工协作，会基于产业链的不同做出相应调整，但基本上是龙头企业由于自身原料采购和产品销售的需求，主要参与产业链的产前和产后环节，并负责产业链的协调组织；合作社通过提供农业社会化服务，主要参与产业链的产中服务环节；家庭农场通过农户家庭直接经营，主要参与种养环节和田间管理环节。以主要从事优质小麦种子和玉米的繁育、生产、加工和销售的淮河粮食产业化联合体为例，龙头企业、合作社、家庭农场三类主体各自有明确的分工。淮河种业公司，负责制订标准化生产计划、选育品种、提供技术服务、配送农资、收购种子、加工和销售农产品等，主要集中于产前和产后环节。合作社主要提供社会化服务，13家合作社中有11家是农机合作社，1家植保合作社和1家水利合作社，拥有各类农机具430台（套），可以开展从种到收以及烘干仓储在内的全程专业化服务。家庭农场负责按照公司的要求和标准进行生产，经营规模一般在100～600亩之间。

(3) 建立紧密的利益联结机制。建立各类主体之间的利益联结、实现主体的共赢是构建联合体的关键因素。从调研来看，主要在四个方面实现利益联结。一是要素联结。龙头企业为家庭农场等生产主体提供低价的农资、免费的技术服务等。例如，淮河种业公司免费为家庭农场制订标准化生产计划、选育品种、提供技术服务，以低于市场价20%的价格提供农资。二是产品联结。家庭农场为龙头企业提供符合质量要求的农产品，而龙头企业也会以高于市场的价格收购农产品。以淮河粮食产业化联合体为例，家庭农场加入联合体时，要与公司签订一揽子合作协议，协议中约定，公司为家庭农场提供标准化的生产计划，免费提供技术服务，定期发布生产信息，统一订购种子、化肥、农药等生产资料，且价格比市场价低20%，农资费用可以当时结算，也可待产品收获后从销售收入中扣除。同时约定，家庭农场生产的小麦必须卖给淮河种业公司，公司则要以高于国家保护价0.1～0.15元的价格进行收购。三是资金联结。通过供应链上下游参与者的利益捆绑，由龙头企业为合作社、家庭农场提供银行贷款担保，进而解决了融资难的问题，这是供应链金融的一种创新方式。例如，淮河种业公司利用自身资产抵押担保，为4家家庭农场贷款800万元。四是服务联结。合作社加入联合体时，需要与家庭农场签订服务协议，约定作业标准、服务范围和服务价格。服务价格一般高于成本价、低于市场价。例如，今年小麦收割市场价是60元/亩，联合体内则是35元/亩。因为合作社在联合体内的服务规模和范围相对固定，尽管服务价格低些，但基本都能实现规模盈利，更重要的是服务质量比较可靠。

经过几年的发展，宿州联合体发展迅速，2012年宿州刚开始试点成立了16个联合体，到2016年发展到了193个，近200家龙头企业、700多家合作社、1 200多家家庭农场加入了联合体，联合体经营土地面积72.3万亩，年产值达200亿元以上，覆盖粮食、果蔬、畜牧、林木四大产业。实践证明，农业产业化联合体对于优化调整农业生产结构、破解农村产业融合瓶颈、实现主体合作共赢具有重要作用，是农业产业化经营体系和现代农业企业制度创新的有益探索。

资料来源：赵军洁，徐田华．新型农业经营体系的创新实践和改革思考［J］．现代经济探讨，2019(3).

案例思考题：

1. 新型农业经营体系的创新给农业企业管理带来哪些挑战？

2. 现代农业企业制度在未来还会有什么新的发展趋势？

【参考文献】

［1］吴一平，张正河．农业企业管理［M］．北京：高等教育出版社，2015.

［2］李玉明．农业企业经营管理［M］．哈尔滨：哈尔滨工程大学出版社，2012.

［3］蔡根女．农业企业经营管理学［M］．北京：高等教育出版社，2003.

［4］李大兵，景再方，司伟．现代农业企业管理［M］．太原：山西经济出版社，2006.

［5］姜克芬，郑风田．中国农业企业经营管理学教程［M］．北京：中国人民大学出版社，1998.

［6］郑少红．现代农业企业发展理论与实践［M］．北京：中国农业出版社，2013.

［7］李含琳．试论农村建立现代企业制度的必要性［J］．甘肃农业，2015(22).

第二章

农业企业组织结构管理

【学习要点】

- 组织结构管理概述
- 企业组织结构设计基础
- 企业内部组织结构设计
- 企业外部组织结构设计

企业组织体现了企业内部劳动分工与劳动协作的情况，体现了企业成员、任务及各项活动之间的关系，体现了企业各项资源实现有效配置的全过程。因此，研究企业组织模式，对于完成企业任务、实现企业目标来说都是至关重要的。农业企业的组织管理，不但涉及企业内部的组织结构设计，而且也涉及企业与外部各实体的联结关系。

第一节　组织结构管理概述

一、企业组织结构的含义

组织结构体现了组织的框架体系。企业组织结构，是指在企业内部依据领导隶属关系和分工协作关系有序结合的总体。具体内容包括，在纵向上形成有若干层次的领导隶属关系，在横向上同层次之间形成有若干部门的分工协作关系，并明确各个机构的职责、权力和相互关系。企业组织结构的功能在于决定企业的资源配置，使企业的人流、物流、资金流和信息流能够正常流动。组织结构的完善程度在很大程度上决定着企业能否实现其预期目标和组织效能。科学合理的组织结构，能使员工处于组织的不同岗位上，各得其所、各展其才，形成一种满足感，并影响组织行为。

二、企业组织结构的特性

企业组织结构的特性，一般分为以下三个维度：

（一）复杂度

复杂度指组织分工的细致程度。组织的复杂度，通常包含垂直分化、水平分化、空间分化三个方面的表现形式。垂直分化指的是组织在纵向层次上的分工细致程度。它确立了组织的等级结构和层次数，如果从最高指挥层到最低作业层之间的层次越多，那么组织结构就越复杂。水平分化指的是在横向上同层次的部门之间的分工细致程度。部门间水平分工越细致，体现了组织越需要各种具有专业技能和知识的人才，分化度越高。空间分化指的是组织结构在地区上的分散程度。当空间分化程度变高时，组织各结构之间的协调、沟通、控制的难度就变大，比如跨国公司空间分化程度非常高，结构很复杂。

（二）规范度

规范度指企业依靠程序和规则规范员工行为的程度。有的企业组织的准则规范较少，其规范化的程度就比较低；有的企业组织规模虽然很小，但有许多规章制度，规范员工能做什么和不能做什么，那么这些企业组织的规范化程度就比较高。一方面，规范化可以使组织有效、有序地运行；另一方面，过多地强调规范化，又会束缚员工的手脚，降低员工的积极性，甚至扼杀员工的创造性。

（三）集权度

集权度指制定决策权力的集中程度。有的企业组织的决策权力是高度集中的，最高管理者决定一切，其他员工仅仅服从命令。这种高度集权制有时会提高决策效率，但也会加大决策风险。此外，有时下属员工会因没有决策参与权产生不满情绪，这也会导致决策不能得到顺利实施。有的企业组织将一些决策权授予下属员工，这叫作分权化。分权有利于提高部门经理参与决策和工作的积极性，且可以提高企业及时对市场变化做出反应的能力，使决策更科学、合理。

上述企业组织结构特性的三个维度结合起来，就可以体现一个企业的组织结构面貌。关于企业组织结构的具体形式，还取决于企业的业务范围、员工素质以及社会经济环境等方面。

第二节　企业组织结构设计基础

企业组织结构理论起源于20世纪初期，它是伴随着社会化生产和专业技术分工而逐渐产生的，在100多年的发展和演变过程中形成了诸多的理论流派。组织结构的理论一般分为三类：古典组织结构理论、新古典组织结构理论和现代组织结构理论。

一、古典组织结构理论

在古典组织观中，组织结构本身意味着企业组织的体系化与结构化，具体包括企业组织的稳定、明确的相互关系形式、清晰的职权等。古典组织结构理论中组织结构的基本形式是职能结构制。古典组织结构理论具有代表性的有弗雷德里克·W. 泰勒（Frederick W. Taylor）的科学管理理论、马克斯·韦伯（Max Weber）的科层组织结构理论和亨利·法约尔（Henri Fayol）的行政管理理论。

（一）泰勒的科学管理理论

泰勒的科学管理理论的基本内容主要有三点：一是将计划职能和执行职能进行分离，设立单独的职能部门。计划职能部门主要从事时间和动作研究，主要包括决定工作流程和确定作业的操作顺序，下达计划和作业命令，并控制和监督作业部门。计划职能和执行职能的分离是泰勒科学管理理论的核心。二是职能工长制。一个管理者只能负责他所管辖的那个方面的管理工作，不能同时对不同的职能部门进行横向管理。将管理工作进行分工的目的是把专门化的管理知识集中于工作，从而更好地提高管理效率和劳动生产率。三是例外原则。在日常管理中，上级通过合理授权把一般日常性和程序性的事务交给下级去解决，自己只保留对例外的、特殊的管理事务和非程序性问题的决策权。

（二）韦伯的科层组织结构理论

韦伯提出了理想的科层组织结构，他认为任何组织必须以某种权力为基础，否则就不会有组织中的秩序。他提出，只有理性和合法的权力才可以成为行政组织的权力基础。韦伯提出的理想科层组织结构分为最高决策层、中间管理层、基层作业层，层次分明，职责清楚，其主要职能分别是制定长远决策、执行业务决策和做实际的具体工作，职责和权利有着明确的分工，互相配合。科层组织结构的建立和运行以科学理性的、严格的法律规制为支柱；组织内部员工的关系仅是不同分工的职位关系，这种关系不受个人情感因素的影响；管理人员的权力受到组织内部严格的制度制约。

（三）法约尔的行政管理理论

法约尔的行政管理理论重点是对正式管理组织结构、管理过程和原则的说明。法约尔提出，位于不同发展阶段的组织应具有不同的组织结构形式。随着企业组织内部人员不断增加，企业规模不断扩大，管理层级应增加，以此提高管理效率。管理层级的数量与管理者的管理幅度密切相关，且领导者的管理幅度是有限制的。法约尔重视用组织图体现组织结构，认为组织图可以清晰地表达整个组织和各个部门的情况，为管理者提供更大的便利，进一步提高管理效率。组织图应设定全部岗位的职责、每个部门的构成和界限、每个岗位的员工配置以及每个员工所隶属的领导和所指挥的下属。此外，法约尔还提出在统一领导的基础上，设置参谋机构，从而形成直线职能制组织结构。

二、新古典组织结构理论

不同于古典组织结构理论，新古典组织结构理论关注的是组织中的人际关系和非正式组织的作用。新古典组织结构理论认为，即使是最合理的组织结构也会因人的行为改变。因此，新古典组织结构理论关注的重点是组织内承担不同职能的人员之间的摩擦问题。古典组织结构理论的职能结构形式仅体现人际关系的经济逻辑性质，而忽视人格、感情、协作等社会性关系；新古典组织结构理论对此进行了深入的研究，如直线制与参谋制的关系、上下沟通制、职工参与决策制等。

(一) 人际关系理论

行为科学的组织结构理论的内容主要有以下三个方面：第一，组织结构不仅包括正式组织，还包括相应的非正式组织。正式组织是通过规章制度等规定成员之间职责范围和相互关系的组织体系。非正式组织是组织成员在共同工作过程中，彼此逐渐了解，在某方面产生了共同情感而产生的，是不同形态的人群、不同结构的集合。非正式组织对提升正式组织的效率有一定的作用。第二，在设计组织结构时，倡导员工的自我控制和自我管理，适当减少管理层次，考虑员工的特点和需要，给予员工更多的分权，放松对员工的监督。第三，劳动分工虽然能提高劳动生产率，但分工过细也会使员工对相同的工作产生倦怠和抵触，这会抵消提高劳动生产率带来的好处。

(二) 非正式组织和权力接受理论

非正式组织对维系正式组织的各种职能尤其是在组织成员与正式组织发生冲突时有重要作用。因此，非正式组织是组织不可或缺的关键构成，其存在有充分的科学性和合理性，可以提高正式组织的效率。

权力接受理论强调，上级赋予的权力只有符合个人利益和组织愿景时，才能被下级接受并发挥效能。巴纳德（Barnard）认为，组织的正常运转强调公平，需要组织各要素之间的配合，少数领导集权决策会使效率低下、组织结构僵化等。巴纳德的思想在企业推行民主决策和信息化沟通方面有重大意义。

三、现代组织结构理论

伴随企业组织的发展变化，在组织结构理论方面出现了诸多全新的组织结构设计和变革理论，如系统-权变组织结构理论、资源基础理论、经济学组织结构理论和新组织结构理论等。

(一) 系统-权变组织结构理论

系统-权变组织结构理论的代表人物是弗里蒙特·E. 卡斯特（Fremont E. Kast）和詹姆斯·E. 罗森兹维格（James E. Rosenzweig）。系统理论认为，组织是开放的，企业组织从社会环境中输入人、财、物、信息等资源，经过生产过程的转换，再将这些投入转化为产品或服务输出到社会环境中。企业组织作为开放系统，处于与环境的持续性相互作用中，并达到动态平衡。组织系统由许多分系统构成，包括目标和价值分系统、技术分系统、社会心理分系统、结构分系统、管理分系统等。权变理论分析了企业组织结构的决定因素和组织结构的分类，并提出同一企业在不同的发展阶段及不同的企业应依据外部环境、内部人员等条件的变化建立相适应的组织结构，不存在普适的最优的组织结构。

(二) 资源基础理论

资源基础理论认为，组织可以通过自身努力提升组织的生存能力，但其努力能否成功主要在于组织所拥有资源的稀缺性、重要性。企业组织间的差异在于企业所拥有资源的差异。企业组织的优势主要是来自企业内部拥有的难以模仿的、异质性的、高效率的特殊资源，而不是主要来自企业外部的市场机会。拥有优势资源的企业能获得较多的经济租金。该理论研究资源的目的在于，识别企业资源，分析构成企业竞争优势的源泉的资源性质，并采取相应的企业战略。

（三）经济学组织结构理论

以经济学为代表的组织结构理论，一方面基于迈克尔·詹森（Michael Jensen）和威廉·米克林（William Meekling）的委托代理理论，另一方面基于奥利弗·威廉森（Oliver Williamson）的交易费用理论。

1. 委托代理理论

委托代理理论以詹森和麦克林为代表，关注企业发展过程中所有权与经营权分离所造成的问题，分析委托人如何制约经营者权力，如何通过较小的管理成本获得最大收益等问题。委托代理理论关注企业如何设计合理的组织结构以建立公平合理的激励机制。

2. 交易费用理论

新制度经济学认为，企业组织的出现是出于节约市场交易费用的原因。威廉姆森的交易费用理论系统地分析了组织的经济性质，认为理解经济组织的关键是对交易费用节约的认识。交易费用理论认为，企业是选择自身生产某种特殊生产要素，还是从市场购进这种生产要素，取决于专用性资产交易费用的高低。资产专用性较高的要素，其搜寻相关信息的成本较高，且合约的不完备性易造成合约方的机会主义行为，使企业关于专用性资产的市场交易费用可能增加，企业就可能采取纵向一体化的生产形式来内化专用性资产的市场交易费用。总之，企业的有效边界取决于企业自营专用性资产是否比从市场交易更具有经济性。资产的专用性越高，交易越适合在企业组织内进行；反之，则越适合通过市场机制来完成。同样，罗纳德·科斯（Ronald Coase）认为，市场和企业是两种不同的交易机制，都可以在一定范围内实现资源的优化配置，交易可以由市场进行也可以由企业进行，交易类型的选择比较二者的成本即可，企业这种资源配置体系的产生就是由于企业交易的成本小于市场交易的成本。

（四）新组织结构理论

新组织结构理论以亨利·明茨伯格（Henry Mintzberg）为代表，其特点是借鉴各个组织结构理论，全面综合地对组织结构进行分析。

明茨伯格提出了组织结构的五个基本组成部分，包括生产运作核心层、战略高层、直线中层、技术专家结构和辅助人员。同时，他提出组织结构的五种类型：第一，简单结构。决策最高层的领导者高度影响创业期或小型企业的企业组织，他们对组织的活动进行直接的指导、控制，倾向于采用简单的结构。第二，机械性的科层制。机械官僚制是工业化的产物，它用于协调所必需的工作标准化和随之而来的低技术、高专门化的工作，为此精心设计了管理体系，并尽力去维护标准化系统，从而使组织的行为规范化。第三，专业性的科层制。这种组织依靠训练有素的专业人员进行工作，并赋予他们管理其本职工作的足够权力，结果组织呈现出非常分权的局面。许多决策权，不论是操作方面的还是战略方面的，都从组织结构的上层一直流向下层核心的专业人员。第四，事业部制结构。在这种组织中，中层管理人员占主导地位，对组织的运作有着最大的影响。中层管理人员所主管的部门具有很大的权力，而在每一个分部内又有自己的组织结构，它的主要协调机制是产出或工作程序标准化。第五，特别小组结构。在这种结构中，特别小组人员通常根据他们所担任的决策的性质分散于操作层、中间层、战略顶层、技术结构中。

第三节　农业企业内部组织结构设计

一、农业企业的内部组织结构

企业的内部组织结构是指为了更好地管理企业、提高企业运行效率而构造的企业内部关系。对于不同规模、不同性质的企业来说，组织结构有很多种，但都是由一些基本的组织结构形式组合而成的。农业企业的内部组织结构形式一般包括传统的直线制组织结构、职能制组织结构、直线职能制组织结构、事业部制组织结构、矩阵制组织结构，以及新型的立体多维型组织结构、流程型组织结构、网络型组织结构。

（一）传统组织结构形式

1. 直线制组织结构

直线制组织结构是最早、最简单的组织结构形式。其具有以下特点：企业各级职位垂直排列，各级主管负责人对其下级有直接的一切职权，下属部门只接受一个上级的命令，各级主管负责所属单位的一切问题。不另设职能机构，基本由主管自己执行所有的管理职能（见图 2－1）。

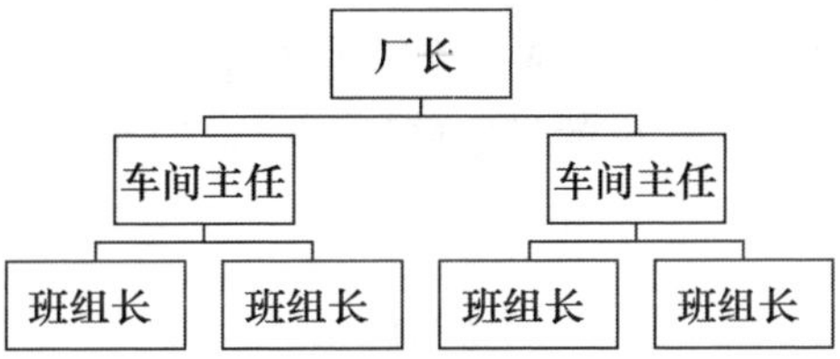

图 2－1　直线制组织结构

直线制组织结构的优点：管理结构简单，指挥命令关系清楚、统一、及时，责任明确。直线制组织结构的缺点：对管理工作没有进行专业化分工，要求管理者具有多种管理知识和生产技能知识，但是管理者的精力毕竟有限，仅依靠个人能力难以周到、细致地处理问题，造成管理工作简单、粗放。此外，虽然组织单位纵向联系清晰及时，但横向联系较差。直线制组织结构一般只适用于规模较小、生产技术简单、产品单一的企业，不适用于经营管理和生产技术较复杂的企业。

2. 职能制组织结构

职能制组织结构是在直线制的基础上，在各级行政单位主管负责人之外，还相应设立一些专业化分工的职能机构来部分地代替直线制的全能管理者。例如，在厂长下面设立职能机构和人员来协助厂长进行职能管理工作。职能制组织结构要求行政主管负责人将相关的管理权力和职责交给相应的职能机构，各职能机构有权在自己负责的业务范围内向直线系统中的下级单位下达命令和指示。下级行政单位负责人除了要接受上级行政单位负责人的领导，还要接受上级职能机构的指挥。

职能制组织结构的优点：每个管理者只负责一方面的工作，能充分发挥职能机构专业人才的管理作用，减少直线领导人员的负担，弥补各级行政领导人员管理能力的不足，从而能适应现代化企业经营管理工作比较精细、生产技术比较复杂的特点；专业管理工作相较于直线制组织结构可以做得更加细致、周到。但是职能制组织结构的缺点也比较明显：容易形成多头领导，破坏了必要的集中领导和统一指挥，各级行政单位负责人和职能机构的责任不清晰，易造成抢功推过的现象；上级行政负责人和职能机构的指挥与命令有时会相互矛盾，易造成下级无所适从，影响工作的正常进行，使纪律松弛，生产管理秩序混乱。基于职能制组织结构明显的缺陷，现代企业一般都不采纳这种形式。

3. 直线职能制组织结构

直线职能制组织结构是绝大多数现代企业通常采用的形式，也叫直线参谋制。它是把直线制和职能制组织结构结合起来，吸取这两种形式的优点，扬长避短而建立起来的。以直线制为基础，在保持直线制组织结构统一指挥的原则下，在各级负责人之下设置相应的职能机构，职能机构的人员从事专业管理、为领导出谋划策，但是没有指挥命令的权力。这种组织结构形式是把企业管理结构和人员分成了两类：一类是直线领导机构和人员，对各级组织进行统一命令与指挥；另一类是职能机构和人员，依据专业化原则，进行企业相应的职能管理工作。

直线职能制组织结构的特点：只有直线领导机构和人员才具有对所属下级的指挥权，并对自己部门的工作负全部责任，而各职能机构和人员没有对直线部门发号施令的权力，只是直线领导机构和人员的参谋，对直线部门只起到业务指导的作用（见图 2－2）。有些机构如财务、人事部门，只有当行政负责人授予它们直接向下级发布指示的权力时，它们才拥有一定程度的命令指挥权，这也就是职能职权，此时组织结构实际上演化为直线职能制和职能制的混合状态。

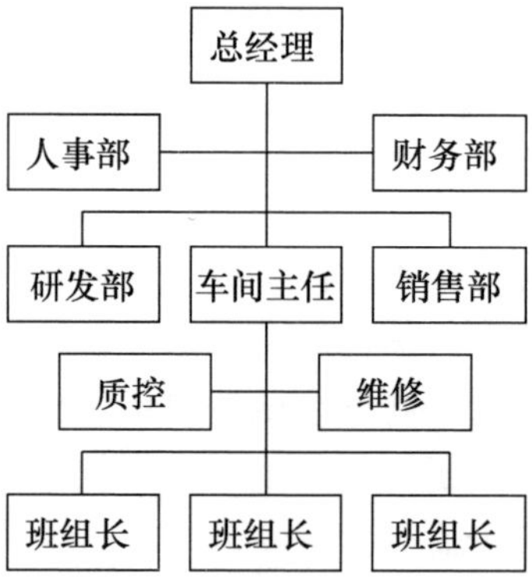

图 2－2　直线职能制组织结构

直线职能制组织结构的优点：它是在综合直线制和职能制组织结构各自优点的基础上形成的，因此既能保证企业管理体系中指挥和命令集中统一，又能充分发挥各职能机构中各类专家的专业管理作用。直线职能制组织结构的缺点：职能机构之间的协调配合性较差，职能机构的工作要直接向上级领导请示报告后才能进行，这一方面加重了上级领导的工作负担，另一方面降低了管理效率。此外，各个职能机构自成体系，通常不重视部门间横向信息的沟通，加上视野狭窄和重视本部门局部利益的本位主义思想，可能造成部门间的各种矛盾和不协调配合现象，对企业的管理经营产生不利影响。为了克服上述这些缺点，可以建立公众会议制度，或者建立各种综合委员会，起到沟通作用，来协调各个部门的工作，并帮助高层领导出谋划策。

4．事业部制组织结构

事业部制组织结构是从事多种经营或者涉足多个领域的大型企业所广泛应用的一种典型的组织结构形式。它是一种分权化管理、分级核算、自负盈亏的形式。具体形式为在总公司下按照产品或者地区，分成若干个产品事业部或者地区事业部，从产品的研发、原料采购、成本核算、产品生产制造到产品销售，均是由事业部及其所属工厂负责，且在事业部内也会细分财务等职能部门，事业部成为自主经营、单独核算、自负盈亏的利润中心；总公司只保留方针政策制定、重大人事决策、预算控制和监督权等重大问题的决策权，通过利润、产值等指标对事业部进行控制。这样，总公司就成为投资决策中心，事业部及其下属生产单位则分别是利润中心和成本中心（见图 2－3）。

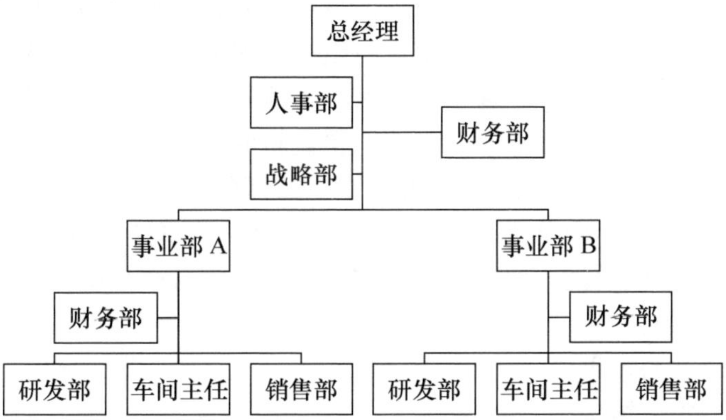

图 2－3　事业部制组织结构

事业部制组织结构的优点：通过实行“集中政策下的分散经营”，将政策控制集中化和业务运作分散化思想、公司总部的集中统一领导和多种经营任务的专业化管理有机地统一起来；企业最高决策机构能摆脱日常行政和管理事务，更多地考虑整个企业集团的总体战略问题，能集中力量制定公司总目标、总方针、总计划及各项政策；事业部在不违背公司总目标、总方针、总计划的前提下，集中资源对特定产品在特定区域内生产经营，能充分发挥同一产品的专业化优势或针对每个区域特殊的市场需求与问题做出正确和迅速的反馈，此外，同一产品、同一地区部门内有关的职能协调也比较方便；每个事业部都是一个利润中心，部门经理承担利润责任，这既有利于总经理评价各个事业部的业绩，调动中层管理人员的积极性，又能保证公司获得稳定的收益；各个事业部能相对独立地开展生产经营活动，每一个事业部主管要担负本部门一切管理职能的活动，有利于培养综合性高级管理人才。事业部制组织结构的缺点：各个事业部都设立类似的职能管理机构，容易造成职能重复，增加管理费用，且对总公司的各个职能部门，如财务、人事等，产品部或者地区部往往难以善加利用，不能充分利用总部的一些服务；各个事业部的经济利益是相互独立的，各事业部考虑自身利益，容易导致对共享市场和公司资源的不良竞争，造成不必要的内耗，使得总公司难以协调各个事业部之间的关系；每个事业部都有一定的独立权力，加上时间、空间上的限制，总公司有时会难以控制；每个事业部都需要具有全面管理才能的人才，因此公司需要许多对特定经营领域或特定地域比较熟悉的全能型管理人才，而这类人才往往难以获得。

5. 矩阵制组织结构

矩阵制组织结构是在按职能划分的垂直指挥链系统上，再增设按照产品或项目划分的横向指挥链系统。矩阵制组织结构的特点是为了完成某一个产品（项目），从各个职能部门派出完成这个项目所需要的相应的各类专业人员，并由临时委任的项目经理来指挥领导他们的工作。这些派来的人员在行政关系上仍然隶属于原来所在的职能部门，但是在项目工作中要接受项目经理的领导，因此这些人员其实有两个上级。在项目结束后，项目小组便解散，各类专业人员便回到原来的职能部门工作，等待新的项目任务。这种组织结构非常适合横向合作和攻克项目。

矩阵制组织结构的优点：加强了横向联系，克服了直线职能制中职能部门之间各自为政、相互脱节的现象；专业人员和专用设备能得到充分利用，提高了资源利用效率；机动灵活，有较大弹性，随项目的开发与结束进行组织和解散，提高了组织的灵活性与应变能力；各类专业人员在同一个项目一起工作，有利于培养他们的全局观念和合作精神，并且不同专业不同角度的思想相互碰撞，有利于取得创新成果。矩阵制组织结构的缺点：参加项目的人员来自不同的部门，且仍然隶属于原来的部门，项目负责人难以对他们进行管理，没有足够的惩罚手段与激励手段，这种人员上的双重领导是矩阵制结构的先天缺陷；项目组的成员在项目完成后就会回到原来的部门，因此容易产生临时观念，不易树立责任心，对工作有不利影响。

（二）新型组织结构形式

1. 立体多维型组织结构

立体多维型组织结构是为了适应新形势的发展需要而产生的组织结构形式，它是职能制组织结构、事业部制组织结构和矩阵制组织结构的综合发展的结果。立体多维型组织结构模式就是一个企业的组织结构包括三类以上的管理机构：(1) 按产品或服务项目划分的事业部，它是产品利润中心；(2) 按职能划分的参谋机构，它是专业成本中心；(3) 按地区划分的管理机构，它是地区利润中心。通过立体多维型组织结构，可使这三方面的机构协调一致，紧密配合，为实现组织的总目标服务。

立体多维型组织结构与传统组织结构相比其有以下优点：有利于把管理职能、产品的产销及地区市场因素综合起来加以考虑，为实现共同的利润目标合理配置资源；在分权的基础上确保职能目标的实现；能促进各部门、各层经理的合作与协调，在保持专业分工的同时加强联系和沟通；促使人力资源在多种产品线间灵活共享，有利于提高人力资源使用效率；适应不确定环境中频繁变化和复杂决策的需要。立体多维型组织结构具有以下缺点：员工面临三重领导的职权关系，需要有良好的人际关系技能并接受高强度的训练；耗费时间，需要频繁开会协调及讨论冲突的解决方案；需要付出很大的努力来维持权力的平衡，部门之间横向协调性差。

2. 流程型组织结构

流程型组织结构是以业务流程为中心的组织结构。与传统的职能制组织结构相比，流程型组织结构更加强调组织各要素之间的横向关系。在组织内部，所有提供一种产品或服务所需要的职能人员安排在同一部门，这个部门通常由“流程负责人”来管理。流程型组织结构形式由于企业内外环境的变化而千差万别，但结构内涵却是一致的，即具备流程、人员、技术三方面内容：组织以流程维度为主干，每一流程由若干个自流程和团队组成；设计必要的职能服务中心，以保证流程团队和业务流程的有效运行；业务流程之间、团队之间与职能中心之间的整合和协同工作需要信息技术的支持。

流程型组织结构与传统组织结构相比具有以下优点：(1) 以流程为中心。传统组织结构将作业流程分割成不同的简单任务，并根据任务的不同划分不同的职能部门，部门经理将重点放在如何提高部门的生产效率上，而忽视了整个企业的整体战略目标。流程型组织结构则是以流程为中心、以职能服务为辅助手段而存在的一种扁平化组织结构，流程团队替代了传统的职能部门，在很大程度上减弱了原有各部门之间的摩擦，减少了无效劳动，降低了管理成本和费用，提高了对顾客的反应速度。(2) 以满足顾客需求为出发点。传统组织结构是对上司、对任务、对局部负责，而流程型组织结构则是对整个流程、对最终目标、对顾客负责。企业存在的最终目的是实现自身的价值，只有当企业满足顾客的需求时才能实现自身的价值，而流程型组织正是将满足顾客需求作为企业制定战略的出发点。(3) 灵活多变。传统组织结构在各个方面都具有职能部门，包括原材料供应、生产、销售等，这样的结构往往使企业规模过于庞大，妨碍企业的有效运作。流程型组织结构则是按照流程建立具有高度柔性的团队，能根据市场需求的最新变化迅速调整团队成员，从而提高企业整体的反应效率，有利于新产品开发及满足顾客需求，可以在激烈的市场竞争中抢占商业先机。(4) 组织边界动态化。传统组织结构以分工为基础，出现了各自为政、等级森严的明显企业边界。流程型组织结构将原来的企业边界由以职能为依据转化为以利益相关者为依据，从而使企业边界逐渐渗透和不断动态化。

流程型组织结构具有以下缺点：确定核心流程较为困难；传统的管理者可能会成为阻力，因为他们得放弃权力和职权；需要极大地加强员工的培训，使他们在流程型团队环境中有效地工作；可能会制约技能的纵深发展。

3. 网络型组织结构

网络型组织结构通常是指虚拟组织。它是以信息技术和通信技术为基础，依靠高度发达的网络将供应企业、生产企业、消费者甚至竞争对手等独立的企业或个体连接而成的暂时性联盟。每一个组织在设计、制造、分销等领域贡献出自己的核心能力，并联合起来实现技术共享和成本分担，以把握快速变化的市场机遇。网络型企业是一种企业间动态联盟的暂时组织形式，是指企业在组织上突破有形的界限，虽然有设计、生产、营销、财务等功能，但企业内没有完整的执行这些功能的组织，仅保留最关键也就是最核心的功能，将其他功能虚拟化，通过各种方式借助外力进行整合弥补，在竞争中最大限度地利用企业有限的资源。其目的在于共享技术，共担费用，联合开发。网络型组织结构是各个成员在各自的战略目标下为达到一定的合作目的临时组建的一种组织形式，当完成指定的工程后就会立即解散，其成员会继续加入其他的网络组织中。

网络型组织结构与传统组织结构相比具有以下优点：(1) 核心能力突出。传统组织结构的核心能力呈现模糊化和多元化的特点；而在网络型组织结构下，每个成员都将自己的核心能力降低到一个或两个，只注重自己最有竞争力的业务，各个成员通过分享市场机会和顾客，实现共赢，从而可以在不断变化、竞争激烈的市场环境中拥有更大的获胜机会。

(2) 共赢关系。网络型组织是由几个具有共同目标和合作协议的公司组成，成员之间可能是合作伙伴关系，也可能是竞争关系，它以共赢关系取代了传统组织结构之间完全你死我活的“输赢关系”。(3) 产品的小批量与个性化。传统组织结构以大批量、同质性的产品为主要特征；网络型组织结构则更多地考虑顾客需求的多样性，从而利用其成员调整容易、生产柔性较强的特性，为顾客提供小批量、个性化的产品。(4) 依赖信息技术和通信技术。网络型组织成员之间通过高度发达的信息技术和通信技术，可以跨越空间界限进行信息沟通。依靠信息的充分性和完整性从众多的备选组织中挑选出最为合适的企业作为自己的合作伙伴，从而使资源达到最有效的配置，在时间、成本、质量、服务等各个方面达到最佳组合。(5) 充分利用外部人力资源。在网络型组织结构下，管理者可以根据企业自身人力资源状况和市场信息，与外部企业进行人力资源的优势互补，并通过信息技术和通信技术把不同企业的人力资源聚集到一起，为共同的目标协同合作。

网络型组织结构具有以下缺点：企业边界的不确定性使企业控制权丧失；企业之间相互冲突的目标和组织文化，使企业间的关系难以协调；暴露了成员组织的专有知识和技术；企业成员的专业领域狭窄，相互依存性增强，信用问题成为企业合作的主要问题。

二、企业组织结构变化的趋势

随着经济全球化和知识经济时代的发展，企业的组织结构也在经历着深刻的变化。上述的组织结构主要是在传统的工业经济时代占据主导地位的组织结构，而在发达的市场经济国家，企业的组织结构发生了显著的变化。

（一）外形扁平化

随着互联网和电子计算机在企业生产经营中的普及，企业的信息整理、收集、传递和经营管理方法的现代化，企业的组织机构正在从金字塔式的传统层次结构转变为扁平式、少层次的组织结构。在现代企业组织结构的变革中，加快信息传递的速度、减少中间层次、直接控制是一个基本的趋势。

（二）重心两极化

技术进步的加快，买方市场的形成，使企业的生产问题不再是企业解决生存发展问题的关键；而当今企业产品更新换代的快慢和占领扩大市场的问题成为企业生存发展的关键。企业的产品研发能力，决定着企业产品更新换代的速度。品牌竞争已经成为企业销售端竞争的基本手段，如何打开市场、占领扩大市场成为企业最重要的工作。随着买方市场的形成和竞争的加剧，企业的重点部门从之前的生产部门转向研究开发部门和市场销售部门。从企业经营的过程来看，企业的结构特征正在形象地从橄榄型变成哑铃型。

（三）运作柔性化

柔性的概念从柔性制造系统起源，柔性指的是制造过程的可调整性、可变性，体现的是生产系统对环境变化的灵活性和适应能力。后来，柔性就应用到企业的组织结构，指的是企业组织结构的可调整性，对战略调整、环境变化的灵活性和适应能力。在当今知识经济时代，外部环境的变化速度远远快于工业经济时代，因此企业战略、目标的调整和组织结构的调整必须迅速、及时，从而产生了柔性组织结构，使得组织结构的管理也具有了柔性化的特征。

（四）团队组织

在知识型企业中渐渐地兴起一种称为团队的小集体，这种结构备受赞誉。此处的团队指的是在企业内部形成的具有自主团队协作精神、能够独立工作的小集体。团队的组织不同于传统的部门结构，它是为完成共同的任务，建立在自觉的信息共享、横向协调基础上的。在团队中，只有组织者，没有拥有制度化权力的管理者。

第四节　农业企业外部组织结构设计

农业企业的外部组织结构设计是指企业跨越原有边界，与相关组织在利益共享、风险共担的原则下，通过契约等方式建立各种形式的联合经营组织，形成贸工农一体化、产加销一体化的产业链，各经营主体在产业链上独立或者协作完成农业生产经营活动。其基本的组织运作模式有农户承包、区域连片、专业合作、一体化经营、农业科技园区等。最典型的是农业产业化组织形式，具体形式有“公司＋农户”“公司＋合作社＋农户”“公司＋基地”等。

一、“公司＋农户”

“公司＋农户”组织结构的具体形式是，农产品加工、销售龙头企业与分散的农户共同组成利益共享、风险共担的产加销一体化的生产组织方式。“公司＋农户”组织结构从根本上缓解了小规模生产与大市场的矛盾。农户能够作为农业生产基本组织单元的同时，充分发挥企业的优势，即企业提供种子、饲料、疫苗等生产资料，以及进行农产品的加工、销售，同时作为联系农户进入市场的桥梁，而农户作为企业的生产车间。因此，该组织结构既确保了农户生产基本组织单元的利益，适应农业生产分散性和独立性的特点，又提供了农副产品加工销售的规模性和市场网络，给公司和农户都带来了利益。

“公司＋农户”的优点在于：企业内部是采用典型的企业科层结构，而企业与农户之间则是依靠契约维持关系。自上而下单向的、统一协调的科层结构，使企业内部的组织方式与市场相比更具有效率。然而，农业企业生产组织方式在生产这一环节的监督考核成本非常高，大大抵消了科层结构原有的组织效率上的优势。因此，企业通过将生产环节外包给农户，极大地减少了生产环节的管理成本，相较于典型的企业科层组织，“公司＋农户”提高了整体的组织效率。“公司＋农户”产生和盛行的重要原因就是能有效降低生产环节的管理成本。

“公司＋农户”的缺点在于：一方面，分散的传统农户难以达到企业所要求的标准化生产和产品质量水平；另一方面，企业处于强势地位，会订立对农户不公平的合同，而农户也会恶意违约损害企业的利益，例如将合同签订的订单产品高价销售给另一家出价更高的公司，“互利双赢”常常变为“投机互害”。当产生上述问题时，由于没有意识到或者意识到了也不善于通过法律手段来保护自己的合法权益，农户就难以利用法律手段来惩罚公司；同样，如果农户违约，公司也常常由于难以同众多农户调解而对违约的农户无可奈何。公司和农户在遇到对方违约的情况时，通常采用的做法是行使退出权，终止合同，同时采取不再与对方合作的方式来惩罚对方。农业生产有许多不确定性，很难完全精确地将所有未来可能发生的与交易相关的情况以及对应情况下的权利和责任规定写入契约，因此，“公司＋农户”组织结构的稳定性很低。协调上的困难、契约约束的脆弱性和较高的合同执行成本，使得市场波动时经常出现违约行为。

“公司＋农户”有两个发展方向：一是提升农户组织化程度，发展农民专业合作社，合作社统一和公司进行合作，或者合作社不断发展自己的加工、储运和销售能力，带动农户独立开展企业化经营；二是公司发展自营生产基地，成为一体化农业企业集团。

二、“公司＋合作社＋农户”“合作社＋农户”

过高的监督成本和交易成本，频发的道德风险，促使“公司＋农户”组织结构进行改变，改进为“公司＋合作社＋农户”形式。“公司＋合作社＋农户”组织结构的具体形式为，公司依据市场需求情况与合作社签订生产合同，列出生产指标；随后合作社依据各农户情况将生产任务逐一分配给各农户，并由合作社与企业统一销售、统一结算。合作社既是企业的代理人，同时也是农户的代理人。企业委托合作社规范农户生产行为，按照企业的意愿达成企业规定的生产数量和质量标准等。农户委托合作社与企业进行协商谈判，维护和争取农户的利益。

“公司＋合作社＋农户”的优点在于：在公司和农户之间添加一个“合作社”环节，增强了对农户的监督和约束，降低了公司的监督成本和交易成本。通过提升农民组织化程度，公司不用再面对单个的农户，而是通过相互了解的农户形成的组织进行更好的监督和约束。如果某一个农户违约，肯定会影响合作社内其他成员的利益，他会受到谴责并失去其他社员的信任，其恶意违约的代价是社会资本的损失，也就是说农户间的非正式制度产生作用。通过充分利用非正式制度在一个固定社区里的自我实施作用，可以节约龙头企业的交易成本。同样地，如果公司违约，合作社可以代表农户依法主张和维护其利益。

“公司＋合作社＋农户”的缺点在于：由于合作社的行为涉及代理关系，也会产生委托代理问题。在足够的利益驱使下，合作社违约行为与“公司＋农户”组织结构中农户违约行为是基本类似的。如果违反合同后获得的短期收益高于预期收益，那么理性的选择就是违约。而且，合作社违约造成的损害很可能会远远高于单个农户的违约行为。同时，如果合作社不限制农户进退，给予农户不加限制的“自由进入权”“自由退出权”，将导致合作社难以维持稳定，合作社这一自愿合作的原则，就是合作社通常存在的“小、散、弱”现象的重要制度根源，在这种情况下，合作社难以成为我国农村的主流经济组织形式，这也是造成“公司＋合作社＋农户”组织结构稳定性较差的一个重要原因。

随着“公司＋合作社＋农户”组织结构的发展，合作社不断壮大，合作社和公司的关系、合作社和农户的关系也发生改变。农民专业合作社也有能力像公司那样，为农户提供农业生产资料的购买，农产品的销售、加工、运输、贮藏以及与农业生产经营有关的技术、信息等服务。在合作社也有能力建立自己的销售、储运、加工设施的条件下，合作社降低了对公司的依赖性，能动性增强，平等性提高，可以选择更多不同的公司，不再依赖公司，自主带动农户经营。标准化生产、规范管理和品牌经营，从之前的外部公司主导和制定标准，变为合作社自主制定标准。合作社对农户的服务也扩展到开办农民需要的销售、加工、运输、贮藏等经济实体，组织和帮助农民进入大市场。这时“公司＋合作社＋农户”组织结构完全改变联结性质，变成“合作社＋农户”组织结构，独立于公司制企业。此时，对于公司来说，只有发展自营生产基地，成为一体化农业企业集团。

三、“公司＋基地”：一体化农业企业科层组织

在企业组织规模扩张的情况下，伴随着资产专用性的增强、市场采购交易成本的提高、外部机会主义威胁的加强，企业内部组织成本开始低于市场交易成本，当作为理性“经济人”的企业认识到通过一体化可以减少交易成本、降低外部机会对其产生的准租金威胁时，企业便会放弃契约型组织，扩张组织规模，将农业生产过程中的产、供、销不同过程的经济单位纳进企业科层内部，向一体化方向迈进，“公司＋基地”组织结构就会出现。“公司＋基地”实质就是一体化农业企业集团，也就是管理学所阐释的科层制组织。“公司＋基地”组织结构的具体形式如下：一是企业购买（租入）土地，发展自营生产基地，企业和农户签订土地使用权合同，向农民支付土地租金，使土地流转到公司手中，并将农民作为企业的劳动力招聘到企业内部，使农民在公司的基地从事生产工作。二是公司和农户通过股份合作形式建立“紧密型”的利益联结关系，农户在平等自愿的基础上以土地入股，入股的农户从雇佣关系变成企业股东，在龙头企业的统一安排下进行农业生产，并通过分红从加工和流通的增值中获得收入；龙头企业成为有农民土地入股的股份制农业企业，并且依据现代企业制度管理模式进行运作。

“公司＋农户”组织结构中只有“公司”这一部分是科层结构，而“公司＋基地”整体都是科层制组织，其中的基地是公司所有的，由企业直接管理和控制。“公司＋基地”组织结构是将低价的土地、劳动力等资源集中起来，统一安排组织生产，实行专业化、规模化生产和管理，其运行方式完全符合企业科层组织的本质特征。与“公司＋农户”组织结构相比，“公司＋基地”产品生产的正式化程度和范围扩大，公司有着从生产到销售的全部经营环节的决策权。虽然企业对生产过程的监督考核成本提高，但是企业加强了对生产过程的全程控制。农业产业特性造成生产环节的监督、考核和激励成为组织重要的工作内容，任务复杂性上升、管理成本提高，使得“公司＋基地”的组织效率低于“公司＋农户”；但是公司对生产环节的控制程度上升，封闭式的生产方式能更好地保证产品的质量。

【思考练习】

1. 请阐述企业组织结构理论。
2. 农业企业的内部组织结构形式包括哪些？各自的优缺点是什么？
3. 农业企业的外部组织结构形式包括哪些？各自的优缺点是什么？
4. “互联网＋”在农业企业组织管理中有哪些运用？
5. 多业经营的农业企业组织如何实现优化？
6. 农业企业组织柔性与企业绩效有何关系？

【案例分析】

“企业＋合作社＋农户”模式

近年来，揭阳产业园因地制宜，加快发展高效特色农业，不断夯实农业生产基础，促进农业结构调整取得新突破、农民增收取得新成效，稳定走出了一条经营规模适度、市场竞争力强、生态环境可持续的新型农业现代化道路。

在白塔镇马坑村璠龙白花油茶种植基地，工人们盘活林地空间资源，在林下种花生、种药材等，花生等的生长不会受到油茶的影响，油茶也不会因为种花生等而受到不良影响。由于种植基地空间广阔、生态自然，工人们还在里面放养鸡、鹅等家禽。

这是揭阳产业园全力推进现代农业发展的一个缩影。近年来，揭阳产业园继续扩建林下经济示范基地及改扩建休闲果园家庭农场，扩大具有代表性的林下经济作物种植面积，带动家庭农场的发展。同时，探索现代农业“一镇一品”建设新途径、新经验，全力打造“四大家鱼”优质农产品品牌，切实提高农业整体质量和效益。

揭阳产业园还大力推行“企业＋合作社＋农户”模式，有效推动龙头企业与专业合作社和农户合作形成共同利益体，带动农业生产标准化、规模化、集约化发展，提升产业综合效益。目前，揭阳产业园建成国家级农民专业合作社示范社 2 家、市级农民专业合作社示范社 3 家，建成市级示范性家庭农场 3 家，并打造培育了 5 家农字号龙头企业。

广东璠龙农业科技发展有限公司挂钩带动农户 1 500 户，马坑村璠龙白花油茶种植基地农忙时工人高达 60 个，解决了附近部分乡村留守人员的就业问题。而望天湖农业综合开发区内的大鲵养殖基地，养殖规模商品大鲵 30 000 条，年生产大鲵 10 000 条，带动饵料饲养农户 100 多户。

同时，揭阳产业园实施品牌农业提升战略，打造优势农业特色产业。作为龙尾镇农民养殖专业合作社的典型，佳朋种养专业合作社目前已建设饲料厂、有机肥厂、沼气池各一个，升级改造养殖小区道路，改造原有鸡舍，引进自动化生产线，实现自动化养鸡、饲鸡、产蛋。佳朋种养专业合作社坚持走环境友好型生态循环农业道路。该合作社自主研发由昆虫粉、绿针粉、苜蓿配成的仿生态饲料，产出的土鸡蛋个头小、口感好。目前，该合作社已被确定为国家级农业专业合作社，2013 年被评选为省“菜篮子”基地。

资料来源：林海芬，林漫玲．产业园区“企业＋合作社＋农户”模式显成效［N］．揭阳日报，2017-06-01.

案例思考题：

1．揭阳产业园采取的“企业＋合作社＋农户”模式的运行机制是什么？优缺点有哪些？

2．“企业＋合作社＋农户”模式的进一步发展趋势是什么？

【参考文献】

［1］WOODWARD J. Industrial organization：theory and practice［M］. New York：Oxford University Press，1965.

［2］贝赞可，德雷诺夫，尚利．公司战略经济学［M］．北京：北京大学出版社，1999.

［3］钟宏武，徐全军．国内外现代企业成长理论研究现状比较［J］．经济管理，2006（1）．

［4］邱国栋．当代企业组织研究［M］．北京：经济科学出版社，2003．

［5］黄汉民．企业组织结构理论的演变与发展［J］．经济学动态，2003（5）．

［6］朱宏杰．阶段性组织结构设计方法研究［J］．上海管理科学，2001（5）．

［7］ALCHIAN A A，DEMSETZ H. Production，information cost，and economic organization［J］．American Economic Review，1972．

［8］科斯，等．制度、契约与组织：从新制度经济学角度的透视［M］．北京：经济科学出版社，2003．

［9］麦耶斯．知识管理与组织设计［M］．珠海：珠海出版社，1998．

［10］臧宪荣．企业母子公司体制的设计要点［J］．企业改革与管理，2000（7）．

［11］罗宾斯．管理学［M］．北京：中国人民大学出版社，1996．

［12］邓荣霖，郭武文．市场经济发达国家企业管理［M］．北京：中国经济出版社，2000．

［13］纽曼，萨默．管理过程：概念、行为和实践［M］．北京：中国社会科学出版社，1995．

［14］谢卫红．组织结构理论述评［J］．华南理工大学学报（社会科学版），2002（4）．

［15］李建设．论世纪之交西方企业组织结构变化的八大趋势［J］．管理现代化，2001（3）．

［16］林海芬，林漫玲．产业园区“企业＋合作社＋农户”模式显成效［N］．揭阳日报，2017-06-01．

第三章 农业企业战略管理

【学习要点】

- 农业企业经营的外部环境的特征
- 农业企业经营的特殊性
- 农业企业经营战略的类型
- 农业企业经营战略的制定与实施
- 农业企业经营决策

企业经营战略是企业一切活动的总纲，是企业进行资源配置的依据。本章的任务是介绍农业企业的经营环境、经营战略和经营决策。通过本章的学习，重点了解农业企业的环境，理解农业企业经营战略的制定和实施，掌握农业企业的经营决策。

第一节 农业企业经营环境分析

农业企业经营环境分析包括对外部环境和内部条件的分析。农业企业作为一个开放的系统，存在着与它的外部环境之间的物质、信息的交换。农业企业的生存和发展，与其现实的环境及未来变化的环境有着密切的联系。因此，把握环境的现状和将来的变化趋势，利用有利于农业企业发展的机会，避开威胁因素，是农业企业谋求生存和发展的首要问题。

一、农业企业经营环境

（一）农业企业经营的外部环境

1. 农业企业经营的外部环境的特征

（1）客观性。环境是独立于农业企业活动之外的客观存在，它不以人们的主观意志为转移。管理者只有以审慎的、客观的、实事求是的态度去认识和把握环境因素，才能掌握工作的主动权，提高工作效率。

（2）复杂性。影响农业企业经营活动的环境因素不是单一的，而是多方面的，诸因素之间相互交叉，错综复杂，相互转化，对农业企业经营活动产生直接或间接的影响。管理者要在错综复杂的诸因素中，运用科学的方法，分清主次和轻重缓急，区别对待。

（3）多变性。农业企业环境的各种因素是不断变化的，同时又在不断地重新组合，从而形成新的环境，这就使得农业企业环境处于发展变化之中。管理者只有审时度势，预见环境的变化趋势，才能掌握主动权。

（4）差异性。农业企业所面临的环境各种各样，既有政治环境，又有自然的、技术的、精神的环境等。环境对企业活动的影响有大有小、有主有辅，既有正效应，又有负效应，作用的程度也不同。管理者只有因势利导，采取不同的对策，才能充分发挥环境的积极作用。

（5）生态性。对于农业企业而言，在生产的过程中，土壤、气候、水质等自然环境不仅为生物提供所需的物质和能量，而且具有再生的能力，因而它对农业生产的影响具有永久性的特点。因此，管理者必须科学利用自然环境，达到生态系统中输入与输出的平衡，从而保持良好的自然生态环境。

2．农业企业经营的外部环境的内容

农业企业经营的外部环境分为政治法律环境、经济环境、社会文化环境、科技环境和自然环境等。

（1）政治法律环境。政治法律环境是指对农业企业经营活动具有现实的和潜在的作用与影响的政治力量、政治制度、政治体制、方针政策以及法律法规等。对于农业企业而言，政治法律环境一旦影响农业企业，就会使农业企业发生十分迅速和明显的变化，尤其会影响农业企业较长期的投资行为，而这一变化农业企业是驾驭不了的。因此，这是农业企业战略必须考虑的一个重要因素。

（2）经济环境。经济环境主要是由社会经济结构、经济发展水平、经济体制、宏观经济政策、社会购买力、消费者收入水平和支出模式、消费者储蓄和信贷等要素构成的。农业企业作为经济组织，其行为直接受到经济环境的制约，因此经济环境对农业企业经营战略的影响是最直接、最明显的，它是影响农业企业生存、经营和发展的重要因素。管理者应当了解国民经济目前处于什么阶段，是产业结构调整时期、经济低速增长时期还是高速增长时期，并具体分析有关的经济指标，如国内生产总值、国民收入、国家预算收入水平及其分配的状况等，这对于制定企业发展战略至关重要。

（3）社会文化环境。社会文化环境包括一个国家或地区的社会思想意识、人们共享的价值观、文化传统、生活方式、人口状况、教育程度、风俗习惯、宗教信仰等各个方面。这些因素是人类在长期的生活过程中逐渐形成的，其变化也是缓慢渐进的，人们总是自觉或不自觉地将这些准则作为行动的指南。社会文化环境对农业企业的影响是间接的、潜在的和持久的。

（4）科技环境。科技环境包括科学技术的发展情况及商业化程度，可供选择的机器装备、工艺、材料的种类及性能，良种的培育，生产技术可能造成的环境破坏，技术及管理咨询业的发展情况，等等。农业企业的发展在很大程度上要受到科学技术方面因素的影响，包括新材料、新设备、新工艺、新良种等物质化的硬技术和体现新技术、新管理的思想、方式、方法等信息化的软技术。科技因素对农业企业的影响是双重的：一方面，它可能给某些农业企业带来机遇，尤其是现代生物技术对农业企业的生产经营活动影响深远；另一方面，它可能会导致社会需求结构发生变化，从而给某些农业企业甚至整个行业带来威胁。科技的发展，新技术、新工艺、新品种、新材料的推广应用，对农业企业产品的成本、定价等都有重要影响。这种影响就其本质而言，是不可避免和难以控制的。农业企业要想取得经营上的成功，就必须预测科技发展可能引起的后果和问题，可能带来的机遇或威胁。

(5) 自然环境。自然环境包括土壤、空气、水等自然资源，以及地理位置、地质地貌、气候等因素。农业生产是自然再生产和经济再生产的结合，生产周期长，因此农业企业的生产受自然环境影响较大，自然环境往往会直接影响农业企业产品的品质。自然环境对农业企业至关重要。只要农业企业的经营依赖于稀缺的自然资源，它的活动就必然要受到自然环境的限制。

总之，环境对任何组织来说都是一种客观存在，农业企业的外部环境大多是其自身不可控制的因素。一般来讲，绝大多数农业企业不可能采取有效措施去改变社会环境，但可以通过各种方式和渠道去认识、了解和掌握企业所处的社会环境，认真研究其变化的规律，预测其变化的趋势及可能对组织产生的影响，从而制定出相应的目标和战略。

（二）农业企业经营的内部条件

农业企业经营的内部条件一般包括企业形态、企业资源、企业文化、企业核心能力等。

1. 企业形态

农业企业形态是指农业企业在创建之初向政府有关机构登记注册时就确定下来的资产所有权关系。不同的产权关系，对经营管理者的约束程度有很大的差别。独资农业企业对经营管理者的约束较强，股份公司对经营管理者的约束则较弱，这种不同的约束力会导致农业企业在决策时的偏重有所不同，从而体现出所有制形式对农业企业经营的影响。此外，不同产权关系的农业企业，其利益分配方式不同，行政管制的宽严也有区别，在资金筹措方式和能力上也有很大差异。这些差异会造成对农业企业经营活动的影响，包括影响企业对外部环境的反应、对企业内部要素的动员等，这就使得有的企业充满活力，应变能力强，有的企业则缺乏活力，对外部环境变化反应迟缓。

2. 企业资源

农业企业的经济活动必须要有资源，资源也反映一个企业的实力。通过对企业资源的分析，可以明确每一个企业的优势和劣势。农业企业的资源包括有形资源和无形资源。有形资源主要包括财务资源、物质资源、人力资源和组织资源。其中，财务资源表现为农业企业的借款能力、资金的再生能力；物质资源包括农业企业的位置、土地的数量及肥沃程度、良种的培育方法、设备的精良程度、原材料的获取途径；人力资源包括农业企业的经理人员、科技人员、管理人员、操作人员，以及他们的科学文化素质、技能、经历、承担的义务和忠诚度等；组织资源包括农业企业的机构设置及正式的计划、控制和协调机制。无形资源既包括技术资源如专利、商标、版权和商业秘密等，以及成功运用它们所需要的知识，又涉及信誉，品牌，对产品质量、耐久性、可靠性的认识，有效率和效益的相互支持的互惠互利合作关系，等等。无形资源不具有实物形态，竞争对手难以掌握和模仿，所以是持续竞争优势的可靠来源，是企业核心能力的基础。

3. 企业文化

农业企业文化是农业企业在长期发展过程中逐步形成的，有着丰富的内容，其精华体现在深入员工心中的企业精神中。例如，勇于创新、精益求精的精神，勤奋敬业、忠于职守的精神，等等。农业企业的经营战略以及实施过程无不受企业文化的影响。外部环境和内部条件差不多的两个企业，往往由于企业之间文化传统的差异，致使企业在产品质量、经济效益等方面的差别很大。管理者要充分认识企业文化对增强员工凝聚力、激发员工积极性和创造性等方面的巨大作用，努力改变长期发展所形成的落后的企业文化，建立与现代市场经济相适应的崭新的企业文化，树立良好的企业风貌。

4. 企业核心能力

核心能力是农业企业依据自己独特的资源（自然资源、技术资源或其他方面的资源以及各种资源的综合），培育创造本企业不同于其他企业的最关键的竞争能力与优势。这种竞争能力与优势是本企业独创的，也是企业最根本、最关键的经营能力，凭借这种最根本、最关键的经营能力，企业才拥有自己的市场和效益。越来越多的企业把拥有核心能力作为保持企业长期竞争优势的关键因素。如果企业有意在未来的市场上获取巨大的利润份额，现在就必须着手建立企业自己的核心能力。任何企业单是依靠某一项或几项职能战略，最多只能获取一时的优势，唯有追求核心能力才能使企业长期立于不败之地。企业在某一产品或某一方面具有一定的优势，并不能代表企业就一定具有较强的核心能力，只有这种产品或技术使竞争对手在一个较长时期内难以超越时，企业才算是具有了真正的核心能力。

专栏　资源的战略管理过程与农业龙头企业竞争优势

卡莱卡（Kaleka）认为，竞争优势的来源有两个较为宽泛的类型：资源和组织能力。资源代表被企业控制的资产，它作为一种投入，通常被运用到组织的各个过程之中；组织能力是企业组合、开发和使用它的资源去创造竞争优势的潜力。马卡多克（Makadok）研究发现，企业的资源选择机制和能力构建机制，可能是互补的，有时又可能是替代的。

管理者所具有的战略性的结构化资源组合的能力，聚合资源去形成可以卡多克在已有的竞争条件下发挥的能力，有助于企业创造财富。从企业的角度来看，价值创造开始于为客户提供价值。当一个企业给客户产生的效用比竞争者提供的更大时，它就享有竞争优势。因此，当企业保持或者改进利润边际的同时，以超过竞争者的能力为客户需要提供解决方案的时候，价值将会被创造出来。可见，只有当企业战略性的管理资源的时候，异质性资源才能产生持续竞争优势。资源的战略管理正是整合了基于资源的观点和基于能力的观点，综合考察资源如何创造价值的不同阶段后提出的。资源的战略管理是一个结构化资源组合、整合资源构建能力以及发挥平衡这些能力从而为客户、为所有者创造和保持价值的综合过程，它涉及一系列需要识别机会、发展竞争优势以成功开拓机会的综合行动（见图 3-1）。

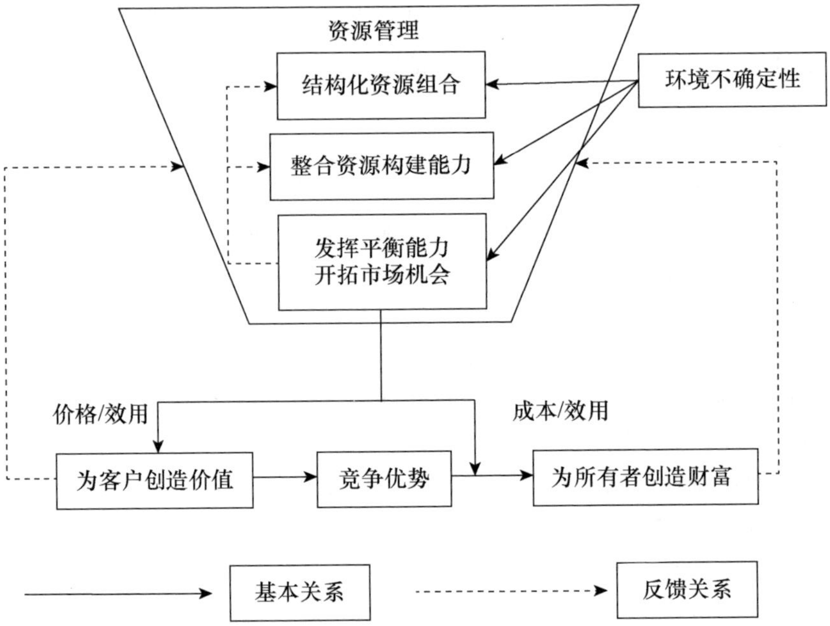

图 3－1　企业资源的战略管理动态模型

（一）结构化资源组合

资源组合是企业所有和控制的有形、无形资源的集合。资源组合构建了一个时点上企业进行价值创造的上限边界。结构化资源组合是企业收购获取、积累和剥离资源的过程。收购获取指的是从战略要素市场上购买资源。积累指的是资源的内部发展，企业需要通过学习改进资源以满足变化的客户需求。剥离指的是摆脱企业内没有价值的资源。随着环境的变化，企业的资源组合是持续变化的，是有形、无形资源的动态集合。

（二）整合资源构建能力

整合是能力形成的过程。企业内部的资源组合整合在一起才能创造能力。能力是一种利用组织资源执行协调好的任务的才干。每种能力成为一种特殊的资源组合，以使企业为客户创造价值而进行特定的诸如营销、研发等方面的活动。整合之后形成的能力当中，最有效的那种集合是能够恰当地发挥从而开发机会、发展竞争优势的能力集合。资源的聚集整合也是一个持续的过程。配置资源构建能力的广度和深度，直接影响着技术创新的发展方向及创新的速度，对竞争优势的建立和保持至关重要。

农业龙头企业这一农业产业化经营的组织形式，核心的职能之一应是整合资源。整合有形和无形资源的目的是以有利于认识、开掘创新性机会，以建立和保持企业竞争优势的方式来组织资源。稳定化、丰富化和开拓是三种不同的整合过程。稳定化的整合过程类似于惯性的概念，是指在已有能力中做出微小的渐进改进。丰富化的整合过程的目标是延伸和精细化现有的能力。能力可以通过学习新技能被丰富，以延伸现有的技能。开拓过程需要探索性的学习，整合完整的新资源，增加在企业的资源组合之中。这一子过程通常建立在以创建新的竞争优势为目的的基础上。

（三）发挥平衡能力

发挥平衡能力是指应用企业能力为客户创造价值，为所有者创造财富的过程，包括动员、协调和配置三个子过程。发挥平衡能力的过程主要嵌入在企业人力资本的技能和隐性知识中，集中于开拓市场机会。资源管理的责任主体是处于战略层的企业家和高层管理团队，高层管理团队始终处于企业的核心位置，任何外部或内部因素往往都要经过他们的加工才能进入组织体。领导者的素质与才能是企业组织的宝贵资源和财富，资源管理中发挥平衡过程的有效性在很大程度上取决于他们。只有企业家才能促使技术发明最终走向市场，转化为经济效益，促使技术创新最终取得成功。

动员调遣的内容是识别需要的能力，设计必需的能力构造去发掘市场中的机会，以取得竞争优势。动员调遣承担了战略的设计功能。协调的内容是整合已调遣的能力，以一种有效的方式创造能力构建。主动的协调活动会使用联合的、基于经验的路径去整合能力。配置过程涉及用能力构建支持所选择的平衡战略。配置过程加强了竞争优势的维持能力，以一种为客户创造更高级价值的方式，使竞争对手无法获取配置其能力所必需的特殊异质技能。企业通过互补的方式运行这三个关键的子过程，在不同的市场领域平衡它们的能力。

农业龙头企业的运营是按照专业化的分工和协作进行有规律、有秩序的运作，产生规模效应、协同效应。从产业化经营组织系统的高度，依据技术经济规律运行调遣、协调和配置过程，才能高效率地利用各种资源。在竞争日益激烈的市场环境中，龙头企业已有的竞争力可能无法长久保持其独特性，因为竞争者可以发展新的能力为客户创造出更高级的价值。为了开发新市场机会，通常需要快速的配置能力以击败市场上的竞争者，保持自身的优势。如果龙头企业能够有规律地开发新的市场机会，一旦获得竞争优势就更易于保持。企业资源和能力就是在企业高层管理和员工的努力下，变为给客户和所有者创造价值的产品和服务。

资料来源：刘晓敏，李丹．农业龙头企业竞争优势研究：基于资源战略管理的视角分析 [J]．华东经济管理，2010，24 (6)：85-88.

二、农业企业经营的特殊性

农业企业经营除了具有一般企业经营的属性外，还具有以下特殊性：

(1) 农业企业经营对象是农产品。这是农业企业经营区别于其他工商企业经营最显著的特点。农产品具有生产资料和消费资料的双重属性。作为生产资料，农产品一般是农业加工企业的原材料，农产品的质量和品质将直接影响加工企业产品的质量和产量。作为消费资料，农产品的质量和品质直接关系到消费者的健康。

(2) 农业企业经营效益具有较大的不确定性。农业再生产过程是社会经济再生产与自然再生产交织进行的过程，受自然因素尤其是气候因素的影响较大，因此农业企业经营的效果往往带有较大的不稳定性。

(3) 农业企业经营环境复杂。农业企业大多数地处农村，经营活动分散，生产条件较差，工作环境较艰苦，这使得企业的生产组织、劳动管理和供销管理等更为复杂。

(4) 农业企业经营决策难度大。农业属于基础性行业，与其他行业产品相比，农业企业产品花色品种少，雷同性较强，而且数量较多，这便加大了企业经营决策调节手段和市场竞争的难度。

（5）农业企业经营具有复杂性与重要性。在农业企业经营过程中，既要千方百计地增加农民收入，又要注意企业经营活动对农业发展和国民经济带来的效益。

（6）农业企业经营受资源的限制比较大。土地是农业企业生产经营中不可代替、不可增量、不可搬移的重要生产资料，尤其在我国人多地少的情况下，任何农业企业的经营活动都要特别重视土地资源的有效利用。

第二节　农业企业的主要战略

农业企业的经营战略是指农业企业为适应未来环境的变化，对生产经营持续与稳定发展中的重大问题进行全局性、长远性、纲领性的谋划和决策。通过制定经营战略，可以使农业企业对当前和长远发展的经营环境、经营发展方向、企业经营实力有一个正确的认识，可以使企业领导者从长远的、全面的角度研究分析企业的发展问题，从而不失时机地把握机会，避开风险，发展自己，使企业能够在竞争中求得生存和发展。

一、农业企业经营战略的特点和类型

（一）农业企业经营战略的特点

1. 方向性

战略管理的中心在于方向指导，即首先要把握住企业发展的大方向。对于农业企业而言，确定企业的经营范围或者活动领域属于战略决策。企业的经营范围或活动领域是战略决策的根本问题，因为这涉及高层领导人对企业活动边界的看法，也牵涉他们希望把企业办成什么类型的问题。

2. 整体性

战略决策的整体性要求把企业管理作为一个完整的系统来考虑，企业所有部门、所有员工都以一系列共同的基本认识为主线，相互联系，相互制约。战略的出发点是强调企业的整体效益，而不是只顾局部效益。

3. 风险性

战略决策要解决企业与其所处环境的适应性。外界环境是企业自身不能控制的力量，但却是决定企业盛衰的关键因素。战略是针对企业未来复杂环境所做出的反应。战略管理的本质在于如何动员可用资源承担一项其结果还不能肯定的未来事业。战略的制定是创新活动，任何企业战略都伴随高风险。

4. 可行性

企业战略是建立在现有的主观因素和客观条件基础上的。战略不是孤立地探讨抵消环境带来的威胁和利用环境赐予的机会，而是必须研究企业采取任何战略行动的资源能力问题。即使有良好的盈利机会，如果企业没有财力去投资，没有专业技术能力去掌握需要的技术，这种机会对该企业就没有意义。通常在一个企业面前存在许多有利机会，但企业必须根据自己的投资能力排出优先顺序，然后逐步实行。企业的任何战略只有在比较了企业

能力与主要竞争对手的实力后才能正确地做出。

5. 复杂性

战略决策在本质上是复杂的。战略决策和其他一般管理决策的一个重要区别就在于复杂性。复杂性的来源至少有三个方面：(1) 战略决策的不确定性，决策者们要基于自己对未来的设想做出决策，而任何人对未来的判断都不可能是肯定的。(2) 战略决策的系统性，决策者需要统筹企业各个部门和业务板块，进行整体的布局和谋划，任何一个独立部门的专家、经理和决策人员都无法独立完成。基于一个部门的观察是不能解决战略问题的，只有当具有不同背景、利益、责任和观点的管理人员达成一致时，才有可能实现。当然，企业管理中常见的跨部门协调的难题在战略决策过程中同样存在，而且更为突出。(3) 战略决策还往往包含组织结构的变化，这无疑是最为困难的一项工作。以上因素决定了战略决策的复杂性。

(二) 农业企业经营战略的类型

农业企业经营战略是企业高层管理者指导和控制企业生产经营行为的最高行动纲领。按企业战略态势可以分为发展型战略、稳定型战略和紧缩型战略。

1. 发展型战略

发展型战略是一种使企业在现有的战略基础水平上向更高一级的目标发展的战略。该战略以发展为导向，引导企业不断地开发新的产品，开拓新的市场，采用新的生产方式和管理方式，以扩大企业的产销规模，提高企业的竞争地位，增强企业的竞争实力。

发展型战略一般包括产品-市场战略、一体化战略、多样化战略、集团化战略。

(1) 产品-市场战略。产品-市场战略具体分为市场渗透战略、市场开发战略和产品开发战略三类。

1) 市场渗透战略。它是指企业在现有产品的现有市场的基础上，通过改善产品和服务等经营手段、方法，逐步扩大销售，以占领更大的市场。这种战略的核心是提高原有产品的市场占有率。市场渗透战略适用于那些处于成长期或刚刚进入成熟阶段的产品，产品一旦进入成熟期以后，这种战略就不适用了。

2) 市场开发战略。它是发展现有产品的新顾客或新的地域市场从而扩大产品销售量的战略。市场开发战略的核心是为现有产品寻找新用户、新市场。

3) 产品开发战略。它是以不断改进原有产品或开发新产品的方法，使其进入企业原有市场的战略，是企业创新的一个基本战略。人们的需求在不断变化和提高，企业只有不断改进产品，以新的外观包装、质量和性能来满足人们的需要，才能巩固原有市场，并进一步提高市场占有率。这一战略一般适用于成熟期和衰退期的产品。

(2) 一体化战略。一体化战略是从企业经营业务的角度，将若干个部分有机地结合在一起组成一个整体的战略。一体化战略的基本形式有三种：纵向一体化战略、横向一体化战略和混合一体化战略。

1) 纵向一体化战略。纵向一体化战略是指在同一个行业内扩大企业的经营范围，包括把企业的业务范围后向扩大到供给资源和前向扩大到最终产品的直接使用者。实行纵向一体化战略的主要目标是提高企业的市场地位，扩大企业的竞争优势，增强企业的实力。

2) 横向一体化战略。横向一体化战略是指企业通过购买、联合或兼并与自己有竞争关系的企业来扩大营业，以获得更大利润的发展战略。该战略的目标是扩大企业的实力范围，提高其竞争能力。该战略一般是企业在竞争比较激烈的情况下进行的一种战略选择。这种选择既可能发生在产业成熟的过程中，成为增加竞争力的重要手段，也可能发生在产业成熟之后，成为避免过度竞争和提高效率的手段。

3）混合一体化战略。混合一体化战略就是上述两种战略同时加以运用的一体化战略。这种战略主要适用于一些特大型农业企业，只是它在造就大企业方面虽有明显作用，但实施起来难度较大，风险较大，因此必须谨慎使用。

（3）多样化战略。多样化战略是指企业将开发新产品、占领新市场进行配合而扩大经营范围的战略，通常适用于规模庞大、资金雄厚、市场开拓能力强而适应能力差的大型农业企业。其作用主要在于分散风险和有效利用经营资源。多样化战略是企业发展型战略中最复杂、最难掌握、误区最多、最容易失误，但一旦成功收效也最大的一种战略。所谓"成也多元化，败也多元化"，深刻地揭示了它是一把"双刃剑"。多样化战略分为同心多样化战略和复合多样化战略。

1）同心多样化战略。同心多样化战略是指企业以现有设备和技术能力为基础，增加或生产与现有产品或服务相类似的新产品或服务的一种战略。虽然经营种类众多，但各种经营在某些方面是相互配合的，是以某些共同的要素为基础的，如相关的技术、共同的分销渠道、共同的供应商和原材料来源、类似的经营方法、相仿的管理技巧、互补的市场营销渠道等。这是对企业很有吸引力的一种扩大经营领域的战略。因为它不仅能保持经营业务在生产技术上的同一性，充分利用生产技术、原材料、生产设备的类似性，节约成本，增加利润，分散风险，而且能把企业原有的经验运用到新的领域，通过资源共享和经营匹配，迅速建立起比单一经营企业更强的竞争优势，以获得更高的利润。

2）复合多样化战略。复合多样化战略是指企业增加与现有产品或服务、技术、市场等都没有直接或间接联系的不同的新产品或服务的一种战略。实行复合多样化战略，通过向不同行业渗透或向不同的市场提供产品或服务，可以分散企业的经营风险。企业可以在各种经营业务之间进行平衡，并逐步向具有更优经济特征、更大市场的行业转移，以改善企业的整体盈利能力和灵活性，从而提高企业的应变能力。但是，由于经营领域介入不同的行业，会导致企业资源分散，企业难以形成重心，也不可能在各类市场上都取得领先地位；同时也会带来企业组织规模的膨胀，加大企业管理的难度，并且企业需要的投资也较大。因此，复合多样化战略一般适用于规模大、资金雄厚或资金筹措能力较强、市场开拓能力强的大型企业。

（4）集团化战略。企业集团是由有关企业在平等互利基础上结合而成的多功能经济实体。集团化经营是当前和今后一个相当长时期内我国政府鼓励的企业发展形式。我国现有的企业集团通常以一个或几个实力雄厚的大型骨干企业为核心，以名优产品为龙头，联合生产、技术、金融、原材料供给、产品营销、经营管理等方面的企业而组成，其联合紧密程度互有差异，形式多种多样。集团化经营有利于企业通过相互协调、相互渗透和相互扶助，扬长避短，挖掘资源潜力，获得规模效益，实现经营稳定，增强企业后劲，提高企业综合经济效益。目前，我国在农业领域的企业集团数量还比较少，农业的整体竞争力较弱。

2. 稳定型战略

稳定型战略是指受内外环境的约束，企业在战略期所期望达到的经营状况基本保持在战略起点的范围和水平上的战略。其中，经营状况基本保持在战略起点的范围和水平上，是指企业在战略期基本维持原有经营领域或略有调整，保持现有的市场地位和水平，或仅有少量的增减变化。

采用稳定型战略的企业经营风险相对较小。由于企业基本维持原有的产品和市场领域，因而企业可以用原有的生产领域、渠道，避开开发新产品核心市场的巨大资金投入、激烈的竞争抗衡和开发失败的巨大风险。由于经营领域主要与过去大致相同，因而稳定战略不必考虑原有资源的增量或存量的调整，相对于其他战略态势而言，显然要容易得多。稳定型战略能给企业一个较好的休整期，使企业集聚更多的能量，以便为今后的发展做好准备。从这个意义上说，适时的稳定型战略将是发展型战略的一个必要的酝酿期。

稳定型战略的实施是以市场需求、竞争格局等内外条件基本稳定为前提的。一旦企业的这一判断没有得到验证，就会打破战略目标、外部环境、企业实力之间的平衡，使企业陷入困境。稳定型战略也会使企业的风险意识减弱，甚至使企业形成害怕风险、回避风险的文化，这就会大大降低企业对风险的敏感性、适应性，从而增加风险的危害性和严重性。

采用稳定型战略的农业企业，由于其所面临的外部环境和企业资源条件及竞争地位的不同，在战略目标、战略重点、战略对策等方面也存在不同的选择，从而使稳定型战略有不同种类。

（1）无增战略。无增战略是指企业在经过各种条件的分析后，只希望能保持在现有战略基础上的一种战略。对于经营活动，希望按照原有方针在原有经营领域内进行，而且对其在同行业所处的市场地位、产销规模、效益水平等也都希望维持现已达到的状况。

（2）微增战略。微增战略是企业在保持稳定的基础上略有增长与发展的战略，其中包括小幅度地提高市场占有率，改善市场地位，或者随着市场的稳步增长而扩大产销规模，保持适当的市场占有率，也包括谨慎地推出新产品和扩大市场面。

（3）暂停战略。暂停战略是指在一段较长时间的快速发展后，企业可能会遇到一些问题使得效率下降，这时就可以采用暂停战略，即在一定时期内降低企业的目标和发展速度，使企业的发展速度、企业资源、管理力量保持一致。暂停战略是企业进行临时性休整，以便充分积聚能量，为今后的发展做准备的战略。

（4）谨慎战略。谨慎战略是指企业根据外部环境中某一重要因素的变化或由于难以预测环境而有意识地降低实施进度，步步为营，谨慎实施的一种战略。

3. 紧缩型战略

紧缩型战略是指企业从目前的战略领域和基础水平收缩和撤退，且偏离战略起点较大的一种经营战略。与发展型战略和稳定型战略相比，紧缩型战略是一种消极的发展战略。一般说来，企业实行紧缩型战略只是短期性的，有时候，企业陷入困境，只有采取收缩和撤退的措施才能抵御对手的进攻，避开环境的威胁，迅速地实行自身资源的最优配置。其基本目的是使自己摆脱困境，渡过危机，保存实力，或者消除效益差的项目，集中资源，转而采取其他战略。因此，紧缩型战略是一种以退为进的战略。

紧缩型战略与发展型战略和稳定型战略不同，它是对企业现有产品或市场领域实行收缩、调整和撤退的战略。例如，削减某些产品的市场面，放弃某些产品系列，甚至完全退出目前的经营领域；逐步缩小企业的产销规模，降低市场占有率，同时相应地降低某些经济效益指标水平；在资源的运用上，采取严格控制和尽量削减各项费用支出，只投入最低限度的经营资源的方针和措施。紧缩型战略具有过渡的形式，一般来说，企业只在短期内实行这一战略。

紧缩型战略的类型有以下几种：

（1）抽资转向战略。抽资转向战略是指企业在现有的经营领域不能维持原有产销规模和市场的情况下，采取缩小规模和减少市场占有率，或者企业在存在新的更好的发展机遇的情况下，对原有的业务领域进行压缩投资，控制成本，削减人员，目的是逐步收回资金和抽出资源用以发展新的经营领域，寻找新的出路，从而推动企业更快发展。

（2）调整战略。调整战略是指企业试图扭转财务状况欠佳的局面，提高运营效率，而对企业的组织结构、管理体制、产品和市场、人员和资源等进行调整，使企业能渡过难关，以便将来有机会再图发展的一种战略。例如，调整企业组织，在组织内部重新分配责任和权力等；降低成本和投资，压缩日常工作开支，实施更严格的预算制度，减少一些长期投资的项目等；减少资产，关闭或出售生产线、资产，加速回收企业资产等；降低企业存货量，加速收回应收账款等。

（3）放弃战略。放弃战略是指转让、出卖或停止经营企业的一个或几个战略经营单位，将资源集中于其他有发展前途的经营领域，或保存企业实力寻求更大的发展机遇。

（4）清算战略。清算战略是指企业受到全面威胁、濒于破产时，通过拍卖企业的资产或停止整个企业的运行而终止全部经营活动的一种战略。对于企业管理者来说，清算都是其最不期望、最不乐意做出的选择，通常只有在其他战略全部失效时才会采用这种战略。在特定的情况下，及早地进行清算较之追求无法挽回的事业对企业来说也是一种明智的选择。

二、农业企业经营战略的制定与实施

（一）农业企业经营战略的制定

一个农业企业经营战略的制定过程一般包括识别和鉴定现行的战略方案、分析企业的外部环境、评价企业内部实力、拟定各种战略方案、评价和比较战略方案、选择战略方案等步骤。

1. 识别和鉴定现行的战略方案

任何农业企业的经营战略都要随着企业的发展和外部环境的变化而不断地调整和修改，尤其是如果企业面对的市场变化程度较大，则相应地企业战略需要具有较大的灵活性。因此，识别和鉴定现行的战略方案，判断其是否有改变的必要，是制定新战略的前提。

2. 分析企业的外部环境

社会化的企业，从社会上获得资源，又为社会生产产品或提供服务，其生存完全依赖社会。外部环境是影响企业经营战略发生改变的主要因素，这些因素是如此复杂，以至于没有任何办法可以列举全部可能的影响因素并把握其影响的形式和程度。环境分析的核心问题，就是要抓住影响企业生存及发展的竞争力量来源并把握环境因素发挥作用的方式，从而确定关键的机会和威胁。

3. 评价企业内部实力

通过对企业资源拥有状况、企业的核心竞争能力以及企业价值链的分析和评价，明确企业在该行业所处的地位，实事求是地评价企业的实力状况。

4. 拟订各种战略方案

拟订方案是战略决策的基础。拟定战略方案要求具备两个条件：第一，整体的详尽性。拟订的方案应当尽可能包括达到战略经营目标的所有途径。第二，相互排斥性。不同的方案必须相互排斥，以利于比较。

5. 评价和比较战略方案

如何判断和评价一个战略方案的优劣，是理智地选定一个战略的关键。战略评价要回答以下问题：战略是否合理？战略是否利用了企业面临的机会，是否发挥了企业的优势，是否有力地抵消了恶劣环境因素的威胁和避免了企业的弱点？战略是否与产业环境和企业资源能力相适应？战略的可行性如何？等等。评价的另一项内容是战略的可接受性，即战略是否能被与决策有关的主要成员接受，是否体现了大多数人的利益等。

6. 选择战略方案

一个战略的优缺点是相伴而生的，巨大的收益伴随着巨大的风险。因此，战略方案的选择与作业层决策的选择的最大差异就在于前者的选择往往不是一次的，而是谨慎、综合地考虑方案实施过程中的多种复杂因素之后，进行多方面的权衡，逐步加以确定的。

（二）农业企业经营战略的实施

农业企业经营战略的实施是企业通过一系列行政的和经济的手段，组织企业职工为实现企业的战略目标所采取的一切行动。在把制定的战略转化到实际行动的过程中，企业必须开展多方面的工作。

1. 建立适应战略实施要求的企业组织

企业战略实施的成功，主要取决于企业的组织是否适应战略实施的要求。组织结构必须服从战略，因此要根据新制定的战略来调整企业原有的组织机构，并配备适当的人员，明确其相应的责任和权力，建立各种规章制度。

2. 合理配置资源，制定预算和规划

企业必须搞好预算和规划，把所有的资源配置到下属单位，以便使其完成战略目标。各下属单位要根据自己承担的战略任务，规划各项业务活动，制定工作进度表等。详细的战略实施规划包括详细的战略项目和行动方案、资金资源的筹措手段和市场开拓计划等。

3. 调动群体的力量，实现战略计划

通过激励机制，如增加工资、奖金、津贴，分享股份，晋升，表扬等，鼓励企业员工投身于实现战略目标的工作中，必要时也可实施惩罚措施。建立支持战略实施的企业文化。

4. 建立行政支持系统，实行有效的战略控制

在实施战略的过程中，行政系统的主要任务是制定实施战略的政策和方法，及时获取

有关的重要战略信息，保证组织按照战略规划要求行动。同时，对战略实施的状况进行全面评价，及时发现偏差并纠正。

第三节 农业企业经营决策

一、农业企业经营方向决策

制定正确的经营决策关键在于选择正确的经营方向，选择正确的经营方向应做好行业分析、可行性研究等工作。

（一）行业分析

行业分析的目的就是要选择企业进入的行业，即在各行业中选择创办机会。行业分析包括下列主要内容：（1）该行业的地位和作用；（2）该行业的结构、规模和增长率；（3）该行业产品需求预测；（4）支持该行业发展的金融、财政、外贸和其他相关政策；（5）产品所需资源及其供应条件；（6）产品成本、收益、盈亏估计及分析。

（二）可行性研究

在选择企业经营方向时，还必须对企业准备经营的所有项目和主要影响因素进行分析、测算、综合评价。

1. 技术可行性

从生产、技术角度研究经营方向的可行性，主要包括以下内容：第一，综合技术的利用。比如实行纵向一体化的农业企业，从种植、运输、加工到销售，这一整个运作过程中，不同技术组合的成本、效益多大，所选用的设备是否配套，是否适用当地条件。第二，规模是否经济。比如能否充分扩大生产规模、临界规模是多大等。第三，资源等制约因素。比如原料是否有保证，生产经营中的用水、用电的保障程度，等等，尤其是人力资源的保障程度。

2. 财务可行性

财务是伴随企业的生产经营过程随时发生的。财务可行性分析的要点有：投资规模及其保证程度；总成本的估算，包括对所需原材料、燃料、动力、劳动力等成本方面的分析；全部投资的回收分析；盈利分析。

3. 社会可行性

社会是企业生存的空间。社会可行性分析应考虑的主要因素有：国家的政治体制，支持企业所在的行业的政策法令，该行业的投资结构、社会经济结构，传统习俗、消费习惯，等等。尤其要对支持该企业所在行业的政策进行仔细研究，包括可能发生的政策更替、税收制度、交给体制以及实施的强制性。

农业企业应通过对各方面情况的综合分析研究，确定企业正确的经营方向。

二、农业企业经营规模决策

农业企业经营规模是指一个企业提供产品或服务的能力。不同行业、产品因其技术、市场容量等条件不同，对企业经营规模的要求也不同。农业企业要想在保持好的经济效益的前提下，开拓更大的市场，不断地扩大企业生产规模，就必须按投入要素最佳组合的要求，按比例增加所有生产要素的投入量，确保在扩大企业规模的同时，生产要素组合仍处于最佳状态。

企业经营所要解决的问题就是如何确定规模即生产多少的问题。企业的行为目标是追求利润最大化，即根据利润最大化的要求决定产量和投入水平。生产多少能使企业获取最大利润呢？这是生产经营所必须解决的问题。研究企业经营规模与经济效益的关系，可以避免造成物质资源和人力资源的浪费。

（一）农业企业经营规模的内在经济与外在经济

企业经营规模的确定要考虑其内在经济与外在经济两个方面。

1. 内在经济

内在经济是指企业在扩大生产规模时从自身内部所引起的产量与收益的增加。产生内在经济的原因有以下几个：

（1）由于固定资本具有不可分性，因此只有规模较大的企业才有财力购置大型的、先进的机器设备，并能在经营中充分利用。

（2）生产规模越大，越容易进行精细的分工，实行专业化劳动。精细的分工可以在劳动者人数不变的情况下，增加产品数量，改进产品质量，提高劳动生产率。如果规模不大，采用过细的劳动分工，可能会造成无法充分负荷的结果，带来生产要素的损失。

（3）规模较大的企业用户会比较多，而较多成熟用户的总体行为会更加趋于稳定，因此企业的存货不必与它的规模成比例增加。同时，大批量的采购和销售可以减少流通费用，从而降低成本。

（4）较大的企业便于实行科学管理，提高管理效率。各种规模的生产都需配备必要的管理人员，但生产规模扩大后，可以缩小和降低管理人员在全部员工中的比重，节约管理费用。同时，大企业的管理部门工作量大，有条件进行专业分工和分散决策，并能使用专门的管理设备，可以提高管理效率。

（5）企业规模越大，越容易对副产品进行综合利用。在小规模生产中，许多副产品往往被作为废物处理，但在大规模生产中，这些副产品就可以进行再加工，“变废为宝”。

（6）实力雄厚的企业有能力聘请专家，进行生产技术和产品质量的改造。

总之，在一定的条件和限度内，企业规模越大（全部生产要素都增加），生产量越大，各项开支越节省，而单位产品的成本就越低，也就是成本递减、收益递增。

2. 外在经济

外在经济是指整个行业规模扩大和产量增加后，给个别企业带来的产量与收益的增加。产生外在经济的原因有以下几个：

（1）整个行业规模扩大之后，有关该产业的知识量也会增加，这些知识表现在商业报刊或其他消息来源中，很容易被各个生产单位采纳，这样可以减少企业收集经济、技术、市场信息的成本。

（2）行业形成一定的规模之后，可以联合设置维修服务等方面的机构，节省相应的费用。实际上，即使没有有形的联合服务，消费者也可以预期消费品会有便利的维修等条件，从而加大对某种已经形成产业规模的产品的消费。

（3）行业的繁荣会使该行业的产品或服务更容易进入国际市场，使产品市场空间得到进一步的扩展。

（4）当产业产出的增长集中在特定地区时，会创造出熟练劳工的市场、先进的附属企业或产生专门的服务性行业以及带来基础设施的改善等。这些经济效果的传播会改变接受效果的企业的产出和投入之间的技术关系。

（二）农业企业经营规模的内在不经济和外在不经济

企业经营规模的确定又受制于其内在不经济性与外在不经济性。

1. 内在不经济

当一个企业由于本身经营规模过大、从自身内部引起产出和收益减少时，就称为内在不经济。内在不经济的情况有可能出现，是因为：

（1）当经营规模超过一定的资源约束限度时，资源的供给有可能发生困难，投入成本有可能增加，产品的销路也有可能受到市场的限制。

（2）当经营规模过大时，会出现机构庞大、层次过多、不易协调等问题。这一方面会使管理费用增加的速度超过产量上升的速度，另一方面也会因决策的复杂性增加而使管理效率下降。

（3）劳动的分工总是有一定限度的，生产效率的提高也是有限度的，超过了一定的技术条件，分工所带来的限度将会导致生产效率下降。

（4）由于收益递减规律发生作用，在经营规模扩大的过程中，总会出现某一生产要素的功能发挥到极限的情况，从而也会导致规模收益递减。

（5）有证据表明，在大企业中，个人的努力程度、工作实绩和劳动报酬之间的联系不像在小企业中那样直接而明显，这使得大企业与小企业相比往往缺乏效率，从而使企业随着规模的增大而收益递减。

（6）产出的增加可能会带来销售上的困难，增加销售机构和人员的支出，会导致产品成本增加。

2. 外在不经济

当一个行业规模扩大而使一些企业收益减少时，就称为外在不经济。产生外在不经济的原因有以下几个：

（1）行业生产规模扩大会引起竞争加剧，使销售变得困难，造成生产能力闲置，产品成本增加。

（2）行业规模达到一定程度，可能会使市场中某种必要的生产要素短缺，从而增加产品的生产成本。

（3）随着整个行业规模的扩大和产出的增加，可能会引起交通运输紧张、地价上涨等后果，从而增加经营成本。

（三）企业规模收益与成本

规模收益递增原理可以作为农业企业经营规模分析中的一个重要模型。

1. 规模收益的变动

所谓规模收益，是指企业采用一定的生产规模而能获得的经济上的利益。换句话说，规模收益也就是指由于生产规模变动而引起的收益变动。随着经营规模的扩大，规模收益会发生变动。这一变动大致要经过三个阶段：

（1）规模收益递增。当规模扩大后，收益增加的幅度大于规模扩大的幅度。比如生产要素投入增加 20%，而获得的产出却增加了 30%。在这种情况下，企业所获利润呈递增趋势，表明企业可以继续增加投入，扩大生产规模，降低生产成本。同时，这也表明企业生产处于经济状态。

（2）规模收益不变。当规模扩大后，收益增加的幅度等于规模扩大的幅度。比如生产要素投入增加 20%，产出也增加 20%。在这种情况下，企业因规模扩大而投入的生产要素能够实现产量（收益）的最大化。

（3）规模收益递减。规模扩大后，产出增加的幅度小于规模扩大的幅度，甚至收益绝对减少。比如生产要素投入增加 20%，而产出增加不到 10%。这时，企业生产处于不经济阶段。

上述规模收益的三种情况，也可以用代数式表示：

设生产函数 $Q=f(X_1, X_2, \cdots, X_n)$，并假定在技术水平和要素价格不变的条件下生产出特定产量 Q^* 所需要素是 X_1^*，X_2^*，…，X_n^*，即 $Q^*=f(X_1^*, X_2^*, \cdots, X_n^*)$。

假设所有投入要素都增加到 K 倍，产量就增加到 HQ^*，那么 $HQ^*=f(KX_1^*, KX_2^*, \cdots, KX_n^*)$。这样，可能有三种情况：

第一，如果 $H>K$，即为规模收益递增；

第二，如果 $H=K$，即为规模收益不变；

第三，如果 $H<K$，即为规模收益递减。

假定技术条件不变，则规模收益递增、不变和递减三个阶段相应表现为平均成本递减、不变和递增三个阶段，如图 3－2 所示：

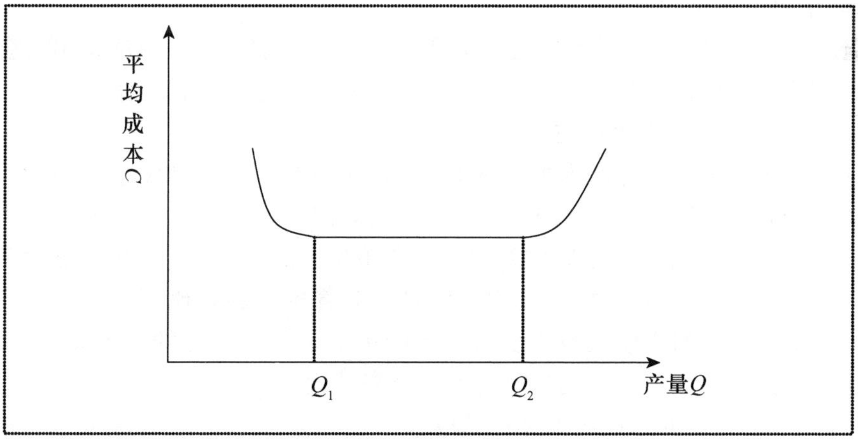

图 3－2　规模收益的变动

只有在产出量介于 Q_1 与 Q_2 之间时，生产的投入才有利可图。

2. 规模收益与等产量曲线

可以借助等产量曲线分析收益与规模之间的关系，如图 3－3 所示。假设在生产过程中，每投入 5 个单位时间的劳动必须投入 1 个单位时间的机器使用。图中 OC 射线描述了固定投入比例中进行生产的各种劳动和资产的组合。

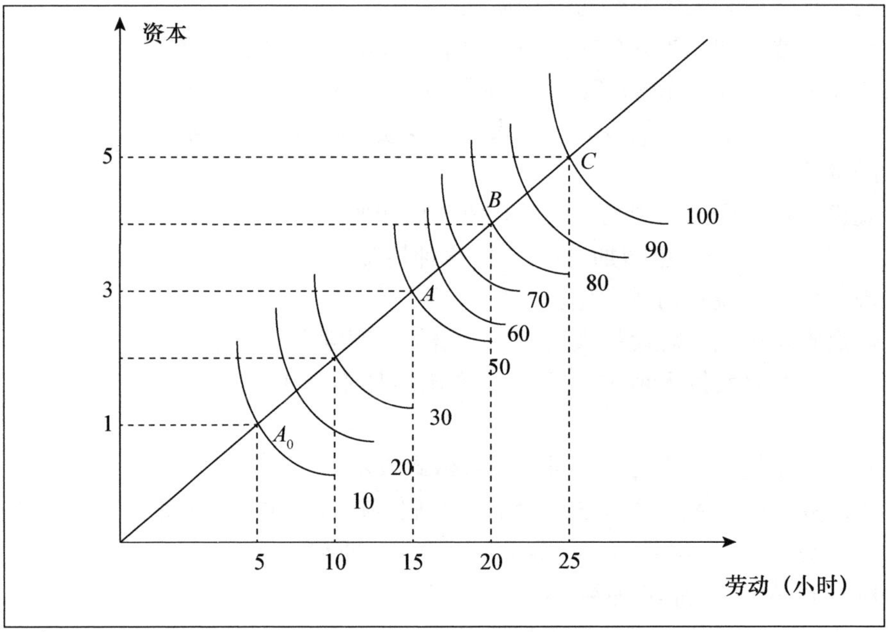

图 3－3　规模收益图示

在较低的产出水平上，企业的生产函数显示了递增的规模收益，如图中从 O 到 A。在投入组合为 5 小时劳动与 1 小时机器使用时，产出为 10 个单位（图中最低的等产量线所示）。当所有的投入品都增加一倍时，产出由 10 个单位增至 30 个单位；当投入再增加一半（劳动时间由 10 小时增至 15 小时，机器使用时间由 2 小时变为 3 小时），产出增加了一倍，由 30 个单位增至 60 个单位。

在产量适中的情况下，生产函数显示了不变的规模收益，如图中从 A 到 B。在投入组合增加 1/3，即劳动由 15 小时增至 20 小时、机器使用时间由 3 小时增至 4 小时的情况下，产出也增加了 1/3，即由 60 个单位变为 80 个单位。

在较高的产出水平上，生产函数又显示了递减的规模收益，如图中从 B 到 C。当投入组合增加 1/4，即劳动由 20 小时增至 25 小时、机器使用时间由 4 小时增至 5 小时的情况下，产出增加了 1/4，即由 80 个单位变为 100 个单位。

从图 3－2 中可以看出，在规模收益递增时，随着投入的等比例增加，等产量线之间的距离变得越来越近；当规模收益不变时，等产量线之间是等距的；当规模收益递减时，需要越来越多的投入品，等产量线之间会离得越来越远。

3. 规模经济与企业的短期成本和长期成本

规模经济是指在既定技术条件下，随着产出的增加，企业单一产品或一定量某种服务的平均成本在某一区间内递减的现象。它通常是用成本-产出弹性（Ec）来计量的。Ec 表示单价产出变动百分率所引起的平均生产成本变动（其中，C 是总成本，Q 是产出量）：

$$Ec=(\Delta C/C)/(\Delta Q/Q)$$

当成本-产出弹性小于1时，说明小于1倍的成本增加能够带来1倍产出增加，因而存在规模经济；当成本-产出弹性大于1时，必须有大于1倍的成本增加才能带来1倍产出增加，因而存在规模不经济；当成本-产出弹性等于1时，对应了有效规模产出点。

变换上式可以看出成本-产出弹性是边际成本与平均成本的比率：

$$Ec=(\Delta C/C)/(\Delta Q/Q)=(\Delta C/\Delta Q)/(C/Q)=MC/AC$$

也就是，边际成本小于平均成本因而边际成本与平均成本比率小于1时，存在规模经济；边际成本大于平均成本因而边际成本与平均成本比率大于1时，存在规模不经济；边际成本等于平均成本因而边际成本与平均成本比率等于1时，对应的产出量为有效规模产出量。

4. 盈亏平衡分析

盈亏分析，指的是产品生产总成本和销售收入随着产量呈线性变化时的盈亏分析。企业从事生产经营活动投入的人力、物力等的货币表现就是成本，将生产出的产品销售出去的所得就是销售收入。对生产经营进行盈亏分析，就是根据产品的销售量、成本和利润三者之间的关系，分析各种方案对企业盈亏的影响，从中选出最佳的经营规模方案。

设：Q为产量，R为销售收入，C为总成本，F为固定成本，V为变动成本，P为产品单价，Q_b为盈亏平衡点产量。

当销售收入等于总成本，即$R=C$时，企业不盈利也不亏损，这时的产量称为盈亏平衡产量，也叫临界产量Q_b。表现在盈亏平衡图上就是收入$R=PQ$和成本$C=F+VQ$两直线的交点，如图3-3所示。则$Q_b=F/(P-V)$。由图可以看出，当产量$Q>Q_b$时，企业可以盈利；当$Q<Q_b$时，企业亏损。因此，企业要想获得盈利，就必须使产量大于盈亏平衡点Q_b。但是，产量究竟应当多大才能保证企业达到目标利润？设目标利润为Pf，则

$$Pf=R-C=PQ-F-QV$$

解这个方程所得Q值，我们设其为Qf，则$Qf=(Pf+F)/(P-V)$，即当目标利润为Pf时，生产量应大于或等于$(Pf+F)/(P-V)$。

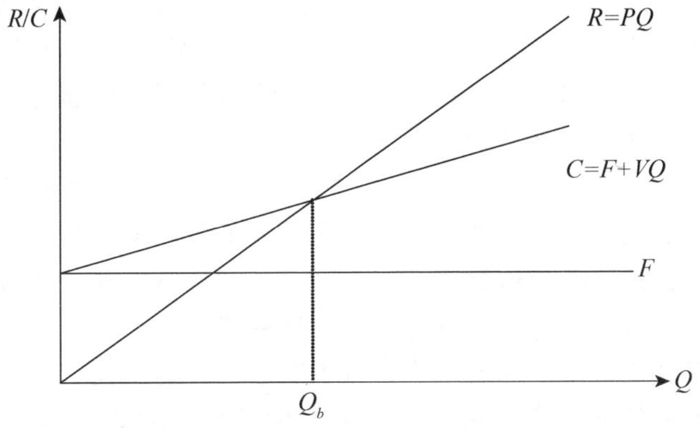

图3-3　盈亏平衡图

例如，在某生产制造过程中，固定成本为10 000元，每件产品的可变成本为0.4元，

售价为 0.6 元。求：盈亏平衡点产量是多少？若目标利润为 10 000 元，应生产多少？

已知：$F=10\,000$ 元　$V=0.4$ 元/件　$P=0.6$ 元/件　$Pf=10\,000$ 元

则 $Q_b=F/(P-V)=10\,000/(0.6-0.4)=50\,000$(件)

$$Qf=(Pf+F)/(P-V)=(10\,000+10\,000)/(0.6-0.4)=100\,000(\text{件})$$

要确定各种产品的最优产量，以使企业获得最大利润，可利用线性规划的方法。在建立数学模型的基础上通过一定的求解方法，可求得各种产品的最优产量。

企业作为一个独立的经济实体，其行为方式总是要受到自身经济利益和社会经济条件的约束。也就是说，企业生产的目的是要获得好的经济效益，同时也不可避免地要受到社会需求和生产资源的限制。在一定的社会经济条件下，企业生产的产品多少是不可能超越资源的可供应数量和社会需求量的。因此，还可采用回归分析法确定经营规模方案。这里不再论述。

【思考练习】

1. 我国农业企业经营的外部环境有哪些新变化？
2. 我国农业企业面对新机遇、新挑战应如何实现战略管理？
3. 如何理解农业企业经营战略？农业企业经营战略有什么特点？
4. 农业企业经营环境分析包含哪些内容？
5. 农业企业在什么情况下会采取一体化战略？
6. 农业企业经营战略主要有哪些类型？
7. 农业企业在规模经营上有何特点？

【案例分析】

德青源公司的自循环农业产业生态战略分析

最初，德青源的价值主张是为消费者提供优质、安全、放心的鸡蛋。鸡蛋生产成为其核心价值创造环节，核心产品消费者是其主要利益相关者。此时，德青源以自身为核心，以纵向一体化的方式初步构建起农业产业生态系统。该模式不仅为其带来可观的经济效益，提供了产业整合的资本积累，也提升了德青源自身的产业价值站位，为其之后进一步完善农业产业生态系统奠定了坚实的基础。

然而，2007 年相继发生的太湖、巢湖、滇池蓝藻暴发事件敲响了环保的警钟，伴随着“全面协调可持续发展，建设资源节约型、环境友好型社会”等相关政策的提出，环境保护日益成为消费者探讨的核心话题之一，农产品的“绿色”属性也成为关注的焦点。市场对于环保产品的青睐驱使德青源及时对价值主张进行调整，在原有主张的基础上，增加了“能源零输入、污染零输出”的新主张，以引领新阶段的农业产业生态园区的建设。

在新价值主张的引领下，德青源进行了相应的价值创造，在循环农业模式中推进第一、第二、第三产业融合，推动农业产业生态系统不断升级。一方面，通过产业之间的相互渗透和要素集聚，德青源在纵深方向进一步延伸农业产业链。德青源顺应消费结构的升级和消费需求的细化，积极开发蛋类产品的深加工，除鲜蛋外还推出食用肉鸡、鸡蛋干、

卤蛋、蛋粉、液蛋等多种特色化、个性化的产品。另一方面，通过循环农业模式，德青源实现了产业生态化和生态产业化的有机结合，兼顾了经济效益和生态效益。通过掌握农业废弃物沼气发电技术，德青源得以将每年产生的10万吨鸡粪成功转化为1 400万千瓦时的绿色电力，为周边农户提供生物质能源。除了上述直接收益外，循环农业模式中的订单农业还创造了间接收益。德青源与农户签订玉米订单合同，每年可以从当地收购6万吨绿色玉米作为饲料原料。这一举措不仅有效地保障了绿色玉米的供应，每年还能帮助6万名农户实现上亿元的收入。

这一阶段，自循环农业产业生态园的利益相关者中新增了德青源相关衍生企业、关联产品消费者与周边农户。自循环农业产业生态园的建设使德青源开始在纵向一体化的基础上进行横向一体化发展，此举满足了关联产品消费者的需求。在大举扩张和多元化的过程中，德青源成立了多个涉及不同业务的衍生企业，并为这些企业的发展壮大提供了资源、技术和管理方面的支持。同时，德青源的现代环保理念和科学、绿色的循环农业模式让周边农户享受到了清洁能源、订单农业和有机种植的好处，与周边农户建立了有效的价值共享渠道。

在自循环的农业产业生态园区建设阶段，德青源一方面不断进行产业链扩张，通过纵向、横向一体化，扩大了产业链覆盖范围，增强了企业的价值创造能力；另一方面，为产品注入生态内涵，使价值创造环节做到无污染、低能耗，既创造了经济效益，又兼顾了生态效益。同时，德青源将德青源相关衍生企业、关联产品消费者与周边农户纳入农业产业生态系统之中，与其共享价值，从资源输出（德青源相关衍生企业提供的产品和服务）与价值输出（德青源与农户的互利模式、满足关联产品消费者需求）入手，双管齐下，形成农业产业生态园的价值双循环。

资料来源：刘刚，张泠然，殷建瓴．价值主张、价值创造、价值共享与农业产业生态系统的动态演进：基于德青源的案例研究［J］．中国农村经济，2020（7）：24－39.

【参考文献】

［1］牛刚．农业企业经营要素配置环境分析［J］．经济问题，2006（7）.

［2］波特．竞争优势［M］．北京：华夏出版社，2005.

［3］崔宝玉，刘学．我国农业龙头企业经营效率测度及其影响因素分析［J］．经济经纬，2015（6）.

［4］卫龙宝，方师乐，吴建，等．中国农业上市公司多元化经营与企业绩效［J］．农业经济问题，2017（12）.

［5］王辉，杨朝现，熊想想，等．新型农业经营主体农地规模经营效应评价：基于成渝区313个新型农业经营主体的调查数据［J］．资源开发与市场，2018（12）.

［6］梁伟军．交易成本理论视角的现代农业产业融合发展机制研究［J］．改革与战略，2010（10）.

第四章

农业企业供应链管理

【学习要点】

- SCOR 模型和毕马威模型
- 供应链整合与 CPFR 的实施
- 冷链物流的关键控制点

第一节　供应链管理与农产品供应链

随着互联网、信息系统和物流的发展，传统的企业管理模式已经不能适应新的市场竞争要求，在这种状况下，供应链管理应运而生。供应链管理不仅要求企业在正确的时间，将产品、服务和信息送达正确的地点，而且还要求企业在正确的操作成本下，在正确的时间将正确的质量、正确的数量送达正确的地点。要实现这种能力，仅仅关注一个企业内部的物流管理是不够的，需要从整体流程（从原材料提供厂商到向消费者提供配送或售后服务）优化的角度来进行管理考量。

一、供应链与供应链管理的概念

1. 供应链

供应链是指围绕核心企业，通过对信息流、物流、资金流进行控制，从采购原材料开始，经过中间产品以及最终产品，最后由销售网络把产品送到消费者手中的正向和逆向的整体运行系统。它将供应商、制造商、分销商、零售商直到最终客户连成一个整体，是一个范围更广的企业结构模式。它包含所有加盟的节点企业，从原材料的供应开始，经过供应链中不同企业的制造加工、组装、分销等过程直到最终用户（见图 4－1）。它不仅是一条连接供应商到用户的物料链、信息链、资金链，而且是一条增值链，物料在供应链上因加工、包装、运输等过程而增加其价值，给相关企业带来收益。

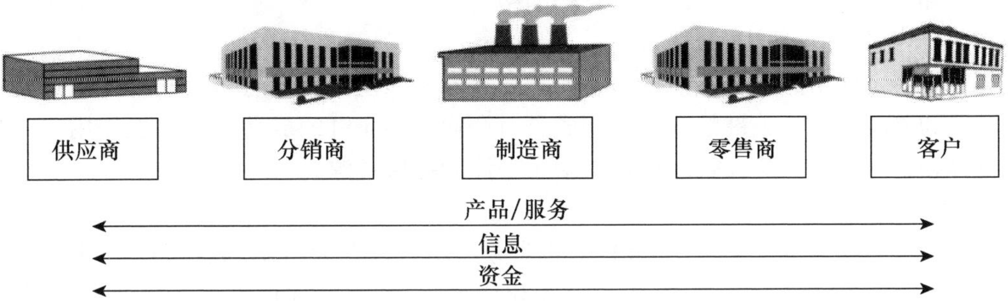

图 4－1　供应链基本构成

资料来源：叶怀珍．现代物流学［M］．北京：高等教育出版社，2007.

从结构形式上看，供应链由所有加盟的节点企业组成，其中一般有一个核心企业，节点企业在需求信息的驱动下，通过供应链的职能分工与合作（生产、分销、零售等），以资金流、物流和服务流等为媒介，实现整个供应链的不断增值。

2．供应链管理

与供应链的概念相对应，所谓供应链管理，就是为了满足顾客的需求，规划和管理供应采购、生产、营销和所有物流活动，尤其是渠道成员包括供应商、中间商、第三方提供商、客户等的协调和合作。从本质上讲，供应链管理是对企业内外供应和需求的全面整合。供应链管理的范围包括物流管理、生产运营管理、营销销售管理、产品规划、资金管理、信息技术的协调等，管理对象是在此过程中所有与商品流动及信息流动有关的活动和相互之间的关系。

供应链管理源于物流管理，但其内涵和外延又超越了物流管理，两者之间既有区别又有联系。从概念的内涵和外延来看，供应链管理涉及生产领域和流通领域，而物流管理主要集中于物资流通过程的管理；物流管理只整合了物流和信息流，供应链管理进一步将商流和资金流整合在一起。所以说，供应链管理包含了物流管理，物流管理是供应链管理的重要组成部分，是供应链管理的一个子集。另外，从目标导向来看，物流管理的目标是以最低的成本产出最优质的服务。对于不存在供应链管理环境的企业而言，企业间是简单的业务合作关系，物流管理是为实现单个企业的战略目标而服务的；对于供应链管理环境下的企业而言，合作企业之间是战略伙伴、战略联盟的关系，这时的物流管理实际上是供应链物流管理，是以供应链目标为指导，实现企业内部物流和接口物流的同步优化。供应链管理是将供应链上所有节点企业作为一个整体，以提升整条供应链运作绩效为导向，目标是提升客户价值和客户满意度，实现供应链成员的共赢，获取供应链整体竞争优势。

二、供应链管理的框架

当研究者或者管理者讨论供应链发展的潜力的时候，需要通过一个框架来描述供应链、供应链的参与者、流程、产品、资源和管理，以及这些要素间的关系和属性。根据兰伯特（Lambert）和库珀（Cooper）的框架，我们可以划分以下四种要素，并运用它们描述、分析和开发一个具体的农产品供应链网络。

1. 网络结构

界定供应链网络的范围，描述网络的主要参与者和他们履行的角色，以及构成网络的全部配置和制度安排。关键是分清哪些成员对企业和供应链的成功有决定性作用——与供应链目标相符——并因此在管理过程中给予关注和提供资源。

2. 供应链业务流程

供应链业务流程是结构化、标准化的业务活动，旨在为特定的客户或市场提供特定的产品（包括各种类型的有形产品、服务和信息）。如前所述的在供应链中的物流过程（如操作和配送后），我们将其业务流程划分为新产品开发、营销、财务和客户关系管理等。

3. 网络和供应链管理

网络和供应链管理代表了网络中的协调和管理结构。该功能通过网络中的参与者促进业务流程的实体运作和执行，并利用供应链资源实现供应链网络既定的绩效目标。兰伯特和库珀划分出了两组管理要素（见表 4-1）。其中，管理和行为要素是供应链管理众所周知的障碍，因为它们可能会阻碍供应链成员间的信任、承诺和信息公开。

表 4-1　供应链中相对应的两组管理要素

物质和技术要素	管理和行为要素
计划和控制方法（如推动或拉动控制） 业务流程/活动结构（表示公司如何完成其工作和活动） 组织结构（表示工作和活动的履行者，例如跨职能团队） 通信和信息流程设施架构（例如信息透明度） 产品流程设施架构（例如库存地点）	管理方法（企业理念和管理技巧） 企业文化与态度 风险和报酬结构 权力和领导体系

4. 供应链资源

被用于产品生产，并被提供给客户。供应链资源包括人力、设备、ICT（信息、信息系统和信息基础设施）。

三、农产品供应链管理

下面以康达尔集团为例介绍一下农产品供应链管理。

康达尔集团的供应链将商品送达消费者手中之前的各相关者或业务进行衔接，围绕康达尔集团核心企业，通过对信息流、物流、资金流进行控制，从采购原材料开始，到制成中间产品以及最终产品，最后由销售网络把产品送到消费者手中。康达尔集团将供应商、制造商、分销商、零售商直到最终用户连成一个整体的功能网链结构。康达尔集团供应链管理的经营理念是从消费者的角度，通过企业间的协作，谋求供应链整体最佳化。现在，康达尔集团的供应链管理能够协调并整合供应链中所有的活动，最终成为无缝连接的一体化过程（见图 4-2）。

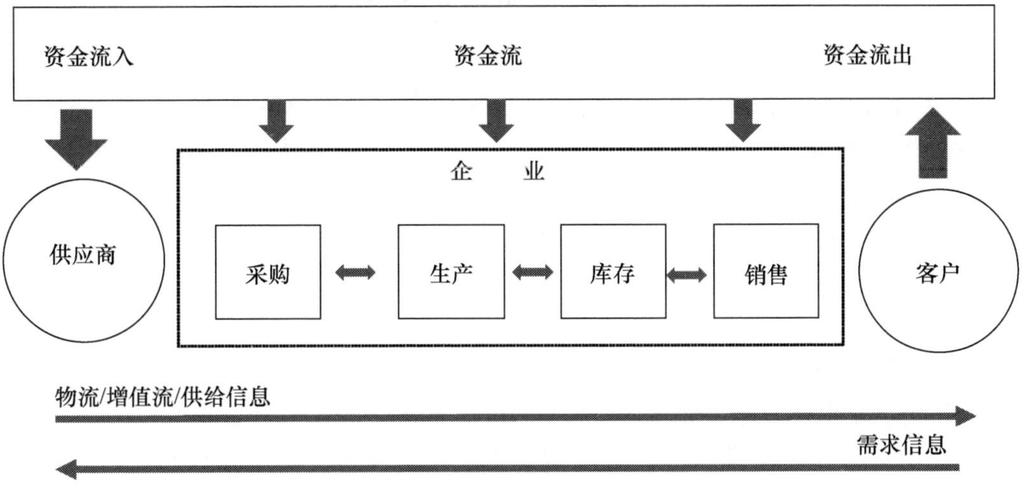

图 4-2　康达尔集团高效的供应链

资料来源：张利庠. 大赢家Ⅱ：转型升级中的中国畜牧行业十大名牌案例研究［M］. 北京：企业管理出版社，2016. 本书编者有所改动.

从图 4-2 中我们可以看出，康达尔集团的供应链包括物资流通、商业流通、信息流通、资金流通四个流程。这四个流程有各自不同的功能以及不同的流通方向。

康达尔集团的物资流通主要是物资（商品）的流通过程。该流程的方向是由康达尔集团经由厂家、批发与物流、零售商等指向消费者。由于长期以来企业理论都是围绕产品实物展开的，物资流程最初就被康达尔集团重视，并且实现了物资流通过程在短时间内以低成本将货物送出去的目标。

康达尔集团的商业流通主要是买卖的流通过程，就是接受订货、签订合同等的商业流程。该流程的方向是在康达尔集团与消费者之间进行双向流动。现在康达尔集团的商业流通形式趋于多元化：既有传统的店铺销售、上门销售、邮购等方式，又有通过互联网等新兴媒体进行网销的电子商务形式。

康达尔集团的信息流通是商品及交易信息的流通。该流程的方向也是在康达尔集团与消费者之间进行双向流动。过去康达尔集团把重点放在看得到的实物上，因而信息流通一直被忽视。现在，康达尔集团已经认识到本身的物流落后同把资金过分投入物资流程而延误对信息的把握不无关系，对信息流的建设投入正进一步加大。

康达尔集团的资金流通就是为了保障企业的正常运作，确保资金的及时回收，以便建立完善的经营体系。该流程的方向是由消费者经由零售商、批发与物流企业、厂家等环节后指向供货商。

康达尔集团具有 30 多年的供港食品经营经验，现在结合自身的实践，在供应链理论的基础上，衍生出一套属于自己的独特高效优质供应链，该供应链也是在食品产业领域的具体应用，是食品产业化经营的高级组织形态。

第二节 供应链综合绩效评价模型

供应链绩效评价的关键是利用怎样的评价模型来构造供应链绩效评价指标体系，本节将重点研究分析这一问题。供应链绩效评价模型是考虑从哪些方面评价供应链绩效，从而指导建立供应链绩效评价指标体系。在供应链及企业中常用的绩效评价模型有供应链运作参考模型（supply-chain operational reference model，简称 SCOR 模型）、毕马威模型等。

一、SCOR 模型

SCOR 模型是由供应链协会（Supply-Chain Council，SCC）开发支持，适合于不同工业领域的供应链运作参考模型。1996 年春，皮提格里奥·拉宾·托德和麦格拉思（Pittiglio Rabin Todd & McGrath，PRTM）咨询公司为了帮助企业更好地实施有效的供应链，实现从基于职能管理到基于流程管理的转变，牵头成立了供应链协会，并于当年底发布了 SCOR 模型。

SCOR 模型是第一个标准的供应链流程参考模型，是供应链的诊断工具，涵盖所有行业。SCOR 模型能使企业之间准确地交流供应链问题，客观地评测其性能，确定性能改进的目标，并影响今后供应链管理软件的开发。流程参考模型通常包括一整套流程定义、测量指标和比较基准，以帮助企业开发流程改进的策略。SCOR 模型不是第一个流程参考模型，但却是第一个标准的供应链参考模型。SCOR 模型主要由四部分组成：供应链管理流程的一般定义、对应于这些流程的性能指标基准、供应链“最佳实施”（best practice）的描述以及选择供应链软件产品的信息。

SCOR 模型按流程定义的详细程度可分为三个层次，每一层都可用于分析企业供应链的运作。在第三层以下还可以有第四、五、六等更详细的属于各企业所特有的流程描述层次，这些层次中的流程定义不包括在 SCOR 模型中。

1. SCOR 模型第一层

SCOR 模型的第一层是流程定义层，也是 SCOR 模型的最高层次（见图 4－3）。第一层主要是从企业的战略决策角度定义供应链的范围和内容，同时通过 SCOR 分析，确定企业需要实现的竞争绩效目标的基础和战略方向。例如，我国牛奶主产区在北方，而牛奶的主要消费市场却在华东、华南等地，牛奶主产区与牛奶消费市场远离；同时牛奶是一种易腐产品，如果不将其放在低温下储存就很容易变质。如何将生产好的乳制品安全地运输到消费市场，是需要乳制品企业思考的一个战略性问题。因此，在第一层中，企业必须确定业务流程如何与高层的业务结构（业务单元、业务区域等）及供应商之间相互合作，并界定供应链战略目标，即确定供应链必须支持的有线业务。

在 SCOR 模型的第一层中，定义了 5 个供应链基本流程，即计划（plan）、采购

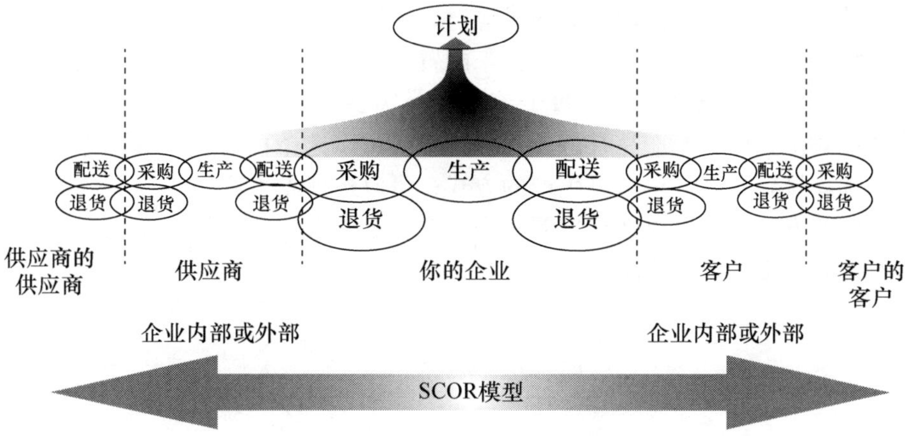

图 4-3　SCOR 模型第一层流程定义

(source)、生产（make)、配送（deliver）和退货（return)。利用这 5 个基本流程，就能建立流程和组织领域之间的协调一致。在整个企业内，界定哪些关键流程必须标准化。第一层的选择将产生信息系统成本，因为跨业务单元的不同流程一般涉及多个应用系统以及相关的系统实施和维护成本。此外，第一层的流程定义也将决定企业是否能够实施某些特定的业务实践。例如，是选择将两个业务单元间的采购流程进行标准化，还是选择保留两者采购流程的差异性？如果企业以合并跨业务单元的采购数量为目标，以充分利用采购规模经济优势，那么就需要将大部分采购流程进行标准化。企业通过对 SCOR 模型的第一层进行分析，可根据下列供应链运作性能指标做出基本的战略决策：

交付性能：按时或提前完成订单/计划的比率

发运速度：成品库接到订单 24 小时内发运的比率

完成订单性能

订单完成提前期

全部订单完成率

供应链响应时间

生产的柔性

供应链管理总成本

增值生产率

保修返修成本

资金周转时间

存货供应天数

资金周转次数

企业不可能在上述所有供应链性能指标上达到最优，因此，合理地选择那些对企业的成功最为重要的指标来评测其供应链性能极为重要。

2. SCOR 模型第二层

SCOR 模型的第二层是配置层，由各种核心流程类型组成（见图 4-4)。企业可选用该层中定义的标准流程单元构建它们的供应链。该层采用按订单配置方式，利用不同种类的计划、采购、生产、配送和退货流程，来配置企业的供应链流程体系。流程种类的选择将影响供应链第三层的设计，因为每个流程种类需要不同的、详细的流程元素。举例来说，制造企业对于如何生产产品有许多选择方案：可以选择直接生产后再等待顾客订单的方式；可以选择接到顾客订单后再生产的方式；可以选择先生产出半成品，等到接到顾客订单后再组装的方式；也可以选择按照每个顾客特定要求生产产品，而在开始任何工作以前，需要有顾客详细的定制要求。

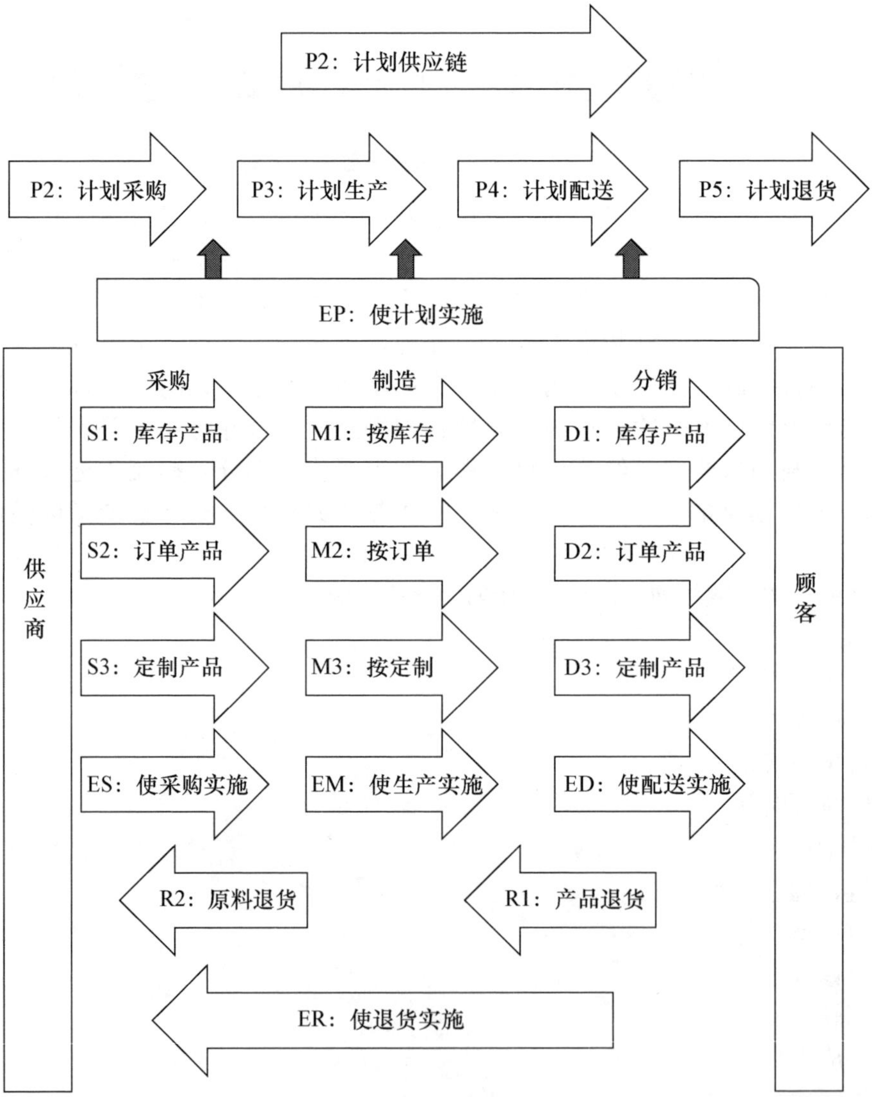

图 4-4　SCOR 模型第二层流程元素

资料来源：姜铁虎，丁叔．解析 SCOR 供应链模型［N］．中国计算机报，2002-02-25．

一旦选择好流程种类之后，就可以使用这些流程种类来描述既有的供应链配置，这通常需要建立一个实际的供应链地理分布图来描述顾客、供应商、仓库、工厂及订单中心的地理分布，再根据地理分布情况来描述每一个流程种类的主要物流和信息流。

为了使用 SCOR 模型这个供应链诊断工具，第一步应从企业供应链的物理布局开始构建供应链的工作。伊利集团作为国内奶业的龙头老大，在各大黄金奶源带中都成为主角①。伊利集团目前在全国有 100 多家生产基地，销售网点遍布全国，销售机构也延伸至乡镇。自 2006 年启动“织网计划”至今，伊利集团已经构建了北起黑龙江，南至福建、广东等，东临上海，西达新疆，“纵贯南北、辐射东西”的现代化乳业基地布局。在“一带一路”倡议的指引下，伊利集团的创新战略融入了新的关键词——“全球性”“全链条”。伊利集团正积极整合全球优质资源，以“全球智慧链”打造全球创新体系。目前，伊利在亚洲、欧洲、美洲、大洋洲等乳业发达地区构建了一张覆盖全球资源体系、全球创新体系、全球市场体系的骨干大网。

第二步就是根据企业自身供应链流程的特点，适当选择 SCOR 模型第二层中定义的标准流程元素来描述其供应链。

3. SCOR 模型第三层

SCOR 模型的第三层是流程元素层，通过流程元素定义，分解和细化 SCOR 模型的第二层设计，完成整个供应链体系。在第三层中，还定义了最佳实践及其适用条件、相关的流程绩效指标以及支持流程所需的信息系统准则（包括功能和支持数据两方面）。因此，SCOR 模型第三层定义了企业是否能在特定市场中取得成功的竞争能力。企业在 SCOR 模型第三层，通过“现状图”，了解流程、实体资产网点和组织之间的协调一致程度，显示库存点、流程元素的提前期以及流程元素与供应链信息系统之间的协调一致程度。SCOR 模型第三层中所有流程元素都附有流程元素的综合定义，循环周期、成本、服务/质量和资金的性能属性，与这些性能属性相关的评测尺度，以及软件特性要求。作为企业 SCOR 模型的第三层设计的内容，通过分析企业目前的流程元素能力与“未来”的要求比较，了解既有流程和信息系统的潜在问题（见图 4－5）。例如，在“全链条”方面，伊利集团的创新体系实现了产业链上、中、下游的全面覆盖。在产业链上游，伊利集团实现了 100% 远程实时监控以及对原奶品质的智能化把控；在产业链中游，伊利集团建立了智能工厂使食品安全链条实现可视化、可数据化；在产业链下游，依托互联网思维和大数据平台，伊利集团为消费者提供个性化产品和服务。伊利集团还搭建了覆盖 200 多个数据源、有效数据量级达到全网 90% 以上的大数据雷达平台，全方位扫描、抓取、分析消费者留存于互联网以及不同线下场景的海量数据。同时，伊利集团将这些分析结果反馈至奶源建设、生产制造、质量管理、研发创新等不同环节。另一位乳业领跑者蒙牛在 2013 年就有东北、西北、华北、华南等 30 多个省市的奶源区域。近年来，蒙牛通过强化牧场管理，提供资金技术支持、服务保障、人员培训等，不断提升原奶质量安全水平和牧场管理水平。同时，蒙牛利用信息技术手段，建立全产业链质量追溯系统，实现生产全过程自动监测，产品、物料的信息化追溯及质量数据的实时监控与预警，全面提升了质量监管的准确性和效率。

---

① 张可心. 登高莫问顶，伊利向远方 [N]. 无冕财经，2019-10-08.

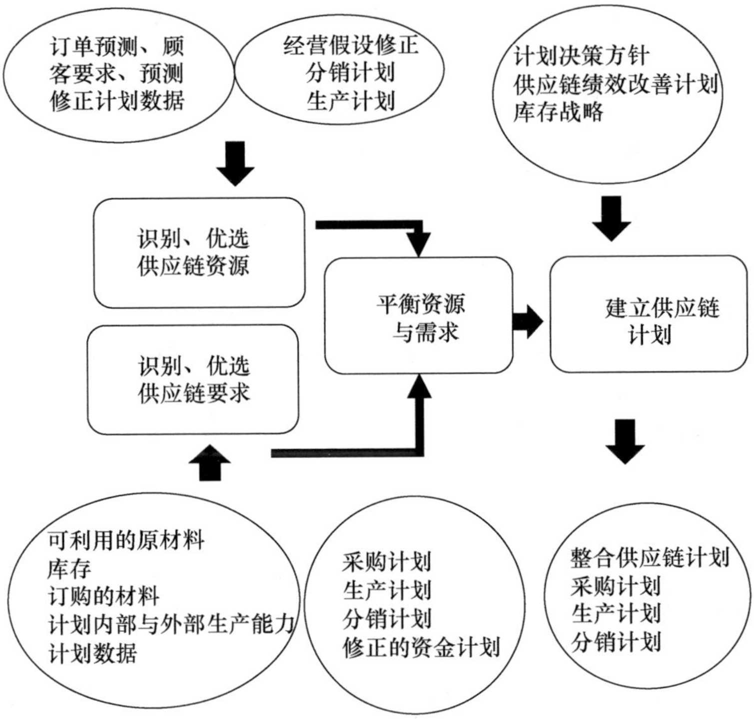

图 4-5　SCOR 模型第三层

然后，就可以利用根据 SCOR 模型的第一层制定的业务标准为基础，评估各个选项，选择出在 SCOR 模型的第四层（实施层，即流程元素分解层）所需的实际运作的工作方案细则。

SCOR 模型是一个崭新的基于流程管理的工具，国内外许多公司已经开始重视、研究和应用 SCOR 模型。大多数公司是从 SCOR 模型的第二层开始构建它们的供应链的，此时常常会暴露出现有流程的低效或无效，因此需要花时间对现有的供应链进行重组。典型的做法是减少供应商、工厂和配送中心的数量，有时公司也可以取消供应链中的一些环节。供应链重组工作一旦完成，就可以开始进行性能指标的评测和争取最佳业绩的工作。企业在运营中自始至终必须努力提高其供应链管理的效率。因此，企业需要将供应链整合的过程信息化。例如，大北农集团的信息化建设就是从财务软件入手，摒弃了传统的系统建设思路，将内外供应链整合到一个系统里，自己建设了一套低成本信息化架构。1994 年成立的大北农集团是一个以饲料、种业、动物与植物保健品为主体的农业科技集团。从成立到现在，大北农集团的规模不断扩大，业务也日益复杂。大北农集团提出，在实施过程中要抓住关键环节，即关键的业务、关键的流程、关键的应用，这在大北农集团内部被称为 3K（key）理论。为了让计算机来做大量的重复性工作，减少人力成本，大北农集团组织了一个团队，开始建设包括市场、客户资源管理、价格制定、折扣管理、发票管理等各个环节的供应链系统，这些系统串起来后再跟财务系统相连。一开始，系统主要对财务、业务上的关键指标进行控制，按照一般的思路，在业务发生之前对市场进行预测、销售过程中进行事中控制、事后分析。现在，大北农集团已经把强大的管理理念灌输到整个系统之中，将原来的指标转化成直接的控制力量。比如，大北农集团规定了每个业务人员可控制的价格、可报销的业务范围等，在系统中进行设置，如果哪位业务员超过或者高于标准，系统则不予通过。以前，系统对不同类别的信息无法识别，不同类型客户可以获得什么样的优惠价格，需要由业务员分类之后再手工输入系统。现在，系统直接会进行分类，将大概两万多家客户直接分成 A、B、C 等类，系统找到它的识别码，马上能找到它以前所有的业绩、合同以及服务情况。在提高其自身运作效率的同时，可以同供应商和客户一道发展一种被称为“扩展企业”的供应链成员间的战略伙伴关系。

二、毕马威模型

供应链管理的建立不仅仅是构筑一种协调性的生产管理、物流管理和信息管理体系，更是实现一种企业之间在文化、战略、体制上的重大变革和融合，没有做到后者，是无法保证供应链管理顺利发展并产生巨大效益的。

对供应链管理体系的组成，美国著名会计师事务所毕马威（Klynveld Peat Marwick Goerdeler，KPMG）是从企业内供应链和企业外供应链两个方面来说明的，也就是说，真正有效的供应链体系应当是在企业内部各业务流程有机整合的状况下，再与其他企业进行融合或协作，以发挥出整个产业链的全部绩效。因此，要构筑供应链体系，就应该在业务调整和管理能力的培育上，实现从内到外的发展。具体地讲，首先应该是将企业内的业务职能，包括生产、物流和销售分解为设计/计划、采购/调达、生产/开发、分销/配送、商品计划/销售促进、市场分析/顾客服务等 6 大机能，并实现这些机能的连锁化，这样才能逐渐延伸发展到企业间（见图 4－6）。因此，根据毕马威的研究分析方法，企业供应链管理的构筑，首先是企业内业务流程的再造，其次是企业间业务流程的调整和能力整合。具体地讲，整个供应链管理的构筑流程分为以下几个阶段①：

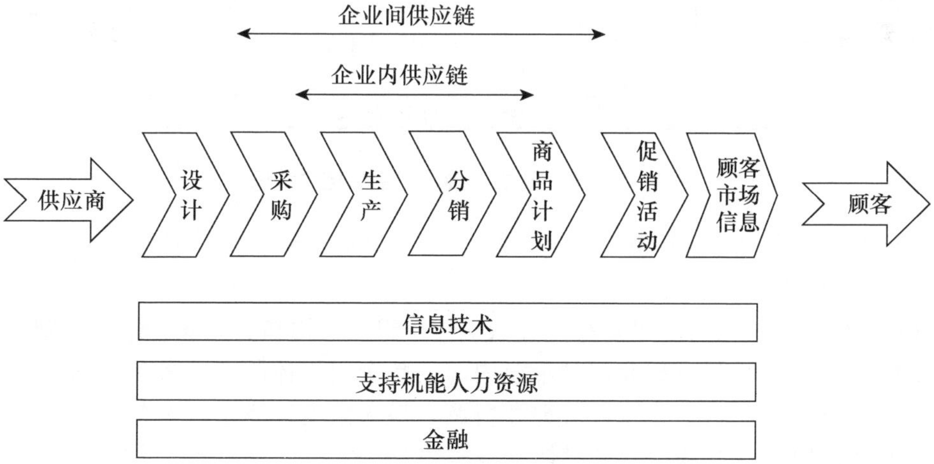

图 4－6　供应链管理框架图

① 宋华，于亢亢．现代物流管理［M］．北京：中国人民大学出版社，2012．

1. 对传统组织结构的认识

目前大多数企业所采用的组织结构是垂直型的，其根本特点在于以大规模消费者为目标市场，通过大量生产和大量销售，以低成本和部门内的效率化为战略重点来取得竞争上的优势，实现战略目标。从这种组织形式的各职能看，物流、商品、店铺、财务、信息系统等职能是相互独立的，职能之间或部门之间存在着沟通的阻碍，而且在管理的权限上有着严格的分工，亦即依靠一种金字塔状的组织和权力结构来管理企业，并做出相应的决策。这种组织结构所产生的问题是，不仅企业之间很难形成协调关系，甚至部门之间的协调和管理也是摆在高层管理人员面前的一个相当大的课题（见图 4－7）。麦当劳作为全球快餐业巨头，它的经营管理有许多地方值得我们学习。1940 年，创始人理查德·麦当劳（Richard McDonald）、莫里斯·麦当劳（Maurice McDonald）兄弟在美国加利福尼亚州创立了“Dick and Mac McDonald”（迪克和麦克麦当劳）。1948 年，Dick and Mac McDonald 开始引入“快餐厅”概念，餐厅只提供汉堡、薯条和软饮料，一下子把在汽车餐厅要花 20 多分钟才能取餐的用户吸引过来。在这一阶段，商品、原料等职能是相互独立的①。

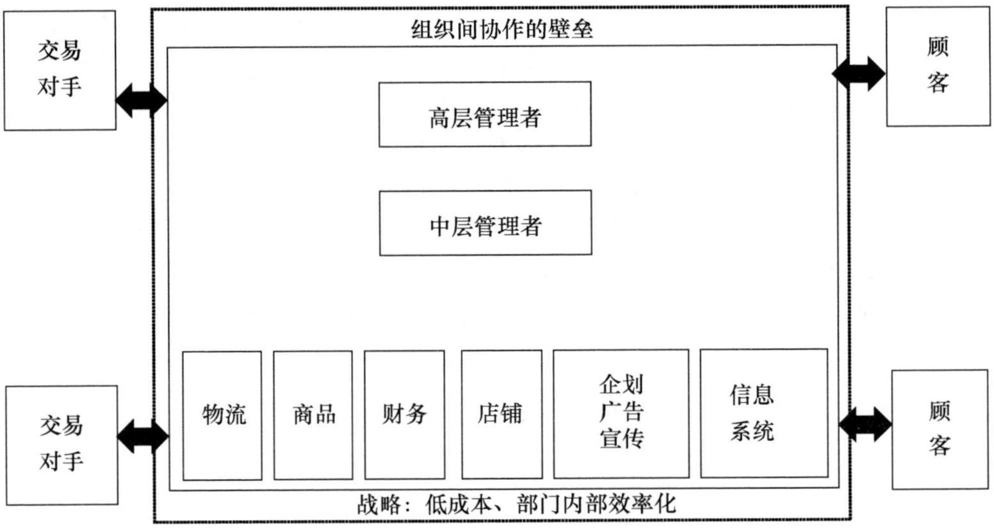

图 4－7　第一阶段：传统组织结构的认识

资料来源：冯耕中，刘伟华. 物流与供应链管理 [M]. 北京：中国人民大学出版社，2010.

2. 企业内组织结构变革

实施供应链管理的第二阶段是在充分认识传统组织结构和供应链运作的基础上，根据迅速、柔性化地对应顾客的要求，对企业内部的整个组织体制和业务流程进行再造，其目的在于通过企业内各职能的综合管理和协调，最大限度地满足顾客的需求，从而为今后发展企业间供应链打下基础。在具体的业务管理中，为了实现这个目标，就不仅要对商品管理实施控制和协调，同时也要对商品信息的提供、适当的促销手段与方法、适当的价格、快速化的物流、合理的库存管理等所有业务流程实行全方位的管理。要做到这

① 谭智佳，魏炜，朱武祥. 商业模式升级与持续发展：麦当劳案例 [J]. 管理评论，2016 (2).

一点，首先就要变革原有的垂直型的组织结构和企业运作方式，建立扁平化的管理组织（见图4-8)。一般而言，这种新型的管理组织在生产企业中可以考虑实行以顾客类别为基准的项目团队，即针对特定的渠道或主要客户建立起组织横断的网络结构，在每个项目团队中，原有企业的各项职能都包含在内，这样既有利于职能之间的综合管理和协调，又有利于针对特定的顾客迅速、有效地进行商品开发和运作。目前在美国较为流行的另一种管理组织结构是按照商品类别来建立项目团队，这种组织形式在零售企业中运用最为广泛①。

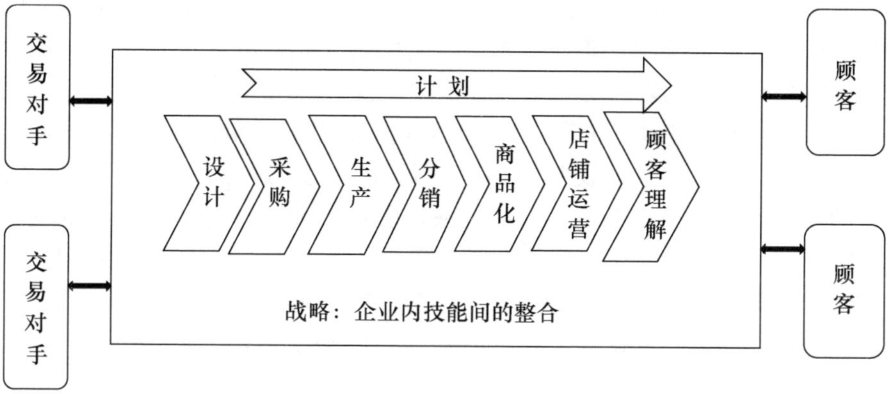

图4-8 第二阶段：企业内的整合

(1) 商品品类管理。商品品类管理在狭义上也被称为店铺货架管理系统，美国食品销售协会（Food Marketing Institute，FMI）将其作为有效客户反应（efficient consumer response，ECR）当中的重要组成部分，其具体的运作是将所有商品按照不同的类别进行划分，然后对各类别有针对性地进行组织、运作、评价等全方位的管理。例如，围绕清凉饮料这一类别商品，宣传广告、补货、商品陈列、销售促进以及与此相关联的营销等活动都由项目小组来综合管理。商品大类经理的主要职责是制订商品计划、选择品种、进货、促销、补货等。这种组织形式最大的好处在于有利于零售企业对单品实行全面控制，防止滞销品的产生，商品的经营和管理活动具有针对性。

这样，一方面生产企业实行以顾客类别为基础的项目小组制，另一方面零售企业实行以商品类别为基础的项目小组制，产业链中不同阶段、不同类型企业的经营绩效都能够得到提高，从而为以后企业间供应链的构建奠定基础。否则，仅仅单个企业内部的效率化无法真正实现全体的效率化，这也是毕马威模型中强调组织内业务流程再组的根本原因。换句话说，如果产业链中有任何企业做不到组织内部的效率化，就不可能指望通过企业间供应链的沟通来提高效率。

(2) 标准电子数据交换。要采用标准电子数据交换（electronic data interchange，EDI）来提高企业内部的经营效率，除了变革和发展组织结构，还需要在具体的业务层次上实现创新。这种业务层次的活动涉及两个方面：一是组织内部的业务流程管理，即不同职能、不同部门之间的业务整合；二是企业间业务流程管理，这涉及企业与外部企业之间

① 冯耕中，刘伟华. 物流与供应链管理［M］. 北京：中国人民大学出版社，2010.

的业务往来。目前，企业组织内部的业务管理多是利用企业资源规划（enterprise resource planning，ERP）来进行整合。ERP是在制造资源计划（manufacture resource plan，MRPⅡ）的基础上通过前馈的物流以及反馈的信息流和资金流，把客户需求和企业内部的生产活动以及供应商的制造资源整合在一起，体现完全按照用户需求制造的一种供应链管理思想的功能网链结构模型。例如，麦当劳的主打产品是汉堡，但我们要注意，麦当劳的汉堡其实利润非常少，甚至不赚钱。麦当劳靠供应链赚钱。当麦当劳集中采购全球几万家门店所用的牛肉、面粉、土豆时，它就获取了利润。麦当劳不仅通过集中采购获取稳定的利润，同时还积极参与供应链的改造，通过改造供应链来降低成本，然后将所降低的供应链成本与合作者分享。例如，假设过去1斤土豆卖5元，亩产只有6 000斤，那么麦当劳怎么做呢？麦当劳免费为农场提供土豆种植改良技术。当农场拿到免费的土豆种植改良技术后，亩产从6 000斤涨到2万斤。过去每亩收入3万元，单价5元，亩产6 000斤，现在亩产达到2万斤，这可以让农民把价格降到每斤2元，这样每亩总收入就达到了4万元，比过去的3万元增长了1万元，这样一来，农场企业很开心。但最大的受益者是谁？毫无疑问是麦当劳，因为它将土豆单价从5元变成2元，单位成本大幅度降低。因此，麦当劳从供应链中获取"中利"，并不是单纯依靠集中采购，而是同时积极而深入地参与到供应链的改造之中，通过改造供应链，使得整个价值链的整体收益大幅度增加，而它是获利最大者①。

组织间的业务流程最初多是通过销售终端（point of sale，POS）数据实现信息的共享，随后是大范围采用EDI来实现业务上的整合。这里需要指出的是，在供应链发展的第二阶段，企业之间不是一种全面的战略联盟关系，而仅仅是在业务层次实现协调运作，这种业务层次上的合作无论是对哪一方而言，都是大有裨益的，它大大降低了商品生产、经营中的决策失误和风险，有机地整合了业务流程。因此，EDI的采用是组织内部效率化的一个重要标志。特别是预先发货通知（advanced shipping notice，ASN）系统的采用，更是能大大降低生产、销售之间的物流成本。在具体的运用方面，主要是零售商通过EDI向生产商或批发商订货，生产商或批发商在发货前事先将商品配送数量、装载的内容、到达的时间等物流信息及时用EDI传递给进货方，与此同时，在装载货物的集装箱上贴付条形码，明示内容，这样便于零售企业事先安排相应的人员，做到计划进货，并且零售企业可以通过条形码的读取装置顺畅、便捷地进行商品验货，这最终大大提高了物流活动的效率。因此，EDI的广泛采用是企业组织提高作业效率、构筑供应链体系的必要条件。

（3）拉式（pull）供应链。在经营管理的目标上，这一阶段企业还不能对应各细分市场或顾客的需求开展针对性、定制化的生产和经营，而是在进行顾客满意度分析的同时，通过分析POS数据，及时把握消费者的需求动向，开发经营能满足大多数顾客需求并且能大量生产、销售的商品。尽管如此，与第一阶段推式（push）供应链管理相左，这一阶段的供应链管理不是从生产方向下游的企业进行强制式的推行和贯彻，而是由消费者的需求来牵引生产、零售等各类企业的活动和战略设定，这就是所谓的拉式供应链。具体来

① 李江涛. 麦当劳商业模式详解［EB/OL］. http://into.ceo.hc360.com/2014/04/090823270061.shtml.

看，企业首先对反映消费者购买行动的 POS 数据按照不同地域、不同店铺进行分析，识别出差异化的购买模式，根据这些不同的购买模式分别制定商品经营和管理政策，然后在将这些政策运用到商品订货和备货管理的同时，与生产商或专业物流提供商建立起合作关系，向之提供 POS 数据，实现信息的共享。生产商在过去出货信息的基础上，进一步通过对 POS 数据的分析来进行需求预测，从而合理安排生产计划；同时，根据不同地域、不同店铺的销售情况，合理配置不同物流中心的库存量和运输工具，实行有效的物流管理。

（4）信息共享。在第二阶段，无论是零售商还是生产商，为了能明确地对应不同地域消费者的差异化市场需求，就必须具备宏观营销的观念，亦即在生产和销售的连接上，不仅仅实现 POS 数据的共享，同时还要试图通过 EDI 的广泛实施，寻求整个业务流程的短缩化和快速化，以及所有业务信息的共享。一般 EDI 运用的范围包括订发货、商品进货、ASN、新商品信息、促销信息、电子资金转账（electronic financing turn，EFT）等各种经营管理活动信息的交换与共享。这样，不仅企业内的业务效率得到提高，而且其他企业也因为信息的共享而产生较好的绩效。因此，信息共享的意识和努力是企业在第二阶段中必须具备的。

（5）直接转拨。直接转拨的目的在于尽可能实现配送中心或店铺内无库存。以配送中心为例，货车到达进货地点后，开包、检查、分拣等活动应尽早完成，及时向出货环节移动，这样中心内商品在库的时间大为缩短；同样，在店铺，商品运达后尽可能直接上架，甚至进货时就已经完成货架设计，像货盘配送、衣架展示进货都属于这种类型，这样可以大大降低商品经营管理费用，也消除了店内库存所产生的诸如商品风险增加、机会损失加大等一系列问题。当然，要实现直接转拨就必须建立自动化的分销中心，该中心能对应不同的店铺实行库存管理，以及确立商品进货、出货的流程和自动补货，这时也需要 EDI 特别是 ASN 系统的建立和运用。

（6）自动补货系统。除了直接转拨，还有一个需要推进的业务革新是自动补货（computer assistant reordering，CAR）系统。具体地讲，就是企业总部在充分掌握第一线经营信息的基础上，根据商品类别归纳分析销售、订货、结算、配送中心内或在途商品、供应商过去配送的情况、缺货等信息，再根据安全库存水准，向店铺或一线部门发出补货的指令和建议，这样以做到一线部门既能及时有效地供给商品，又能防止产生滞销商品，做到单品管理。显然，CAR 系统建立的关键在于通过 EDI 的确立实现信息共享，否则没有对各种信息的掌握和分析，仅仅根据安全库存标准来补货，是不能真正做到单品管理、杜绝滞销产品产生的，因为补货的提前期和不同商品的补货量必须在全面考虑销售、物流以及供应商情况等综合信息的基础上才能确立。

3. 企业间业务流程融合

第二阶段企业之间虽然形成了战略联盟，但是从总体上看，这种合作的范围十分有限，仅仅是在部分业务层次上实现合作，不可能发挥非常大的供应链效应。而进入第三阶段，就需要真正按照供应链管理的思想，以企业战略为核心，实现所有企业组织、战略和业务流程的全面结合（见图 4－9）。从国际各产业的情况看，目前做到这一点的只有世界级的零售企业、食品制造业和汽车产业。

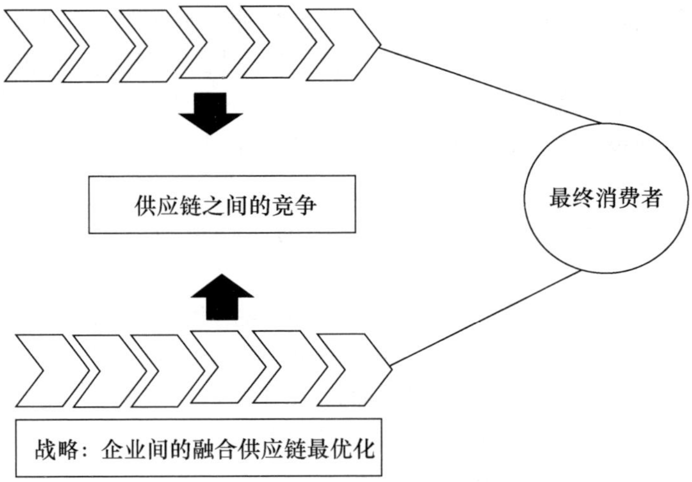

图 4-9　第三阶段：企业间的融合

资料来源：冯耕中，刘伟华. 物流与供应链管理［M］. 北京：中国人民大学出版社，2010.

（1）沃尔玛（Wal-Mart）式的信息共享。在第三阶段，企业之间的信息共享不是信息的部分共享，而是信息的全面共享，通过这种信息的全面共享，最终实现企业之间高效率、协调化的经营和管理。处于这一阶段的典型企业就是沃尔玛，沃尔玛可以说目前已逐步向第四阶段发展。

在沃尔玛的信息系统战略中，起核心作用的就是其庞大的数据库。借助这个庞大的数据库，沃尔玛积累了大量的与顾客消费相关的各种数据。沃尔玛积累的数据主要是过去 65 周不同单品、不同店铺、不同时期的销售数据，除此之外，还包括现时点不同店铺、不同单品的库存数据、配送中心内的数据、在途运输数据、退货数据，以及商品补货订货所需要的数据等。目前，沃尔玛的数据库容量已经达到了 100 000GB（100 Terabyte），计算机中心的规模相当于一个体育馆那么大。借助于先进的数据库，沃尔玛能对其标准店 6 万种单品、超市中心 10 万种单品以及遍布全世界的 4 000 多家店铺实行全面的信息管理，这些信息都按照不同的标准进行趋势分析、库存分析和顾客分析（见图4-10）。例如，沃尔玛利用过去 65 周的销售数据、库存数据、配送数据、退货数据等来控制和管理各店铺的自动连续补货（continuous replenishment practice，CRP）系统，同时将 POS 数据按照不同地域、不同市场、不同店铺进行研究，加上对不同季节、不同店铺的趋向分析来了解当地顾客的购买行为以及对特定店铺的货架实行控制，可以说沃尔玛所有的经营管理决策都是由信息分析来支持的①。

（2）合作文化的形成以及互联网的全面采用。在第三阶段，需要构筑一种企业之间相互信赖、相互协调的企业文化，在这种文化的基础上，推动跨越企业界限的团队活动，即由参与企业共同来对供应链全过程的活动进行管理和控制。例如，麦当劳虽然是餐饮企业，但是其主要利润来自房地产。麦当劳的独特之处或者高明之处，体现在它不仅有专业的选址能力，还通过辛辛苦苦地卖汉堡、建立麦当劳的餐饮文化，建立起麦当劳商圈，通

① 朱振东. 博山电机厂的供应链成本优化研究［D］. 长春：吉林大学，2003.

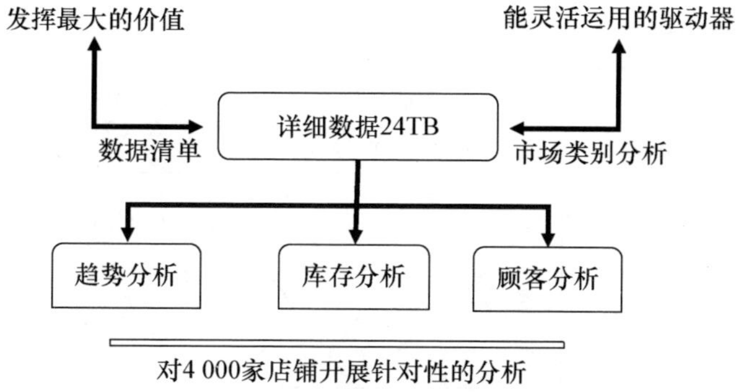

图 4－10　沃尔玛数据库灵活运用的思路

过麦当劳商圈不断拉动人流量来到麦当劳以及附近的商圈。这种做法就会主动、直接地推动房产价格的提高，这就是麦当劳成为“史上最牛的房地产公司”的秘密所在。麦当劳不是被动地等待房产升值，不是单纯依靠所谓的专业选址能力来使房产升值，而是积极主动地长期拉动房产价格的增长。麦当劳，或者与原来的土地所有者签署 20～30 年的长期租约，或者自己买断整个土地建造房屋，或者长期持有，或者转租加盟商，这样房地产就有升值的巨大空间。麦当劳的财务报表体现其主要的资产之一就是房地产。麦当劳 1/3 的收入来自直营，2/3 的收入来自加盟。在加盟费里收取的重要收入就是房产增值的收益。从这个角度来讲，麦当劳表面看来是卖汉堡的快餐连锁企业，但它的企业本质、核心价值却是房地产①。

从方法和工具上讲，企业之间是通过互联网技术进行共同管理活动的，因此，企业内部网和企业间互联网的全面采用是第三阶段的必要手段，否则信息共享、共同预测和共同计划就无法实现。除此之外，还有一个问题值得关注，即供应链管理系统和软件环境的标准化，没有这一条件，企业之间就很难有效地进行沟通和互动，乘数效应就难以实现。因此，产业标准的制定是第三阶段一个很关键的问题。

（3）针对性营销的实施。在第三阶段所表现出来的一个营销范式是，企业根据顾客数据分析和宏观市场分析确实地把握消费者的动向，并将这种对消费者动向的把握及时转化到整个供应链运作中，形成确定的商品和消费者群体培育，其结果是供应链与供应链之间的竞争日益激化，消费者之间的分化日益明显，这时要求企业的各种营销活动必须对应特定的顾客群体来进行，实现实需营销。

4．实现价值网络

供应链发展的第三阶段主要是特定产业链中企业之间的合作，而第四阶段则是为了实现整个产业效率的最优化，形成和发展价值网络。在这个网络中的虚拟企业本身可能就是一个小型网络，它进一步融合其他网络和没有形成供应链体系的单个企业，共同构成价值创造的综合网络体系（见图 4－11）。这种价值网络的最大特点是，它能有效地对应多样化的顾客需求，并在最短的时间内对不同的顾客需求做出反应。小型网络之间或者小型网络与单个企业之间有时是一种竞争关系，有时又是一种合作伙伴关系，这样始终保持着一种

---

① 王鹏．连锁餐饮物流配送优化研究：以麦当劳为例［J］．纳税，2019（9）．

灵活、动态的联盟关系。

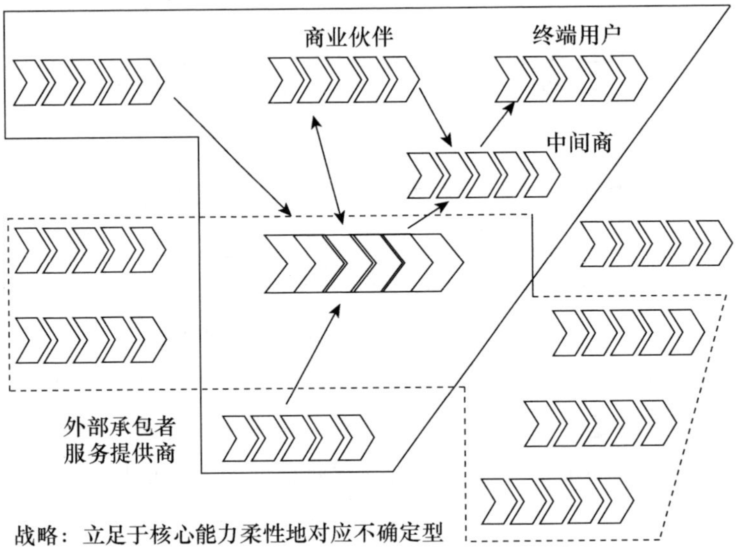

图 4-11　第四阶段：价值网络

在价值网络的形成过程中，有几点是必须注意的：

（1）核心企业或价值网络中关键性的企业必须具备压倒一切的强大核心能力。由于价值网络本身具有动态性和易变性，如果特定企业不具备长远的核心能力，那么就有可能被排除在价值网络之外，从而丧失发展的机遇。1955 年，麦当劳就其全球战略计划与可口可乐结成了联盟关系（由创始人直接向可口可乐公司申请并达成结果）。百事可乐是肯德基的合作伙伴。两个对立可乐生产商分别与两大对立快餐巨头合作，这种一争高下的局面是显而易见的。可口可乐在麦当劳发挥的作用并不比其招牌食品发挥的作用小。麦当劳有薯条，肯德基同样也有，然而没有了可口可乐，麦当劳就失去了与肯德基对抗的一大招牌。毕竟可口可乐在全世界的消费者中拥有很高的忠诚度。与具有强大实力的伙伴合作，不仅能提升自己的知名度，扩大自己的消费群体，还能借助他人的力量遏制对手的发展，这种合作可谓双赢。企业如果不具备长远发展和革新的能力，就有可能使建立的供应链体系或价值网络最终崩溃。

（2）企业必须培育能对任何不确定性做出敏捷反应的能力。这种能力突出地反映为企业能针对市场的变化和顾客需求的变化，在最短的时间内调整业务流程、物流、营销和生产管理，真正做到 1 对 1 的定制化经营（在最短的时间内生产出符合顾客特定需要的商品，并将商品配送到顾客手中）。

（3）积极推动非核心业务的外包。外包是解决企业自身能力和资源不足的有效方法，它通过企业之间业务的合作来共同创造价值，因而既降低了企业的风险和费用，又提高了价值网络对市场的敏捷反应能力。正因如此，外包在供应链管理中已经成为一种重要的战略工具。例如，据位于纽约的外包研究所的调查，1996 年美国外包合同总价值达到了创纪录的 1 000 亿美元，而且这个比例会越来越大。

第三节　协同计划、预测和补货

协同式供应链库存管理，即协同计划、预测与补货（collaborative planning，forecasting and replenishment，CPFR）在快速反应（quick response，QR）和有效客户反应（efficient consumer response，ECR）的基础上，进一步推动共同预测和计划的制订。1995 年，由沃尔玛与其供应商华纳-兰伯特公司（Warner-Lambert）、管理信息系统供应商思爱普公司（System Applications and Products，SAP）、供应链软件商迈极软件公司（Manugistics）、美国知名咨询商标咨询公司（Benchmarking Partners）等 5 家公司联合成立了工作小组，进行协同计划、预测与补货的研究和探索。1998 年，美国召开零售系统大会时又加以倡导。目前参与的零售企业有沃尔玛、凯马特和威克曼斯，生产企业有宝洁公司（Procter & Gamble，P&G）、金佰利（Kimberly-Clark）、惠普公司（Hewlett Packard，HP）等 7 家企业，可以说，这是目前供应链物流管理的最新发展。

从 CPFR 实施后的绩效看，华纳-兰伯特公司零售商品满足率从 87%提高到 98%，新增销售收入 800 万美元。在 CPFR 取得初步成功后，组成了由零售商、制造商和方案提供商等 30 多个实体参加的 CPFR 委员会，与美国产业共同商务标准协会（Voluntary Inter-industry Commerce Standards，VICS）一起致力于 CPFR 的研究、标准制定、软件开发和推广应用工作。通过全面实施 CPFR，一些实践证明，CPFR 产生的绩效是非常显著的。CPFR 的参与者商业绩效平均增加 80%，库存水平减少至少 10%；与此同时，订单完成率大为提高。正是由于 CPFR 巨大的潜在效益和市场前景，CPFR 已成为企业间供应链管理的主要趋势和管理实践①。

一、CPFR 的绩效实现

随着供应链物流实践的不断发展，CPFR 的内涵也在不断发生变化。从 CPFR 的最初概念看，它是指两个合作伙伴之间基于协同计划和预测的常规性流程，并且通过补货和识别，以及应对任何存在的意外来取得经营成功。例如，作为发源于美国的便利连锁店，7－11 在全球 20 多个国家拥有 2.1 万家左右的连锁店。日本 7－11 是日本伊藤洋华堂公司 20 世纪 70 年代特许经营的产物。在日本，一间普通的 7－11 连锁店一般只有 100～200 平方米，却要提供近 3 000 种产品，不同的产品有可能来自不同的供应商，运送和保存的要求也各有不同，每一种产品又不能短缺或过剩，而且还要根据顾客的不同需求随时调整货物的品种，种种要求给连锁店的物流配送提出了很高的要求。一家便利店的成功，很大程度上取决于物流系统的成功。

协同着重指供应链上下游企业建立一种共同的管理目标，这种目标不仅是各自的效益目标，而且是协同的盈利驱动性目标，只有这样，才能使协同体现在流程控制和价值创造的基础之上。

① 王海船，包耀东，周巧云，等. 基于 CPFR 的物流信息平台构建研究［J］. 中国商论，2017（17）.

计划指供应链上下游企业进行计划（品类、品牌、分类、关键品种等）合作以及财务（销量、订单满足率、定价、库存、安全库存、毛利等）合作。此外，为了实现共同的目标，还需要双方协同制订促销计划、库存政策变化计划、产品导入和中止计划以及仓储分类计划。

预测指供应链双方共同做出最终预测。此外，双方都应参与预测反馈信息的处理以及预测模型的制定和修正，特别是如何处理预测数据的波动等问题。只有把数据集成、预测和处理的所有方面都考虑清楚，才有可能真正实现共同的目标，使协同预测落在实处。

补货强调的是销售预测必须利用时间序列预测和需求规划系统转化为订单预测，并且供应方约束条件，如订单处理周期、前置时间、订单最小量、商品单元以及下游长期形成的购买习惯等都需要供应链双方加以协商解决。例如，7－11真正迈出构筑物流体系的第一步，是1976年9月正式与批发商和合作生产商开展集约化的配送和进货。在具体方法上，7－11改变了以往由多家特约批发商分别向店铺配送的物流经营方式，转为由各地区某一特定批发商（所谓的窗口批发商）来统一收集该地区各生产厂家生产的同类产品，并向所辖区域内的店铺实行集中配送。这样不仅配送距离和配送时间缩短，费用大为降低，同时也减轻了7－11管理批发商物流的工作量，这也被7－11称为物流通路的集约化。但是，随着物流量、物流品种的扩大和7－11店铺规模的发展，物流通路的集约化还不能完全符合便民店彻底降低物流费用的要求，特别是对于便当、牛奶等每日配送的商品来说，各产品窗口批发企业分别向店铺进行配送，费用仍然居高不下。在这一背景下，7－11又逐渐将物流通路的集约化转变为物流共同配送系统，即按照不同的地区和商品群划分，组成共同配送中心，由该中心统一集货，再向各店铺配送。从其店铺每日接待的运输车辆来看，1974年每天有70多辆车，而实施共同物流后的1990年下降为12辆，这足以证明共同物流对降低物流费用、提高物流管理的效率起到了良好的作用。还应该看到的是，7－11共同物流体系的确立对其掌握商品信息的主动权也具有积极的意义，也就是说，由于共同物流中心充分反映了商品销售、在途和库存的信息，商品信息流的起点从上游企业的生产者手中转移到了处于下游的7－11手中，而这些信息对企业的成功经营具有至关重要的作用，7－11逐渐掌握了整个产业链的主导权（见图4－12、图4－13和图4－14）①。

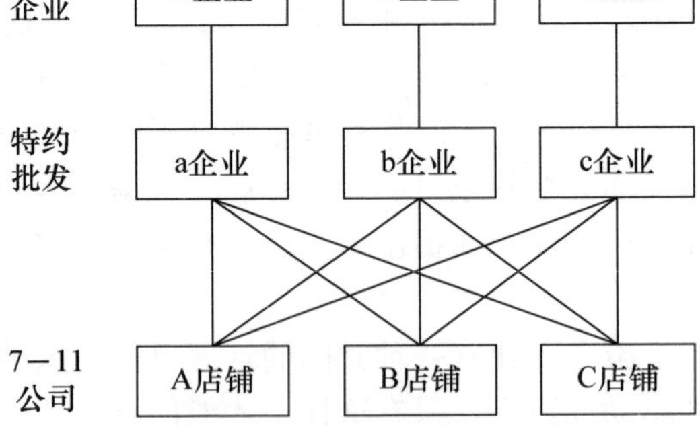

图4－12　物流革新前的流程

---

①　张美玲．便利店的王国7－11［J］．现代企业文化，2018（9）．

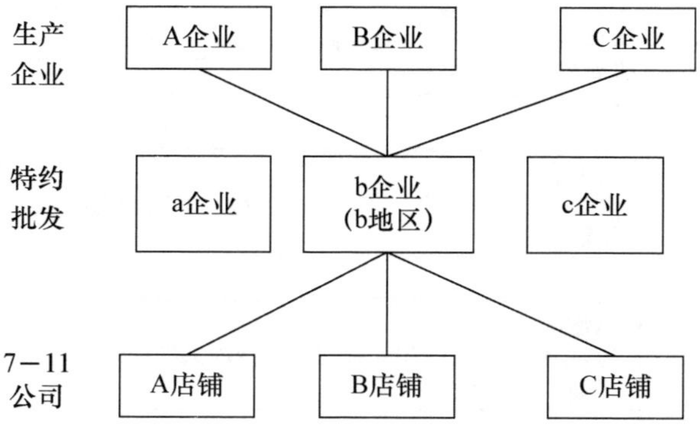

图 4－13　物流通路的集约化

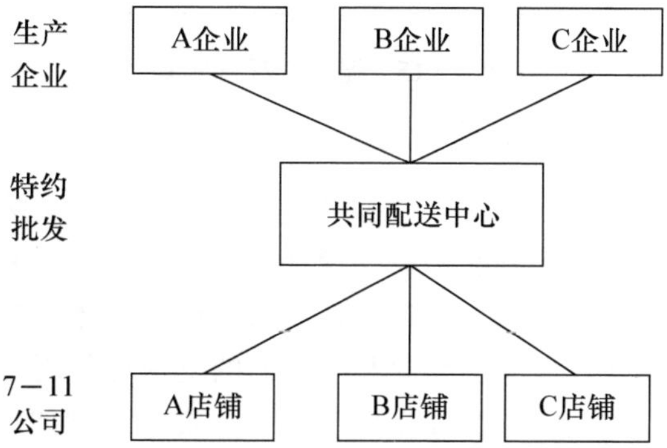

图 4－14　7－11 的共同配送

资料来源：肖纯，文劲军，王艳红．发展我国零售业态下的共同配送模式：日本 7－11 便利店物流革新的启示[J]．物流科技，2006（11）．

随着 7－11 共同配送体制的确立和推广，物流的纵深化、细微化变革势在必行，特别是 7－11 多品种鲜活产品和食品的经营，客观上要求企业必须根据不同的产品特性分别实行各具差异的物流和配送管理，从而保障产品的鲜度，这种新型的管理方法就是根据不同的温度来建立配送体制。具体地讲，7－11 对商品的温度管理主要分为四种形式（见图 4－15）：一是冷冻型（－20℃），主要产品有冰块、冰激凌、冷冻食品等；二是微冷型（5℃），主要产品有乳制品、生菜等；三是常温型，主要产品有罐头、方便面、饮料、杂货等；四是温暖型（20℃），主要产品有便当、烤面包等。7－11 就是根据这四种类型分别采取相应的配送方法和设备。例如，便当产品的配送，主要是用能保持 20℃ 的保温车运送。由于夏天和冬天气候是不一样的，为了常年确保车内 20℃，7－11 在车内配备加温和冷却装置，与此同时，还根据早、中、晚不同时段采取一日三次的配送体制，以使配送服务能最大限度地满足顾客的需求。再如，冰激凌是需要冷冻配送的，但是在装货或卸货时，经常开关车门会影响冰激凌的冷冻程度，为此，7－11 设计了两仓式运输车，从而确保顾客能品尝到美味、冷冻程度较好的冰激凌。

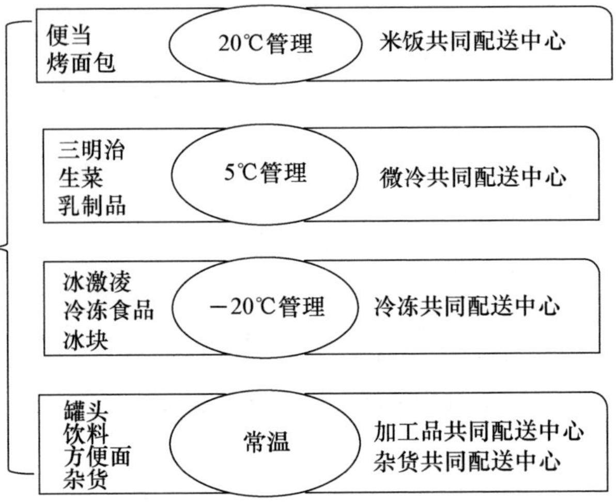

图 4－15　温度别配送体制

资料来源：张晓燕．7－11便利店的供应链物流系统［J］．中外物流，2007（1）．

最近，CPFR 的概念得到了进一步的延伸，这种延伸表现在两个方面：一是 CPFR 的应用从双层的合作关系（买卖双方的供应链管理）延伸到了多层的合作关系，即 CPFR 整合了多个交易伙伴来联合制订计划和实现顾客需求。在物流体系的建设中，要想确立现代化的配送管理机制，如果没有合作生产商和批发商的支持也是无法实现的。因此，合作企业的物流设施发展和现代物流体系的确立也是十分必要的。例如，1974 年就一直向 7－11 供应点心的批发商高山公司，最初只在东京、琦玉、千叶、枥木和神奈川等地区拥有 7 处专门为 7－11 提供物流服务的据点。进入 20 世纪 80 年代后，随着 7－11 的快速发展，高山公司将其原有的物流据点合并为 6 处，扩大了物流设施的规模，同时又增建了多处 7－11 专用物流据点并导入了自动分拣装置等 FA 设备。除此之外，像原来就已经拥有较完善物流体系网的花王、山崎面包房、雪印乳品等企业，也都进一步调整了自己的物流设施。二是如今的 CPFR 明确了供应链管理的层面，其包括分析、战略与规划、需求与供应管理以及执行四个层面①。

二、CPFR 的实施框架

CPFR 不同于以往的管理实践，它关注的是企业间业务合作关系的建立，而不是单一企业内管理框架的建立。不仅如此，它不是简单地挖掘单一的相关数据，而是从多个组织中发现可比较的数据，进而对这些数据进行整合、组织，并以此确立组织间的商业规则。这正是 CPFR 之所以取得巨大绩效的关键，也是 CPFR 实施推广的难点。CPFR 有 4 个基本的实施环节：识别可比较的机遇、数据资源整合、组织评判以及商业规则界定（见图 4－16）。

1．识别可比较的机遇

CPFR 有赖于数据间的比较，这既包括企业间计划的比较，又包括一个组织内部新计

① 张晓燕．7－11便利店的供应链物流系统［J］．中外物流，2007（1）．

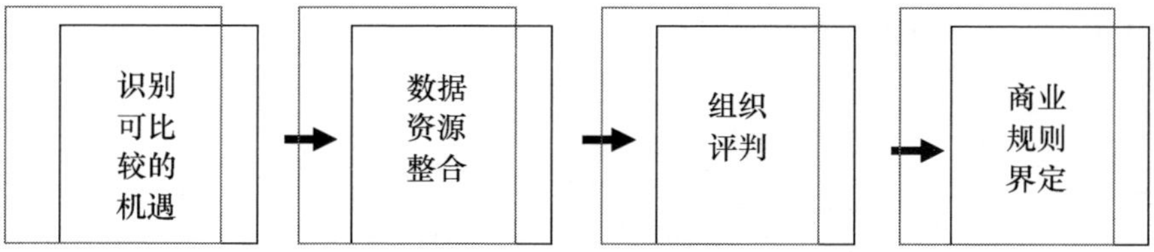

图 4－16　CPFR 实施框架

划与旧计划、计划与实际绩效之间的比较，这种比较越详细，CPFR 的潜在收益越大。正因如此，CPFR 实施框架的第一步就是识别可比较的机遇。在识别可比较的机遇方面，应当意识到其关键在于以下两点：

（1）订单预测的整合。CPFR 为补货订单预测和促销订单提供了整合、比较的平台。CPFR 参与者应该搜集所有的数据资源和拥有者，寻求一对一的比较。即便不能马上整合促销计划，但最起码应该对分销零售商的基本订单预测同供应商的预测进行比较，这种一对一的比较虽然对于高促销产品来说，其绩效要大打折扣，但是比起根本不做比较产生的效果要好得多。例如，在 7－11 米饭商品配送过程中，对于订货日第二天所需的第二次配送商品，店铺在当天上午 11 点并不报订货信息，而是在下午 2 点一次性确认最后订单，对于生产商来说，完全可以在接到最后订单后再开始生产，因此其生产余地很大。

（2）销售预测的协同。CPFR 要求企业在周计划促销的基础上再做出客户销售预测，这样将这种预测与零售商的销售预测相对照，就可能有效地避免销售预测中没有考虑的促销、季节因素等现实状况，而单纯依赖历史数据产生的差错。常见的造成销售预测偏差的风险主要有三种：

1）自然风险。天灾常常是导致供应链供应、需求、制造不确定的一个重要原因。地震、火山爆发、洪水等其他不可抗拒的自然灾害均会给供应链成员带来风险，且该类风险通常伤害巨大，难以预测和防范。

2）社会风险。世界局势总是在变化中进行的，而局势的动荡会使商品供应链遭受各种损失。比如，社会冲突事件、恐怖袭击、瘟疫、工人罢工等社会动荡，会给货物和商品的流通造成巨大的伤害，甚至导致供应链中断。

3）市场与政策风险。影响销售的市场因素是多方面的，市场波动带来的销售下滑将对供应链产生巨大的伤害。同时，政策的变化与不确定性也深刻影响着市场。特别是在我国，政策的影响力较大。一旦政策发生剧烈变化，对产品、原料或生产过程进行相关规定，若不能及时预知并做好防范准备，将使供应链受到影响。

基于上述考虑，通过将 CPFR 与其他供应和需求系统相整合，即可识别可比较的机遇（见图 4－17、图 4－18）。具体地讲，对于零售商来说，CPFR 要求整合比较的资源有商品销售规划（产生促销、销售预测的计划系统）、分销系统（包括订货、仓储管理或补货计划，这些计划能产生订单预测、货物追踪以及配送中心时点状态信息等）、店铺运作系统（报告店铺销售、店铺订单以及时点信息）；对于供应商而言，CPFR 需要整合比较的资源有客户关系管理（customer relationship management，CRM）（帮助销售队伍制定促销和销售预测）、高级计划系统（advanced planning system，APS）（建立最优的补货计划）以及 ERP（基于企业需求生产和分销产品）。

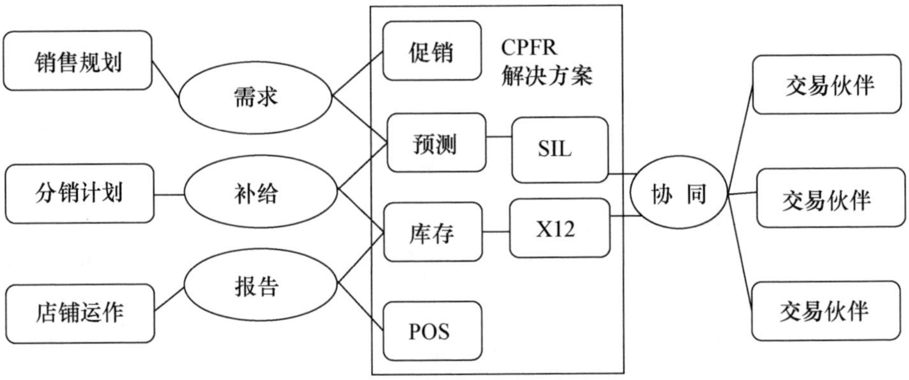

图 4-17　零售商 IT 环境中的 CPFR

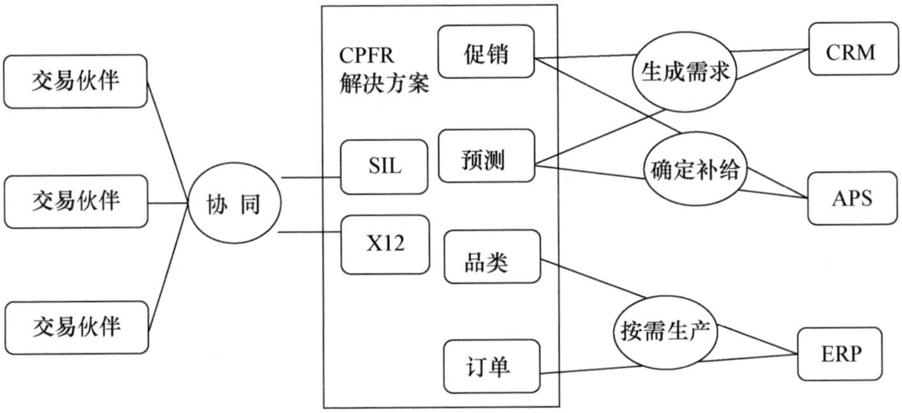

图 4-18　供应商 IT 环境中的 CPFR

资料来源：吴健安，聂元昆．市场营销学［M］．北京：高等教育出版社，2017．

2．数据资源整合

在发现和整合了各方的数据资源后，CPFR 实施的第二个阶段就是数据资源的整合运用，这种整合运用不仅是集合、调整数据，而且也需要供应链参与方调整相应的业务政策，从而在需求规划上优化库存和成本，实现良好的绩效。

数据资源的整合运用主要反映在以下方面：

（1）不同层面的预测比较。CPFR 要求协同团队找到不同层面的信息，并确定可比较的层次，这涵盖了三个步骤：一是供需企业从品类管理中确立输入，即在审核产品历史排序、促销和活动计划以及市场价格变化等的基础上，确定各品类中的品项排序；二是实施品类的总体预测，将品项排序和整体销售状况结合起来确定各品类的销售预测；三是将各品类的销售预测结果按照特定的规模比例（刻度）转换成物流需求预测（见图 4-19）。

（2）商品销售规划管理。CPFR 系统在数据整合运用方面一个最大的突破在于它对每一个产品进行追踪，直到店铺，并且销售报告以包含展示信息的形式反映出来，这样预测

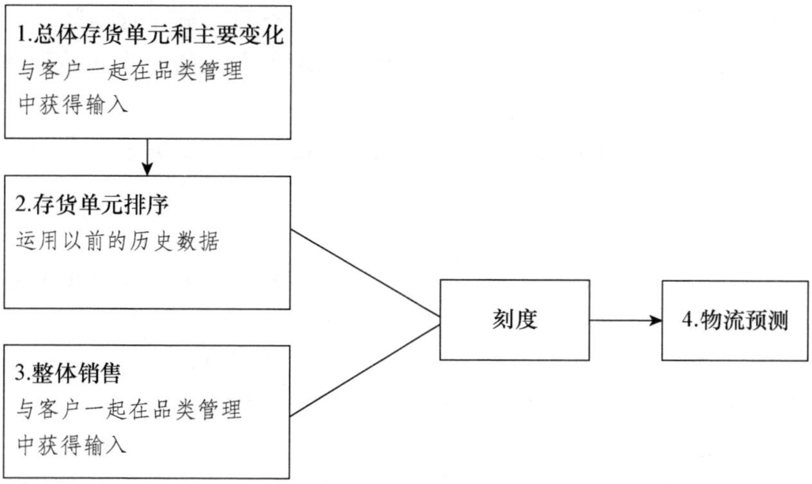

图 4－19　品类预测流程

资料来源：马士华．供应链管理［M］．北京：中国人民大学出版社，2017.

和订单的形式不再仅仅是需要多少产品，而且包含了品类、颜色及形状等特定展示信息，数据之间的比较也不再是预测与实际绩效的比较，而是建立在单品基础上，包含商品展示信息的比较。下面我们以 C 公司在关东地区 4 大配送中心的其中一处为例，来鸟瞰 7－11 点心商品的共同配送流程。从作业流程来看，配送中心每天早上 8 点到 10 点半从生产企业进货，进货的商品在中午之前入库；为了保障稳定供货，该配送中心拥有 4 天的安全库存，在库水准根据销售和生产情况随时补充。中午 11 点半左右，配送中心开始安排第二天的发货，配送线路、配送店铺、配送品种、发货通知书及时打印出来，送交各相关负责部门，与此同时，通过计算机向备货部门发出数码备货要求。

（3）时间段的规定。CPFR 在整合利用数据资源时，非常强调时间段的统一。由于预测、计划等行为都是建立在一定时间段的基础上，如果交易双方对时间段的规定不统一，就必然造成交易双方的计划和预测很难协调。正因如此，供应链参与者需要就管理时间段的规定进行协商统一，如预测周期、计划起始时间、补货周期等。7－11 点心商品，一个店铺的备货时间大约 65 秒，货车搬运时间大约 5～6 分钟。从店头分拣到休息 15 分钟，所有 170～180 个店铺要 4 个多小时，也就是说整个物流活动的时间大约为 4 小时 30 分钟（不算货车在配送中心停留等待出发的时间）。一般货车要在配送中心停留一个晚上，第二天早上从 4 点半到 5 点半，根据从远到近的原则相继出发。最早一个店铺到达的时间应该是上午 6 点，如果交通顺利的话，店铺之间的运行时间为 15 分钟，加上另外 15 分钟的休息时间，每个店铺商品配送需要的时间为 30 分钟。如果遇上交通堵塞和其他问题，最迟上午 9 点半或 10 点半左右，就能完成所有店铺的商品配送活动。由此可见，C 公司对 7－11 店铺的点心共同配送，效率是非常高的，可以说，迄今为止没有出现发货延迟或断货、配送错误等现象。7－11 店铺每天进行一次米饭商品的订货，订货信息每天上午 11 点之前传送到工厂，E 公司对店铺实施一日三次的配送（订货当天下午、订货当天深夜、第二天早上）。生产、备货、发货计划都是根据三次配送时间倒推出来的。整个生产过程要花费 8 个小时，其中生菜调理加工 4 个小时，食品装饰 4 个小时，这样才能真正确保向店铺提供新鲜可口的食品。从工厂外部调运来的生菜、米饭等其他原材料一般在食品装饰之前的半个小时或 1 个小时运抵工厂。工厂内储存有 3 天的具有高度保存性的冷冻食品和调料，以及为生产调整而用的少量原材料，除此之外没有库存①。

食品生产出来后，直接由本企业的车辆运到共同配送中心。由于 E 公司生产工厂与配送中心在一起，商品调运非常方便。

3. 组织评判

供应链参与方一旦有了可比较的数据资源，就必须建立一个企业特定的组织框架体系以反映产品和地点层次、分销地区以及其他品类计划的有效整合。CPFR 的成功有赖于一些组织上的要素，这包括 CPFR 的流程实现需要双方高层管理的支持，选择和培训恰当的跨边界管理人员，确立常规的探讨预测和业务计划的会议机制等。

4. 商业规则界定

当所有的业务规范和资源的整合以及组织框架确立后，最后在实施 CPFR 的过程中需要决定的是供应链参与方的商业行为规则，这种规则主要表现在产品生命周期不同阶段的运作和例外情况的界定与判断。

（1）产品生命周期不同阶段的运作规则。供应链中不同的经济主体随着产品生命周期的不同阶段而表现出差异化的运作特点和资源投入。一般而言，在新产品导入期，供应商需要做出精确的预测以有效利用有限的制造能力，这意味着供应商要投入更多的时间和精力在预测上，甚至在产品导入之前，而这些预测也应该为零售商所运用；到产品成长期，供应商仍然需要监控销售并不断修正预测，而此时供应商需要运用零售商的 POS 数据以提高预测的精度，这个预测也需要与下游零售商分享；到成熟期，供应商与零售商需要合作管理特定事件，诸如分享货架和促销信息等；而在稳定或衰退期，双方需要运用统计监控和交换例外事情的处理信息，确定共同的例外处理方法。

（2）例外事件管理。CPFR 强调的是供应链参与方协同计划、预测和补货，但是在实际运作过程中，往往会有很多例外情况，这些例外对供应链参与方的协同行动提出了警告，预示着系统运作可能偏离双方既定的目标或准则，因此，例外情况的确立和发现对于实施 CPFR 也至关重要。CPFR 强调例外情形的确立需要贯彻以下原则：

1）供应链参与方需要对协同计划、预测和补货的历史详加了解，特别是一些变量的波动幅度，从而根据历史的基本发展规则，以及双方可接受的程度制定相应的例外标准。

2）例外标准必须以其对业务产生重大影响为前提，亦即例外情形肯定是影响了正常的业务。如果例外标准制定过严，将不利于 CPFR 的顺利进行。还有两点需要注意：第一，例外标准必须体现大数原则。第二，例外标准尽可能简单，便于供应链参与方识别和把握。

3）在制定例外标准时，有时确立绝对周期上的标准是必要的（如特定时间段），但是 CPFR 也强调建立相对周期的例外标准（如滚动周期）。当季节因素和突发因素改变需求

① 李玉珍，付铁山. 连锁便利店物流系统的创新实践与理论研究：以“日本 7 - 11”为例 [J]. 物流技术，2015 (13).

或分销行为时，绝对标准是有效的；但是，CPFR 更应该建立相对周期的例外标准，这是因为销售和补货流程往往跨越连续的计划期，如果没有相对周期标准的话，这种例外控制将会流于形式。一般情况下，相对周期的例外标准在设立过程中应该分为三种形式，即较长周期的例外标准（如品类、促销和生产计划）、中等期的例外标准（如分销计划和预测）以及短期的例外标准（如销售情况）。

第四节　农业企业的物流管理

一、物流的概念

具体来说，物流的概念是随着交易对象和环境变化而发展的，因此需要从历史的角度来考察。物流在英语中最初为“physical distribution”，这个名称是日本在 20 世纪 50—60 年代引用的，当时日本的企业界和政府为了提高产业劳动生产率，组织了各种专业考察团到国外考察学习，公开发表了详细的考察报告，全面推动了日本生产经营管理的发展。在这些考察团中，有一个由 12 名专家学者组成的“流通技术专业考察团”，从 1956 年 10 月下旬到 11 月末，在美国各地进行了实地考察，首次接触到了物流这个新事物。在美国，早在第一次世界大战后的 20 世纪 20 年代，学者克拉克就已运用“physical distribution”这一概念作为企业经营的一个要素加以研究。到第二次世界大战期间，美国陆军中就开始用“logistics management”来指代物流，战后其理论、方法也为企业和理论界认同，并广泛运用，它们将之称为商业物流或销售物流（business logistics），以力求合理有效地组织商品的供应、保管、运输、配送，而且实践证明取得了相当大的成效。日本考察团在详细了解这一新鲜事物后，于 1958 年撰写了《劳动生产率报告 33 号》，刊登在《流通技术》杂志上，该报告第一次提到了“physical distribution”。该报告中所提到的这一概念马上被产业界接受，尽管这个外来语后来经历了若干年才正式译为“物的流通”（1964 年），但当时的日本正处于经济发展的黎明期，物流革新思想不仅渗透到了产业界，同时还渗透到了整个日本社会①。

物流在概念上随着时间的推移有一定的变化，亦即广义物流（logistics）与狭义物流（physical distribution）的区分。最初的物流概念主要侧重于商品物质移动的各项机能，即发生在商品流通领域中的在一定劳动组织条件下凭借载体从供应方向需求方的商品实体定向移动，是在流通的两个阶段（G -W，W-G）上发生的所有商品实体的实际流动。显然这种物流是一种商业物流或销售物流，它作为一种狭义的物流具有明显的“中介性”，是连接生产与消费的手段，直接受商品交换活动的影响和制约，具有一定的时间性，只有存在商品交换时才会出现，不会永恒存在。

但是进入 20 世纪 80 年代以后，随着经济社会的高速发展，物流所面临的经济环境有了很大的变化，这表现在以下方面：经济规制的缓和使经济自由的空间越来越大；信息技术的急速发展和革新，不仅使业务的效率化和作为决策支持的信息系统的构筑成为可能，

---

① 喻小贤. 物流运输管理 [M]. 北京：高等教育出版社，2005.

同时也使部门间、企业间的结合或一体化成为可能；企业合并和市场集中化的发展使原来的经济构造发生了改变，这种变化要求物流必须具备以最低的成本提供较高的顾客服务的能力；随着经济全球化的发展，商品向世界市场提供，物流逐步跨越了国境，因而，在要求物流能对生产和销售给予有效支援的同时，应该具备在不同环境国家间充分发挥其业务优势的能力。在这种背景下，原来狭义的物流概念受到了前所未有的挑战和批判。一是传统的狭义物流观念只重视商品的供应过程，而忽视了与生产有关的原材料和部件的供应物流，而后者在增强企业竞争力方面居于很重要的地位，因为原材料以及部件的供应直接关系到生产的效率、成本和创新，比如日本丰田公司的生产管理就是首先从原材料和部件的生产、供应上入手的。二是传统观点认为，物流是一种单向的物资流通过程，即商品从生产者手中转移到消费者手中，而没有考虑商品消费之后包装物或包装材料等废弃物品的回收以及退货所产生的物流活动。三是传统观点认为，物流只是生产销售活动的附属行为，并主要看重物质商品的传递，从而忽视了物流对生产和销售在战略上的能动作用，特别是在以日本为主的just-in-time生产管理体系在世界范围内推广之后，以时间为中心的竞争日益重要，并且物流上的活动行为直接左右了生产决策。

与上述环境的变化和对传统物流的批判相对应，1984年，当时的美国物流管理协会（Council of Logistics Management，CLM）正式将物流这个概念从“physical distribution”改为“logistics”，并将现代物流定义为“为了符合顾客的需求，将原材料、半成品、成品以及相关的信息从发生地向消费地流动的过程，以及为使保管能有效、低成本地进行而从事的计划、实施和控制行为”。这个定义的特征是强调顾客满意度、物流活动的效率性，以及将物流从原来的销售物流扩展到了供应、企业内生产和销售物流，伴随其物流活动涉及了供应商、生产者、流通商和专业物流服务提供商。此后物流的概念又不断得到进一步的发展，1991年11月，荷兰乌特勒之市举办了第九届物流国际会议，在这届会议上，人们对物流的内涵进行了更多的拓展，不仅接受了欧美的现代物流概念，认为物流应包括生产前和生产过程中的物质、信息流通过程，而且还向生产之后的市场营销活动、售后服务、市场组织等领域发展，如有些报告中指出“什么是物流？这个概念的现代含义如此之新，以至于在辞典中尚没有明确的定义，现代物流应该是指企业生产和经营的整个过程，所有实物、信息的流通和相关的服务活动，它涉及企业经营的每一个领域”。显然，物流概念的扩展使物流不仅包括了与销售预测、生产计划的决策、库存管理、顾客订货的处理等相关的生产物流，还延伸到了与顾客满意相关的各种营销物流。最近，美国供应链管理专业协会（Council of Supply Chain Management Professionals，CSCMP）又扩展了原有的物流领域，将之修正为“物流是指为了符合顾客的必要条件，所发生的从生产地到销售地的物质、服务以及信息的流动过程，以及为使保管能有效、低成本地进行而从事的计划、实施和控制行为”。对物资和服务的修正业已表明，物流活动是从商品使用、废弃到回收整个循环过程①。

综上所述，现代物流的目的是提高企业的收益（销售额的提高和利益的扩大），亦即通过经营重要资源的时间（快速送达）、物流质量（优良地运送、无差错运送）、备货（所

① 喻小贤．物流运输管理［M］．北京：高等教育出版社，2005．

需要的商品和数量)、信息（库存信息、断货信息、运送中信息、送达信息）等物流服务品质的提高，从原材料的供应开始到商品的生产直至最终顾客的让渡整个过程的物流成本的降低，来实现企业的高收益。基于此，我们认为，现代物流是指为了实现顾客满意，连接供给主体和需求主体，克服空间和时间阻碍的有效、快速的商品、服务流动的经济活动过程。

二、现代企业物流的职能

现代企业物流职能的构成要素除了实现物质、商品空间移动的输送以及时间移动的保管这两个中心要素，还有为使物流顺利进行而开展的输送、保管、流通加工、包装、装卸、信息等要素（见表 4 - 2）。

表 4 - 2　物流职能的分类与内容

物流职能	分类	内容
输送	运输 配送	长距离、线性机能，物流的交通机能 短距离、面的机能，物流的准入机能
保管	储藏 保管	长时间保管、储藏型保管 短时间保管、流通型保管
流通加工	加工作业 生产加工 促销加工	商品检验、分拣、放置、备货、分配 组装、细分、切断、规格化 价格贴付、单位化、商品组合
包装	工业包装 商业包装	输送、保管包装，外部包装、内部包装，品质保证为主体 销售包装、单个包装，市场营销为主体
装卸	入货 卸货	从物流设施到交通机关的活动 从交通机关到物流设施的活动
信息	物流信息 商流信息	数量管理：运行、货物追踪，入库、在库、出库管理 品质管理：温度、湿度管理 作业管理：自动分拣、数码备货 定、发货：POS、EOS、VAN、EDI 金融：银行联网

1. 输送

输送是使物品发生场所、空间移动的物流活动。输送系统由包括车站、码头的运输节点、运输途径、交通机关等在内的硬件要素，以及交通控制和营运等软件要素组成，并通过这个有机整体发挥综合效应。具体来看，输送体系中的运输主要指长距离两地点间的商品和服务移动，而短距离少量的输送常常称为配送。

2. 保管

保管具有商品储藏管理之意，它有时间调整和价格调整的机能。保管通过调整供给与需求之间的阻隔促使经济活动安定地开展。近年来，相对于以前强调商品价值维持或储藏目的的长期保管，更注重为了配合销售政策上的流通目的而从事的短期保管。保管的主要设施是仓库，在基于商品出入库的信息基础上进行在库管理。

3. 流通加工

流通加工是在流通阶段为保存而进行的加工或者为同一机能形态转换而进行的加工。具体包括切割、细分化、钻孔、弯曲、组装等轻微的生产活动。除此之外，还包括单位化、价格贴付、标签贴付、备货、商品检验等为使流通顺利进行而从事的辅助作业。近年来，流通加工作为提高商品附加价值、促进商品差别化的重要手段之一，越来越受到重视。

4. 包装

包装是在商品输送或保管的过程中，为保证商品的价值和形态而从事的物流活动。从机能来看，包装可以分为为保持商品的品质而进行的工业包装，以及为使商品能顺利抵达消费者手中、提高商品价值、传递信息等以销售促进为目的的商业包装等。

5. 装卸

装卸是跨越交通机关和物流设施而进行的，发生在输送、保管、包装前后的商品取放活动，包括商品放入、卸出、分拣、备货等作业行为，装卸合理化的主要手段是集装箱和货盘。

6. 信息

收集与物流活动相关的信息，可以使物流活动能有效、顺利地进行。近年来，随着电子计算机和信息通信技术的发展，物流信息出现高度化、系统化的趋势，目前订货、在库管理、出货、输送、备货等业务已实现了一体化。信息包括与商品数量、质量、作业管理相关的物流信息，以及与订、发货和货款支付相关的商流信息。如今，大型零售店、24小时店（便民店）为了削减流通成本、扩大销售，大多已连接了 POS 数据和 EDI 系统，从而使物流信息急速普及①。

上述职能体现在企业物流作业活动上是不尽相同的，每个企业具体的活动因其组织结构和物流战略的不同而显示出一定的差异性，但是从总体上讲，企业物流作业活动主要反映在客户服务、需求预测、分拨系统管理、库存控制、物料搬运、订单处理、零配件和服务支持、工厂和仓库选址、区位分析、采购、包装、退货处理、运输管理和仓储管理等方面。按照美国学者罗纳德·巴罗（Ronald Ballou）的划分，企业物流作业活动可以划分为关键性物流活动（每个物流渠道都会发生的物流活动）和支持性物流活动（视各企业具体情况而定的物流活动）。

其中，关键性物流活动包括以下几方面：

（1）客户服务标准。主要是与营销部门合作。1）确定客户对物流服务的需求；2）确定客户对服务的反应；3）设定客户服务水准。

（2）运输。1）运输方式和运输服务的选择；2）集运；3）运输路线；4）车辆调度；5）设备选择；6）理赔程序；7）运价审核。

（3）库存管理。1）原材料和成品的存贮政策；2）短期销售预测；3）存贮点的产品组合；4）存贮点的个数、规模和选址；5）及时管理、拉动管理战略。

（4）信息流动和订单处理。1）销售订单和库存之间的关系；2）订单信息的传输方

---

① 喻小贤. 物流运输管理 [M]. 北京：高等教育出版社，2005.

式；3）订购规则。

支持性物流活动包括以下几方面：

（1）仓储。1）仓储决策；2）仓库布局和站台设计；3）仓库的结构；4）存货的摆放。

（2）物料搬运。1）设备选择；2）设备更新政策；3）订单拣货步骤；4）货物的存取。

（3）采购。1）供应商的选择；2）采购时间安排；3）采购数量。

（4）保护性包装。主要是为以下活动而设计：1）搬运；2）储存；3）防止损失。

（5）与生产或运作部门合作。1）明确总量；2）明确生产的顺序和时间。

（6）信息维护。1）信息收集、存储和处理；2）数据分析；3）控制过程。

三、现代企业物流管理的特征

通过前面对现代物流概念的探索和延伸，我们可以看出现代物流管理的特征。

1. 现代物流管理以实现顾客满意为第一目标

现代物流经营战略是基于企业经营战略，从顾客服务目标的设定开始，进而追求顾客服务的差别化战略（见图 4-20）。在现代物流中，顾客服务的设定优先于其他各项活动，并且为了使物流顾客服务能有效地开展，在物流体系的基本建设上，要求具备与完善物流中心、信息系统、作业系统和组织构成等条件。具体来讲，物流系统必须做到：第一，物流中心网络的优化。也就是要求工厂、仓库、商品集中配送、加工等中心建设（规模、地理位置等）既要符合分散化的原则，又要符合集约化的原则，从而使物流活动能有利于顾客服务的全面展开。第二，物流主体的合理化。从生产阶段到消费阶段的物流活动主体，常常有单个主体和多个主体之分，另外也存在着自己承担物流和委托物流等形式的区分。物流主体的选择直接影响物流活动的效果或实现顾客服务的程度。第三，物流信息系统的高度化。也就是能及时、有效地反映物流信息和顾客对物流的期望。第四，物流作业的效率化。也就是在配送、装卸、加工等过程中应当运用什么方法、手段使企业能最有效地实现商品价值。

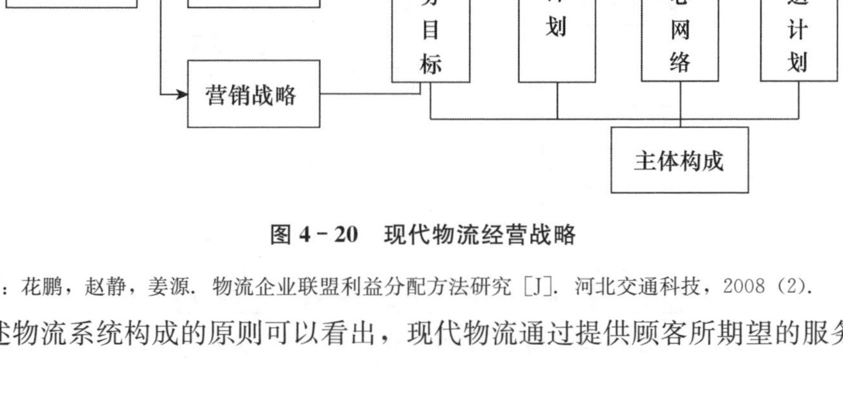

图 4-20 现代物流经营战略

资料来源：花鹏，赵静，姜源. 物流企业联盟利益分配方法研究 [J]. 河北交通科技，2008 (2).

从上述物流系统构成的原则可以看出，现代物流通过提供顾客所期望的服务，在积极追求自身交易扩大的同时，强调实现与竞争企业顾客服务的差别化，亦即在决策物流的重要资源时间、物流品质、备货、信息等物流服务质量时，不能从供给的角度来进行，而是在了解竞争对手战略的基础上，努力提高顾客满意度。

2. 现代物流管理注重的是整个流通渠道的商品运动

以往我们认为的物流是从生产阶段到消费者阶段商品的物质运动，也就是说，物流管理的主要对象是“销售物流”和“企业内物流”，而现代物流管理的范围不仅包括销售物流和企业内物流，还包括供应物流、退货物流以及废弃品物流。这里需要注意的是，现代物流管理中的销售物流概念也有新的延伸，即不仅是单阶段的销售物流（如厂商到批发商、批发商到零售商、零售商到消费者的相对独立的物流活动），而且是一种整体的销售物流活动，也就是将销售渠道的各个参与者（厂商、批发商、零售商和消费者）结合起来，以保证销售物流行为的合理化。

3. 现代物流管理以企业整体最优为目的

当今商品市场面临着革新与变化，如面临着商品生产周期的缩短、顾客要求高效经济的输送、商品流通地域的扩大等发展趋势，在这种状况下，如果企业物流仅仅追求“部分最优”或“部门最优”，将无法在日益激烈的企业竞争中取胜。从原材料的供应计划到向最终消费者移动的物的运动等各种活动，不仅是部分和部门的活动，只有将各部分和部门有效地结合才能发挥综合效益。也就是说，现代物流所追求的费用、效益观是针对供应、生产、销售、物流等全体最优而言的（见图 4-21）。在企业组织中，以低价格购入为主的供应理论，以生产增加、生产合理化为主的生产理论，以追求低成本为主的物流理论，以增加销售额和市场份额扩大为主的销售理论等理论之间仍然存在着分歧与差异（见表 4-3），跨越这种分歧与差异，力图追求全体最优的正是现代物流理论。例如，从现代物流管理观念来看，海外当地生产的展开或多数工厂生产的集约化，虽然造成了输送成本的增加，但是由于这种生产战略有效降低了生产成本，提高了企业竞争力，因而是可取的。但是，应当注意的是，追求全体最优并不是可以忽略物流的效率化，物流部门在充分知晓供应理论、生产理论和销售理论的基础上，在强调全体最优的同时，应当与现实相对应，彻底实现物流部门的效率化。

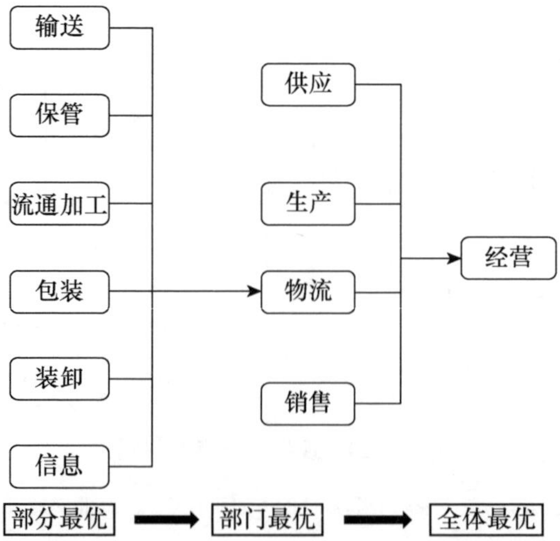

图 4-21　物流系统化与现代物流管理的关系

表 4-3 各部门理论

供应理论	生产理论	物流理论	销售理论
低价格购入 短时间购入 大订货单位 在库数量少	生产增加、生产合理化 较长的生产循环线 固定的生产计划 大量生产	降低成本 大订货单位 充裕的时间 低在库水准 大量输送	销售额增加、市场份额扩大 高在库水准 进货时间迅速、顾客服务水准高 多品种

资料来源：张阐军. 制造业供应链物流精益化管理理论研究与应用 [D]. 武汉：武汉理工大学，2008.

4. 现代物流管理既重视效率更重视效果

现代物流管理具体在哪些行为方面有所变化呢？首先在物流手段上，从原来重视物流的机械、机器等硬件转向重视信息等软件要素。在物流活动领域方面，从以前以输送、保管为主的活动转向物流部门的全体，亦即向包含供应在内的生产、销售领域或批发、零售领域的物流活动扩展。从管理层面来看，现代物流从原来的作业层次转向管理层次，进而向经营层次发展。另外，在物流需求的对应方面，原来强调的是确保输送力、降低成本等企业内需求的对应，现代物流则强调物流服务水准的提高等市场需求的对应，进而更进一步地发展到重视环境、交通、能源等社会需求的对应。以上论述表明，原来的物流以提高效率、降低成本为重点，而现代物流不仅重视效率，更强调整个流通过程的物流效果，也就是说，从成果的角度来看，有些活动虽然使成本上升，但如果它能有利于整个企业战略的实现，那么这种物流活动仍然是可取的。

5. 现代物流管理是一种以信息为中心的拉式的商品供应体系

如上所述，现代物流认为物流活动不是单个生产或销售部门或企业的事，而是包括供应商、批发商、零售商等有关企业在内的整个统一体的共同活动，因而现代物流通过这种供应链强化了企业间的关系。具体地说，这种供应链通过企业计划的连接、企业信息的连接、在库风险承担的连接等机能的结合，使供应链包含了流通过程的所有企业，从而使物流管理成为一种供应链管理。如果说部门间的产、销、物结合追求的是企业内经营最优的话，那么供应链管理则通过所有市场参与者的联盟追求流通生产全过程效率的提高，这种供应链管理带来的一个直接效应是产需的结合在时空上比以前任何时候都要紧密，并带来了企业经营方式的改变，即从原来的推式经营（根据市场预测来生产）转向拉式经营（根据市场的实际需求来生产），同时伴随着这种经营方式的改变，在经营、管理要素上，信息已成为物流管理的核心，因为没有高度发达的信息网络和信息的支撑，拉式经营是无法实现的。

6. 现代物流管理是对商品运动的一元化管理

现代物流从供应商开始到最终顾客，整个流通阶段所发生的商品运动是作为一个整体来看待的，这对管理活动本身提出了相当高的要求。具体地讲，伴随着商品实体的运动，必然会出现“场所移动”和“前置时间”这两种物理现象，其中“前置时间”在当今产销紧密联系，流通整体化、网络化的情况下，已成为一种重要的经营资源。究其原因，现代经营的实需型发展，不仅要求物流活动能实现经济效率化和顾客服务标准化，而且还要求必须及时了解和反映市场的需求，并将之反馈到供应链的各个阶段，以保证生产经营决策的正确和再生产的顺利进行；所以说，缩短物流时间不仅降低了流通全过程的商品成本，提高了顾客满意度，而且通过有效的商品运动为生产提供了全面、准确的市场信息。只有这样才能创造出流通网络或供应链价值，并保证商品流通能持续不断地进行。应当看到，现代倡导的产、销、物三者的结合，本质也在于此。那么，如何才能实现物流时间的效率化呢？从物流时间形态来看，主要有从订货到送达消费者手中时间、在库时间、材料工程滞留时间、计划变更允许时间、新产品开发时间、运输滞留时间等。任何局部问题的解决都无法从根本上实现时间的效率化，只有从整体上全面地把握控制相关的要素和生产经营行为，并将之有效地联系起来，才能实现时间短缩化的目标。显然，这要求物流活动的管理应超越部门和局部的层次，实现高度的统一管理。现代物流所强调的就是如何有效地实现一元化管理，真正把供应链思想和企业全体观念贯彻到管理行为中。

下面以生鲜食品为例，对现代农业企业的物流管理进行探讨。

生鲜食品通常指果蔬、肉类和水产品，是人类补充维生素、膳食纤维、蛋白质、矿物质等的主要来源，是健康膳食必不可少的部分，因而，电商企业生鲜食品的市场需求潜力非常大。近年来，随着越来越多的企业进入生鲜电商领域，电商企业生鲜食品的线上销售量不断攀升，产品的销售范围不断扩大。2015 年，中国生鲜电商物流行业的市场交易规模为 162.6 亿元，2016 年生鲜电商物流行业市场规模已达 274.2 亿元。要让生鲜物流服务很好地满足规模如此巨大的生鲜电商市场需求，必须加大对冷链物流基础设施的投入与投资。

生鲜食品的易腐性致使它对物流配送的时间和物流全过程的温度控制有更高的要求，因而生鲜食品的物流过程有别于普通产品，这也导致了生鲜食品物流总成本的增加。通常情况下，生鲜食品物流成本要高出普通商品 1～2 倍，占生鲜食品销售额的 25％～40％。生鲜食品一般需要在特定的温度下完成运输和配送。比如：水果、蔬菜需要在 0℃～10℃的温度下运输；肉类产品中冻猪肉、冻猪肉片等产品一般需要在－18℃～－15℃的温度下运输，牛肉、羊肉、兔肉和禽肉等需要在－12℃～－9℃的温度下运输；水产品中冻虾、蟹、贝类一般需要在－18℃～－15℃的温度下运输。但是，我国生鲜食品的冷链运输率还很低，欧美发达国家生鲜食品的 80％～90％为冷链运输，国内果蔬、肉类产品和水产品的冷链运输率分别为 15％、30％和 40％，并且冷链运输过程中断链比例很高，果蔬为 67％，肉类产品为 50％，水产品为 42％①。

生鲜农产品的供应流程大致分为到货处理—入库储存—整理分拣—运输—信息跟踪。

（1）储存环节。生鲜农产品经过质量检测入库之后需要长时间的存放，储存环节是整体冷链运作流程中关键的一环，主要包括产品的分类、温度和湿度的检测、库存检查、录入信息的及时更新等（见图 4－22）。

（2）分拣环节。分拣环节是基于供应链上下游客户需求进行的，在冷链系统中起到承上启下的作用。冷链物流的分拣作业将食品从仓库中挑选出来，通过一系列的质量检查和产品包装，将产品进行统一管理，为产品的下一步作业做好准备（见图4－23）。

① 孔阳，陈珊. 层次分析法在生鲜物流配送路径选择中的应用［J］. 中国市场，2015（33）.

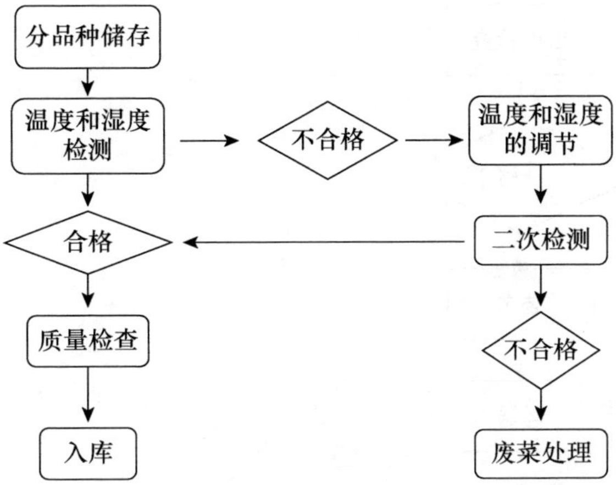

图 4-22 生鲜农产品冷链物流储存环节作业流程

资料来源：谢泗薪，薛琳琳. 生鲜农产品冷链物流的风险分析与战略控制研究 [J]. 价格月刊，2018 (3).

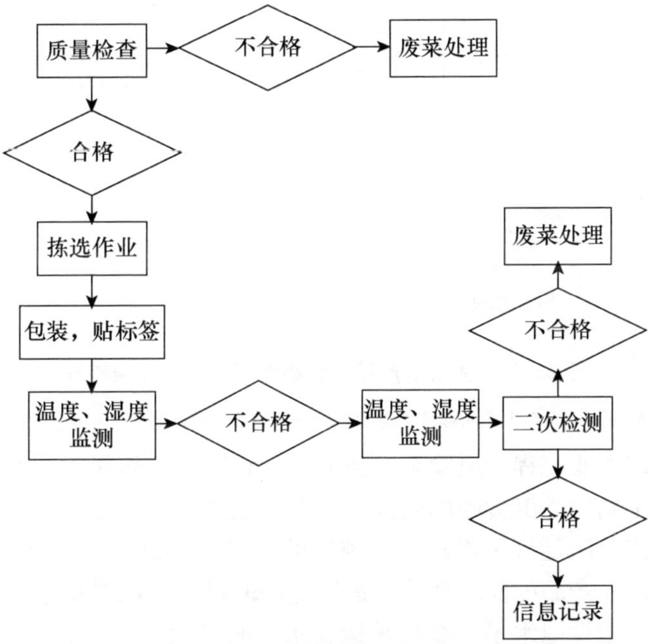

图 4-23 生鲜农产品冷链物流分拣环节作业流程

资料来源：谢泗薪，薛琳琳. 生鲜农产品冷链物流的风险分析与战略控制研究 [J]. 价格月刊，2018 (3).

(3) 运输环节。生鲜农产品运输环节是整体冷链物流系统中最关键的一环。冷链运输方式包括公路、铁路、水路、航空等，也可以包含多种运输方式组成的综合运输。它涉及时间长，输送距离相对较远，运输成本也相对较高，而且在此环节中会承担更多的风险和不确定性。无论是出库检查、装卸搬运，还是在运输过程中，都需要保证承运产品的质量和安全要求（见图 4-24）。

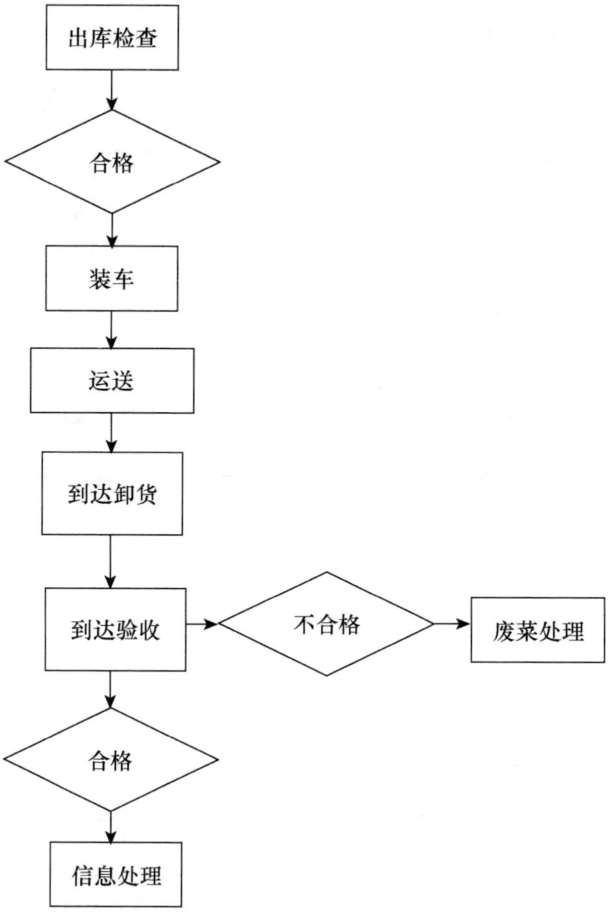

图 4-24 生鲜农产品冷链物流运输环节作业流程

资料来源：谢泗薪，薛琳琳. 生鲜农产品冷链物流的风险分析与战略控制研究 [J]. 价格月刊，2018 (3).

运输环节是整体作业流程中风险系数最大的。它历经时间长、涉及范围广，有许多不确定性，在此环节中确保生鲜食品的质量安全至关重要。规范冷链物流运输需要供应链每一环都相互配合，充分满足订单需求，在规定的时间运送到位，保证产品运输及时高效。在运送过程中必须保证产品的储存环境，运用先进的科技手段对运输过程进行温度和湿度的有效监控，提高基础设施水平，满足承运要求。必须更新和引进先进的信息管理系统，随时监控产品的运输状态和存活程度，保证承运产品的可追溯性。另外，在运输过程中受到外部环境影响的因素比较多，必须培养资质合格的从业人员，能够从容地处理各种突发状况，保障产品的顺利交接。

目前生鲜农产品的冷链物流大致有四种模式：以农贸、水产批发市场为主导的配送模式，B2B 平台+餐饮业的合作配送模式，O2O 微平台+采购小区的物流配送模式，连锁超市的冷链物流配送①。

① 汪雪，罗列英. “互联网+”下温州市生鲜农产品冷链物流发展研究 [J]. 现代商贸工业，2018 (6)；B2B 为 business to business 的缩写，即企业与企业间；O2O 为 “online to offline” 的缩写，即线上到线下。

（1）以农贸、水产批发市场为主导的配送模式。批发市场模式是我们较常见的农产品物流模式，它是依托于一定规模的批发市场，由生产者或中间收购商将分散的产品集中到批发市场被批发商收购，然后再通过零售商销售，最终到达消费者手中的农产品物流模式。此种模式比较符合我国农产品行业的发展现状，因为可以规避产品分散经营，实现规模化，降低物流成本。

（2）B2B平台＋餐饮业的合作配送模式。以温州市本土品牌“菜味来”为例，作为当地首个以完善的冷链物流为基础的生鲜电商配送平台，“菜味来”一改传统的产品采购以农贸、水产市场为主的方式，充分利用互联网的优势与线下商家进行合作。

（3）O2O微平台＋采购小区的物流配送模式。例如，2015年成立的“好易鲜”是温州市本土的生鲜平台，平台依托于各种蔬菜水果生产基地、海鲜类养殖基地，打造线上下单、采购小区冷柜自提的O2O微菜场当天生鲜冷链物流配送模式。“好易鲜”拥有自建的冷链物流配送团队，通过专业的冷链车短途配送商品到用户下单的小区微菜场，利用冷柜自提的方式来完成配送到家的服务。

（4）连锁超市的冷链物流配送模式。连锁超市模式是连锁超市与物流企业结盟运转的农产品冷链物流模式，此种模式因为物流企业的加入使得物流环节减少，能很好地提高物流效率和保证稳定的货源。通常情况下，连锁超市模式中的连锁超市、物流企业、分散农户三方会签订合作契约，这一模式是目前分散农户种植的生鲜农产品的商品价值和经济价值得到保障而采用的较典型的市场模式。生鲜农产品易腐易烂、保鲜期短，自建冷库储藏运送保鲜增加了分散农户的成本投入，而物流企业的加入分担了储藏和流通成本，同时与连锁超市对接的方式实现了高效快速的流通愿景，产品与销售链上的无缝对接优化了整个物流供应链系统，对农产品行业的快速健康发展十分有利。

【思考练习】

1. 农业企业如何通过供应链管理保障产品质量安全？
2. 农业企业供应链如何实现成本控制？
3. 农业产业化龙头企业在供应链管理中有何优势？
4. 国际先进农业企业供应链管理有哪些经验可以借鉴？

【案例分析】

羊多多：互联网牛羊肉专家

羊多多科技（北京）有限公司（简称羊多多）成立于2014年，位于北京市石景山区金融街长安中心。羊多多致力于持续为每个家庭提供优质健康牛羊肉产品解决方案，让每个家庭都能购买到安全、新鲜、平价的牛羊肉产品，畅享牛羊肉所带来的营养与健康。经过两年多的快速发展和运营，羊多多已成为牛羊肉品牌的代名词，并形成了一定的社会品牌效应。“民以食为天，食以安为先”是公司的原则。百分百健康、百分百安全、百分百直供是公司的宗旨。羊多多通过自有专利技术，实现牧场到餐桌全程可追溯、饲养加工环节全程直播，被行业内评为“互联网牛羊肉专家”。

1. 整合羊肉供应链

在创业之初，羊多多做了很多跟羊肉相关的事情，批发、零售、开店、社区全都做了，对涉及的各个行业都进行了深入调研，包括上游的收羊、屠宰、运输等环节。羊多多发现，在内蒙古，由于信息和交通不畅，牧民有好羊肉却卖不出去。此外，羊肉行业还存在其他诸多问题：内蒙古羊肉产量占全国30%左右，其中只有巴盟做到了全年屠宰，呼盟和锡盟还是传统意义的养殖。因为不能365天屠宰，只能将屠宰季的羊肉放在冷库里，为冬天的旺季消费做准备。时间长了，羊肉的新鲜度也会下降。而羊多多想做的是新鲜羊肉，定位创新健康羊肉产品的互联网品牌，以羊肉为主打产品，深入分析客户需求，创新羊肉产品形态。

(1) 源头采购：羊多多坚持的采购原则是源头采购、农餐对接、只和一流供应商合作。羊多多拥有专业的检验和品控团队，不断完善质量管理体系，确保产品层层质量监控检验。为了达到"最鲜美"的标准，羊多多的羊肉全部精选自北纬42°、东经116°的草原腹地——内蒙古锡林郭勒大草原南端常年食用天然牧草、饮用清澈无污染矿泉水的放养羊，而且只选择6～8个月大，最为鲜美、口感最佳、肉质紧实的羔羊。

(2) 标准化领"鲜"：草原广阔的地方有两种养殖方式：一种是散养加圈养，一种是纯散养。纯散养造成了商品难以标准化的局限，而直接卖给消费者的牛羊肉，两次购买肥瘦不一就会引来诟病。散养加圈养就能保证规模化，而且相对标准化。羊多多采购的草原羊前4个月在草原上放牧，这个过程中的饲料也是大型养殖场配给的，后期再经过大型养殖场饲养育肥以达标准化。这些养殖场规模很大，养殖密度低，24小时监控，每星期称重，按月龄分类补给不同草料，而草场和饲料厂往往已经被整合在链条中。这样，6个月后出栏的羊基本一模一样。

(3) 减少中间环节：当今市场从羊肉屠宰到销售，存在很多冗杂和不合理的中间环节，如羊贩、二道贩、屠宰加工、大批发商、分销商、各类市场、超市等，每个环节都会将羊肉单价抬得更高，导致消费者购买的羊肉价格超出了本身价值很多倍，甚至有些黑心的经销商为了牟取暴利，在羊肉中掺入病死羊肉、猫肉、耗子肉、注水肉等，使消费者不仅吃不到真品羊肉，甚至连安全的羊肉都吃不到。而羊多多的目标就是去除传统市场所有的中间环节，从屠宰到加工，羊多多舍弃第三方参与，全程恒温生产，－18°瞬时锁鲜，全冷链物流，充分保证肉质的新鲜度，保证消费者拿到屠宰后的第一手鲜肉。

(4) 精细化加工：牛羊肉行业还有个问题就是加工粗略，而现代需求是精细化加工。2015年正好是羊年，羊多多在首发产品上做了微创新，桶装包装设计，将全羊、半羊精细化分割好再卖，因为"内蒙古过节喜欢送整只羊，每家都有剔羊工具，但是外围需要精细化分割"。羊多多在这一轮羊年春节礼品季推出的所有产品，包括"新年第一桶金""全羊（半羊）大礼包""第一手小鲜肉——羔羊羊腿（肋排）"等，全部都是限量发售。限量是因为对羊肉品质的严格把关所致，正如羊多多每一款羊肉的包装上都印着一句话："立志成为一只最鲜美的羊"。

2. 打造生鲜O2O平台

羊多多创立之初，就以让消费者能够吃到安全、有机、平价的牛羊肉产品为目标，让牛羊肉产品不再"换乘""周转"，而是直供社区，让消费者都能畅享牛羊肉所带来的营养与健康。

(1) 社区团购：羊多多拥有社区团购群 100 余个，其中活跃群 30 余个，活跃群每周成团 3～5 次。通过规模化生产，去除中间环节，降低牛羊肉成本，通过实体店提货和社区团购等方式，降低配送成本，最终可控制产品销售价格为市场同等品质产品的 2/3。并逐渐实现从羊出生—生长—出栏—加工厂—包装—配送等环节全程可追溯，将全程透明管理呈现给消费者。

(2) 合作门店：目前羊多多在线下社区设置了 50 多家合作门店，集中在北京西区。产品线上线下价格一样，消费者可以在线上下单，到小区门店自提。门店不但能解决"最后一公里"问题，还是个很好的宣传窗口。门店老板负责推广，只要有人从他手上买货，他都有相应的报酬。门店老板除了获得相应比例的纯利润外，他所发展的会员产生的会费也归其所有，因此他有足够的积极性去推广羊多多的产品。有了社区店，羊多多市内物流团队无须配送到户，只需要将产品送到门店即可，集中配送，一天十几家店不是问题。传统购买牛羊肉就是去超市，早就切好的牛羊肉容易失水、塌陷，而羊多多的模式是"接单—切片—配送"。

(3) 181 菜篮子合作：2016 年 1 月 26 日，羊多多又与 181 菜篮子社区服务平台正式合作，羊多多产品被引入北京菜篮子便民服务站，目的是让消费者更方便地吃到安全、有机、平价的牛羊肉产品。181 菜篮子社区服务平台是北京市政府重点扶植的社区解决方案提供商，通过 O2O 的方式，打造从基地到社区家庭的品牌农产品直销平台，并使其进一步成为服务于家庭的社区生活综合提供商，即 B2F 模式。作为北京市政府"菜篮子工程"的重要组成部分，一直备受商务部、北京市东城区商委、朝阳区商委等的关注，已被商务部列为 39 家全国农产品重点流通企业之一。

自此，在菜篮子 12 个便民直营店，即沿海赛洛城一店、沿海赛洛城二店、安华西里二店、安贞西里店、东四店、戎晖嘉园一店、和平里六区店、安贞里一店、香河园北里店、和平里兴华店、交通店、京师园店，均可买到羊多多直供的羊肉片。羊多多选择跟北京菜篮子合作是因为菜篮子便民社区模式和羊多多的社区营销理念不谋而合。羊多多愿意在深耕社区资源上继续努力，满足更多消费者的需求，让更多的消费者吃到安全、有机、平价的牛羊肉产品，做行业里的领头羊。未来，随着双方合作的深入，羊多多将丰富菜篮子直营店的牛羊肉产品，并且将覆盖北京 200 余家菜篮子社区店。

资料来源：根据羊多多科技（北京）有限公司网站和中国人民大学农业与农村发展学院农商管理教研室调研案例库整理而成。

案例思考题：

羊多多要实现农产品供应链的可持续发展所面临的风险有哪些？应该如何应对？

解读鲜易控股的完整生态

去超市选购食品，然后自己做一顿既好吃又健康的大餐，对很多上班族来说是一件比较幸福的事情，但在经历了一天的劳累之后，还有多少人愿意这样做呢？答案是，很少。随着电子商务的兴起，很多科技创业公司自然而然地开始提供食品快递服务。你可以不用自己去超市，只需在家等待食品送上门就可以下厨。

2009 年，美国的风险投资机构共投资了 24 家食品相关公司，而 2013 年增长到 57 家，2014 年这个数字可能还要翻上一番。食材订阅服务作为一种新颖的 O2O 模式，正在全世界范围内受到热烈追捧。

而有一家国内公司则因为其独特的理念和营销模式引起了资方的注意——鲜易控股有限公司。这是一家商业模式非常有趣的公司，从原来传统到不能再传统的肉制品企业，转型做生鲜电商，这一自我革命的举动，在肉制品行业和生鲜电商行业引起了极大的关注，而鲜易控股短短两年内探索出了一条完整的生鲜电商产业链，涵盖了食品产业链整合能力、标准食品安全保障能力、冷链仓储配送能力、供应链金融服务能力等，为生鲜电商开辟了一个新的天地。

鲜易控股之所以能够如此迅速地在生鲜电商站稳脚跟，得益于它自身的创新基因。

鲜易网是专门针对生鲜食材行业打造的行业 B2B 平台，主要产品为生鲜肉类、熟食制品、海鲜水产、有机蔬菜、调理产品、特色农产等。集中的品类优势不仅能为供应商提供更加专业、有针对性的服务，同时对于交易而言，细分品类可提供更加精准、更符合行业特征的商品及采购模式。

鲜易控股旗下有以食品产业链为主的众品品牌。成立于 1993 年的众品，产品体系涵盖冷鲜肉、低温肉制品、预制品和综合加工产品。然而这些，在鲜易网看来，却不是最核心的资源，最核心的资源是众品在食品产业链的整合能力。鲜易网平台上不仅有众品的猪肉产品系列，还涵盖了禽肉、牛羊肉、水产海鲜等动物蛋白，调料品，果蔬等系列产品。鲜易网依托众品在食品产业链的整合能力，保障了源头上的直采和安全。

食品安全一直是生鲜电商的难点、痛点之一。鲜易控股所主导建设的鲜容达技术服务平台，一方面依托鲜易控股的国家级企业技术中心、博士后科研工作站、CNAS 认证实验室、国家猪肉加工研发分中心等科研力量，另一方面连接中国食品科学技术协会、中国肉类食品综合研究中心、中国农科院、中国质量认证中心等高校、科研院所等外部资源，建立供应商资质认证体系，对入驻平台的供应商进行资质审核，对交易产品进行品质检验；通过物联网技术的应用，监控供应链各环节的产品状态，完善溯源流程。

冷链物流配送体系是生鲜电商发展的重要环节。鲜易控股在全国布局 18 个多温度带温控仓储基地，总容量 180 万立方米，拥有标准化冷藏车辆 3 000 多台，所有车辆均配备 TMS 系统、GPS/GIS 跟踪系统、温控设施等物流信息系统。在 21 个全国性物流节点城市、17 个区域性节点城市，布局干线运输及城市配送网络，形成“群、链、网”结合的服务优势。同时，鲜易控股在全国 360 个城市规划、建设了集采分销平台，进一步扩大了冷链物流服务能力。

公开资料显示，2014 年，中国生鲜电商的市场在 1 万亿元规模，但这一市场目前的渗透率仅为约 1%。未来 5 年内这一市场规模将达到 1.2 万亿元。为了尽可能地抢占这一市场，生鲜电商们也都是各自发力，寻找适合自己的路径。鲜易利用自身优势资源，整合上下游产业链，打造了一个平台，依托鲜易控股旗下以食品产业链服务为主的众品品牌、以冷链物流服务为主的鲜易供应链、以电子商务服务为主的鲜易网，将“生鲜电商 O2O”的线下能力进一步延伸，保障了生鲜电商从生产到配送入户的每一个环节。

资料来源：http://news.sina.com.cn/o/2015-12-29/doc-ifxmxxsr3945464.shtml.

案例思考题：

1. 鲜易是如何创新的？
2. 冷链物流配送体系对生鲜电商的意义何在？
3. 鲜易为什么要建立完整的产业供应链生态圈？

【参考文献】

[1] 卫民. 伊利年报"五大"核心指标再度夺冠背后 [N]. 中国经济时报，2018-05-08.

[2] 张沐萱. 伊利：搭建"白色丝绸之路"布局全球化 [J]. 农经，2018 (4).

[3] 王薇. 乳业全产业链质量安全管理是创新研发的重中之重 [N]. 中国食品报，2018-03-14.

[4] 张琳，庞燕，夏江雪. 乳制品企业冷链物流共同配送研究 [J]. 企业经济，2011 (12).

[5] 刘建鑫，王可山. 电商生鲜食品物流能力评价：以 A 电商企业肉类产品为例 [J]. 中国流通经济，2018 (5).

[6] 翁清清，陈言国. 生鲜电商果蔬物流全程冷链发展策略探析 [J]. 电子商务，2018 (4).

[7] 谢泗薪，薛琳琳. 生鲜农产品冷链物流的风险分析与战略控制研究 [J]. 价格月刊，2018 (3).

[8] 汪雪，罗列英. "互联网＋"下温州市生鲜农产品冷链物流发展研究 [J]. 现代商贸工业，2018 (6).

[9] 叶怀珍. 现代物流学 [M]. 北京：高等教育出版社，2007.

[10] 张利庠. 大赢家Ⅱ：转型升级中的中国畜牧行业十大名牌案例研究 [M]. 北京：企业管理出版社，2016.

[11] 蒋铁虎，丁叔. 解析 SCOR 供应链模型 [N]. 中国计算机报，2002-02-25.

[12] 张可心. 登高莫问顶，伊利向远方 [N]. 无冕财经，2019-10-08.

[13] 宋华，于亢亢. 现代物流管理 [M]. 北京：中国人民大学出版社，2012.

[14] 谭智佳，魏炜，朱武祥. 商业模式升级与持续发展：麦当劳案例 [J]. 管理评论，2016 (2).

[15] 冯耕中，刘伟华. 物流与供应链管理 [M]. 北京：中国人民大学出版社，2010.

[16] 朱振东. 博山电机厂的供应链成本优化研究 [D]. 长春：吉林大学，2003.

[17] 王鹏. 连锁餐饮物流配送优化研究：以麦当劳为例 [J]. 纳税，2019 (9).

[18] 王海船，包耀东，周巧云，等. 基于 CPFR 的物流信息平台构建研究 [J]. 中国商论，2017 (17).

[19] 张美玲. 便利店的王国 7－11 [J]. 现代企业文化，2018 (9).

[20] 肖纯，文劲军，王艳红. 发展我国零售业态下的共同配送模式：日本 7－11 便利店物流革新的启示 [J]. 物流科技，2006 (11).

[21] 张晓燕. 7－11 便利店的供应链物流系统 [J]. 中外物流，2007 (1).

[22] 吴健安，聂元昆. 市场营销学 [M]. 北京：高等教育出版社，2017.

［23］马士华．供应链管理［M］．北京：中国人民大学出版社，2017．

［24］李玉珍，付铁山．连锁便利店物流系统的创新实践与理论研究：以“日本 7－11”为例［J］．物流技术，2015（13）．

［25］李楠，毛娜．7－11 物流配送模式分析［J］．商场现代化，2018（6）．

［26］喻小贤．物流运输管理［M］．北京：高等教育出版社，2005．

［27］花鹏，赵静，姜源．物流企业联盟利益分配方法研究［J］．河北交通科技，2008（2）．

［28］张阐军．制造业供应链物流精益化管理理论研究与应用［D］．武汉：武汉理工大学，2008．

［29］孔阳，陈珊．层次分析法在生鲜物流配送路径选择中的应用［J］．中国市场，2015（33）．

第五章

农业企业生产管理

【学习要点】

- 农业企业的生产特点
- 种植业企业生产的特点、生产管理的基本制度以及生产结构与布局
- 林业企业生产的特点、种类、生产计划、生产过程管理以及生产效益评价
- 畜牧业企业生产的特点、结构优化、畜群再生产以及专业化畜禽养殖企业的生产管理
- 渔业企业生产的特点、生产计划以及生产过程的组织与管理
- 农产品加工业企业生产的特点、加工方式和方法以及生产过程管理

第一节　农业企业的生产特点

一、农业企业生产特点概述

1. 土地是农业企业生产的重要资源

土地是农业生产中重要的基本生产资料。它不仅为农业企业生产提供劳动场所，同时也为农作物生产及畜禽水产养殖提供必要的空间基础。因此，具备稳定合适的土地资源是农业企业开展生产经营活动的必要条件。农业企业应充分了解我国的农村土地经营制度和土地产权制度，根据生产需求和经营需求获取土地资源。

2. 农业企业劳动时间和生产时间不一致

与工业企业不同，农业企业的生产时间和劳动时间是不一致的。对于农产品生产环节来说，劳动工人在白天劳作，而农作物产品和养殖类产品则是日夜生长的。对于农产品加工环节来说，由于农产品的生长具有周期性和季节性，加工工人的劳动时间需要根据农产

品的生长时间而定。

3. 农业企业的生产资料和生产对象可相互转化

农业企业的生产资料通常为种子、幼苗、幼仔等，通过自然生长和人工干预，生产出农作物或畜禽水产产品。但由于农产品的自身特性，一个生产环节的生产对象可能是下一个环节的生产资料。比如农作物成熟后又会结出种子，可留存用于来年的播种；对于农产品加工企业来说，农业生产所获得的初级产品又可为下一阶段的深加工所用。因此，农业企业的生产资料和生产对象是可以相互转化的。通过合理的生产计划和过程管理，农业企业可以利用这一特性，更高效地开展生产经营活动。

4. 农业企业生产须面对自然和市场的双重风险

农产品的生长依赖于自然环境，而自然环境中的各类因素都难以施加控制，因此农业企业需要面对洪涝、干旱等自然风险。此外，因为农产品的供给弹性很小，其生产周期长度、生长的季节规律都难以改变，农业企业很难及时根据市场变化调整生产结构和生产规模，所以农业企业的生产还必须面对较大的市场风险。

对于不同经营类别的农业企业来说，其生产特点根据生产对象的变化是有所不同的，需要进行更加深入细致的了解。

二、种植业企业生产的特点

种植业是指除林果业以外的植物栽培业，是栽培粮食作物、经济作物、饲料作物、绿肥作物等各种农作物的物质生产部门。种植业生产是指人们利用植物的生物机能，以土地为基本生产资料，通过人工培育将太阳能转化为化学潜能和农产品，以取得粮食、副食品、饲料和工业原料的过程。种植业不仅是农业的主要生产部门，还可以为其他部门提供基本的生产资料。因此，种植业企业通常是农业企业的主导部门，种植业企业的生产管理是农业企业重要的基本管理活动。

1. 种植业企业的生产以土地为基础

种植业作物在成熟过程中需要扎根土壤，并从土壤中汲取所需的养分和水分。因此，土壤的肥力对作物的产量水平有着很大的影响。确保土地资源的数量，通过用养结合的模式合理利用土地，不断提高土壤肥力，才能保证作物高产、稳产，同时也才能保证企业投资种植业的效益。

2. 种植业企业的生产的对象是有生命的植物

种植业生产是人们利用植物的生物机能，通过光合作用和呼吸作用等，将光、热以及水等无机物转化为糖、脂肪、蛋白质等有机物，将太阳辐射能转化为化学潜能的过程。作物的转化加工水平不仅取决于其本身的特性，还会受到自然环境的影响。当自然环境的土壤、光照、水等满足植物的生长需求时，作物才能高产。因此，种植业企业的生产要选育优良的作物品种，选择适宜该作物生长的自然条件，在风险管控时充分注意旱涝、风雹等自然灾害可能带来的损失。

3. 种植业企业的生产有较强的季节性

种植业的生产是遵循作物生长规律持续不间断进行的，但人们的劳作时间是间歇性的，只存在于需要劳动辅助的生长环节，因此出现了农业生产劳动的季节性。种植业生产的季节性会导致农忙时人手或机械配置不足，农活无法及时完成，而农闲时劳动力或农机具可能又出现闲置。该特性要求在种植业企业生产管理中，将不同生产周期的作物搭配种植，合理使用多功能通用型农机具，在劳动力方面灵活雇佣职业农民，长短工搭配聘用，提高各项生产要素的利用率，积极克服生产的季节性问题。

4. 种植业企业的生产有明显的地域性

由于种植业生产对环境有较强的依赖性，各地区自然环境的差异也就导致了农业生产的地域性。例如，秦岭-淮河以北多为旱地，农作物多为小麦、甜菜等；秦岭-淮河以南水田较多，则可种植水稻、甘蔗等。因此，在种植业企业的生产管理中，企业需因地制宜布局农业生产。

5. 种植业企业的生产有较长的周期性

不同于工业生产的流水线，种植业生产受到植物自然生长特性的影响，往往生产周期较长。以水稻为例，东北地区一年一熟，华北地区一年两熟或两年三熟，淮河以南一年两熟，海南岛则可达到一年三熟。周期性长导致种植业企业生产的时间成本较高，资金周转慢，收益回本不快。在管理种植业企业时，这一特点是不容忽视的。

三、林业企业生产的特点

林业是指通过培育林木和保护森林以取得木材和其他林产品、利用林木的自然特性获得防护效益和经济效益的生产部门，是广义农业的重要组成部分之一。林业生产以土地为基本生产资料，以森林（包括天然林和人工林）为主要经营利用对象，整个生产过程一般包括造林、森林经营、森林利用三个部分。经营林业的农业企业通常致力于林木培育、森林资源开发，木竹及其制品、家具、林化产品、林木种苗、花卉等产品的生产销售及进出口，以及森林旅游、森林食品药材及相关产品的经营贸易等。林业企业生产在保护生态环境、推进国民经济建设等方面发挥着重要作用。

1. 森林资源是有限可再生性资源

森林资源是地球上最重要的资源之一，它可以更新，属于再生的自然资源，但是过度开采乱砍滥伐可能会导致森林退化，造成不可逆转的破坏。因此，林业企业发展林业生产要积极响应“绿水青山就是金山银山”的号召，合理利用和保护林木，兼顾经济效益、社会效益和生态效益的共同发展。

2. 林业企业的生产周期长

林木生产从采种、育苗、栽种、管护，到成林采伐、加工需要数年，甚至数十年之久，在生长期内林业企业需要持续投资，直到生产周期结束才能取得效益，资金周转较慢。因此，企业发展林业生产需提前做好资金流规划，同时在林种选择上注意长短结合，保持林木的生长量、累积量和采伐量循环有度，保证林业产品的可持续开发。

3. 林业企业生产地域的辽阔性

林木生产周期长，需要确保土地的稳定性；同时，林木生长占地面积较大，需要合理规划成林间距。

4. 林业功能和效益的多样性

森林资源是生物多样化的基础。它不仅能够为生产和生活提供多种宝贵的木材和原材料，能够为人类经济生活提供多种物品，而且能够调节气候，保持水土，防止和减轻旱涝、风沙、冰雹等自然灾害，还有净化空气、消除噪声等功能；同时森林还是天然的动植物园，哺育着各种飞禽走兽，生长着多种珍贵林木和药材。

四、畜牧业企业生产的特点

畜牧业是指用圈养、放牧或者二者结合的方式，饲养畜禽以取得动物产品或役畜的生产部门。它包括牲畜饲牧（如养猪、牛、羊、兔等）、家禽饲养（如养鸡、鸭、鹅等）、经济兽类驯养（如养鹿、貂、水獭、麝等）等。畜牧业不但为纺织、油脂、食品、制药等工业提供原料，也为人民生活提供肉、乳、蛋、禽等食品，为农业提供役畜和粪肥。发展畜牧业生产对促进经济发展、增加出口物资、改善人民生活具有重要意义。

1. 畜牧业企业生产的劳动对象是有生命的动物

畜牧业生产的对象是有生命的活体动物，其再生产的过程是自然再生产和经济再生产的结合。从自然再生产的过程来看，畜牧业生产是畜禽自身生长、发育、繁殖的过程；从经济再生产的过程来看，畜牧业生产是人们通过人工圈养或放牧取得畜产品以满足生产和生活需要的过程。因此，畜牧业企业一方面要按照畜禽的生产发育规律和自然环境条件组织生产活动，另一方面要按照经济规律进行生产管理，适时提供必要的饲料、棚圈、疫病防治技术等，以取得良好的生态效益和经济效益。

2. 畜牧业企业生产的转化性

畜禽生长是以植物产品为养料，将植物能转化为畜产品的动物能的过程。因此，畜牧业生产是以种植业为基础的，即建立在第一性植物生产基础上的第二性生产。畜牧业企业生产管理的主要任务之一就是提高饲料转化率。这一特点就要求畜牧业企业生产首先要做好种植业生产，建立巩固的饲料基地，保证饲料供应。同时，要采取科学的饲料配方和饲养方法，降低饲料成本，提高饲料利用率和转化率。

3. 畜禽产品的双重属性

畜禽产品的属性因饲养目的不同，而具有生产资料和消费资料的双重性，且二者可以相互转化。人们将繁殖用的种畜、母畜、奶畜作为劳动手段和生产资料，而肉畜、肉禽则又作为劳动产品和消费资料。因此，考虑到畜禽产品的双重属性，畜牧业企业在组织畜禽生产时，要根据不同的畜禽种类和饲养目的，建立合理的畜禽结构，做好资源分配，建立长期经营的战略计划。

4. 畜牧业企业生产周期长

畜牧业生产具有明显的周期性，且周期时间较长，例如鸡半年、猪一年、羊两年、牛三年、马四年等。在整个生产周期中，畜牧业企业需要投入大量的劳动力和资本，投资回报速率慢。因此，发展畜牧业要特别重视饲养管理技术的改良，选用优良品种，缩短生产周期，提高畜禽产品率。

5. 畜牧业生产的可移动性

畜牧业生产的对象是活的动物体，因此需要一定适合其生长、发育、繁殖的自然环境条件。但与种植业对土地的依赖不同，畜禽可以进行密集饲养，异地育肥。运用这一特点，畜牧业企业可以在一定程度上克服环境中的不利因素，创造适合畜牧业生产的良好外部环境，保证生产过程正常进行。

五、渔业企业生产的特点

渔业是指捕捞和养殖鱼类、其他水生动物及海藻类等水生植物以取得水产品的社会生产部门。渔业生产按水域，可分为海洋渔业和淡水渔业；按捕捞方式，可分为捕捞渔业和养殖渔业；按劳动对象和生产过程，可分为基础渔业和加工性渔业①。渔业可为人民生活和国家建设提供食品和工业原料。

1．渔业企业生产以特定的水域为基本生产资料

水产品的生产离不开水，水生动植物需要在水域内进行物质能量的交换，且对水的深度、温度和各种营养元素的含量等都有一定的要求。因此，特定规格和规模的非耕地的水域是渔业企业生产最基本的生产资料。

2．水产品的生产对象是有生命的动植物

水产品都是有生命的水产动植物体，具有很高的鲜活性。其养殖、捕捞、收获的阶段相当于第一性生产，加工、贮藏、保鲜为第二性生产，第二性生产是第一性生产的延续。这两种生产过程交织在一起。水产品的鲜活特点，要求渔业企业在捕捞、运输、加工时都需要注意保生、保鲜，以保证其质量，在销售时就近选择实体网点销售或进行网上销售。

3．渔业企业生产具有流动性和季节性

近海和江湖的许多鱼、虾、蟹有索食、生殖和越冬的洄游移动规律，因此捕捞生产具有流动性和季节性，需要适应渔场的变化规律，合理安排水产品的品种结构和捕捞时间，以提高渔获量和渔业经济效益。

4．渔业企业生产的水产资源具有共享性

渔业生产常常会涉及水域管辖问题，特别是对捕捞渔业来说，捕捞过程常跨行政区域进行，这会给水域和渔政管理带来一定的复杂性。因此，渔场应制定统一规章制度，限定捕捞区域和季节，合理利用和保护水产资源。

六、农产品加工业企业生产的特点

农产品加工是指以农业生产所得的植物产品和动物产品为原料，通过一定的工程技术处理，改变其外观形态或内在属性，使初级农产品成为多种用途的加工产品的过程。随着产业结构调整和科技的进步，农产品加工企业的市场前景越来越好，农产品加工业在农业发展和农村经济发展中都起着重要的作用②。

农产品加工有多种类型。按原料品种，可分为粮食加工、经济作物产品加工、畜产品加工、水产品加工、林产品加工等；按产品的最终用途，可分为食品加工、饲料加工、造纸加工、皮革加工、药材加工等；按产品加工程度，可分为初加工和深加工等。

1．农产品加工业企业以农产品为生产对象

农产品加工业的首要特点是以农产品为原料进行加工制作，其选材与农业息息相关。

---

① 潘开宇．渔业企业经营管理［M］．北京：化学工业出版社，2011.

② 冯伟，蔡学斌，杨琴，等．中国农产品加工业的区域布局与产业集聚［J］．中国农业资源与区划，2016（8）.

这也就决定了农产品加工业企业具有地域性，不同农产品的产地会产生不同经营项目的农产品加工业企业，使其在市场上具有资源禀赋优势。农产品加工企业也应以该特性为切入点确定企业投资计划和发展方向。

2. 农产品加工业企业以质量标准为依据

农产品加工业既与农业生产有关，同时又运用了工业的加工、包装技术，因此需要参照明确的质量标准进行。目前农产品加工业企业的质量标准依据有绿色食品标准、有机食品标准、ISO9000 国际通用标准等农产品质量标准，同时还要遵守和食品卫生安全及消费者权益保障相关的法律法规。

3. 农产品加工能提高农产品的附加值

农产品通过初加工、深加工，可以最大限度地延伸农产品的使用价值，提高农产品的附加值。例如，加工处理后农产品不易腐烂变质，且用途更加广泛，能够提高农产品的综合利用率。同时，增加农业收入，促进农业市场化和商品化。

专栏　珠海绿手指有机农园：会员助力农场灾后重建

珠海绿手指有机农园创办于 2010 年，现址位于广东省珠海市金湾区平沙镇大湖村。农场面积共 300 亩，包含种植区、养殖区、鱼塘、在地餐厅等多个功能区，主营有机蔬果、安全蛋禽鱼肉，以及部分自产加工食品等。绿手指有机农园自创办以来采取“社区支持农业”（community support agriculture，CSA）模式。该模式在生产者和消费者之间建立起一种合作形式，消费者根据自己的需求，通过支付预付款向农场订购合适的农产品份额，为农场提供经济支持；农场则承诺为消费者供应新鲜健康的农产品作为回报。截至 2018 年 8 月，绿手指有机农园已有超过 300 个会员，通过每周配送到家的方式为消费者提供农产品。

由于农场位于珠三角地区且选址靠海，难免会受到台风天气的影响。2017 年 8 月 23 日，13 号台风“天鸽”正面袭击珠海，使珠海遭到了 53 年来最大的一次袭击，而且“天鸽”登陆地点就在高栏港区，和农场来了一次面对面的撞击。经历了台风袭击的农场一片狼藉，蔬菜大棚全部被吹垮，菜地受到了不同程度的损害，猪圈、育苗棚以及采配中心等均受到严重损坏，农场不得不暂停生产和配送。

在此情况下，农场在受灾当天第一时间便在微信公众号发布受灾消息，在受灾第二天进行复产并让工人进场收拾，同时向社会发起捐款和借款，向消费者发起份额众筹，消费者通过预付一年期或三年期菜款，为农场提供重建资金。最终农场在不到两个月的时间内完成全面复产，恢复了正常的生产经营。

资料来源：陈卫平. 菜篮子革命：中国社区支持农业典型案例 [M]. 北京：经济科学出版社，2015. 部分内容根据绿手指微信公众号推送信息和中国人民大学农业与农村发展学院农商管理教研室访谈调研案例库整理而成。

思考题：

1. 绿手指有机农园的经营模式有哪些特点？
2. 根据案例谈谈绿手指有机农园在生产经营中面临的风险。

3. 绿手指有机农园是如何应对这些风险的？

第二节　种植业企业生产管理

一、种植业企业生产管理的基本制度

种植业企业生产管理的基本制度包括良种繁育制度、种植制度、轮作制度、施肥制度、灌溉排水制度和植物保护制度等。合理的生产管理制度，能够在农业生产的耕地、播种、田间管理、收获等各个环节中合理利用当地自然资源，在保障高产、稳产的同时保护并提高土壤肥力，促进农业可持续发展，实现农业生产的生态效益、社会效益和经济效益共赢。因此，掌握种植业生产管理的基本制度是促进农业企业全面长远发展的重要技术措施。

1. 良种繁育制度

良种繁育是指将选育的优良品种有计划地、迅速地、大量地扩大繁殖并推广于生产的过程。良种繁育制度要求规范化、专业化生产，建立分级种子公司，通过育种家种子、原种、良种等多级育种环节培育出商业良种。建立良种繁育制度有利于防止品种混杂退化，保证种子的高质量，降低种子成本，使优良品种的优质种子在较长时间内充分发挥增产、增收的效用。

2. 种植制度

种植制度指的是作物培育时的空间和时间安排，即在一定的土地面积内种植多少种作物，如何安排多种作物的混合配置。具体模式如下：

（1）单作与间作。单作是指在同一块土地上，一个完整的植物生育期内，只种同一种作物的种植方式。其优点是便于种植和管理，便于田间作业的机械化，适用于大型农场或商品粮生产基地。我国盛行间、套作，但单作仍占较大比重，小麦、玉米、水稻、棉花等多数作物仍以实行单作为主。

间作是指在同一田地上于同一生长期内，分行或分带相间种植两种或两种以上作物的种植方式。间作可提高土地和光能的利用率；同时，不同作物间还可产生互补作用，例如豆科与禾本科间作有利于补充土壤氮元素的消耗等。间作模式多用于旱地、低产地、用人畜力耕作的田地。

（2）混作与套作。混作是将两种或两种以上生育季节相近的作物按一定比例混合种在同一块田地上的种植方式。混作通过不同作物的恰当组合，可提高光能和土地的利用率，在选用耐旱涝、耐瘠薄、抗性强的作物组合时，还能减轻自然灾害和病虫害的影响，达到稳产保收。但是由于混作会造成作物群体内部互相争夺光水肥等自然资源，且田间管理不便，不适合高产栽培的要求，故采用这种种植方式的面积已逐渐减少。

套作是指在前季作物生长后期的株、行或畦间播种或栽植后季作物的种植方式。不同作物的共生期只占生育期的一小部分时间，如小麦行间套种玉米，水稻行间套播绿肥等。套作是解决前后季作物间季节矛盾的一种复种方式，有利于后作的适时播种和栽植，缓和农忙期间的用工矛盾。套作时需采用适当的田间配置方式和合适的套种时间，选择协调的作物品种，以协调其相互间的关系。

3. 轮作制度

轮作是指在同一田块上有顺序地在季节间和年度间轮换种植不同作物或复种组合的种植方式。轮作制度要求处理好作物与季节、茬口等的关系，轮作周期越长，区块划分越细，生产管理组织工作就越复杂。

4. 施肥制度

施肥制度是一套合理施用肥料的技术措施及施肥方案，包括积肥、造肥、保肥和施肥等一整套制度。企业需考虑作物生长发育的需求和土壤中的肥料含量，合理施肥、科学施肥，兼顾经济效益和生态效益。

5. 灌溉排水制度

灌溉排水制度包括灌水、蓄水、排水等一系列内容，是指在一定的气候、水文、土壤等自然条件和农业技术条件下，为获得农作物高产、调节农田水分情况而进行的合理灌溉排水制度的总称。

6. 植物保护制度

植物保护制度是规范化地防治作物病虫害、保护作物正常生长的一系列措施的总称。作物病虫害的发生具有一定规律，应秉持“防重于治”的原则，通过轮作休耕、种植抗病虫品种、定期进行病虫害检疫、采用杀虫剂或生物防治等方法，及时防治植物病虫害。

二、种植业企业生产的结构与布局

作物的种植结构是指某种作物的播种面积在总播种面积中所占的比例。布局是指在一定的土地面积和时段内，合理配置作物的地块分布及时间分布，也就是说在考虑经济效益和有限土地资源的情况下，在空间和时间方面有序布置各种作物。

1. 种植业企业生产的结构与布局的原则

（1）遵循作物生长的自然规律。不同作物的生长周期和习性皆不相同，在安排种植时间和种植结构时，要选取最适宜植物生长的时间和空间进行栽培，切忌违背植物生长规则“揠苗助长”，要遵循作物的自然生长规律，合理提高作物的产量和质量。

（2）充分利用当地的自然资源。作物生产与当地的光照、温度、降水量、土壤等自然条件有关，由于长期的自然选择和人工选育，形成了种植业生产的地域性。在生产管理时，要充分考虑环境因素，利用当地的自然资源禀赋安排作物品种和种植结构布局，从而提高土地生产率和劳动生产率，经营出有特色、有产品优势的农业企业。

（3）兼顾生态效益、社会效益与经济效益。作物的结构安排和布局决定了企业在一个生产周期中提供给市场和消费者的最终产品，因此要综合考虑宏观环境和市场需求，提高经济效益。此外，获得经济效益的同时要兼顾生态效益和社会效益，在结构安排和布局时将用地和养地相结合，保护生态环境，实现农业的可持续发展。

2. 时间布局

作物的时间布局是指在同一块土地上，不同时间内作物的轮流种植。在布局作物的生产时间时，应注意合理安排作物的种植制度和复种面积，保证作物之间的茬口衔接，将用地和养地相结合，充分利用耕地和劳动力，提高生产效率。

3. 空间布局

作物的空间布局即在一定土地面积上各种作物的具体分布和配置。空间布局应遵循上述原则，根据作物特质和自然资源特质进行合理安排。在此基础上，尽可能集中连片、规模化种植，降低劳动成本，提高机械化程度，同时要保证市场需求以及企业下个生产周期的生产资料和自给自留需求。具体操作方法包括经验布局法、单位面积产比法、线性规划法等。

专栏　上海星辉蔬菜有限公司的产业链布局

上海星辉蔬菜有限公司是光明食品（集团）有限公司旗下的一家农业产业化企业，位于中国上海市奉贤区杭州湾畔。公司占地 1 588.6 公顷，耕地面积 1 508.9 公顷。拥有现代化日光温室 2 公顷，普通日光温室 16.6 公顷。市政府及（集团）总公司，先后投资 5 000 多万元建设常年菜田。生产基地沟渠、道路配套，各项生产措施比较齐全。现已建成一个占地 3 公顷的蔬菜科研开发中心，一个占地 28 公顷的有机蔬菜园艺场，一座 10 000 平方米的加工厂及 1 800 平方米的冷库。

公司拥有成套的农业机械、运输车辆和蔬菜加工设备及厂房、冷库，可完成从田间生产到加工成品的一系列机械化作业，完全达到发达国家的从采收到成品的冷链化保鲜工艺水平。

目前，公司在上海市郊拥有 3 万多亩蔬菜基地，其中连片的温室、大棚基地 3 000 多亩，在黑龙江、山东、江苏、云南、福建等地建有外延基地 1 万多亩。“生态、自然”是公司蔬菜生产始终坚持的理念，杭州湾北岸的蔬菜基地远离城市的喧嚣，水土洁净，空气清新，蔬菜生产采用现代栽培技术。公司利用现代生物技术，以蔬果食用菌废弃物、畜禽粪便为原料，开发、生产生物有机肥，年产有机肥 6 万吨。从育苗到采收，全程质量跟踪，使得每一批上市的蔬菜安全、优质、味美。

资料来源：https://www.chinapp.com/pinpai/129094. 本书编者有所改动。

思考题：

1. 该公司的土地资源分配具有怎样的特点？
2. 该公司是如何做到全年不间断供应农产品的？
3. 该公司是否在生产中兼顾生态效益、社会效益与经济效益？是如何做的？

第三节　林业企业生产管理

一、林业企业生产的种类

根据林木生产的目的不同，林木品种可分为以下几种：

1. 用材林

用材林是以生产木材、竹材为主要目的的森林。营造用材林要选择生长快、木质好、产量高、经济价值大、与当地条件相适应的树种，并适时适度地进行抚育间伐，以加快林木生长，缩短成林期。

2. 防护林

防护林是用以保持水土、防风固沙、涵养水源、调节气候、减少污染所经营的天然林和人工林。种植防护林需秉持因地制宜、因需设防的原则，以达到防御自然灾害、维护基础设施、保护生产、改善环境和维持生态平衡等目的。根据其防护目的和效能，防护林分为水源涵养林、水土保持林、防风固沙林、农田牧场防护林、护路林、护岸林等。

3. 经济林

经济林通过利用树木的果实、种子、树皮、树叶、树汁、树枝、花蕾、嫩芽等，生产果品、食用油料、工业原料和药材及其他林副特产品。

4. 薪炭林

薪炭林是指以提供柴炭燃料为主要经营项目的乔木林和灌木林。该类林木树种具有生长快、适应性和抗逆性强、热能高、易点燃、无恶臭、不释放有毒气体、不易爆裂等特点。发展薪炭林是解决能源问题，特别是农村能源供给的重要途径。

5. 特种林

特种林是指有特殊用途的林木，如自然保护区林木、风景区林木、实验林木等。

二、林业企业生产计划

发展林业生产一方面具有增加国民收入的经济意义，另一方面还具有保护生态环境和农业生产环境的重要生态意义。要做到保持青山常在，保护森林资源的可再生性和可持续性，就需要合理安排育林、造林、抚育、采伐、更新等生产环节，通过不同阶段的生产计划和长短期计划，充分挖掘生产潜力，合理利用土地资源和劳动力资源。林业企业生产计划一般按照作业项目编制，主要内容如下：

1. 更新造林计划

更新造林计划分为两个部分：更新是指在林中空地、新旧采伐迹地、火烧迹地进行新一轮播种、植苗，以恢复森林资源。造林是指在荒山荒地处通过人工播种、植苗等林业技术方法营造新林。在实施更新造林计划时应具体确定更新面积或造林面积。计划期的更新面积应大于等于应更新的采伐面积。造林面积不应包括补植、重造以及治沙种苗面积，在道路旁、房屋旁、水源旁等地的零星植树只记株数不计面积。

2. 幼林抚育计划

幼林抚育计划是指从造林到幼林育成的阶段，通过松土、除草、驱虫、施肥、平茬、抹芽等管理措施，提高幼林成活率，缩短林木生产周期。该计划通常用实际面积和作业面积来表示。实际面积是指三年内更新幼林和新造幼林进行除草、施肥等的抚育面积，反映抚育的规模。作业面积即各种作业面积乘以抚育次数，反映抚育的集约程度和工作量大小。

3. 成林抚育计划

成林抚育计划是指对于已经郁闭的林木进行间伐、整枝、除草等工作，从而改善林木质量和出材量，加速林木生长。成林抚育计划主要确定两个指标：

抚育间伐面积＝中幼林(龄)面积÷间伐间隔期

抚育间出材量＝抚育间伐面积×单位面积蓄积量×间伐强度×出材量

4. 林木改造计划

林木改造计划是对低产低值的天然次生林或残败的人工林进行改造，使其成为高产高质的林木。该计划主要确定两个指标：

林木改造面积＝被改造林木总面积÷改造年限

林木改造出材量＝年林木改造面积×单位面积蓄积量×出材量

5. 种子、苗木生产计划

种子、苗木生产计划是为下期林木生产做准备培育工作，包括根据不同树种种子的采摘时间、储藏及催芽方法，以及不同苗木的育苗时间和方法等编制生产计划。

三、林业企业生产过程的组织与管理

林业企业生产过程包括育林、造林、抚育、采伐的全过程，各个环节联系紧密又相互衔接，需要合理统筹规划，使其正常周转，合理发展。

1. 育苗生产的组织与管理

育苗是林业企业生产的首要工作，选用良种壮苗可以有效改善林业生产的投入产出比。要获得高产的优质良种，必须在最佳采种期适时采种，根据种子特性进行处理和储藏，并严格进行种子品质检验，通过专业化、机械化的高新技术进行育苗生产。

2. 造林生产的组织与管理

根据造林所用的材料不同，造林方法主要分为播种造林、植苗造林和分殖造林三种。

(1) 播种造林。播种造林是指将林木种子直接播种进行造林的方法，因此又称为直播造林。该方法用种量较大，成林周期长，对造林施工技术要求较为严格，且对后期幼林抚育管理也有着较高的要求。播种造林的生产组织需要做好播前整地、种子培育、适时播种等工作，合理安排生产资料、机械和劳动力。

(2) 植苗造林。植苗造林即用苗木作材料造林，又称为栽植造林或植树造林。该方法造林成活率高，生长稳定，适应性强，但是技术操作和生产组织较为复杂，需要做好苗木栽培、运输、灌溉、培土等管理工作。

(3) 分殖造林。分殖造林是利用树木的营养器官或竹子的地下根作为材料进行造林，也称作分生造林。该方法可保持母本的优良性状（但不宜多代连续营养繁殖），且生产组织过程较为简单，可以节省人力和物力。与播种造林相似，该方法对造林环境要求较高，特别是土壤要湿润、疏松，以利于插穗生根成活。

3. 抚育管护的组织与管理

抚育管护包括幼林抚育和成林抚育。幼林抚育的主要工作是保护幼苗成活、正常生长，具体内容有除草、治虫、灌水、整枝修剪等。成林抚育主要是抚育间伐和防病虫害、防火、防人为破坏等森林保护工作。抚育间伐是指从幼林郁闭到成熟采伐期间，定期伐除部分林木，为留存的经济价值较高的林木创造良好的生长环境。森林保护工作需要严格办理种苗检疫手续，加强森林管理，制定防火防盗措施，坚持依法治林、依法护林。

四、林业企业生产效益评价

林业企业生产所产生的效益需要从经济、生态、社会等多方面进行衡量。下面介绍林业企业生产经营效益评价的常用指标。

1. 林业企业生产经济效益评价指标

（1）林地生产率。林地生产率指标包括立木生长量、单位面积立木蓄积量、单位面积立木增值和单位面积年均营林纯收入。

立木生长量＝立木蓄积量÷林龄

单位面积立木蓄积量＝立木蓄积量÷有林地总面积(立方米÷亩)

单位面积立木增值＝立木生长量×林价÷有林地面积

单位面积年均营林纯收入＝营林总产值－营林总成本÷营林总面积×经营周期

（2）单位林产品成本或费用。单位林产品成本或费用是评价用材林生产成本和经济效益的主要指标，具体计算如下：

单位林产品成本＝林产品总成本÷林产品总产量

单位立木成本(费用)＝每亩作业总成本÷每亩立木蓄积量

（3）资金盈利率。该指标反映营林全部投资的盈利程度。若进行动态分析和现值评估，还可采用净现值（NPV）和内部收益率（IRR）等指标。

资金盈利率＝(林场营林利润总额÷营林投资总额)×100%

（4）森林覆盖率。

$$森林覆盖率=\left(\frac{有林地面积}{土地总面积}\right)\times100\%+\left(\frac{灌木林面积}{土地总面积}\right)\times100\%+\left(\frac{林网树面积}{土地总面积}\right)\times100\%+\left(\frac{四旁树占地面积}{土地总面积}\right)\times100\%$$

（5）造林成活率和保存率。

造林成活率＝(成活株数÷造林总株数)×100%

造林保存率＝林木保存面积(或株数)÷造林总面积(或株数)×100%

（6）森林的社会公益价值。森林的基本功能可分为生产功能、生态功能和环境功能，其多功能性所带来的社会公益价值远超出其产生的直接效益——除提供林木产品和相关负产品，森林还可产生保护和美化环境、净化空气、保护生物多样性等间接效益。对森林社会公益价值的评价较为复杂，可考虑以下因素：

水源涵养效益：森林土壤的储水量（立方米/公顷）

防止土沙流失效益：森林抑制土沙流失量（立方米/公顷）

防止土沙崩塌效益：森林根系对土壤的紧缚力

保护野生动物：被保护的鸟兽等栖息数增长量

净化大气：吸收二氧化碳量和放氧量

防止噪声：森林减少噪声的分贝数

2. 企业营林基本技术措施经济效益评价

(1) 苗木培育技术经济效益评价。苗木培育首先应满足技术要求，如苗高、干物重、地际直径、主根长、5厘米以上侧根数等，然后在此基础上考察分析其经济效益。评价指标包括土地生产率与利用率、劳动生产率、成本利润率和资金利润率等。

(2) 造林工程技术经济效益评价。造林工程是指由整地开始至幼林郁闭为止，包括整地、植苗（或播种）和幼苗抚育三项基本技术措施。造林工程技术方案的优劣可用造林阶段的总费用和效果综合考核。造林工程技术经济效益评价可按单项或综合方式对这三项基本技术措施进行劳动消耗和效果的比较。

3. 企业不同林种技术经济效益评价

(1) 农田防护林技术经济效益评价。农田防护林是指用于保护农田、减少农田周边风沙等自然灾害，帮助锁住土壤水分等的防护林。其经济效益一方面在于改善农业生产条件，调节生态平衡的防护效果，包括计算林带有效防护面积上增产增收的经济效益、防护区产量增长率等；另一方面在于林带本身的经济效益，可采用林带占用土地及营造林带的费用、投资内部收益率等进行测评。

(2) 经济林技术经济效益评价。经济林主要指以生产果品、食品油料、工业原料和药材为主要目的的林木。其经济效益评价主要是对劳动消耗和有效成果的比较，所用指标主要是亩产量、亩纯收入和投资盈利率等。通过比较分析法，可以对不同的技术措施和技术方案进行评价，从中选择最优方案。

专栏 吉林森工集团：从“砍”树到“看”林的转变

中国吉林森林工业集团有限责任公司（简称“吉林森工集团”）是1994年经国家三部委批准成立的全国首批57户大型试点企业集团、全国五大森工集团和全国制造业500强之一。

吉林森工集团森林辖区位于吉林省长白山区，是我国北方重要的生态屏障和木材生产基地。经营区属典型的长白植物区系，树种资源十分丰富，主要分布有红松、水曲柳等80余种树种。总经营面积135万公顷（占全省总面积的7.19%），有林地面积122.35万公顷，林木蓄积1.8亿立方米，森林覆盖率90.8%。拥有国家森林公园8个，域内各种野生动植物4 000余种，钼、金、铜、铁等矿产10余类，天然矿泉水资源和森林旅游资源得天独厚。吉林森工集团开发形成了以林木加工、森林矿产、森林保健食品、森林生态旅游和现代服务业为主的产业发展格局。林木加工业规模较大，形成了较为完整的产业链条，人造板、实木复合地板、德式木门、木制百叶窗和木结构住宅年产能分别达到300万立方米、600万平方米、20万樘、3万立方米和300套。其中，人造板和木制百叶窗位居全国第一。天然矿泉水及功能保健饮料产业发展较快，天然矿泉水年产能100万吨，位列全国前五名。

生态资源丰富、自然风光旖旎的吉林森工集团120多万公顷林海生长在长白山旅游圈腹地。可以说，无论是资源还是地域，都是发展森林生态旅游产业得天独厚的优势。占据天时、地利、人和，吉林森工集团抢抓机遇，趁势而上。在2005年的政府工作报告中，旅游业被明确定位为五大特色产业之一，长白山成为旅游产业发展的重中之重。改制后，在吉林森工集团提出的“三六九八”发展战略中，森林生态旅游业被列入了六大发展产业和九大经济板块之中，并成为集团倾力打造的支柱产业之一。集团发展森林生态旅游产业由此上了一个快速运转的发条，成立旅游开发部，组建吉林森工旅游集团、旅游汽车公司、白山湖航运公司。2010年，集团成功参股长白山旅游开发建设公司；同年，又以62.12%的股份成功控股吉林省旅游投资集团有限责任公司。

吉林森工集团从之前靠“砍树”发展经济到如今以“看树”带动增收，改制之后才真正起步的森林生态旅游产业，用短短几年的时间实现了一个质的飞跃。

资料来源：李睿军，王钢锋，杨芳．森林旅游 托起绿色的希望：吉林森工集团行走记录之五[N]．大兴安岭日报，2016-02-26.

思考题：

1. 吉林森工集团拥有哪些林种资源？
2. 吉林森工集团是从哪些方面开发林地的？
3. 吉林森工集团的发展战略是怎样的？

第四节 畜牧业企业生产管理

一、畜牧业结构优化和畜群再生产

1. 畜牧业部门结构优化

畜牧业部门结构指的是区域内各种牲畜在牲畜总头数中所占的比重，以各种牲畜折合成标准畜（牛或羊）头数表示。当地畜牧业部门结构是否合理，关系着畜产品是否有良好的产品结构，以及对当地农业资源的利用是否合理和所产生的经济效益。因此，建立合理的畜牧业部门结构具有重要的经济意义。

2. 畜群结构优化

畜群结构是指某种畜禽按性别、年龄和经济用途划分的各畜组的畜禽头数在畜群总头数中所占的比重。畜群结构合理，可以加速畜群周转，提高畜牧业企业发展速度和经济效益，有利于畜牧业企业可持续发展并扩大再生产。优化畜群结构需考虑饲养目的（如肉禽或蛋禽）、畜禽种类和自然再生产规律，以及企业的生产经营管理水平和市场份额等，并着重处理好畜群中母畜的比重、母畜与种公畜的比例关系，以及基本牲畜和后备畜之间的比例关系。

3. 畜群再生产

畜群再生产是指畜群在持续提供畜产品的同时也不断扩充畜群容量的过程。现代农业企业的畜牧业生产多为不断扩大畜群规模的扩大再生产方式，少有仅持续维持最初规模的简单再生产方式。扩大再生产的模式有利于规模化生产，扩大企业生产规模。在组织扩大再生产时，应注意母畜的利用年限、繁殖频率与繁殖周期，以及产仔时间等，同时建立合理的畜群淘汰制度和疫病防治制度，保持畜群有最高效的产能。

二、专业化畜禽养殖企业的生产管理

（一）专业化养猪场的生产管理

猪具有性成熟早、繁殖率高、生长速度快、饲养成本低、屠宰率高的生物学特性，一般情况下其屠宰率可达到 60%～75%（牛为 50%～60%，羊为 40%～50%），是养殖业企业最为常见的养殖品种之一①。规模化养猪场可分为三类：一是包括繁殖、育肥在内的自繁、自育养猪场，二是只进行繁殖、销售仔猪的养猪场，三是购买仔猪进行育肥的养猪场。下面以自繁自育的养猪场为例，阐述专业化养猪场的生产管理。

1. 猪群类别的划分

为了更好地制订猪群养殖的饲养管理计划，科学饲养管理，按照不同的年龄、体重、性别和用途，可将猪群划分如下：

（1）哺乳仔猪：指的是初生到断奶前的仔猪。

（2）断奶仔猪：指的是断奶后至 70 日龄（8～25kg）左右的幼猪。

（3）生长肥育猪：指的是 25～90kg 阶段的肉猪。

（4）繁殖猪：包括后备公母猪、鉴定公母猪和成年公母猪。后备公母猪是指从 25kg 阶段到开始配种前暂时选定的公母猪。鉴定公猪是指 8 月龄后参加过配种且仍待选择的年轻公猪；鉴定母猪是指已产过 1～2 胎的 1 岁半左右且仍待选择的年轻母猪。成年公母猪是指经过鉴定合格的 1 岁半以上的公母猪。失去种用价值的后备公母猪或成年公母猪，或久病不愈、因伤致残的生长肥猪，被称为淘汰猪②。

2. 仔猪选留

仔猪的选留关系到猪群品种的质量和产量的高低，具体包括选种和育肥仔猪的选择两部分内容。猪的选种一方面要根据猪群的总体水平进行，如猪的体质、外形、生长发育、产仔数、疫病情况等；另一方面要根据猪的个体品质进行选种，如猪的经济类型（脂肪型、瘦肉型、兼用型）、生产性能等。育肥仔猪的选择一是要根据品种筛选，选择生长发育更快的改良猪种和杂交猪种；二是从个体方面，选择体大健康、行动活泼的猪种。

3. 饲料利用

（1）不同阶段的饲料选用。根据猪群类别的划分，猪在不同月龄、不同发育阶段有着不同的营养需要，应选择不同的饲料进行饲养。仔猪生长发育快，但胃肠容量小，消化机能弱，可选择易消化、营养丰富且含纤维素少的高能量、高蛋白饲料。中猪消化器官已充分发育，胃肠容量较大，需要满足其骨骼和肌肉的生长，需要较多地喂些粗料和青饲料。催肥猪骨骼和肌肉生长放缓，脂肪沉积加强，应多喂含淀粉较多的配合饲料。

（2）饲料的报酬分析。饲料报酬一般是指饲料投入转化为畜产品的转化比。转化率的高低反映了生产水平的高低，转化率越高，说明饲料利用越充分，畜产品成本越低，经济

---

① 陈蕊芳，申鹏，薛凤蕊，等. 国内外生生猪养殖业发展的比较及启示［J］. 江苏农业科学，2017（7）.

② 刘旭云，柳敦. 猪群的组成与周转［J］. 养殖技术顾问，2014（12）.

效益越高。一般用饲料转化率和肉料比进行衡量：

饲料转化率＝畜产品产量(千克)÷饲料消耗量(千克)×100％

肉料比＝饲料消耗量(千克)÷畜产品产量

由于饲料的营养成分差别较大，无法直接评价其利用率，故而通常把各种畜产品产量和所消耗的饲料量换算为能量单位（焦耳），再用饲料转化率指标来评价。

4. 仔猪和育肥猪的饲养管理

仔猪饲养要注意成活率，做到“全活全壮”。首先要注意防寒保暖等护理工作；其次要合理安排饲料配方和用量，以精饲料为主，多样化配比；此外，还要及时给母猪补充饲料，以免影响仔猪的成活率。

育肥猪饲养的重点是快速增重，要在最短的时间内，消耗最少的饲料与人工，达到最大的日增重量。育肥有两种方法：一是阶段育肥法。根据“小猪长皮、中猪长骨、大猪长肉、肥猪长膘”的生长规律，将整个育肥期划分为小猪、架子猪、催肥猪等，采取不同的日粮配合喂养。这种方法的特点是精饲料用量少，育肥时间长，一般在饲料条件差的情况下采用。二是直线育肥法。也就是根据各个生长发育阶段的特点和营养需要，从育肥开始到结束始终保持较高的营养水平和增重率。该种方法饲料成本较高，育肥期较短，增重较多。

（二）专业化养鸡场的生产管理

鸡属于杂食性禽类，个体小、生长快、成熟早、繁殖能力强、饲料转化率高。由于鸡既可以小群散养，也可以规模化、工厂化饲养，我国农村小户养殖和规模化专业户养殖都很常见。就规模化养殖来说，我国现代化的养鸡场可分为专业化养鸡场和综合性养鸡场两种。

专业化养鸡场是指饲养任务单一，只提供一种畜产品的养鸡场。例如，种鸡场的生产任务就是培养繁育优良鸡种，向市场提供种蛋和种雏；肉鸡场的生产目标就是提供肉用仔鸡；蛋鸡场就是专门饲养商品蛋鸡，生产食用鸡蛋以及淘汰母鸡。

综合性养鸡场是包含一整条生产链的企业体系，生产规模大、经营项目多、集约化程度较高，一般包含饲料厂、祖代鸡场、父母代鸡场、孵化厂、商品鸡场、屠宰加工厂等多种生产项目，供应种鸡、种雏、肉鸡、蛋鸡等多种产品。

下面以综合性养鸡场为例，介绍规模化养鸡的生产管理。

1. 养鸡场的环境控制

对于综合性养鸡企业来说，养鸡场的环境包括鸡舍环境，空气、水源环境，饲料生产环境，交通环境，基础设施环境，等等，需要从多方面进行综合考量。

（1）场址选择。养鸡场的场址选择，首先要保证鸡健康生长，选择空气新鲜、无病原菌、水源干净充足的地方。其次要保证交通运输便利，能够保证活鸡产品和肉蛋产品的安全运输。此外，还要保证基础设施齐全，用水用电便捷，保证鸡舍正常运营。

（2）温度控制。养鸡的温度一般应控制在13℃～29℃之间，最适宜的温度为18.3℃～23.5℃。温度的把控对鸡和蛋的质量都有很大影响。比如，温度过高会导致蛋鸡饮水量增加，呼吸加快，体温升高，血钙含量下降，产蛋量减少，同时蛋壳会变薄，蛋的质量也会下降。因此，天气炎热时要注意鸡舍的隔热性，保持通风换气；天气寒冷时要注意鸡舍增温，同时可在饲料中添加油脂产品，增加喂料热量。

(3) 光照控制。光照是养鸡生产中不可缺少的重要因素。不同生长周期的鸡对于光照的需求是不同的。育成期需要限制光照，防止鸡早熟。通常每天的受光时间要控制在 8 小时以内。这一阶段光照时间要相对稳定，不能出现逐渐增加光照的现象。产蛋鸡每天光照时间需超过 12 小时，达到 14 小时后增产效果明显，但光照超过 17 小时又会对产蛋不利，因此通常规定光照时间为 16 小时。此外，光照变化的作用通常 10 天后才能见效，因此从育成鸡光照程序变更为产蛋鸡光照程序时，应从 20 周龄开始。

(4) 通风换气。鸡的生长发育过程会排泄粪便，呼出二氧化碳，对于规模化养鸡场来说，鸡舍内常有氨、硫化氢、二氧化碳等有害气体，因此鸡舍需要做好通风和清粪工作，保证鸡舍空气清洁干净，含氧量充足。

2. 生产计划的制订

综合性养鸡场的每个生产环节都需要制订周密而可行的生产计划，保证产供销等环节的顺利运转。一般来说应包括以下计划：

(1) 雏鸡孵化计划。制订雏鸡孵化计划是为了保证后备鸡、饲养肉仔鸡和出售雏鸡的需要，具体内容包括孵化时期、光照时间设定、温度设定、饲料用量、种蛋来源等。

(2) 鸡群周转计划。鸡群的生产周转是指鸡从一个生产周期进入另一个生产周期，一般有“全进-全出”制和再利用制两种方式。“全进-全出”制是指鸡场内同日龄的鸡群，一起进场饲养，生产期满后再一起出场。肉鸡生产多采用这种周转制度。这种制度可以最大限度地利用鸡的最佳生长时期，且便于组织疫病防治，避免传染病的循环感染。再利用制主要用于蛋鸡周转，即在蛋鸡产蛋一周期后，通过强制换羽，使产蛋鸡休产一个时期，再进行第二个产蛋期的利用。

(3) 产品生产计划。对于综合性养鸡场来说，需要为蛋鸡和肉鸡制订不同的生产计划。肉鸡生产计划应按照鸡群周转计划中所能提供的肉鸡数和成年淘汰鸡数，以一定的宰杀重量计算出来。蛋鸡的产蛋计划则要根据每月平均饲养的产蛋母鸡数和母鸡品种，以及产蛋率计算出各月的产蛋总数。

3. 饲养技术管理

鸡的饲养技术主要有平养和笼养两种。

(1) 平养。平养分为地上平养、棚条平养、网上平养等方式。地上平养即在鸡舍地面上铺上锯末、砂土等，使鸡在垫料上自由活动采食。这种方式成本低，但饲养密度较小，每平方米养肉鸡 8～10 只，蛋鸡 4～6 只。棚条平养即在地面上一定高度铺设柳条或竹竿，架成一层漏缝地板，使鸡舍地面能保持干燥卫生。该方法每平方米可养肉鸡 11～15 只，蛋鸡 7～9 只。网上平养是指将棚条用金属网代替，其特点是初期投资较大，但鸡舍经久耐用，易清理①。

(2) 笼养。笼养是现代化大型养鸡场的主要饲养方式，根据饲养工艺不同可分为开放

① 阎秀琴，徐庆国，于家君．AA～＋父母代种鸡平养与笼养生产性能评估与效益探讨［J］．中国家禽，2006 (10)．

式笼养和密闭式笼养。开放式笼养即采用自然光照和自然通风，密闭式笼养则采用人工控制环境。笼养适宜集约化管理，提高饲养密度，适用于技术水平和投资水平较高的养鸡场。

4. 生产设备管理

现代化养鸡场具备规模化、专业化生产蛋禽产品等特点，因此要具有一定的机械设备，提高生产效率，扩大作业规模，包括大型孵化机、备用发电机、饲料加工机械、清粪机械等。重要设备要做到专人管理，定期维护保养。

5. 疫病防治管理

鸡群易受到疫病影响，出现大规模患病甚至死亡的风险，造成鸡场的重大损失。因此，制定严格的卫生防疫制度和扑灭疫病制度，是养鸡企业维持长久经营的重要环节。具体工作包括定期消毒制度，定期接种疫苗，对出现疫病的鸡实行严格隔离处理，对死鸡的尸体、粪便要运往指定地点焚烧或填埋。

专栏　正大集团：饲料事业和养殖事业共同发展

正大集团由泰籍华人实业家谢易初、谢少飞兄弟于1921年在泰国曼谷创建，在中国以外称作卜蜂集团（Charoen Pokphand Group）。公司从农作物种子的销售开始，逐步壮大，经过80余年的持续、稳步发展，形成了由种子改良—种植业—饲料业—养殖业—农牧产品加工、食品销售、进出口贸易等组成的完整现代农牧产业链，已经成为国际知名的大型跨国企业集团。农牧企业是正大集团在中国的主要投资领域，下属公司已经超过100个，包括饲料事业、种鸡事业、鸭事业、鸡肉食品事业、猪事业、水产事业、种子事业等。

正大集团引进美国、丹麦等国的先进饲料生产设备，在中国各地兴建现代化饲料厂，并采用世界领先技术，按照不同养殖对象和不同生长周期的营养需求合理配方，生产的一系列畜禽水产饲料，品质优良，畜禽育成率、饲料报酬率高，显著提高了广大养殖户的经济效益。

当营养科学带动饲料业兴旺发展的时候，正大集团董事长谢国民的目光已经远观到了养殖业，他对同事说：做好饲料是为了发展养殖业，不发展养殖业，就没有动物吃你的饲料。因此，当饲料完成研制获得成功后，正大集团开始发展养殖企业，成为在中国建立原种鸡场、引进艾维茵肉用原种鸡的第一家企业。集团引入了动物营养概念，首创全价配合饲料，提高了饲料质量，推动了科学养殖，使料肉（蛋）比大幅度提高，节省了大量的粮食资源。同时，正大集团带给中国的“公司＋农户”的经营方式，不仅提供优质产品，负责回收成品，还提供饲养技术，指导农户生产管理，促进了中国农牧业的发展。

资料来源：张利庠. 大赢家II：转型升级中的中国畜牧行业十大名牌案例研究［M］. 北京：企业管理出版社，2016. 本书编者有所改动。

思考题：

1. 饲料转化率和肉料比应该怎样计算？
2. 专业化养鸡场的生产管理应该注意哪些问题？
3. 正大集团的饲料事业和养殖事业是如何共同发展的？

第五节 渔业企业生产管理

渔业是指捕捞和养殖鱼类与其他水生动物及海藻类等水生植物以取得水产品的社会生产部门。渔业生产按水域，可分为海洋渔业和淡水渔业；按捕捞方式，可分为捕捞渔业和养殖渔业；按劳动对象和生产过程，可分为基础渔业和加工性渔业。渔业可为人民生活和国家建设提供食品和工业原料。

一、渔业企业生产计划

企业在组织渔业生产之前，首先要根据企业经营规模和市场需求情况制订渔业生产计划，合理有序生产经营。渔业企业生产计划包括年度生产计划、长期计划和阶段计划等，其中年度生产计划是制订其他计划的依据。年度生产计划具体包括以下内容：

1. 捕捞计划

需要制订捕捞计划的企业主要是从事淡水或海洋捕捞的渔业企业。渔业企业应根据自身的资金、劳动力、渔船数、捕捞技术以及捕捞区域内渔业资源的状况，确定该年度的水产捕捞量。

2. 养殖计划

渔业养殖主要包括浅海、滩涂、港湾等的鱼虾、贝、藻类的养殖，以及内陆江河湖泊、水库池沼的鱼虾养殖。制订养殖计划时，需要考虑苗种供应、饲料供应、生产设施、可用水域面积等因素。

3. 鱼苗生产计划

鱼苗生产计划一般根据需苗量和成活率来制订，需要匹配企业的产能及水面大小，采取人工孵化与天然捕捞并重的方式，按照采苗、育苗、放养等程序进行。

4. 生成鱼产量计划

生成鱼产量计划是渔业企业最终提供的产能，直接关系到企业经济效益和建设规模，因此，该计划是渔业生产计划最重要的内容。在制订生成鱼产量计划时，要综合分析水域的生产性能、鱼类的生产潜力、水面大小深浅、饵料情况、鱼苗数量等，同时参考历年的生产情况、市场的消费能力和企业的资金供给情况等。

5. 技术措施计划

技术措施计划是指为渔业企业生产过程中所用到的捕捞工具、养殖器械、渔业机械等的维护保养以及鱼类品种改良、鱼病防治的方法所制订的计划。

二、渔业企业生产过程的组织与管理

渔业企业生产需要良好物质基础、技术设施、管理制度的相互配合，各地渔场一般实行水、种、饵、混、密、轮、防、管的八字精养法，现代养殖还出现了“种优、料精、水好、管理、精细”的十字方针。下面以淡水池塘养殖渔业为例介绍渔场的生产过程管理。

1. 精养鱼池的布置

精养鱼池是相对于普通鱼塘而言的。首先要求精心修整池塘，挖去过多的污泥，清除杂草、杂质，平整池底，修补池边，疏通注排水渠道。其次要适当施用基肥，改善池塘水质，增加天然饲料。最后要确定放养模式，合理配置增氧机、投料台，定期注新水、施基肥、消毒等。

2. 鱼类混养的搭配

鱼塘内的养殖鱼类可根据鱼类的分层习性和吃食习性实行同池混养。按照栖息习性，池塘养殖鱼类分为上层鱼、中下层鱼、底层鱼三类；按照食性，鲢、鳙类吃浮游生物，草鱼和团头鲂主要吃草类，青鱼和鲤鱼吃螺蚬，鲫鱼吃小型底栖动物和有机碎屑。将上述鱼类进行混养，可以达到全面利用水体和饵料、发挥养殖鱼类的互利作用的目的。在混养时，可参照以下比例：

(1)“吃食鱼”与“肥水鱼”搭配混养的比例关系。“吃食鱼”包括青、草、鲤和团头鲂，“肥水鱼”主要是鲢、鳙等。“吃食鱼”吃剩的残饵和排泄的粪便能培养浮游生物，为“肥水鱼”提供饵料。一般来说，“吃食鱼”与“肥水鱼”的比例应该是 2∶1 或 1∶1，即 1 千克“吃食鱼”可以带养 0.5～1 千克“肥水鱼”。

(2) 鲢、鳙搭配混养的比例关系。鲢鱼偏食浮游植物，鳙鱼偏食浮游动物，两者的食料基本相同。如果密度搭配不当，鳙鱼的生长可能会受到抑制。通常鲢、鳙的搭配比例是 3∶1 或 5∶1。

(3) 青、草鱼与鲤、鲫、团头鲂搭配混养的比例关系。根据经验，通常每亩放养 1 千克青鱼种，可搭配放养 13 厘米的鲤鱼种 2～4 尾；每亩每放养 1 千克草鱼种，可搭配放养 13 厘米团头鲂 6～10 尾。另外，还可搭配少量的鲫鱼。

(4) 青鱼与草鱼搭配混养的比例关系。草鱼喜清新水质，青鱼在 8～10 月要大量投饵导致水质变浓，因此在青鱼池中放养的草鱼量不应超过青鱼放养量的 25%。

(5) 同种鱼不同规格的搭配比例。同种鱼的搭配比例主要与年度捕捞次数和第二年放养的鱼种有关。比如计划第一次、第二次捕捞分别为三成，那么就应放养三成大规格鱼种，三成中规格鱼种，四成小规格鱼种。

3. 轮捕轮放方法

轮捕轮放是指分期捕鱼，同时补放鱼种，以加速循环周期，提高单位面积产值的方法。通过补大留小或补大放小方法，使鱼塘保持合理的载鱼量，同时还可解决夏秋淡季的成鱼供应问题。

4. 放养密度的确定

放养密度主要受到池塘条件、鱼类混养的品种数、鱼种大小、饵料供应量和管理技术的影响，养殖环境越好，种类越丰富，配套的技术设备人力越充足，可放养的密度就越大。

5. 放养鱼种的时间

放养时间主要与气候和温度有关，不同地域的放养时间不同。例如，长江流域应在春节前放养完毕，华南地区需要更早放养，华北及东北地区需要在融冰后水温稳定在 5℃左右时进行。冬季放养应选取天晴日暖时进行。同时，为了减少鱼类放养时磕碰伤亡，应选取水温较低的季节放养。

专栏 杭州千岛湖发展集团有限公司："淳"牌有机鱼的生产规范

杭州千岛湖发展集团有限公司成立于1998年，是由中国林业集团公司下属中林森旅控股有限公司与淳安县新安江开发总公司共同投资设立的一家国有企业。公司独家拥有千岛湖573平方千米水面养殖捕捞经营权，是一家集鱼种养殖、资源管护、成鱼捕捞、鱼货销售、鱼肴烹饪、鱼产品加工于一体的专业的有机鱼生产销售农业龙头企业。生产的"淳"牌千岛湖鲢、鳙等十个品种鱼类2000年10月被当时的国家环保总局有机食品发展中心认证为有机水产品。其"养鱼治水"的渔业发展模式被总结为全国水库（湖泊）生态渔业发展的"千岛湖模式"。

获得有机认证的有机水产品在生产等各项过程中，不使用化学合成物质和离子辐射技术，不采用基因工程技术及转基因生物或其产物，不使用抗生素、治寄生虫药或其他合成药物防治鱼病，不使用农药等有毒物质清塘消毒，不使用化肥和人工尿培育水质，遵循协调可持续发展的规律。有机水产品实行从鱼苗到餐桌的全过程跟踪管理，对养殖、捕捞、运输、储存、加工、贸易等所有活动都保存完整的记录档案。

千岛湖森林覆盖率达93%，总蓄水量达178亿立方米，平均水深34米，能见度7～9米（最高达13米），pH7.5～8.5，溶氧昼夜9mg/L以上，常年宜渔水面60万亩，是我国有机鲢、鳙鱼生产标准化示范基地。

千岛湖"淳"牌有机鱼采用生态养殖的方法，生长年限8年以上，通过虑食水中天然浮游生物获取食物，公司规定鱼重达到4kg以上方可捕捞。

资料来源：杭州千岛湖发展集团有限公司网站首页（网址：http://www.chunfish.cn）。本书编者有所改动。

思考题：

1. 根据案例谈谈杭州千岛湖发展集团有限公司的渔业生产计划。
2. 千岛湖"淳"牌有机鱼的生产标准是怎样的？与普通渔业养殖有何不同？

第六节 农产品加工业企业生产管理

一、农产品加工方式和方法

根据加工目的的不同，农产品加工的方式也有所区别，同时，不同方式又对应着多种加工方法，具体如下：

1. 农产品的加工方式

按照制成品的精度，农产品加工可分为初级加工和深加工。按照加工的综合利用率，农产品加工可分为单项加工、多项加工和系列综合加工。

（1）初级加工，又称为粗加工，是指对农产品进行除杂去废的整理工作的加工，以便进行储藏和运输，为进一步加工创造条件。

（2）深加工，又称为精加工，是在初级加工的基础上，对农产品进行更精细的加工，制成附加价值更高的产品。

（3）单项加工，是指以单一产品的加工为目的的加工方式。该加工方式只专注于某种预期产品，产生的副产品则不算在正式产品之内。例如，将黄豆加工成豆腐的过程中会产生豆渣这一副产品，虽然豆渣也是有价值的农副产品，但该项生产的目的仍是生产豆腐这一单一产品。

（4）多项加工，是指目标产品为两种或两种以上的加工方式，相对于单项加工更加综合化。

（5）系列综合加工，是指综合利用加工原料和加工后的各种副产品生产出一系列产品的加工方式。与多项加工方式相比，系列综合加工对原料的利用更加彻底。例如，加工甘蔗时，将副产品甘蔗渣制成纤维板也加以利用。

2. 农产品的加工方法

农产品的加工方法是指为了增加农产品附加值，改变农产品性状所采取的各种技术和措施的工作组合。常见的农产品加工方法如下，其中前四项属于初级加工方法，其他属于深加工和系列综合加工方法。

（1）除杂去废加工，即通过挑选、整理、水洗、吹风、摘除等处理方式，获得洁净、整齐、基本同规格的农产品。

（2）切削分割加工，是指根据最终产品需求，对农产品进行一定规格和形状的切割，以便进一步加工、储运或销售。

（3）粉碎加工，通常用于中成药加工、生产面粉、加工纸张等，需要将农产品粉碎成一定规格的颗粒。

（4）压缩打包加工，多用于棉麻毛类农产品的加工，通过排挤空气压缩产品体积，以便储存和运输。

（5）密封包装加工，常用于食品加工，通过杀菌脱氧、高压密封的方法对加工成品进行最后的包装，以便于销售、储存。

（6）腌渍加工，是指用各种调味品对农产品进行腌制，使其富有新的口味和食用价值，一般用于肉、蛋、蔬菜、鱼等鲜活农产品的加工。

（7）提纯加工，是指通过物理或化学的方法，提高产品纯度的加工方法，如对蜂蜜的精炼加工。

（8）干燥脱水加工，常用于干菜、干果的加工，通过一定的技术手段，将原本含水量较高的蔬菜脱去适量水分的过程。

二、农产品加工业企业生产过程的组织与管理

（一）生产准备过程

农产品加工业企业在开展运营前，需要做好生产准备，一方面要配备好硬件设施，另一方面要做好规章制度安排。

1. 硬件设施

(1) 加工原料配备。加工原料配备是加工企业首要的准备工作，关系到企业的经营规模和加工作业链的可持续，具体包括各种农副产品原料的采购、运输和储备等工作。因为农副产品具有鲜活易腐的特性，所以在采购过程中，需要灵活采购，提高运输和储存效率，以保证后续加工品的质量。

(2) 生产条件供给。生产条件供给是加工工作能够得以持续进行的重要保障，包括企业生产车间的规模、加工设备的种类和功能、基础设施的供应等。

(3) 掌握技术工艺。熟练先进的加工技术和工艺手法能够为企业带来一定的竞争优势，包括产品设计、产品研发、工艺设计、机械操作等。为此，还应对工人进行相关的产前技术培训。

2. 规章制度

(1) 生产管理制度。制定生产管理制度是为了将一个生产周期内的生产要素合理分配给各部门，确定各部门的生产任务，同时确定劳动定额、物资储备定额、原料消耗定额和能源消耗定额等。

(2) 生产操作规程。农产品加工业企业还应具备工业流水线生产的能力。每件加工成品需要哪几道工艺和技术，都需要制定操作规范，实现规范化、规模化生产。

(3) 质量检验体系。农产品加工的成品通常为人们的日常生活消费品，其中又以食品类产品为主，其质量的好坏直接关系到消费者的健康和企业信誉。因此，在生产准备阶段就应当确定质量标准体系，制订质量检验计划，严格按要求生产。

(二) 生产过程的组织

农产品加工的生产过程是企业生产经营的核心环节，需要掌握加工生产的连续性、比例性和节奏性，适应市场需求和企业发展需求，保证生产过程的高效运行。具体来说，即要做好生产过程的空间组织和时间组织。

1. 生产过程的空间组织

生产过程的空间组织指的是生产过程各个阶段、各道工序在空间上的分布，以及原材料和半成品的运输路线。生产过程的空间组织又取决于生产单位的组织形式，即农产品加工业企业内部生产单位（车间、班组）的设置，一般有三种基本形式：

(1) 工艺专业化，即按照生产工艺来设置生产单位，每个部门只从事固定的某种工艺。该组织方式会导致加工产品在生产过程中运行的路线较长，运送原材料和半成品的劳动消耗量较大。因此，在安排相邻工序的车间时，应按工艺操作规程布置生产车间的排列位置，尽可能缩短运输路线和加工品在生产过程中的停放积压时间。

(2) 对象专业化，即以产品为对象来设置生产单位，该产品的所有工艺都可以在一个封闭的单位内独立完成。该生产形式减少了产品和资金的占用量，缩短了生产周期，简化了生产单位的协作关系。但是由于企业加工设备的专业化，很难通用于所有环节，这就要求在安排空间布局时，每个独立车间留存足够大的厂房面积，不同车间可以相隔较远，分散进行生产。

(3) 工艺专业化与对象专业化相结合的方式。这种综合性的生产形式采取部分流水化作业，局部封闭式进行的办法，吸取上述两种方法的优点，更易于安排空间布局。

2. 生产过程的时间组织

生产过程的时间组织是指为衔接各工序，尽量缩短生产周期所采用的工序衔接的移动方式。具体有三种组织方式：

（1）顺序移动方式，是指整批产品在上一道工序全部加工完成后，才全部集中运送到下一道工序进行加工，即整批产品一起在各道工序间移动。该方法的特点是组织工作较为简单，但生产周期较长，半成品积压多。

（2）平行移动方式，是指一批产品中的单件产品在完成某道工序以后，立即转入下一道工序，形成产品在工作场所之间的逐渐移动。这种方法生产周期较短，但可能会导致劳动力和设备出现空闲，生产利用率降低。

（3）平行顺序移动方式，是指将前两种方式相结合，当上一道工序的时间小于等于下一道工序的加工时间时，加工完一件或一批就转移至下一道工序，即按照平行方式移动。但如果上一道工序用时大于下一道工序，就等到上一道工序生产的半加工品数量能够满足下一道工序连续加工的数量时，再转移至下一道工序。这种方法综合了前两种方法的优点，但组织起来较为复杂，需要制订更周密的计划，企业应根据自身规模和生产产品类型决定生产过程的组织方式。

专栏　上海星辉蔬菜加工厂的多样化加工农产品

上海星辉蔬菜有限公司成立于2001年，隶属于上海市都市农商社股份有限公司，主要从事蔬菜、瓜果、粮油作物、花卉、草坪、绿化苗木的种植及上述业务的加工、批发和零售等业务。上海星辉的新鲜蔬菜被评为上海名牌产品。此外，企业在全国各地拥有蔬菜种植基地，自产自销各类保鲜蔬菜和鲜切蔬菜，产品远销日本、新加坡、马来西亚、美国、加拿大、阿联酋等十多个国家和地区。

由于蔬菜产品生产的自然风险和市场风险较大，上海星辉蔬菜有限公司通过将蔬菜产业化，拉长产品链条，提升增值空间。

首先，要提高蔬菜保鲜技术水平。公司按照国际标准，引进真空预冷设备，对保鲜蔬菜进行预处理，抑制蔬菜细胞和影响蔬菜变质的菌类生长，延长保质期3～5倍，不仅提高规避市场风险的能力，也能提升产品质量，增强产品竞争力。

其次，要抓好净菜生产。净菜作为一种轻度加工产品，加工后，既可以保持蔬菜的新鲜和营养，又赋予产品方便、干净、无污染的特点，实现产品大幅度增值。公司引进先进工艺和设备，建设了两条现代化净菜加工流水线，应用蔬菜加工、切割等分离技术，进一步带动了农业产业化发展。

最后，要开发休闲蔬菜食品。虽然保鲜蔬菜和净菜生产增加了产品价值，但保质期还较短，为了有效解决这个问题，公司引进食品加工设备，对蔬菜进行真空脱水、棕榈油高真空度低温处理，根据不同消费群体的需要，开发营养成分和口味不同、保持原色泽和原风味、营养保质期达到1年左右的蔬菜脆片，既提高了产品附加值，又增强了规避两个风险的能力。

资料来源：袁以星．都市田野：上海市农业产业化经营案例选［M］．上海：上海财经大学出版社，2004.

思考题：

1. 案例中提到了哪些农产品加工方式？
2. 不同的加工方式需要哪些工艺和设备？
3. 不同的加工方式有什么作用？

【思考练习】

1. 农业企业应如何提升生产管理能力？
2. 种植业企业有哪些生产特点？
3. 林业企业生产经济效益评价的指标有哪些？
4. 养鸡场的环境控制应注意哪些问题？
5. 鱼类应按怎样的比例混养搭配？
6. 农产品的加工方式和方法有哪些？

【案例分析】

中国畜牧业领军者温氏股份：鸡笼里飞出个“双料龙头”

30 多年前，改革开放的春风吹进了广东省新兴县簕竹镇。像全国绝大多数地方一样，当年的簕竹镇几乎家家养鸡。那一年，回乡务农的温北英带着儿子温鹏程以及同村的温氏本族一共 8 人，各自出资 1 000 元，按“七户八股”的方式创办簕竹鸡场。由于簕竹鸡场在当地是第一个规模较大的养鸡场，颇有名气，村民纷纷慕名前来购买鸡苗。后来，村民们渐渐觉得自己去县城跑买卖太麻烦，不如委托簕竹鸡场代购饲料、代为卖鸡来得划算。善于思考的温北英意识到，商机来了。

当时，温北英大胆提出“场户结合”“代购代销”的方法，与周边的农户展开合作。正是这个建议，直接催生了“公司＋农户”模式的雏形，并带动鸡场经营效益明显提高。“公司＋农户”模式为温氏股份插上了腾飞的翅膀。之后的几年里，温氏股份一路高歌猛进，1994 年，销售额破亿元，广东温氏食品集团应运而生，成长为一个区域性品牌。此后几年，温氏股份开始探索从“专养一只鸡”到“再养一头猪”的战略转变。1997 年，集团开始涉足养猪业，该战略复制了“公司＋农户”的模式，扩张速度极快；1999 年，温氏股份上市肉猪仅 7.75 万头，到 2013 年已突破 1 000 万头，肉猪上市规模跃居亚洲第一、世界第二，养猪业从此成为温氏股份整体业务增长的又一重要支撑。

但大多数人恐怕想不到，作为一家养殖企业，温氏股份居然是国家高新技术企业。

统计显示，近年来，温氏股份累计获得国家授权专利 184 项，其中发明专利 77 项；荣获国家科技进步二等奖 4 项、广东省科学技术特等奖 1 项、广东省科学技术一等奖 9 项。目前，温氏股份在家禽育种技术、种鸡生产及孵化技术、疾病防控与肉鸡生产管理、饲料营养技术、食品安全保障、环保技术等方面均处于全国领先地位，形成了强大的科技支撑体系。

在温氏股份高层看来，养鸡养猪可是一门“技术活”。

温氏股份首席执行官温志芬接受记者采访时表示：“温氏股份的每一步都与科技分不

开。很多人总结温氏的成功，都认为‘温氏模式’的贡献度最大。但模式是可以复制的，模式的背后是公司强大的科技支撑体系，这才是温氏股份的核心竞争力。”

温志芬举例说：“就拿成本控制来说，我们的成本控制水平行业领先。比如饲料，这是养殖成本中占比最大的部分，由于温氏研发出好的配方与配比，每吨饲料较市场平均价格可节约50元至100元；比如，依托品种改良和先进的养殖技术，我们的肉鸡、肉猪质量比传统品种好很多；又比如，我们很早就解决了养猪的粪便污染问题，利用生物降解技术实现零排放。”

在温志芬看来，温氏股份经历的几次“生死劫”，都是科技“救了主”。“过去几年间，各类疫情不断伤害中国养殖业，但我们总能转危为安。比如，流感袭来的时候，集团子公司研发的生物疫苗不仅保证了公司自身的安全，还紧急响应国家号召，支援全国养殖业。”

对于养殖企业而言，2015年开始实施的“史上最严”新环保法无疑是改变行业的重大事件。按照新环保法规定，各地政府狠抓养殖环保，划定了许多限养区和禁养区，全国数以万计的小型养猪场关闭。

“由于公司很早就开始布局环保产业，因此在此轮整治过程中，温氏股份的种猪场基本没有受到影响。早在多年前，我们就把环保工作作为企业发展的重要战略，各生产单位均严格按照环保标准配套建设环保设施，形成了完整的生态健康养殖模式。”

资料来源：张建军．中国畜牧业领军者温氏股份：鸡笼里飞出个“双料龙头”［N］．经济日报，2017-04-26.

四季分享有机农场：种养兼顾的农业生产管理

四季分享有机农场位于广东省惠州市惠阳区秋长镇周田村，毗邻一级饮用水源保护地鸡心石水库。目前四季分享旗下有三家农场，乡村物语、泰康和尚品，通过有机认证和供港备案的有机蔬菜耕种面积近700亩，提供的农产品包括蔬菜、水果、蛋禽肉类等。

四季分享有机农场多年来严格按照有机农业的标准种植有机蔬菜，不使用化学合成的农药和肥料，不使用激素，不使用转基因种子。有机种植方式除了对土壤、空气和水源有严格要求，每年至少需要做一次全面的抽样检测，对投入品以及日常田间管理都有严格的要求。四季分享有机农场通过使用植物源制剂和天然矿物，如辣椒水、大蒜液、小苏打等，进行病虫害的防治以及水肥的管理。为解决番茄缺钙造成的脐腐病，生产人员去药店买来糖酸钙口服液给番茄喷施。为解决广东夏季多雨、叶菜难种的问题，技术人员及早组织攻关，通过育苗培育壮苗再移栽定植的方式，基本解决了夏季叶菜种植难题，2014年种植的有机菜心、芥蓝和杭白菜都做到了稳产高产，并且品质优良。

在养殖方面，四季分享有机农场选择养殖广东三大名鸡之首的胡须鸡品种，采取低密度养殖，每只鸡的活动面积超过50平方米，生长环境为独立的小山林，饮用水源为鸡心石水库一级饮用水，周边为无污染的有机农场，以有机杂粮、有机蔬菜、有机牧草、有机豆渣等进行喂养，通过中药防控以达到零激素、零抗生素，养殖周期6个月以上，为会员提供了高质量的蛋禽产品。

四季分享有机农场通过合理安排种养布局，形成了种养兼顾的综合性农业生产管理模式，对于种植管理和养殖管理采取不同的方法，对于不同的种养殖品种也“对症下药”，了解其生产特点、生产过程以及综合管理等内容，为顾客高质有序地提供农产品。

资料来源：根据四季分享有机农场微信公众号推送消息及中国人民大学农业与农村发展学院农商管理教研室访谈调研案例库整理而成。

案例思考题：

1. 根据案例谈谈温氏集团的生产经营模式。
2. 温氏集团的成功与哪些因素有关？

【参考文献】

[1] 潘开宇. 渔业企业经营管理［M］. 北京：化学工业出版社，2011.

[2] 冯伟，蔡学斌，杨琴，等. 中国农产品加工业的区域布局与产业集聚［J］. 中国农业资源与区划，2016（8）.

[3] 陈卫平. 菜篮子革命：中国社区支持农业典型案例［M］. 北京：经济科学出版社，2015.

[4] 李睿军，王钢锋，杨芳. 森林旅游　托起绿色的希望：吉林森工集团行走记录之五［N］. 大兴安岭日报，2016-02-26.

[5] 陈蕊芳，申鹏，薛凤蕊，等. 国内外生猪养殖业发展的比较及启示［J］. 江苏农业科学，2017（7）.

[6] 刘旭云，柳敦. 猪群的组成与周转［J］. 养殖技术顾问，2014（12）.

[7] 阎秀琴，徐庆国，于家君. AA～＋父母代种鸡平养与笼养生产性能评估与效益探讨［J］. 中国家禽，2006（10）.

[8] 张利庠. 大赢家Ⅱ：转型升级中的中国畜牧行业十大名牌案例研究［M］. 北京：企业管理出版社，2016.

[9] 袁以星. 都市田野：上海市农业产业化经营案例选［M］. 上海：上海财经大学出版社，2004.

[10] 张建军. 中国畜牧业领军者温氏股份：鸡笼里飞出个“双料龙头”［N］. 经济日报，2017-04-26.

第六章

农业企业市场营销管理

【学习要点】

- 市场营销和营销管理的概念
- 农业企业的市场细分与定位策略
- 农业企业的营销组合
- 农业企业的电子商务

第一节　市场营销概述

一、市场营销和营销管理

在竞争日益激烈、生产技术不断革新、客户需求越来越多样化的当今市场中，企业所处的商业环境充满了各种不确定性、复杂性。美国通用电气公司（General Electric Company）前首席执行官杰克·韦尔奇（Jack Welch）认为，企业可能面对的是不变革就退出历史舞台的风险。“现代营销学之父”菲利普·科特勒（Philip Kotler）在2009年和另一位合作者约翰·A. 卡斯林（John A. Caslione）共同出版了《混沌时代的管理和营销》（Chaotics：The Business of Managing and Marketing in the Age of Turbulence）一书，介绍如何为“新常态”做好准备，就像飞机突然遇上了剧烈颠簸，机组人员是否已经做好了应对的准备？作者特别解释了企业有时面临的动荡时期是不可预测的，有时候也是由察觉不到的外部因素导致的，而混沌的发生缘于企业缺少处理动荡的准备，因此，企业要开发新的战略行为，找到克服动荡和创造新机会的途径，而让毫无准备的竞争者被动荡所羁绊，最终陷入混沌。

电商大鳄阿里巴巴的上市将在线离线/线上到线下、商对客（business to customer，B2C）、企业与企业间、个人与个人间（customer to customer，C2C）等电子商务名词推到了大众眼前，于是，从线上到线下、从线下到线上、线下线上结合等也成为很多企业揣摩以应对这股冲击波的模式和战略创新。不管是京东的体验店还是奶茶店，已然不再满足于将作古的国美和苏宁混战打入尘埃，而是将触手伸向了更广阔的领域。还有很多线下优势明显的商超也开始结合线上，亲民的物美店员会在款台提醒消费者下载 Dmall App 就可以获得购物折扣。而在其他领域还发生着更多颠覆性的运动，开启了一个共享的新时代，《三联生活周刊》2015 年第 26 期专刊对优步（Uber）、爱彼迎（Airbnb）给传统行业带来的冲击进行了多角度的分析。正是由于这个时代如此快速的变化，才使得市场营销持续地释放能量。因此，营销人员比任何时候都需要理解并不断适应最新的营销环境变化。

专栏　动荡时代的营销

根据菲利普·科特勒和约翰·卡斯林的观点，当发生动荡和出现混沌的时候，营销人员要时刻准备着启动自发反应机制。而且，他们还特别强调，在制定“混沌营销战略”（chaotic marketing strategies）的时候，营销人员应该牢牢记住以下这八个要素：

1. 保证核心客户群的市场份额；
2. 有攻击性地从竞争对手那里争取更大的市场份额；
3. 因为顾客的需要和欲望总是在不断变化之中，所以现在就对顾客进行更多的研究；
4. 维持或增加营销预算；
5. 专注于所有安全的领域，强调核心价值观；
6. 快速放弃那些不是很适合本企业的项目；
7. 最好的品牌不要打折；
8. 重点强化强势品牌，必要时牺牲弱势品牌。

资料来源：KOTLER P，CASLIONE J A. Chaotics：The Business and Marketing in the Age of Turbulence [M]. New York：Amacom Press，2009.

美国市场营销协会（American Marketing Association，AMA）为市场营销下了一个定义，认为市场营销是一项有组织的活动，包括创造、沟通、交付顾客价值和管理顾客关系的一系列过程，从而使利益相关者和社会都从中受益。从 AMA 的定义中就可以看出市场营销课程中所包含的主要内容，首先是与 4P 相关，创造的是产品（product）与服务，与客户沟通是促销（promotion）的高级表征，而交付顾客价值正是分销的过程（place）和合理性价比（price）的体现。管理顾客关系实际上是现代营销中最强调的部分，是在市场细分（segmentation）、目标市场（target）、市场定位（position），即 STP 基础之上所进行的维系新老顾客的主要途径。最后一点也是近些年来对市场营销的新思考，不仅要考虑为顾客创造价值，还要考虑其他利益相关群体，如供应商、竞争者、渠道商、第三方等，特别是对整个社会的利益，实际也体现了企业承担社会责任的终极目标。

营销管理被看成是科学和艺术的结合——选择目标市场，并通过创造、交付和传播优质的顾客价值来获得顾客、挽留顾客和提升顾客的科学和艺术。应该说，任何管理学科都具备科学和艺术相结合的特征，这也成为这一学科领域的魅力所在。一般我们会认为数理化这些更接近科学，而艺术由于其更加依赖于人的主观能动性，而明显与科学相区别。管理学科既需要科学的严谨客观性，也需要艺术的发散主观性。

管理者往往会强调营销过程中推销的成分，甚至认为市场营销等同于“推销产品的艺术”，但事实上，推销只是营销管理的冰山一角而已。管理学家彼得·德鲁克（Peter Drucker）指出，市场营销的目的在于深刻地认识和了解顾客，使产品和服务完全适合特定顾客的需要，从而实现产品的自我销售。也就是说，既要通过市场调研找到潜在顾客，又要考虑如何通过一系列营销管理活动使顾客可以购买到这些产品或服务，并且在未来的业务中维系与新老客户的关系。

1990 年，美国学者罗伯特·劳特朋（Robert Lauterborn）在其《4P 退休 4C 登场》（New Marketing Litany：Four Ps Passé：C-Words Take Over）专文中提出了与传统营销的 4P 相对应的 4C 营销理论。企业追求可持续发展，实际上就是为了可持续赚钱。企业可以短期不赢利，去扩张，去追求发展，但最终目的是赢利。所有的人员、资金、管理等都是企业实现可以持续发展的手段，同时按照营销理论，企业要坚持 4C 原则，以消费者为中心。4C 营销理论以消费者需求为导向，重新设定了市场营销组合的四个基本要素：customer（顾客）、cost（成本）、convenience（便利）和 communication（沟通），瞄准消费者的需求和期望。但实际上，以消费者为中心是企业思考问题的方式，企业要按照自己的利益来行动。企业要把命运掌握在自己手上，要操控市场，要掌握市场的主动权。

二、传统的营销观念

生产观念是在卖方市场条件下产生的。在资本主义工业化初期以及第二次世界大战末期和战后一个时期内，由于物资短缺，市场产品供不应求，生产观念在企业经营管理中颇为流行。我国在计划经济体制下，由于市场产品短缺，企业不愁其产品没有销路，工商企业在其经营管理中也奉行生产观念。在近现代工业发展史上，在这种经营观念指导下，不少企业获得过成功。但是，客观环境和市场状态变化以后，固守这种观念，会使企业走向衰亡。在环境和市场状态改变以后，限于企业的生产经营条件，某些企业希望通过产品的改良，而不是基于变化了的顾客需要重新考虑生产经营的资源和组织方式，这种以产品为中心的生产经营活动，其指导思想仍属于传统的生产观念。近年来，我国农业生产连续丰收，农村经济全面发展，农副产品品种越来越多，产量不断提高。但随之而来却出现了不少农副产品相继销售不畅、价格下滑的情况。出现这种情况，除了农情信息不畅、农产品结构不尽合理等原因，不少农产品没有自己的品牌、知名度不高也是重要原因。对此，各级政府已经高度重视，正在组织引导农民通过创农副产品名牌来提高价格，扩大销售，增加农民收入。

产品观念认为，消费者喜欢那些具有最高质量、性能水平或富有创新特色的产品。在奉行这种观念的企业里，管理者总是生产优质的产品，并不断地加以完善。产品观念是一种“以产定销”的观念，表现为重产品生产轻产品销售、重产品质量轻顾客需求。“酒香不怕巷子深”“皇帝的女儿不愁嫁”“祖传秘方”等思想就是这一观念的反映。这种观念在商品经济不甚发达的时代或许有用，但在市场经济高度发达的条件下则不适用。随着供给侧结构性改革的推进，符合改革方向的高端农产品项目逐渐增多。以有机、绿色为主题的高端农产品被越来越多的创业者和投资者所关注。代表着高端消费的“有机绿色蔬菜水果”拥有市场需求，但是最早试水的“李江农业”，目前已经不再开展相关业务。生产和需求不匹配，满足不了市场的需求。

推销观念认为，如果任产品自然发展的话，消费者和企业并不会足量购买企业的产品。因此，对于企业而言，必须主动推销并积极促销。20 世纪 20 年代末开始的资本主义世界大危机，使大批产品供过于求，销售困难，竞争加剧，很多企业在经济危机的冲击下倒闭，资本主义所面临的直接问题已不再仅仅是扩大生产规模，产品销售已显得同样重要。在这种形势下，企业开始重视推销工作，纷纷成立推销机构，组建推销队伍，培训推销人员。企业界已开始认识到：在很多情况下，消费者不会自动来购买商品，须推销员去说服、感化和刺激；企业只注重生产还不行，应将企业的人力、物力和财力转移一部分出来用于销售。很多企业大肆进行广告宣传，形成一种“高压推销”或“强力推销”的局面。它们的口号也由过去的“待客上门”变成“送货上门”。为了满足实践的需要，一些理论工作者也加入“推销术”和“广告术”的研究行列中来，一些研究成果在实践中得到了应用。于是，推销技术受到企业的特别重视，推销观念成为企业主要的指导思想。曾经的“烟王”褚时健，75 岁时承包 2 000 亩荒山二度创业，85 岁时他的果园年产橙子 8 000 吨。2008 年以前，这个品种的冰糖橙在云南的收购价只是几毛钱一斤，在杭州地区的售价约 2.5 元一斤，销量很平淡。随着王石、潘石屹等知名人士在微博上的力捧，“褚橙”的传奇故事引爆公众话题，并被誉为“励志橙”。目前，“褚橙”的市场售价为 108～138 元/箱（10 斤），而且不愁销路①。可见，农产品推销是多么重要。

三、现代的营销观念

营销观念是在 20 世纪 50 年代中期出现的。营销观念是指企业从事市场营销活动及管理过程的指导思想或根本看法和根本态度，也就是企业在开展市场营销活动的过程中，在处理企业、顾客和社会三方利益方面所持的态度和指导思想。它在企业营销活动中起支配和指导作用，故称“企业思维方式”，也称“企业哲学”，也可称作“市场营销管理哲学”。营销观念作为一种指导思想和经营观念，是企业一切经营活动的出发点，支配着企业营销实践的各个方面。企业营销观念的正确与否，是否符合市场环境的客观实际，直接影响企业营销活动的效率和效果，进而决定企业在市场竞争中的兴衰存亡。因此，奉行正确的营销理念，是企业组织市场营销实践的核心和关键所在。

市场营销观念要求企业一切计划与策略应以消费者为中心，贯彻“顾客至上”的原则，将管理重心放在善于发现和了解目标顾客的需要，并千方百计去满足它，使顾客满意，从而达到企业的目标。市场营销观念是一种新型的企业经营哲学。这种观念是以满足顾客需求为出发点的，即“顾客需要什么，就生产什么”。尽管这种思想由来已久，但其核心原则直到 20 世纪 50 年代中期才基本定型，当时社会生产力迅速发展，市场趋势表现为供过于求的买方市场，同时广大居民个人收入迅速提高，有可能对产品进行选择，企业

① 宋洋．让农产品愈发时尚［J］．农家致富，2015（1）．

之间竞争加剧。许多企业开始认识到，必须转变经营观念，才能求得生存和发展[①]。市场营销观念认为，实现企业各项目标的关键，在于正确确定目标市场的需要和欲望，并且比竞争者更有效地传送目标市场所期望的产品或服务，进而比竞争者更有效地满足目标市场的需要和欲望。市场营销观念的出现，使企业经营观念发生了根本性的变化，也使市场营销学发生了一次革命。

例如，鲁花花生油正是抓住了第一品牌缺位这个机遇，在食用油行业全力塑造花生油品类的第一品牌。如何抢占花生油这个品类的制高点，做到"鲁花＝花生油""花生油＝鲁花"，在消费者心中构建让对手无人能及的战略高度？在营销传播中，不管是包装设计还是品牌标识界定，不管是广告诉求还是促销用语，永远坚持将"鲁花"和"花生油"紧密联结在一起，永远传播"鲁花花生油"！让大众见到鲁花就想到了花生油，而想到花生油也就想到鲁花。鲁花花生油是人民大会堂宴会用油，这解决了营销传播的难题，轻而易举地确立了品牌在大众心目中的认知度。"第一道花生原汁""物理压榨工艺""非化学浸出""非转基因常温留香技术"，将鲁花花生油五大特点用一句话表达出来，这就是今天家喻户晓的鲁花花生油的广告语："鲁花花生油，5S物理压榨"。这句广告语解决了鲁花花生油背后的品质诉求。鲁花多年来坚持纯天然的至高品质，就是为了向大众提供优质的花生油，实现"绝不让消费者食用一滴不利于健康的油"的郑重承诺。如今的鲁花，已经是中国小包装花生油行业的第一品牌，占据小包装花生油市场的领先地位[②]。

全面营销观念是以开发、设计和实施营销计划、过程和活动为基础的，但同时也深刻地认识到上述营销计划、过程和活动的广度与彼此的相互依赖性。如图6－1所示，它包括四个关键因素：关系营销、整合营销、内部营销和绩效营销。

● 关系营销：与关键的利益相关者建立起彼此满意的长期关系，以便赢得和维系商业业务。

● 整合营销：包括两大主题，一是许多不同的营销活动都能够传播和交付价值，二是在有协调的情况下实现各项营销活动的综合效果最大化。

● 内部营销：雇用、培养、激励那些想要为顾客提供优质服务而且也有能力这样做的员工。

● 绩效营销：了解市场营销活动与方案为企业和社会带来的财务回报和非财务回报。

可持续营销观念是伴随着越来越严峻的环境污染问题和食品质量安全问题而出现的新概念。对于可持续的定义，最广为接受的是世界环境与发展委员会（World Commission on Environment and Development，WCED）在1987年给出的"不以牺牲未来一代的需求为代价的前提下满足现在的需求发展"的定义。这一理解也被用在很多问题上，诸如理解经济活动对环境的影响、保证世界范围的食品安全、保证基本的人类需求，以及对不可再生资源的保护。

---

① 王月辉，杜向荣，冯艳．市场营销学［M］．北京：北京理工大学出版社，2017.

② 丁华．食用油企业做大品牌和产品销量的方法［J］．中国食品，2015（15）.

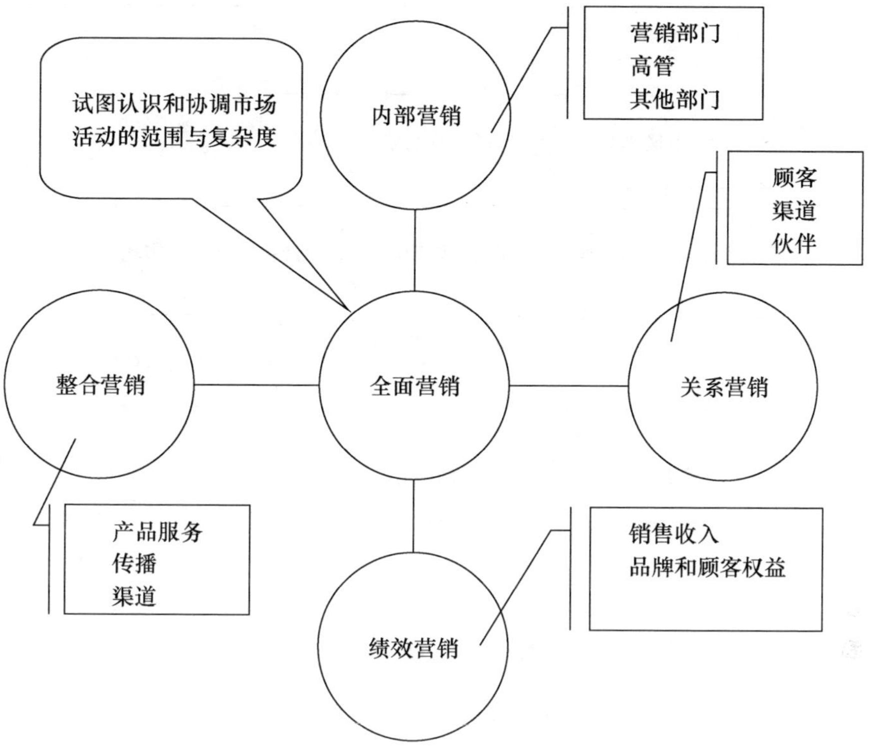

图 6-1 全面营销的维度

资料来源：王钊. 农业企业经营管理学［M］. 北京：中国农业出版社，2004.

可持续营销观念基于“三重底线”（triple bottom line，TBL）的理论框架，同时关注环境、经济和社会三者平衡下企业如何建立有效长期的客户关系。

第二节 农业企业的市场定位

一、市场细分的层次

销售只是市场营销的冰山一角，市场营销的核心内容围绕 STP 和 4P 展开。在制定 4P 组合营销战略之前，企业首先要完成 STP 的各个步骤（见图 6-2）。原因就是企业的资源有限，不可能在多样化的市场上吸引所有的客户，不同的市场上应该用不同的方式，这也是权变理论的一个应用。

通过回顾这一过程，我们可以思考市场细分的层次：传统的营销观念关注生产效率和产品质量，实际上是针对大众营销。在大众营销中，卖方为所有的购买者提供单一产品，并进行大批量的生产、分销和促销。大众营销的倡导者认为，大众营销能够创造出最大的潜在市场，从而实现成本最低化，进而可以转化为更低的价格或更高的利润。随着市场的多元化，想要接触到大量的受众也越来越困难，许多公司已经开始转向了微观营销，也就是下面要讲到的四个层次。

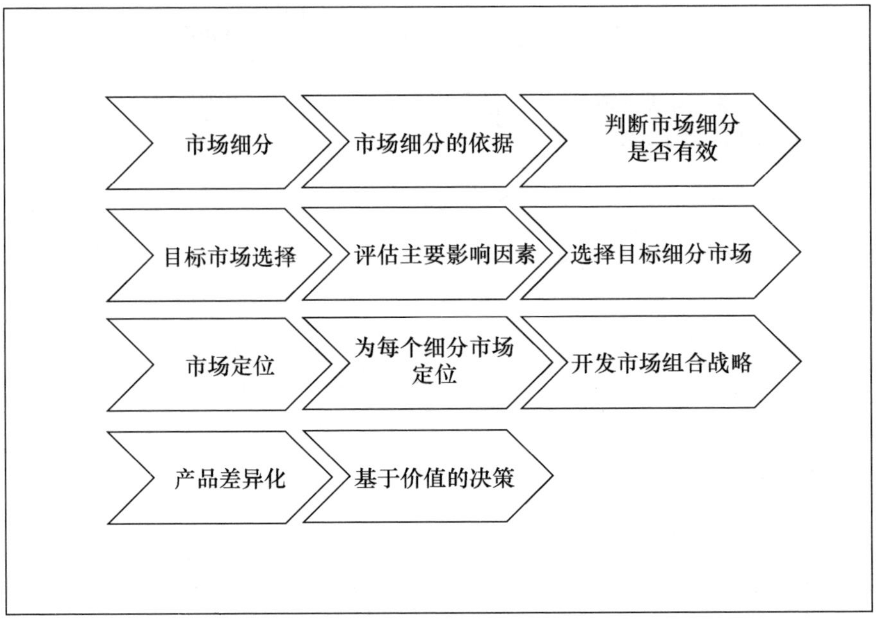

图 6-2　STP 的步骤

资料来源：王钊. 农业企业经营管理学［M］. 北京：中国农业出版社，2004.

细分市场是由具有相似需求和欲望的顾客组成的群体。营销人员需要做的是识别出细分市场，并确定哪些细分市场将作为目标市场，而不是创造细分市场。与大众营销相比，细分营销具有很多优点。通过细分营销，企业可以更好地对产品或服务进行设计、定价、宣传和分销，而且也可以更好地对营销计划和营销活动进行调整，从而更好地应对竞争者的营销活动。例如，对于伊利这样的大型乳品企业而言，产品组合的状况，直接影响着企业的综合竞争力，产品线的完整与丰富意味着企业的综合研发实力和技术实力都将占有一定优势，同时也意味着企业具有较强的抗风险能力。通过对产品工艺、原料、产品特性进行挖掘，伊利找出产品与竞争品的独特点和与众不同之处，从而让原产品凸显新的个性，实现产品对消费者利益点新的价值体现，推出了早餐奶；通过在牛奶中添加功能物质乳钙研制出高钙牛奶，通过添加富铁原料研制富铁补血牛奶等；通过包装的更换形成产品的差异化，推出了“利乐枕”；通过对产品内容物进行有效组合，推出了蓝莓、桑葚酸奶等；在已有或已形成的产品基础上，通过对产品口味进行延伸，在原味乳酸菌饮料的基础上开发出甜橙味、草莓味、菠萝味产品；根据消费者人群的特殊需要，对产品进行重新设计，如根据糖尿病人的特殊需求开发的无糖酸牛奶以及根据消费人群的乳糖不耐症而开发的低乳糖牛奶；为了有效地解决部分消费者饮奶不适的难题，使喜欢喝牛奶的消费者能够更好、更全面地吸收牛奶中的营养，推出了“营养舒化奶”；根据国人体质的需求，运用其先进的科学技术通过广泛的研究和实验推出了“金典有机奶”①。伊利推行产品差异化，通过不断地推出新产品来获取竞争优势。

然而，细分市场存在一定的假设成分，因为人们的需求并不会完全相同，所以也有学者

① 皇宇艳，杜富林. 伊利集团奶业产品市场运作的现状及管理对策［J］. 企业经济，2008（3）.

主张为同一细分市场的所有消费者提供具有灵活性的市场供应品，由基本选项和自由选项两部分组成，前者是细分市场中所有消费者都认为有价值的产品或服务，后者是部分消费者认为有价值的产品或服务，消费者需要对每一个自由选项额外付费。伊利为了在市场上占据一席之地，不断推出新品，安慕希、QQ星，针对不同人群来设计，最终使自己超过蒙牛①。

利基（niche）是指从更为狭窄的角度定义的、寻求独特利益组合的消费者群体。营销者确定利基的方法通常是把细分市场再细分②。具有吸引力的利基市场的顾客具有一系列独特的需要；他们为了选择最能满足其需要的公司，愿意支付溢价；利基市场具有足够的规模、利润和成长潜力，而且不会吸引其他竞争者的注意力；利基营销者通过专门化来获得一定的经济利益。

利基市场背后的理论是长尾理论。根据《长尾理论》（*The Long Tail*）一书的作者克里斯·安德森（Chris Anderson）的观点，在大多数市场中，产品销售的流通符合一条曲线，其权重偏向一侧——“头”（head）——大部分的销售额来自少数产品。该曲线快速地向零下降并且随着 X 轴的延伸徘徊在零之上——“长尾”（long tail）——绝大多数产品带来非常小的销售额。

传统的大众市场关注于如何产生组成“头部”的产品，而蔑视形成“尾巴”的低销售收入利基市场，需要更多的精力和成本才能关注到的大多数人或事被忽略。例如，在销售产品时，厂商关注的是少数几个所谓“VIP”客户，无暇顾及在人数上居于大多数的普通消费者。然而在网络时代，由于关注的成本大大降低，人们有可能以很低的成本关注正态分布曲线的“尾部”，关注“尾部”产生的总体效益甚至会超过“头部”。因此，互联网直接促进需求偏向下降的尾巴，从风行向利基转变，这包括音乐、书、服装在内的大量产品。而现在还包括了农产品，因此我们看到了热映的《舌尖上的中国》中提到的很多土特产出现在了淘宝上，并且获得了较高的溢价。克里斯·安德森认为，网络时代是关注“长尾”、发挥“长尾”效益的时代③。

本地营销是指按照本地顾客群体的欲望来制订营销计划。本地营销反映了一个不断增长的趋势——草根营销。营销活动开始关注于尽可能地接近和满足消费者个性化的需求。赞同本地营销的观点认为，全国性广告是很不经济的行为，因为它所触及的受众面太广了。反对的观点认为，本地营销降低了规模经济效应，且带来很大的物流问题，因此会导致制造成本和营销成本的增加。

如果不同地区的产品与信息存在差异，那么品牌的整体形象可能就被削弱了，这就是肯德基和麦当劳的策略差异所在。在进入中国市场后，麦当劳一直秉承着美国原汁原味的制造流程和工艺，力求让消费者品尝到最正宗的美国汉堡味道；而与此相反，肯德基则想方设法实现本土化，于是我们尝到了肯德基的豆浆油条，甚至还有中式的盖浇饭。但结果是挑剔的中国顾客宁肯到永和大王享用早餐，也很少对肯德基的中国定制化付出溢价④。

---

① 黄倩，郭晓曦．资本结构与产品市场竞争策略：以伊利集团为例的分析［J］．经济研究导刊，2013（21）．

② 尹威，尹哲．论中小企业发展的战略视角：利基战略［J］．事业财会，2008（2）．

③ 安德森．长尾理论［M］．北京：中信出版社，2012．

④ 曾宪杰，刘粤阳．企业横向产品差异化策略研究：以广州地区麦当劳与肯德基为例［J］．经济与管理研究，2015（3）．

市场细分的最终层次个体营销是“细分到个人”“定制营销”“一对一营销”。当今的顾客在决定购买什么和如何购买时，已经具有了很大的主动性。他们登录互联网，浏览有关产品与服务的信息和评价，与供应商、用户和产品的批评者进行交谈。在很多情况下，他们还可以设计自己想要的产品，例如登录福特的网站运用产品设计平台去组合外形和功能。这也是我们常说的顾客定制化。

例如，2015 年发表于《葡萄酒评论》杂志的文章《为英国王室管理酒窖》，介绍了全球历史最悠久的葡萄酒与烈酒商——伦敦浆果兄弟和鲁德（Berry Bros. & Rudd，BBR）。BBR 公司的库存量是 900 万瓶，其中一半属于私人客户。所有私人客户的酒都储存在 BBR 在伦敦的温控仓库里，BBR 为客户提供指导价格，随后让他们自由选择、竞价。如同其他重要客户一样，BBR 为女王管理酒窖，提供长期优质的服务，包括日常的宴会，以及高端配方酒。

专栏　为英国王室管理酒窖

对于全球历史最悠久的葡萄酒与烈酒商——伦敦 BBR 公司来说，英国王室与其他私人客户一样并无二致，需要精心呵护和培养。满足他们的味蕾需求，是自己作为酒商的必备功能，而之所以做得出色，是因为对品质的精益追求以及对需求的细微洞察，就如同品鉴两款形色极为相近的酒样。

记者：产品是服务的基础，葡萄酒的质量直接决定了品鉴档次和体验。你们如何保证公司帮客户转卖的葡萄酒拥有良好状态？

西蒙·贝瑞（Simon Berry）：整个 BBR 公司的库存量是 900 万瓶，而这其中有一半属于私人客户。所有私人客户的酒都储存在 BBR 在伦敦的温控仓库里，保证了这些酒的良好状态，适当的温度、湿度，没有饱受旅途颠簸，等等。很多公司宣传它们的酒储存在波尔多的免税库里，但实际上这是不合法的，因为已经卖给私人的葡萄酒是不允许储存在免税库的。如果储存在其他地方而非 BBR 仓库的葡萄酒，是不被允许在 BBX 网站上挂牌的。我们会给客户一些指导价格，随后让他们自由选择、竞价。客户可以选择高价持有，或是低价出售，买家还能讨价还价。

记者：BBR 公司是如何为英国王室提供让其满意的服务的？

西蒙·贝瑞：哈哈，不要问我每个人喜欢什么酒，这是顶级机密，我不会告诉你的。不过我可以分享一些经验。我们不只是为女王选酒，更主要的是管理他们的酒窖，如同帮忙管理其他重要客户的酒窖一样。王室成员不会日日品饮顶级的昂贵葡萄酒，大部分的消费与常人差不多。很多时候需要准备多达 300 人的宴会，在这样的情况下，能让每一位来宾觉得这些酒不错就非常不容易了，你不能指望来宾感叹品尝到了此生难忘的葡萄酒。这些葡萄酒的价格可能是 8～10 英镑不等。

资料来源：为英国王室管理酒窖 [J]. 葡萄酒评论，2015（5）.

二、VALS 细分策略

人口心理统计学（psychographic）是使用心理学和人口统计学来更好地了解消费者的

科学。20世纪70年代起，国外学者开始运用心理统计特征更深入地理解市场动态和消费者行为差异化，其中较重要的概念就是“生活形态”[①]。“生活形态”的概念最早是心理学家阿尔弗雷德·阿德勒（Alfred Adler）于1927年提出的，它是个人认知于一定的社会、文化空间下所显现的外在形态。威廉·莱泽（William Lazer）将“价值观与生活形态”概念引入了营销领域，逐步得到了营销管理学及消费社会学的应用与关注[②]。在市场营销中，应用比较广泛的评价消费者价值观和生活方式的方法是VALS模型，即价值观及生活方式。

阿恩德·米切尔（Arndd Mitchell）基于大约1 600户美国家庭的调查研究，设计出了VALS模型，开始应用于商业并被国外200多家公司和广告代理商运用于营销实践中。VALS模型综合两个视角来建立生活方式群体：一是基于社会心理学家亚伯拉罕·马斯洛（Abraham Maslow）需求层次理论，二是基于美国社会学家戴维·赖斯曼（David Reisman）提出的“驱动说”[③]。VALS模型对市场的分类是基于对每个人的信仰、欲望、需求、态度及人口统计学特征的综合观察和描述进行的，将被调查消费者分为以下9类：

● 求生者（survivor）：绝望、压抑，为社会所抛弃的“处境不佳者”。

● 维持者（sustainer）：敢于为摆脱贫困而做斗争的处境不佳者。

● 归属者（belonger）：维护传统、因循守旧、留恋过去和毫无进取心的人，这类人宁愿过那种“顺应型”的生活方式，而不愿有所作为。

● 竞争者（emulator）：有抱负、有上进心和追求地位的人，这类人总希望“出人头地”。

● 有成就者（acheiver）：能够影响事物发展的领袖们，他们按制度办事，并享受优裕的生活。

● 我行我素者（I-am-me）：年轻、自我关注、富于幻想的人。

● 经验主义者（experientialist）：追求丰富的精神生活，希望生活会向他提供什么的人。

● 有社会意识者（socially conscious）：具有强烈的社会责任感，希望改善社会条件的人。

● 综合者（integrated lifestyle）：心理成熟，能够把各种内向型因素和外向型因素中的最佳部分有机结合起来的人。

到20世纪80年代，消费者行为的差异化、价值观和生活方式的转变以及媒体的多样化，加上VALS模型又过分依赖于人口统计特征，导致该模型在描述消费者方面的有效性和适用性大大降低。一些学者对原模型进行了修正，形成了VALS Ⅱ模型。VALS Ⅱ模型较之VALS模型来说，具有更广泛的心理学基础，更加强调活动、兴趣，也更多地选取了更具持久性的价值观和态度指标。

VALS Ⅱ模型将价值观、生活方式和资源三大概念整合在一起，在自我取向和资源两

① PIIRTO R. VALS the second time [J]. American demographics，1991（7）：6.

② 杨阳，任力．生活方式营销模式在终端店铺中的分析与研究［J］．现代装饰（理论），2015（1）.

③ 罗梦，陈涵，李早．VALS：细分广告市场的有效模型［J］．青年记者，2009（10）.

个层面上选取变量，将美国消费者分为8个群类。其中，自我取向层面决定了消费者追求的是哪种类别的目标和行为，主要包括原则、地位和行为三种取向；资源层面的变量则反映了消费者个人在追求占支配地位的自我取向方面的能力，包括收入、健康、教育等。

● 现代者（actualizers）：乐于赶时髦，善于接受新产品、新技术、新的分销方式。不相信广告，阅读大量的出版物，轻度电视观看者。

● 实现者（fulfilleds）：对名望不太感兴趣，喜欢教育和公共事务，阅读广泛。

● 成就者（achievers）：被昂贵的产品所吸引，主要瞄准产品的种类，中度电视观看者，阅读商务、新闻和自助出版物。

● 享乐者（experiencers）：追随时髦和风尚，在社交活动上花费较多的可支配收入，购买行为较为冲动，注意广告，听摇滚乐。

● 信任者（believers）：购买美国造的产品，偏好变化较慢，寻求廉价商品，重度电视观看者，阅读有关退休、家庭/花园和感兴趣的杂志。

● 奋斗者（strivers）：注重形象，有限的灵活收入但能够保持信用卡平衡，花销主要在服装和个人保健品上，与阅读相比更喜欢观看电视。

● 休闲者（makers）：逛商店是为了体现舒服、耐性和价值观，不被奢侈所动，仅购买基本的东西，听收音机，阅读汽车、家用机械、垂钓和户外杂志。

● 挣扎者（strugglers）：忠实于品牌，使用赠券，观察销售，相信广告，经常观看电视，阅读小型报和女性杂志。

CHINA-VALS模型源于VALS模型。一些企业和学者通过改进VALS模型使之适用于中国消费者的特征，在此基础上，吴垠借鉴西方的研究成果，在全国30个城市，对70 684名用户进行入户调查，提出了CHINA-VALS模型①。通过对包括消费者职位、受教育程度和个人收入三个方面的社会分层，以及消费者生活方式和生活形态两个维度的划分，研究应用因子分析将系列相关因素综合为一个因子，经正交旋转、反复检验后，抽取33个语句，共11个评价因素，包括新生活意识、广告意识、时尚新潮意识、饮食健康意识、个性成就意识、经济消费意识、媒介意识、随意性意识、家庭生活意识、理财意识、工作金钱意识。例如，一项针对烘焙课堂的业务是否要开拓大学生市场的研究利用CHINA-VALS模型，根据每一类群消费者因子的特征，最终将消费者的生活形态分为如表6-1所示的6个类别。

表6-1　分群略称及心理特征

类别	略称	心理特征	平均支付意愿
1	理性生活经济族	消费以经济实惠为主，信息来源以媒体为主；生活费处于一般水平，没有极端现象	1.375
2	追求生活家庭族	有较强的体验新生活的意愿，但同时也注重家庭陪伴；年级较高，成熟度相对较高；生活条件较为宽裕，处于中上水平	4.541 25

① 吴垠. 关于中国消费者分群范式（CHINA-VALS）的研究［J］. 南开管理评论，2005（2）.

续表

类别	略称	心理特征	平均支付意愿
3	个性生活家庭族	追求个性生活，有飞扬青春的愿景，但不会过于张扬，还是较为注重亲情；随着年级的增长而递减；生活费普遍较高，生活水平较高	5.585
4	随意生活健康族	对生活大部分方面不太在意，但对健康有一定的要求；高学历人群居多；生活费较高，家庭生活条件较好	5.508 7
5	经济生活健康族	量入为出，但是注重健康和生活的品质，较为倾向性价比高的商品；低年级人群为主，经济条件一般的居多	4.777 5
6	经济生活家庭族	消费以经济实惠为主，重视亲情和倾向家庭生活；相对重要年级期出现较多；生活费较低为主，但不排除生活条件较好但节制消费的	4.391 2

资料来源：沈虹，郭嘉．“90后”大学生的聚类分析与广告倾向研究：以中国二线城市“90后”大学生为例［J］．广告大观（理论版），2013（5）．

三、市场定位

一旦公司确定了市场细分，就必须依次对各个细分市场进行评价，并决定为多少细分市场服务。一端是本质上只有一个细分市场的大众市场，另一端是只有一个人的个体市场，两者之间是多元细分市场和单一细分市场。

在评估各种不同的细分市场时，公司必须考虑两个因素：细分市场结构的总体吸引力，公司的目标和资源。公司在对不同细分市场评估后，可考虑不同的市场战略。

差异性市场策略是指企业将整个大市场细分为几个不同的市场群体，按每个小市场在需求上的差异性，分别组织经销商品和制定营销策略。这种战略的优势是全面满足消费者的不同需求，实现营销方式和广告宣传的多样性；适应激烈的市场竞争，提高市场占有率；扩大企业销售额，提高企业信誉。这种战略的缺点是销售费用和各种营销成本较高，受企业资源和经济实力的限制较大。差异性市场策略适合用于选择性较强、需求弹性较大、规格等级复杂的商品营销。例如，农夫山泉在饮用水市场最初是采用无差异市场战略，从1996年生产出第一瓶瓶装水，2010年换成现在的包装，之后虽然有了不同规格的产品，但整体仍是中低端饮用水，适合广大人群消费。2015年开始差异化战略，推出三款新水，分别是面向高端消费人群的农夫山泉玻璃瓶高端矿泉水，面向婴幼儿的农夫山泉婴儿饮用水，面向青少年的农夫山泉学生矿泉水①。

集中（补缺）型市场策略是指企业将整个市场细分后，选择少数几个细分市场作为目标市场实施专业化经营，企业集中力量向少数几个细分市场推出商品，占领几个细分市场的策略。这种战略的优势是准确了解顾客的需求差异，采取营销策略，节约营销成本和费用，提高企业投资利润率。但是，风险很大，可能受到竞争的冲击。例如，传统白酒定位于中老年群体，强调历史底蕴，酒浓香、度数高。而成立于2011年的重庆公司江小白，则致力于做年轻人喝的白酒，以情怀为卖点，发展非常快。选择了年轻人这个群体，轻松

① 顾伟．农夫山泉瓶装饮用水的定位策略分析［J］．中国市场，2011（32）．

活泼，富有文艺气息，口味也更清淡，适合初饮者。从粉丝人群传播到泛娱乐人群，提高曝光率，撬动口碑传播，迎合了“Z世代”“重”社交的表达诉求①。

微市场策略是一种高要求的战略。随着大数据的发展，细分市场策略可能是大数据分析法最有效的新应用。微市场策略的第一步就是要建立一张“机会地图”，上面显示能够带来利润的增长热点。要绘制如此“高清”的地图，一家公司首先要根据自己的目标和资源来确定自己微市场的规模和定位，在此基础上找出那些拥有最大增长潜力的市场。

第三节　农业企业的营销组合

选择什么样的商业模式，就决定了什么样的生存发展之路，农业企业也不例外。世界五大粮商虎视眈眈，全球性经济危机还未完全消除，消费者对农产品的需求日益苛刻。面对内外夹击，农业企业如坐针毡，但又不知如何发力。随着农业土地流转政策的变化和国家对农业项目的持续投入，解读一号文件背后的真谛，对农业企业而言，是挑战，更是机遇。

如何杀出重围，获得竞争优势？如何成功转型，塑造自己的品牌？

一、产品策略

1. 农产品的整体观

市场营销中的产品是指产品的整体概念，它包括核心产品、形式产品和延伸产品三个层次。核心产品是指产品所具备的使用价值和功能，即产品能够提供给消费者的基本效用。形式产品是指产品中可见的、可感觉的要素，如外观、款式、花色、品牌、包装等。延伸产品是指伴随产品销售提供给顾客的额外利益，如服务、融资、保险等。

了解产品整体概念的三个层次，对于农业企业营销具有极其重要的意义。在人们的生活由温饱进入小康的阶段，人们不仅要吃饱，而且要吃好，对农产品品质的要求越来越高，只有树立农产品的整体观，才能满足不断变化的消费者需求。但是，我国的农产品销售仍处于相当落后的局面，由于长期把农产品作为初级产品，往往是卖农产品就卖其本身，即只提供核心产品，缺乏形式产品与延伸产品，因此是不完整的。从营销意义上说，这样的产品是缺陷产品，是不合格产品②。

2. 产品市场生命周期

产品市场生命周期是指一种产品（品种）由投放市场到最终被市场所淘汰的时间周期。农产品的生命周期可分为四个阶段：(1) 导入期，是农产品投放市场的初期；(2) 成长期，是农产品销量迅速增长的时期；(3) 成熟期，是农产品销量达到高水平的时期；(4) 衰退期，是农产品销量迅速衰减的时期（见图6-3）。

---

① 王振家. 江小白：青春小酒的逆袭 [J]. 光彩，2013 (9).

② 王静刚. 现代农业企业管理学 [M]. 上海：上海交通大学出版社，2003.

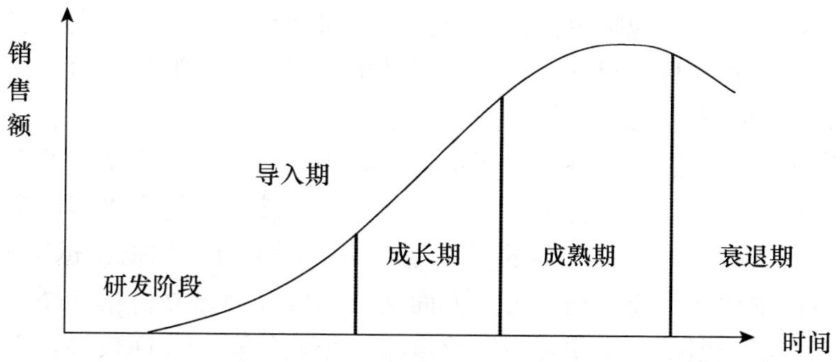

图 6-3　农产品市场生命周期

资料来源：王静刚．现代农业企业管理学［M］．上海：上海交通大学出版社，2003.

3．不同阶段的产品策略

由于不同阶段有不同特征，应采取不同的营销策略。

（1）导入期策略。这一时期的特点是成本高、费用大、售价高、销量小。可供采取的策略有高价格高促销策略、高价格低促销策略、低价格高促销策略和低价格低促销策略等。

（2）成长期策略。这一时期的重点是促进销量迅速增加。其主要策略包括树立品牌优势以增加消费者的信任度，扩展产品销售市场，重新评价并完善销售渠道，改良产品品质和增加花色品种等。

（3）成熟期策略。这一时期的重点是尽量延长成熟期。营销策略包括寻求新的市场、提高产品质量、完善营销组合等。

（4）衰退期策略。这一时期的重点是选择适当的时机以适当的方式退出。可供选择的策略有撤退策略、维持策略、缩减策略等。

二、价格策略

美国著名营销专家托马斯·C. 金尼尔（Thomas C. Kinnear）曾指出："近年来迅速变化的市场营销环境，不断增强了价格决策的重要性，研究表明，许多人都觉得定价策略应居于市场营销最重要的位置。"这就要求农业企业经营者运用定价策略，促进农产品的销售①。

1．新产品定价策略

一种新产品能否占领市场，定价因素起着重要作用。它不仅关系到商品能否进入市场，而且将会直接引起竞争格局的变化。新产品的定价策略通常有以下两种：

（1）撇脂定价策略。这是一种形象的说法，意思是把牛奶上面的那一层奶油撇取出来，即先取掉其精华部分。撇脂定价策略指在新产品上市初期，就将价格定得很高，以便在较短的时间内获得最大化的利润。这种策略的着眼点在于：尽快收回垫付资金，补偿企业的消耗；产品技术较复杂，难以仿制，竞争者较难进入，企业可以保持垄断地位；如果

① 王钊．农业企业经营管理学［M］．北京：中国农业出版社，2004.

确有竞争者进入，产品适当地降价比较从容。但是这种策略风险比较大。当新产品刚刚进入市场，尚未在消费者心目中建立声誉时不宜采用。因此，该策略作为一种短期的价格策略，适用于具有独特技术、有专利保护的农产品。

（2）渗透定价策略。这是一种与撇脂定价策略相反的低价格策略，即企业在新产品投入市场时，将价格定得低于预期价格，以利于为市场所接受，抢占更多的市场份额。它以企业的长远获利为着眼点。这种策略的优点是：一方面可以利用低价迅速打开产品销路，占领市场，从多销中增加企业利润；另一方面又可以较好地建立价格壁垒，阻止竞争者进入，有利于控制市场。但是，运用这种定价策略，企业的资金收回较慢，而且，如果企业以后想对产品提价，也往往容易遭到消费者的反对。这种策略只适合于能够大批量生产、技术简单的农产品。

2. 心理定价策略

心理定价策略是根据消费者购买商品时的心理变化需要所采用的定价策略。它包括数值定价策略、声望定价策略和折扣定价策略。

（1）数值定价策略。这是利用消费者对不同的价格数值产生的不同影响，进而调整、确定产品价格的一种技巧。通常有两种形式：1）整数定价，即在定价时，把商品的价格定成整数，不带尾数，从而使消费者产生货真价实的感觉。一般适用于高档农产品、消费者不太了解的农产品和需求弹性较小的农产品。2）尾数定价。这是指在商品定价时，保留尾数而不取整数的定价方法，使消费者购买时在心理上产生较为便宜的感觉。如本应定价 10 元的某一农产品，定为 9.9 元，虽然只低 0.1 元，但可给买者价廉的感觉。

（2）声望定价策略。如果某个企业或某种农产品，在长期的经营过程中，保持过硬的质量和完善的服务. 从而在消费者心目中形成了较高的声望，消费者在购买此类农产品时就会有极大的信任感和享受感，即使多花些钱也会觉得物有所值。因此，对那些长期以来声望高的名牌企业、名牌农产品来说，价格可以定得比一般水平高一些。

（3）折扣定价策略。销售者在向购买者出售商品时，愿意以目录价格的百分比出售，这种百分比就叫折扣。折扣定价策略实质上是一种优惠策略，即按照正常情况已经将价格定好，然后根据各种优惠条件给购买者以不同的优惠，以刺激或鼓励购买者大量购买或连续购买。通常有两种方式：1）现金折扣，即在允许买主延期付款的情况下，如果买主提前交付现金，可按原价格给予一定的折扣。这种方式有利于鼓励顾客不拖欠货款。2）数量折扣，即为了鼓动买方多购商品，根据其所购商品数量达到的标准，给予不同的折扣。

3. 组合定价策略

组合定价策略包括主、副产品组合定价策略和配套定价策略。

（1）主、副产品组合定价策略。这是指当企业在制定互有连带关系的产品价格时，可以选择不同的取值，达到促进销售、弥补损失的目的。大多数企业采用这种策略，都将主要产品的定价降低，而将连带的附属产品的定价提高，通过附属产品的获利，补偿主要产品因低价而造成的损失。

（2）配套定价策略。企业将经营的产品按不同标准组合成套，并分别制定单件产品价格和成套产品价格的做法。例如，农贸市场可将各种鸡、鱼、大葱等产品配套出售，某一厂家可将大米分别组成精品系列包装和普通系列包装进行销售。一般来说，配套产品价格应略低于各单件产品的价格之和。

三、沟通策略

顾客在进行消费行为时，追求的是自身价值最大化（尽可能用最小的成本买到最好的产品或服务），但是在做出购买决策时，顾客对企业所提供产品的价值信息并不能很好地认识和理解，往往不能做出正确的选择。而企业因为缺乏与顾客的必要沟通，根本了解不到顾客对价值的认知程度，也就无从着手来解决问题。因此，农业企业沟通策略的主要任务就是让顾客更好地了解企业所提供的产品或服务的价值，解决信息不对称的问题。

如图 6-4 所示，企业通过广告、销售促进、公共关系、人员推销、直销等方式与消费者进行沟通，消费者通过口碑相传与广大受众进行沟通。也有可能是这些沟通措施直接影响广大受众。营销沟通指的是针对公司销售的产品或服务，试图直接或间接对消费者进行告知、说服和提醒的各种方法。从某种意义上看，营销沟通代表了该公司及其品牌的声音，或者成为用于与消费者建立对话或关系的工具。

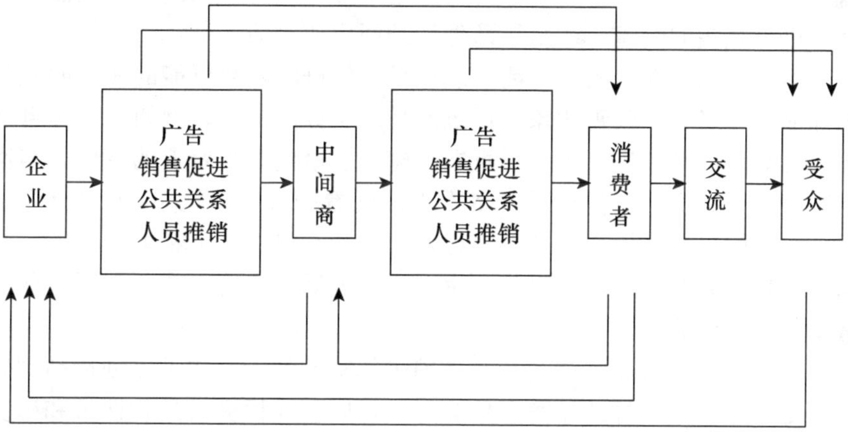

图 6-4 整合营销沟通

资料来源：任姗姗，张明立. 企业的顾客价值沟通策略 [J]. 市场营销导刊，2006 (3).

以下是常见的传统营销沟通方式：

（1）广告：由特定的赞助商采取付费方式，围绕创意、产品或服务而进行的非人员展示与促销。广告这种方式的优点是大范围、高频次提高知名度，但是成本高，属于单向沟通。而一种新型的广告手法已经不自觉地走进了我们的生活，这种手法就是“植入式广告”。植入式广告又被称为植入式营销，它是把所要宣传的广告品牌的所有信息经过专业的处理，使之较为合理地与不同媒体如电影、电视、报纸、杂志、手机短信、小说等进行有效结合，使消费者耳目一新且能较快接受的一种营销方式。例如，良品铺子是中国休闲零食领导品牌，在广告上也下了功夫。2017 年《欢乐颂 2》热播，“欢乐五美”在剧中都爱上良品铺子零食。至少有十几集会出现女主角们聊天八卦吃良品铺子零食的场景，连谈恋爱都在良品铺子店里。良品铺子通过热播电视剧为品牌引入流量，特定场景下，观众转换为买家，粉丝购买力得以在各个渠道即时转化。

（2）销售促进：多种激励工具的组合，通常是短期的，用以激励消费者或者经销商较迅速或较大量地购买某一特定产品或服务。

（3）公共关系：通过多种多样的活动促进或保护公司的形象和产品。公司发起的体验活动或者项目是为了创造日常的或是特别的与品牌有关的交流感受。例如，盱眙龙虾是采用江苏洪泽湖的龙虾制作而成的菜肴，味道独特，具有麻、辣、鲜、香的特点，是一种大众化、平民化的食品，因而有相当强的市场占有率。江苏盱眙自 2000 年 7 月成功举办"中国龙年盱眙龙虾节"后，每年定期举办盱眙龙虾节，将盱眙的龙虾推向世界①。

（4）人员推销：面对面和一个或者多个潜在的顾客进行如作报告、回答问题、取得预订等方式的互动。人员推销是由公司的销售人员介绍产品，以达到销售和建立顾客关系的目标。这种方式属于双向沟通，对建立买方偏好很有效。但是需要长期承诺，成本很高。这种沟通方式很常见，比如在大型商场中，经常能看见蒙牛、伊利的厂家在做促销活动。

随着营销平台的扩展，也出现很多基于网络和社群的现代沟通方式，例如：

（1）直复营销：使用邮件、电话、传真、电子邮件或者互联网，从而能与特定用户或者可能的客户进行直接的交流，或是恳请他们的回应或对话。

（2）互动营销：通过在线的一些活动或项目，促进顾客及可能的顾客间直接或间接的交流，以增加品牌知名度、改善印象、促进产品或服务的销售。例如，2016 年 5 月 24 日，柳岩在阿里巴巴聚划算平台进行了一场直播。柳岩以聚划算消费者的身份，与网友分享自己的经验，并亲自介绍商品。据统计，本次直播观看的人数接近 12 万，直播结束后的产品页面显示：某品牌枣夹核桃卖出 2 万多件，柠檬片卖出 4 000 多件②。

（3）口碑相传：人对人的，用口头、手写或者电话交流的方式，告诉一些人使用有关产品或服务的好处和经验。

营销沟通在很多方面对品牌资产和产品销售都有贡献，比如可以创造品牌知名度，可以在消费者记忆中建立起良好的品牌形象联想，可以引导积极的品牌评价和感受，推动建立消费者与品牌之间牢固的联系。比如丰收蟹庄的大闸蟹案例。在广告方面，上海美女教吃丰收蟹庄大闸蟹的视频，在网上传播了超过 1 200 万次。在销售促进方面，丰收蟹庄做出了第一张大闸蟹的礼券，在礼券设计上下了功夫。在公共关系方面，丰收蟹庄找了最好的师傅来做顶级蟹宴，将蟹宴开放给行业里的美食家和媒体③。

四、渠道策略

市场营销渠道是指配合起来生产、分销和消费某一生产者的产品或服务的所有企业和个人。利用营销中间机构，交易联系的次数大大减少（见图 6－5）。

---

① 梁三元．化虾成龙：江苏盱眙龙虾富民强县新实践［J］．经济，2019（8）．

② 农产品营销 10 大新玩法（附案例）［EB/OL］．http://www.sohu.com/a/125956760_379553.

③ 丰收蟹庄与黄太吉的营销哲学［EB/OL］．https://www.meihua.info/a/59886.

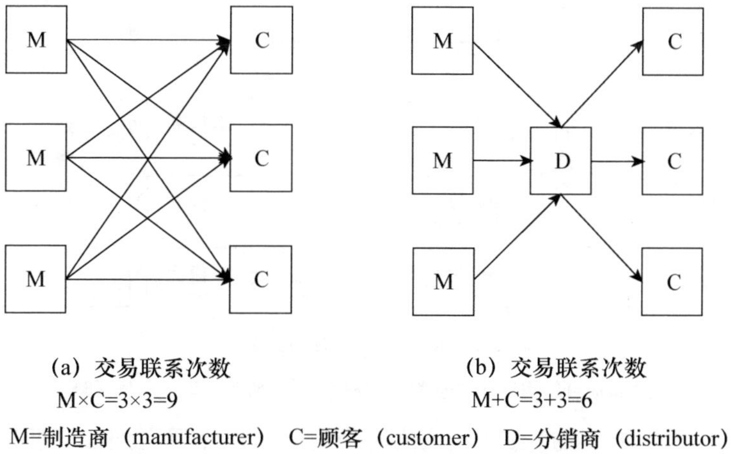

图 6-5　营销中间结构的作用

资料来源：周宝刚．双渠道供应链结构设计与选择策略研究 [J]．管理评论，2019 (6)．

分销渠道是某种产品或服务从生产者向消费者转移过程中，取得这种产品或服务的所有权或帮助所有权转移的所有企业和个人。

营销渠道主要发挥以下功能：

（1）收集和传播营销环境中有关潜在和现行的顾客、竞争对手和其他参与者的营销信息。

（2）发送和传播有关供应物的富有说服力的用来吸引顾客的沟通材料。

（3）交易谈判：尽力达成有关产品的价格和其他条件的最终协议，以实现所有权或者持有权的转移。

（4）营销渠道成员向制造商（供应商）进行有购买意图的沟通行为。

（5）获得和分配资金以负担渠道各个层次存货所需的费用。

（6）在执行渠道任务的过程中承担有关风险（库存风险、呆账风险等）。

传统的农产品销售渠道主要是批发、商超、特殊渠道等。农业企业在批发渠道的发挥空间不大；商超渠道销量增速较快，但是进入费用高，有大量潜规则；团购等特殊渠道受到国家政策影响，销售受阻。作为新兴的电商渠道，能解决几十亩地的销售问题，但是解决不了整个行业的问题。我国农产品中生鲜占比较大，但是果蔬、肉类、水产品冷链流通率分别为 5%、15%、23%。发达国家果蔬冷链流通率在 95%以上，肉类产品和水产品冷链流通率达到 100%①。

我们把农产品渠道分成了批发、商超、餐饮、专卖店、电商、会员制、深加工等。

1. 批发：品牌化经营时代到来

在产品从制造商向消费者转移的过程中，任何一个对产品拥有所有权或负有推销责任的机构，就叫一个渠道层次。渠道层次的多少决定了渠道的具体模式。营销渠道分为零级渠道、一级渠道、二级渠道、三级渠道，如图 6-6 所示：

① 王微微．我国农产品冷链物流发展存在的问题及对策研究 [J]．中国物流与采购，2012 (15)．

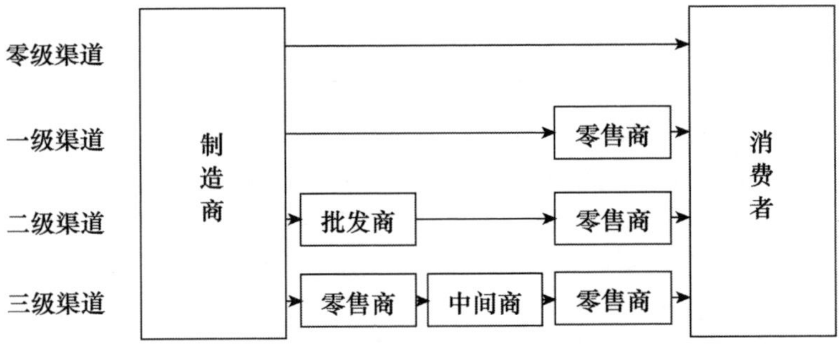

图 6-6 营销渠道的层级

资料来源：周宝刚．双渠道供应链结构设计与选择策略研究［J］．管理评论，2019（6）．

批发的模式非常简单，农产品从产地流转到集散地，然后再到社区便民农贸市场，最后到消费者的手中。该渠道以大宗农产品为主，如白菜、大蒜、茄子、西瓜、苹果等，交易具有显著的季节性，所供应产品一般以当季蔬菜、水果为主。目前，国内有不少大型农产品批发市场，比如北京新发地、武汉白沙洲、山东寿光蔬菜批发市场等。以新发地为例：新发地 2013 年交易量 1 400 万吨，交易额 500 亿元，每天有 1.6 万吨蔬菜、1.6 万吨果品、3 000 多头生猪、3 000 多只羊、500 多头牛、1 800 多吨水产，通过新发地流转到北京及周边市场。更值得注意的是，新发地年交易额过亿的商家有 32 家，年交易额过千万的商家有 883 家①。

批发市场未来与品牌农业结合点在什么地方呢？一方面，批发渠道在分化，出现了精品区、品牌区等，一些连锁超市的采购也要到交易市场采购。另一方面，批发渠道商户在分化，过去批发市场经销商主要是坐商，以坐等客户的上门采购为主，现在有部分商户开始主动开发下游客户并提供服务。以前批发渠道对产品的选择，一般以产品的成色、等级为评判标准，产品大多以产地品牌出现，产品品牌和企业品牌不突出。最近几年，批发市场的变化趋势让企业在批发渠道经营品牌产品成为可能。

2. 商超：要求高营销能力的重要渠道

商超既是品牌展示的舞台，也是农产品重要的销售渠道，未来的占比还将继续增加。美国 78.5%的农产品通过“生产地—配送中心—超市、连锁店—消费者”完成分销过程。超市具有规模化、集约化、连锁化的特点，有助于农产品品牌形象的提升。比如，在商超渠道，鸡蛋涌现出了很多品牌，如咯咯哒、神丹、德青源等；超市米面区售卖的主要也是品牌产品，比如金龙鱼、鲁花等。不过，商超进入门槛较高，并且存在隐性亏损的可能，要求企业必须有完善的品质保障能力、持续供货能力，以及营销组织保障。目前，商超供应商群体正在形成之中。

3. 餐饮：从单纯提供产品到提供解决方案成为趋势

餐饮渠道市场容量巨大，是农产品非常主流、非常大众的一个消化渠道，成就了大量食材供应商和供应平台。2013 年，全国餐饮渠道中的粮食和果蔬消费占整个粮食和果蔬

① 王玉，任芳．全面加强农副产品冷链系统规划建设：访北京新发地农产品批发市场常务副总经理顾兆学［J］．物流技术与应用，2014（7）．

消费量的20%～30%，餐饮渠道肉类消费占整个肉类消费量的30%～40%①。整个农产品在餐饮渠道中的消费占比非常高。餐饮渠道的运作有很多难点：进入渠道难——厨师长、采购经理、老板等，需要很强的公关能力来搞定；供应难度大——餐饮渠道需求多样，大型餐饮店需要100多种农产品，而且是长年供货，大部分企业不具备这样的供应能力；竞争激烈，押款风险——据统计，北京每月有8%的餐馆转让或者关门，账款风险较大。

我们也看到餐饮渠道本身在需求方面的发展趋势。一是为了保持原料的新鲜和品质，不少餐饮企业自建种养殖基地；二是通过构建联合采购平台来降低成本；三是工业后厨产品在餐饮业占比越来越大，过去是自己加工，现在大量引进相对标准化的工业成品、半成品，给农业企业带来比较好的机会。江苏小龙虾销量较大，酒店一般自己采购鲜活小龙虾、加工后获得高额利润。康达公司看中的也是这中间的利润，提出向酒店供应熟食龙虾、与酒店分成的方案。对于酒店来说，这样能降低大量的采购成本和人力成本。按照这样的模式，康达公司成功地将自己的熟食龙虾打入了长三角地区的不少高档酒店，带来了巨额收入②。

4. 专卖店：成本上升、电商冲击带来巨大挑战

专卖店，指专营某个企业或某类特色产品的终端。形式上，既有独立的店面，也有超市卖场中的店中店。这些专卖店的特点是人口流动性大，拥有一批固定的团购客户；或是依托当地旅游产业，吸引专程购买“特产”的顾客。专卖店具有形象展示、产品销售、核心顾客开发维护等综合职能，但是也受到网购增加、礼品销售减少、房租及人员成本上涨等挑战。比如，这几年比较成功的壹号土猪，定位为连锁化的高端土猪品牌；实行“公司+基地+农户”的联合经营模式；产品差异化——土法慢养，猪肉味道突出，给高价、高毛利提供了产品支撑；公司控制“特色种猪、饲料，以及渠道和品牌”，轻资产经营。2007—2012年，开了500家门店，销售额达到5亿元，成为高端土猪第一品牌③。好想你专卖店同样如此，通过品牌占位，以送礼和女性为目标，在全国开设连锁专卖店，连锁化经营，成为河南送礼特产第一品牌。不过，最近几年出现了一些挑战：一是来自成本的冲击，房价在不断上涨，人力在不断上涨；二是消费习惯不断变化，不少白领开始通过电商渠道购买大枣，让好想你专卖店的销售下滑。对此，好想你专卖店一方面在增加店面产品的品种，另一方面在拓展商超渠道，再有就是开发深加工产品④。这种情况让我们思考专卖店未来的趋势到底是什么，如何和区域消费者做进一步的结合。

5. 电商：两种主流模式急需更多市场化探索

电商是大家普遍关注的一个渠道，也可以说电商是渠道的下一个发展方向，但是从现在来看，前景美好、现实骨感。通过电商售卖农产品的方式主要有B2C和C2C两种。

(1) B2C模式：企业直接面向消费者的销售模式，即“产地—电商采购—电商交易平台—消费者”。这是现在农产品电商的主流模式，采用这种模式的卖家也多为规模大、实力强、影响力大的企业。其典型代表是中粮我买网、顺风优选、沱沱工社和本来生活网

① 2016年中国餐饮行业未来发展趋势探讨［EB/OL］. http://www.chyxx.com/industry/201606/423684.html.

② 农产品怎样做餐饮渠道？［EB/OL］. https://www.lthx.cn/info/nongchanpinzenyangzuocanyinqudao.

③ 田金梅. 畜产品品牌资产管理研究：以壹号土猪品牌为例［J］. 中国畜牧杂志，2012 (22).

④ 庄易. 好想你战略转型：加快商超电商布局［J］. 农经，2013 (11).

等。优菜网创始人丁景涛在接受媒体采访时说，很多农产品电商往往是败在生鲜电商操作的复杂性上，如没有稳定的货源、不能提供比菜市场更好的购物体验、要把控的环节太多、物流问题难解决（比如货车进城问题）等①。

营销渠道的流程包括实物流、所有权流、付款流、信息流、促销流，如图 6－7 所示。

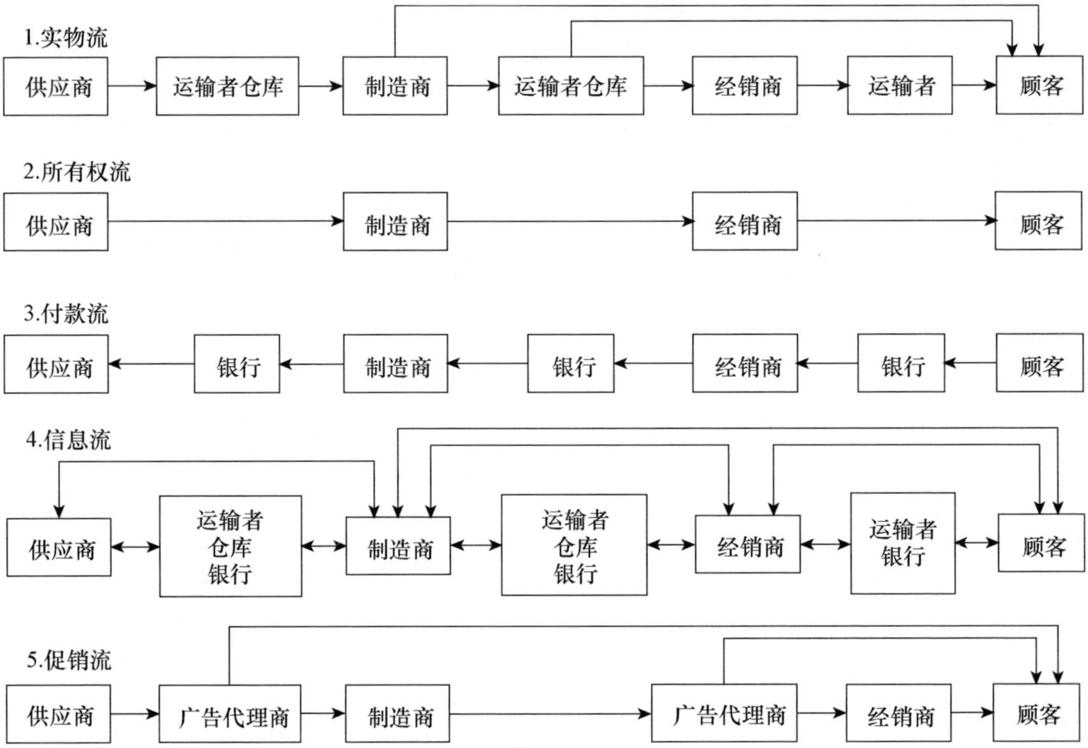

图 6－7　营销渠道的流程

资料来源：王钊．农业企业经营管理学［M］．北京：中国农业出版社，2004.

这些流程往往以实物流为基础交织在一起，对于电商平台来说，通过自建物流体系来整合这些流程，一方面降低了成本，另一方面也提高了客户服务质量。例如，刘强东曾说："无论过去还是现在，物流都是我们最大的挑战。公司能不能继续平稳地发展，就在于物流体系建设的成功与否。"京东有两大重要成本，即仓储成本与配送成本。在刘强东看来，只有城市的日订单达到 10 万个以上，买地自建物流的投入产出才能算作合理。而对于租赁库房，当地的日订单量也要达到 5 000 个以上。如果低于 5 000 个，将物流外包就会更加经济。除此之外，提高供应链的响应速度亦是京东自建物流的出发点。由于订单增长太快，物流中心的处理能力跟不上，越来越多的消费者体验不佳。基于这些考虑，京东对物流仓储的投资周期越来越长，投资的金额越来越大，只有前瞻性的规划才能满足未来三年的发展速度。但可以预见的是，随着规模的不断扩张，仓储物流就像 B2C 水桶的底

① 丁景涛．三年感悟：生鲜电商还得走 O2O 模式［J］．成功营销，2013（10）.

座，决定了整个水桶的体积①。

(2) C2C模式：个体通过网络平台实现对个体的销售对接。这种模式的特点是销售者多为个人或家庭，规模小、数量多、经营内容杂。阿里研究中心公布的《农产品电子商务白皮书（2012）》指出："截至2012年底，淘宝网（含天猫）正常经营的注册地在农村（含县）的网店数为163.26万个，其中注册地在村镇的为59.57万个；经营农产品类的网店数为26.06万个，涉及农产品商品数量1 004.12万个。""一家一网店"的模式虽然操作简单、灵活，但也存在难以发展壮大的问题，因为这种模式本身就只是个体小农经济的网络化②。要想实现规模效益，还得进行标准化管理和品牌化建设。

6. 会员制："资本充足＋好产品＋好服务"不可或缺

会员制是圈子营销，关键要开发并维护优质客户，实现个体消费最大化。这里有一个比较成功的案例：北京正谷。"正谷模式"的核心是"一网两端"："一网"就是正谷交易型网站；"两端"即高级客户端和优质有机基地端通过线下活动、线上网站广告，产生会员和售卡订单，后台配送。这种模式最大的好处是轻资产经营，只要把握住最大的核心资产——高端VIP客户，以及管理好为客户提供优质产品的有机基地就好！正谷在比较短的时间内掌握了两到三万的VIP客户，年营业额达数亿元。正谷这种会员制模式最大的挑战在于：是否有充足的资本帮助你度过客户不足阶段所带来的初期亏损；是否是真正优质的好产品；是否有优质客户开发能力、服务能力，即通过顾客关系管理，打造顾客黏性；产品价格较高，形成了礼品公司的定位。

7. 深加工：中小企业下一个战略增长机会

我们一直提倡农产品要往深加工路上转，深加工是解决农业行业诸多问题的有效途径。这里说一下溜溜梅的案例。溜溜梅在几年的时间里，整个产品销售额将近10亿元，因为它找到了大食品行业的结构性增长空间：从简单售卖产品到满足消费需求，就是休闲零食的需求③。为什么强调要加强对农产品的快消化改造呢？2008年之前，中国的包装食品主要是舶来品，我们卖的薯片、巧克力，它的原型来自西方；2008年之后，中国大食品行业进入了本土化时代，我们的核桃、大枣等开始变成深加工食品，比如说出现了核桃乳等。另外，本土文化占比越来越高，过去我们说可乐是西方文化，现在中国传统文化比如药食同源，在产品中的占比也越来越大。所以说，农产品深加工存在着大量的机会。我们现在有面粉第一品牌，但是没有大米第一品牌，没有苹果第一品牌。中国农产品的类别成百上千，农产品深加工将带来下一步的战略增长机会④。

了解了七个渠道之后，在互联网思维下，农业企业需要进行思维模式改变，根据自身产品特征挖掘优势资源，定位高匹配性目标消费群体，然后再选择高匹配性的渠道模式。如果企业规模化程度较高，而精细化程度较低，则适合为其他深加工企业提供再加工原料，可以定位于"专业原料供应商"，目标消费群体就可以选择深加工企业，匹配性销售

① 王姗姗. 京东伤物流："大家电"内外冲突远超想象 [J]. 新世纪周刊，2011 (36).

② 叶秀敏. 草根农产品的电子商务发展分析 [J]. 信息化建设，2013 (5).

③ 从1亿到10亿，溜溜梅、徐福记……霸占休食类的12家"独角兽" [EB/OL]. http://www.gano.com/m/484705.shtml.

④ 王薇. 我国休闲食品产业发展态势 [J]. 农产品加工（创新版），2011 (12).

模式就是直供模式；如果企业规模较大，精细化程度较高，产品物理特征较明显，目标消费群体就可以选择市民，商超渠道也成为首选；如果企业生产规模不大，产品区域特征比较明显，就可以选择礼品、特产类消费群体，可以选择团购渠道；如果产品能够满足年轻白领消费群体的消费需求，就可以选择电商渠道，和白领消费群体进行高效互动，甚至进行预售。

渠道冲突是指渠道成员发现其他渠道成员从事的活动阻碍或者不利于本组织实现自身的目标。按照冲突方在渠道中的身份不同，渠道冲突可分为三类：水平渠道冲突、垂直渠道冲突、不同渠道间的冲突。水平渠道冲突指的是同一渠道模式中，同一层次中间商之间的冲突。产生水平冲突的原因大多是生产企业没有对目标市场的中间商数量分管区域做出合理的规划，使中间商为各自的利益互相倾轧。垂直渠道冲突又称渠道上下游冲突，指的是在同一渠道中不同层次企业之间的冲突，这种冲突较之水平渠道冲突要更常见。例如，某些批发商可能会抱怨生产企业在价格方面控制太紧，留给自己的利润空间太小，而提供的服务（如广告、推销等）太少；零售商对批发商或生产企业，可能也存在类似的不满。不同渠道间的冲突指的是生产企业建立多渠道营销系统后，不同渠道服务于同一目标市场时所产生的冲突。渠道协调是供应链管理探讨的一个重要内容，其目标是通过渠道上下游成员的协作使得系统在分散决策下的均衡结果达到集中决策的效果。尽管制定渠道协调策略的渠道成员通常能够提高自身收益，但有时候也可能会造成其他渠道成员的利益损失。

第四节　农业企业的电子商务

一、电子商务概述

（一）电子商务的概念

电子商务指的是通过计算机技术和互联网技术，以电子交易为手段实现物资、金融、服务和信息等价值的交换，迅速而且高效地从事各类商务贸易活动的一种新方法，是商流、信息流、资金流等商务活动的电子化。现代社会，电子商务的应用能够更好地满足企业、供应商和消费者等各方面对提高产品及服务质量、加快服务速度、减少费用等方面的需求。

现代信息技术主要指的是互联网、内部网和电子数据交换。商务活动主要涉及与上游企业、下游企业以及一般客户的沟通活动，涉及企业前台的商务电子化，企业后台的生产、销售、库存、服务和人力资源等整个运作体系的全面信息化，以及企业整体经营流程的优化和重组等所有活动环节。

从上述的定义中我们知道，电子商务强调的是一种采用先进信息技术的买卖方式；电子商务造就了一个虚拟的市场交换场所；电子商务是“现代信息技术”和“商务”的集合；电子商务是一种理念，而非简单采用电子设施完成商务活动。

（二）电子商务的特点

电子商务与传统贸易相比，具有以下三大特点：

1. 全球性

据美国商务部的报告，进入21世纪之后的4年，全球上线人数已经增长了3倍。支撑这种爆炸性增长的是互联网商务应用的普及和个人联网使用者的持续增加。互联网的特征就是信息被全球人分享，只要你愿意上网，就不受国界和时空的影响。

2. 直接性

网络使交易双方通过互动方式在网上完成交易全过程。它使商品和信息的交换过程不再受时间和空间的制约，人们不必专门为了得到某国市场的商品信息而前往该国。供求双方都提高了效率，不需要通过中间媒介迂回沟通，不需要再为中间商环节付出成本，企业自身的运转成本和用户支付费用都大大降低了。

3. 便捷性

电子商务是互联网商业应用的最高境界，从售前服务到售后支持的各个环节实现电子化、自动化，给当前的商务活动提供了极大的便捷。

二、电子商务背景下的体验营销

体验营销是指企业通过采用让目标顾客观摩、聆听、尝试、试用等方式，使其亲身体验企业提供的产品或服务，让顾客实际感知产品或服务的品质或性能，从而促使顾客认知、喜欢并购买的一种营销方式。这种方式以满足消费者的体验需求为目标，以服务产品为平台，以有形产品为载体，生产、经营高质量产品，拉近企业和消费者之间的距离。

体验营销是站在消费者的感官、情感、思考、行动、关联五个方面重新定义、设计营销的思考方式。此种思考方式突破传统上“理性消费者”的假设，还消费者一个完整的“人”，即消费时是理性与感性兼具的，消费者在消费前、消费时、消费后均可体验。特色农产品一般具有明显的地理特征，是在特定的气候、区域、季节生产出来的产品，如莱阳梨、烟台苹果、宁夏滩羊、野猪肉、土鸡蛋等。下面以北京市平谷区的大桃销售为例来说明如何采取体验营销开展电子商务，在特色农产品的销售各环节可以采取什么样的体验策略。

（一）新产品宣传策略

在产品的投入期，针对目标客户策划新产品的宣传方案，以打开市场为目的，除了向经销商、农贸市场批发商推广，更重要的是营造一种消费氛围，为新产品造势。在电子商务网站上展示“平谷大桃”种植的特点、桃文化以及所取得的荣誉，欣赏艳丽的桃花、品尝甜美的大桃，在农业产业链的各个环节开展内容丰富的浏览体验，赋予“平谷大桃”更多的价值①。在介绍产品时，可以运用多媒体效果的感官体验，如将大桃生长的有代表性的画面，灌溉、施肥、剪枝、喷药、花期、结果等，制作成2～3分钟的短片，给予消费者在实体店购物时所不能获取的教育、知识等体验。在自建的电子商务网站上为注册会员提供情感体验，如电邮问候、活动推荐、会员优惠、交互式意见反馈等。“平谷大桃”开展每年一度的国际桃花节、平谷金秋采摘节。秀美的花朵与郊区旅游结合起来，向消费者

① 林孝栋. 特色农产品电子商务如何应用体验营销 [J]. 老区建设，2012 (24).

巧妙地推广了平谷的桃花文化；金秋丰收的季节赏桃、摘桃、品桃与体验农活结合，在推广农业生产知识的同时体验自然的农家乐。这两个改进后的休闲旅游产品可以与第三方电子商务提供商合作开展区域线下体验营销，然后建立关于文化与知识的体验过程、体验感受或体验消费方式的体验数据库，也可以请主流媒体或门户网站记者、文艺圈名人来传递体验，或是使用微博来传播体验，实现在线搜索“大桃”农资提供商、经销商、消费者、公众权威等不同角度、不同阶段的体验数据，显然这个数据库可以长期为消费者提供增值服务。

（二）培育市场、创建区域品牌策略

在培育消费市场时可采取低价的策略先占领市场，如给予优惠的体验价格，让顾客消费后，在体验数据库中记录精彩的行动，满足其他消费者的心理体验需求。比如，“平谷大桃”采摘优惠券在各大团购网中火爆销售，仅 5 元，凭券现场支付 40 元即享原价 120 元 12 斤采摘体验，且可边采边吃。周末开着小车带上家人去采摘，带回来还能送给亲戚朋友。这种以“团购”方式开展的电子商务不仅仅适用于农产品“成熟时令”区域性的直销，也适用于适合长途运输的特色农产品（坚果、干货农产品）。

“平谷大桃”还特别注重品牌的培育，已有数家龙头企业，如知名品种“久保”“蟠桃”等，将质量内蕴于品牌中，产品经适当的包装就是赠送佳品。针对国家政策对农业的扶持，可以开展体验营销中的情感营销，例如教师节、中秋节、国庆节即将到来时，各单位有发放实物福利的传统，可以利用这个时机以发放职工福利的方式支持“三农”，并在主流媒体作正面报道，宣传树立品牌、开展感情体验，使营销成为一种时尚、一种常态。可以充分利用“寿桃”的中华传统，对个大、色艳的产品开展个性化定制，桃的外表标饰“福”“寿”等吉祥字样，应用于高档酒店的寿宴中，以满足消费者的心情体验。也可以利用第三方平台开展区域体验营销，如 B2C 零售，同时把这些购前咨询、下订单支付、物流配送、售后服务等购物体验记录到体验数据库中，为更多的消费者提供购物行动体验。

（三）基于 B2B 的电子商务策略

“平谷大桃”产量最多时达 2.3 亿斤，仅靠初期的体验营销远远不能消化规模生产的特色农产品，最终需要采取网络与实体相结合的销售模式①。龙头企业建设 B2B 电子商务平台，发布大桃品种、营养价值、特色介绍、大桃时令、价格、销售等信息，召集部分经销商实地考察产品、产量、信誉、企业文化等，把无公害、绿色有机、科技等体验营销充分利用起来，并在 B2B 平台上发布体验情况，让世界各地的经销商了解“平谷大桃”，最终建立信心经销本产品。同时，在 B2B 平台上发布各地经营“平谷大桃”致富案例，让潜在或现有经销商更直观地学习经营心得，实现电子商务的分享体验。前期的体验式宣传在电子商务数据库中以优化搜索、关键字、赞助推广等方式积累大量潜在消费者，可以定期把经销商的信息通过电子邮件、短信等发送给体验者，为消费者提供更大的购物方便，同时也为经销商带来客户资源。

① 林孝栋. 特色农产品电子商务如何应用体验营销 [J]. 老区建设，2012 (24).

三、农业企业的 O2O

1. 社区 O2O 营销模式

O2O 是一种将线下与线上有机结合起来的贸易模式，使得互联网可以成为商品销售的前台，这样线下服务就可以线上揽客，消费者可以线上筛选服务，可以在线结算。目前，O2O 有四个发展趋势：

（1）减少了渠道维度。线上线下完全融合以后，所有的门店都是中心，所有的商户都是平台，零售终端将逐步变成一个信息整合、数据整合、服务整合、体验整合的枢纽平台，并且现存的批发商、分销商或将逐步消亡，企业的渠道价格要从原来的五维、四维降低到三维甚至二维，主流是三维，即厂家—终端—消费者，不需经过任何其他中间环节。

（2）进入 P2P（people to people）时代。在未来网格化的商业环境中，多个层级维度的渠道模式将难以生存，因为企业、商户、用户之间的连接方式将会发生彻底改变，进入 P2P 时代。

（3）更加注重用户体验。个性化的 C2B（customer to business）产品，加上企业、商户深度服务于用户，与用户建立强关系，为用户提供更多增值服务将成为主流。企业不再是销售冷冰冰的产品，而是让产品和服务充满温暖，这就是用户体验，也是线上线下融合的落脚点。

（4）线上与线下高度融合。未来商店连接线上移动商城和线下智能商店，融合移动云计算、会员大数据、用户行为轨迹跟踪、智能交互、智能通信路由、近场通信、智能货品管理、智能 POS、移动应用及支付、可移植的开放系统等先进智能科技，高效集成整合零售资源，重新定义零售商、供应商、分销商和制造商之间的业务关系，全方位跟踪分析用户，推送精准信息以留住用户，进而真正融入移动互联网大数据营销时代。

2. CSA 模式

CSA 是一种在农场（或农场群）及其所支持的社区之间实现风险共担、利益共享的合作形式。消费者成为农产品的用户，并且承诺在农产品的整个生长季节给予支持。用户支付预订款（按照季节或月份支付），农户提供新鲜安全的当季农产品作为回报，直接运送给订户或者分配给销售网点。其核心是消费者与生产者的利益和风险共担。CSA 模式最早兴起于日本，之后在欧洲和美国开始盛行。社区支持农业并非平白无故在日本出现，而是有着其独特的历史背景和经济因素。二战以后，日本民众为了渡过难关，无论是生产者还是消费者都组成了大量的合作社，特别农业生产合作社，几乎囊括了所有农户，这些合作组织基于小农经济。无论是日本还是后来发展起来的欧美社区支持农业，都是强调社区与农户之间的直接交流，都是建立在有着社区和农户组织的基础之上的①。

虽然中国的社区支持农业起步较晚，但是经过数年的发展和探索，它已经形成了消费者推动型、生产者推动型和非政府组织推动型三种类型。在社区支持农业中我们不难发现，虽然有大量的小微企业不断兴起，但是经营壮大却遭遇瓶颈，社区消费者的不理解是整个社区支持农业的难点所在。如何在销售端赢得社区消费者的信任已经成为整个行业发

---

① 张伟，郑佳莹，陈泳州，等．小微农业企业社区 O2O 运营模式的可行性研究［J］．南方农业，2015（16）；陈卫平．菜篮子革命：中国社区支持农业典型案例［M］．北京：经济科学出版社，2015.

展亟待解决的问题。

专栏　盒马鲜生

盒马鲜生横空出世

盒马鲜生是阿里巴巴对线下超市完全重构的新零售业态。盒马是超市，是餐饮店，也是菜市场，但这样的描述似乎又都不准确。消费者可到店购买，也可以在盒马App下单。而盒马最大的特点就是快速配送：门店附近3公里范围内，30分钟送货上门。2017年7月14日，阿里巴巴董事局主席马云和首席执行官张勇等人在盒马鲜生品尝刚刚出炉的海鲜。“盒马鲜生”在阿里内部低调筹备两年多，随着阿里巴巴董事局主席马云到店走访，这个不为人知的阿里“亲儿子”被推到了聚光灯下，正式成为阿里“动物园”在天猫、菜鸟、蚂蚁金服之后的新成员。2017年7月，盒马鲜生创始人兼首席执行官侯毅在接受新闻采访时表示，盒马营业时间超过半年的门店已经基本实现盈利。

盒马首家店——上海金桥店目前每天平均营业额可达100万元左右，已经实现单店盈利。华泰证券2016年12月的研报显示，盒马上海金桥店2016年全年营业额约2.5亿元，坪效（每坪的面积可以产出的营业额。——编者注）约5.6万元，远高于同业平均水平（1.5万元）。侯毅透露，盒马实现用户月购买次数达到4.5次，坪效是传统超市的3～5倍。此外，盒马用户的黏性和线上转化率相当惊人。据侯毅透露，线上订单占比超过50%，营业半年以上的成熟店铺更是可以达到70%，而且线上商品转化率高达35%，远高于传统电商。目前，成熟门店如上海金桥店的线上订单与线下订单比例约为7∶3。

盒马供应链完全数字化

与传统零售最大的区别是，盒马运用大数据、移动互联、智能物联网、自动化等技术及先进设备，实现人、货、场三者之间的最优化匹配，从供应链、仓储到配送，盒马都有自己的完整物流体系。不过，这一模式也给盒马的前期投入带来巨大成本。公开报道显示，侯毅曾透露，盒马的单店开店成本在几千万元不等。能做到30分钟配送速度，在于算法驱动的核心能力。据店员介绍，店内挂着金属链条的网格麻绳是盒马全链路数字化系统的一部分。盒马的供应链、销售、物流履约链路是完全数字化的。商品的到店、上架、拣货、打包、配送任务等，作业人员都是通过智能设备去识别和作业，简易高效，而且出错率极低。整个系统分为前台和后台，用户下单10分钟之内分拣打包，20分钟实现3公里以内的配送，实现店仓分离。

盒马的价格优势

盒马在价格上也具有一定优势。盒马超市和线上App的价格显示，上海本地菜中常见的青菜、鸡毛菜、生菜、韭菜仅需1.5元/包，空心菜、菜心、红米苋、香芹、莜麦菜、茼蒿菜仅2.5元/包，价格低于传统菜场10%以上。这些菜品的质量都不超过480克。张国宏称，“这是缘于没有中间环节，每天从崇明、奉贤等地的蔬菜基地直采直供，经过全程冷链运输并精细包装后直接进入超市冷柜售卖，商品卖不完当晚销毁，我们不收取供应商一分钱的进场费，将全链条上节省下来的费用，直接补贴到消费者的身上，确保了盒马在微利情况下将该模式可持续运作”。

盒马的未来发展规划

阿里巴巴表示，创造盒马，不是单单为了要在线下开店（毕竟中国并不缺海鲜卖场），而是希望通过线上驱动淘系消费数据能力，线下布局盒马与银泰商业，以及和百联、三江购物等开展更丰富的合作形式。模式跑通后，其数据能力和技术能力会对合作伙伴开放共享。

“今年盒马要新开100多家店，但门店毕竟是有限的，满足家庭消费还远远不够，”侯毅解释为什么推出盒马云超，“对于商超类产品，我们是线下有优势的线下做，线上有优势的线上做”。他说，盒马在线下做流量、做黏性，未来盒马门店都要变成周边3公里社区的邻里中心，成为消费的服务核心，“做到‘有困难，找盒马’。”

目前盒马在上海已经选了两家店在试验，消费者可以通过盒马App预约服务。比如理发：错峰时间定价，上班时间价值优惠，下班后恢复原价；可以看到理发时的忙闲状态，即时预约等。甚至未来，你可以在盒马上购买服务时间。“比如老人在家里有东西搬不动，可以在盒马App上买半小时服务，我们会就派人过来进行服务。”

盒马的终极目标是做成一个超级App。当生鲜这个品类做到全国第一时，完全可以再诞生一个电商的超级App平台。因此，盒马在具备超级流量后，剩下的就是围绕核心消费群不断增加服务品种和品类。

盒马的次日达服务

盒马还准备在物流上打破目前行业遇到的困境。比如，像B2C电商这种中心化物流在巨量的SKU背景下，订单量超过最佳规模临界点带来的效率降低、成本上升的问题。

同时，B2C电商的“半日达”服务保证了良好的服务体验，但履约成本也更高。比如，11:00前必须保持人员大量超配才能满足订单的响应速度，否则下午无法及时完成配送。另外，白天大货车不能进市区，不能走集中物流，使用面包车等运输工具，装载率低，运输成本居高不下。

面对这一行业难题，盒马会怎么做？

首先是精选商品，只挑选符合消费升级需求的中高档商品，不做“电商货”（大包装式、价格战式商品），强调商品的品质和潮流。

其次是成本优先，放弃速度。盒马云超给消费者提供的是次日达服务。“日化、洗化、米面粮油等常规商品，是不是一定要上午订，下午到？明天到行不行？”侯毅说，如果明天到，物流费用降到一半，可不可以？如果免费配送，消费者愿不愿意放弃“半日达”，接受次日达，从上海运行半年多的盒马云超来看，消费者完全接受。

对大部分非急需商品而言，几个小时并非是消费者和商家间一道不可逾越的鸿沟。《灵兽》曾指出，经过电商的引导和培育，消费者对配送时间的要求已经发生了根本性改变：

十年前，消费者基本上希望在线上下完订单后马上就收到商品。但是今天，这一情况已经完全改变了。消费者在淘宝上购物，基本上心理收货预期是1～2天；通过京东购买，心理收货预期是当天或次日。

另一个有意思的变化是，经过十余年的引导和培育，消费者已经熟悉了各个电商平台、各个快递公司的物流时间，并会据此在电商平台上下单，预留出足够的时间。这意味着，配送时间的长短将不再从根本上影响消费者对某一商品的购买决策。

B2C 电商可以节约一半，这就为盒马的免运费配送打下了扎实的基础。对于消费者急需的商品和生鲜商品，盒马提供了 30 分钟送达的服务，比 B2C 电商要快很多；对于时间不急的商品，盒马提供了次日达服务，成本优先，免费 B2C 配送，比 B2C 的收费模式更吸引消费者。

盒马未来的新变化

侯毅还透露了盒马未来的几个新变化：

(1) 自有品牌。目前盒马鲜生已经有大量自有品牌，但将来要朝大部分自有品牌方向努力，同时充分利用阿里的集采和供应链的优势，做好全球和本地的优质农产品的基地采购。

(2) 打折商品不能超过 10%。门店超过这一指标就要受到处罚。用侯毅的话说，这样才能认真做商品品质和天天低价。盒马鲜生要做到卖出消费认知的价值，才能有更好的财务表现。如果天天打折、打价格战，大卖场有的是。“如果我们也走到打折这条路上，就没有未来了，盒马打的是价值战。”

(3) 新餐饮。希望打破餐饮业现有的成本结构，进行重构。侯毅说，新餐饮是从供应链和加工本身，用互联网和现代物流技术与现代机器人技术，包括现代的餐饮加工技术，重新定义、重新构造。上海盒马南翔店机器人餐厅已经在试运行中，这具备巨大的蓝海市场前景。通过智能化设备，可大大缩短加工时间，3 分钟蒸鱼，30 秒烤一盘扇贝；消费者坐在座位上，菜品 20 秒钟由机器人自动传送到餐桌前，等等。

资料来源：侯毅：说盒马是生鲜卖场已过时，云超做 B2C 会把物流成本降低一半！［EB/OL］. http://www.lingshouke.cn/lsyc/1681.html.

思考题：

1. 新零售带给农业企业什么样的机遇和挑战？
2. 如何评价盒马鲜生在新零售业背景下的营销策略？

【思考练习】

1. 请分析农业企业市场营销现状及优化对策。
2. 如何完善农业企业市场营销管理过程？
3. 请分析集团型农业企业市场营销管理模式。
4. 如何进行农业企业市场营销绩效评价？
5. 请分析农业企业市场营销管理的创新路径。

【案例分析】

小罐茶到底贵不贵？

2017 年，茶行业最大的一匹黑马应该非“小罐茶”莫属。在众多质疑声中，默默卖了 10 个亿，这是多少茶企用心经营也难以完成的业绩。既然有庞大的市场需求，很多质疑就不攻自破。从不以为然到质疑，再到思考，进而研究，小罐茶彻底颠覆了传统茶行业的认知。

关于小罐茶，争议最多的就是定价和营销噱头。品质是根本，营销是传播手段，消费者最关心的是这约合几千元一斤的茶叶，买来到底值不值？

小罐茶自身的客群定位偏“高端”，从时尚青年到社会精英，这些人也是各行各业的风向标和意见领袖，不论自己喝还是待客送礼，格调、品位很重要。而大部分喝茶的人，并不精通品茶，小罐茶全国统一的定价，正好给喝茶送茶的人制定了价格标准。

其实，比小罐茶价格高的茶比比皆是，而小罐茶才真正做出了品牌的气质，它改变了很多人对茶的固有印象：中国茶无标准，廉价茶和天价茶齐飞。如此看来，小罐茶的定价倒算不上奢侈，而是处于中上水平。

为小罐茶品质把关的是8位制茶大师或是非遗传承人。不少茶友看到，揪住“大师作”的宣传语，质疑这么多茶叶，大师忙得过来吗？这一问似乎很专业，其实不然。制茶的人都知道，茶的价值在安全的前提下由三个因素决定：核心产区、上等原料、制作技艺。产区和原料相对恒定，最具价值的环节往往是制作技艺。

好茶，三分靠原料，七分靠技艺。大师作的价值不在于是不是他亲手制作，而是在制作技艺上的传统方法和精准掌控，让茶呈现最完美的内质。只有一亩三分地的茶农才全部靠亲手完成，但凡他的制作技艺价值超过了自家一亩三分地的产值，就会被聘请到更大规模的平台担任制茶师。近年来，不少茶商喜欢拿“匠心”“匠人”做文章，但真正的匠心，并不仅仅是一个精通制茶的匠人代言，而是整个团队的匠心。

大家都知道，中国茶只有品类没有品牌。既然要做品牌，那必定意味着颠覆。小罐茶的壮志在于：它要做的是打破地域的中国茶，以统一品牌售卖不同品类的茶。通过3年的深度调研，小罐茶发现茶行业对茶叶原产地和传统技艺的要求十分严苛，而一些非遗传承人就是这种制茶态度的极致代表。为了保证品质可信赖，小罐茶直接找到每个茶品类的“大佬”合作，虽然成本高昂，但以“小罐茶，大师作”为聚焦点，快速有效地打开了消费者对品牌的认知度。

然而，光有原料和生产把关，仍然无法打动精英阶层的消费者。同等级的茶，直接去产地拿同等级的货跟买小罐茶有什么区别呢？一个个体户茶叶店或者茶厂，和一个有着各方面认证和强大运营能力的品牌，本身就没有可比性。

20世纪90年代，天福茗茶带着当时较为先进的连锁专卖模式横空出世的时候，也引来了多方热议，把它当作新的商业模式、先进的商业文明进行学习、研究并践行的人，创出了华祥苑、日春、八马等全国知名茶叶品牌。因为他们明白，产品的性价比不只是原材料的价值，还有服务、品牌等，构成一整套的价值体系。品质、品牌与创新，对于任何行业来说都是决胜的武器。

资料来源：陈闻彦. 小罐茶到底贵不贵？[J]. 茶道，2018 (4).

案例思考题：

1. 你认为小罐茶贵不贵？小罐茶主要针对什么样的消费人群？
2. 小罐茶的核心营销理念是什么？具体如何实施？

【参考文献】

[1] 陈闻彦. 小罐茶到底贵不贵? [J]. 茶道, 2018 (4).

[2] KOTLER P, CASLIONE J A. Chaotics: the business and marketing in the age of turbulence [M]. New York: Amacom Press, 2009.

[3] LAUTERBORN R. New marketing litany: four Ps passé: C-words take over [J]. Advertising Age. 2010, 61 (41).

[4] 宋洋. 让农产品愈发时尚 [J]. 农家致富, 2015 (1).

[5] 王月辉, 杜向荣, 冯艳. 市场营销学 [M]. 北京: 北京理工大学出版社, 2017.

[6] 丁华. 食用油企业做大品牌和产品销量的方法 [J]. 中国食品, 2015 (15).

[7] 皇宇艳, 杜富林. 伊利集团奶业产品市场运作的现状及管理对策 [J]. 企业经济, 2008 (3).

[8] 黄倩, 郭晓曦. 资本结构与产品市场竞争策略: 以伊利集团为例的分析 [J]. 经济研究导刊, 2013 (21).

[9] 尹威, 尹哲. 论中小企业发展的战略视角: 利基战略 [J]. 事业财会, 2008 (2).

[10] 安德森. 长尾理论 [M]. 北京: 中信出版社, 2012.

[11] 曾宪杰, 刘粤阳. 企业横向产品差异化策略研究: 以广州地区麦当劳与肯德基为例 [J]. 经济与管理研究, 2015 (3).

[12] PIIRTO R. VALS the second time [J]. American demographics, 1991 (7).

[13] 杨阳, 任力. 生活方式营销模式在终端店铺中的分析与研究 [J]. 现代装饰 (理论), 2015 (1).

[14] 罗梦, 陈涵, 李早. VALS: 细分广告市场的有效模型 [J]. 青年记者, 2009 (10).

[15] 吴垠. 关于中国消费者分群范式 (CHINA-VALS) 的研究 [J]. 南开管理评论, 2005 (2).

[16] 沈虹, 郭嘉. 90 后大学生的聚类分析与广告倾向研究: 以中国二线城市 90 后大学生为例 [J]. 广告大观 (理论版), 2013 (5).

[17] 顾伟. 农夫山泉瓶装饮用水的定位策略分析 [J]. 中国市场, 2011 (32).

[18] 王振家. 江小白: 青春小酒的逆袭 [J]. 光彩, 2013 (9).

[19] 王静刚. 现代农业企业管理学 [M]. 上海: 上海交通大学出版社, 2003.

[20] 王钊. 农业企业经营管理学 [M]. 北京: 中国农业出版社, 2004.

[21] 任姗姗, 张明立. 企业的顾客价值沟通策略 [J]. 市场营销导刊, 2006 (3).

[22] 梁三元. 化虾成龙: 江苏盱眙龙虾富民强县新实践 [J]. 经济, 2019 (8).

[23] 周宝刚. 双渠道供应链结构设计与选择策略研究 [J]. 管理评论, 2019 (6).

[24] 王微微. 我国农产品冷链物流发展存在的问题及对策研究 [J]. 中国物流与采购, 2012 (15).

[25] 王玉, 任芳. 全面加强农副产品冷链系统规划建设: 访北京新发地农产品批发市场常务副总经理顾兆学 [J]. 物流技术与应用, 2014 (7).

[26] 田金梅．畜产品品牌资产管理研究：以壹号土猪品牌为例 [J]．中国畜牧杂志，2012 (22).

[27] 庄易．好想你战略转型：加快商超电商布局 [J]．农经，2013 (11).

[28] 丁景涛．三年感悟：生鲜电商还得走 O2O 模式 [J]．成功营销，2013 (10).

[29] 叶秀敏．草根农产品的电子商务发展分析 [J]．信息化建设，2013 (5).

[30] 王薇．我国休闲食品产业发展态势 [J]．农产品加工（创新版），2011 (12).

[31] 林孝栋．特色农产品电子商务如何应用体验营销 [J]．老区建设，2012 (24).

[32] 张伟，郑佳莹，陈泳州，等．小微农业企业社区 O2O 运营模式的可行性研究 [J]．南方农业，2015 (16).

[33] 陈卫平．菜篮子革命：中国社区支持农业典型案例 [M]．北京：经济科学出版社，2015.

第七章

农业企业品牌管理

【学习要点】

- 农业品牌的管理术语
- 农业品牌创建的步骤
- 品牌资源分析与定位
- 农产品的属性
- 农业品牌创建和管理的要点

农业企业品牌涉及农产品品牌、农业品牌等内涵相似或相近的概念，这些概念之间没有绝对清楚的界限。本书也没有对这些概念进行系统整理，本书所提的农业企业品牌管理，指的是农业类企业（或涉农企业）在经营农产品时产生的品牌管理职能。

第一节　农业企业品牌管理理论概述

无论经营什么样的产品，只要是运用品牌经营策略就必然需要考察品牌经营的环境问题。农业企业品牌的经营环境与其他类型的企业或采取其他经营方式的组织所面临的市场及法律环境区别很大。除了商标、驰名商标、著名商标、知名商标、国际注册商标，农业企业的农产品品牌管理主要涉及“地理标志”和“原产地名称”两个特殊的概念。绝大多数的地理标志产品是农产品，本节第一部分就地理标志的概念，对农业企业在农产品品牌经营时面临的环境进行简要概述。此外，若要掌握农业企业品牌的经营策略，必然需要熟悉农业企业品牌管理的术语体系，因此，本节第二部分选用品牌管理的四个基本步骤，对初学者而言，这是形成品牌知识框架的必要基础知识。

一、地理标志

地理标志产品，是指产自特定地域，所具有的质量、声誉或其他特性本质上取决于该产地的自然因素和人文因素，经审核批准以地理名称进行命名的产品。例如，魏县鸭梨、容城绿芦笋、黄骅冬枣、金华火腿等，都是一个有确切边界的地名加上一个商品名称，成为一个耳熟能详的地理标志。大约95%的地理标志是农产品名称，正是这个原因，人们普遍认为地理标志品牌是农产品品牌中最重要的组成部分，甚至有人直接认为农产品品牌就是地理标志。

地理标志看起来是长期依托一个特定地区资源形成的品牌，对地方经济有着不可替代的促进作用。但在实践中，地理标志却长期处于非常尴尬的境地，究其原因，应该是地理标志在法律属性中存在缺失内部排他性的问题，后果是会渐渐出现所谓的“公地悲剧”现象，若矛盾激化，还会与商标发生冲突，从而限制地理标志的作用，也阻碍了农产品品牌的发展。

地理标志的运用需要很高的品牌运营技巧，一般是地方政府将其用于当地农业的产业促进策略中，不适合由一般企业主导运营。特殊情况是一些对当地产业起到主导作用的龙头企业，它们有能力在地方政府的支持下适度运用地理标志来发展一项农业产品的推广营销，此时，地理标志可能会对产品的成功推广起到决定性作用。本质上，地理标志不是完全意义上的企业独有品牌，它的运用需要特定的条件，包括产业基础、当地政策等。地理标志对地方农业品牌的发展确有促进作用，但对个别企业的发展也存有负面影响。同时，地理标志对产业生态也具有潜在的破坏性。

专栏　地理标志：是农产品品牌点金石还是绊脚石

地理标志产品，是指产自特定地域，所具有的质量、声誉或其他特性本质上取决于该产地的自然因素和人文因素，经审核批准以地理名称进行命名的产品，如魏县鸭梨、容城绿芦笋、黄骅冬枣、金华火腿等。大约95%的地理标志是农产品名称。

地理标志兴起于欧洲，是欧洲农产品等特色商品的点金石，一旦获得地理标志使用许可，该产品立刻身价不菲，尤其是在跨国经营中，这一优势非常明显。

然而，在国内农产品品牌发展的过程中，大量的地理标志几近消亡，学术界对其有过极深刻的分析，大致认为是地理标志在实践中难以克服其所具有的准公共产品性质，以至于搭便车现象严重，最后导致经济学中的“公地悲剧”发生。一旦一个地理标志发生危机，后续处理不当，即可对该地区的该产业造成严重影响，甚至将其击垮，一蹶不振，致使该地理标志名存实亡。例如，著名的地理标志符离集烧鸡，已有千年的历史，在当地的口碑却比不上刘老二烧鸡这样一个普通的商标。一个偌大的地理标志打不过一个名不见经传的小商标的案例比比皆是。

如果按照学术界对该问题的分析，那么地理标志的存在都是有问题的，为什么国际上对地理标志却如此推崇，原因在于地理标志的经济属性中对排他性的缺失不能一概而论。农产品面对的国际国内市场环境对于地理标志而言是完全不同的，因此地理标志的排他性也可以被分为内部排他性和外部排他性。国内的农产品地理标志问题的产生源于内部排他性缺失，而地理标志本身是不缺乏外部排他性的，不但不缺乏，反而还能将分散生产的农业产品与现代的集中经营之间的矛盾予以调和，因而成为农产品跨国经营的撒手锏。这也就是为什么地理标志在国际经营中用得得心应手而在国内问题重重。

在国内，对于地理标志管理部门而言，建立健全的地理标志管理规则显得十分重要，既不能放任自流任其发展，也不能束缚得过紧，而且还需要尽快将地理标志保护产品和中国地理标志、农产品地理标志三部门分别管理的现状纳入一个统一的平台。对于涉及地理标志使用的企业和个体生产者而言，在品牌发展的初期，一个历史悠久的地理标志是可资利用的，但发展到一定的程度时，一定要在此基础上延伸出去，发展成为有完全排他性和竞争性的商标，否则地理标志立刻转身就成为品牌发展的绊脚石。

在国际农产品市场竞争中，欧盟和美、澳等国围绕着各自优势的产品项目在新旧地理标志规则上展开激烈较量，我国完全可以不予理会，独立发展自己的优势产品国际化品牌。

地理标志是双刃剑，用得好它就是农产品的点金石，用不好它就是绊脚石，可见万事万物都有利有弊，地理标志也不例外。

资料来源：周云. 地理标志，是农产品品牌点金石还是绊脚石？[J]. 商业文化，2013 (11).

二、农业品牌的管理术语

农业品牌管理的术语体系和一般企业基本一致，是对品牌进行管理、研究、交流的语言，是品牌管理人员必备的基础知识和技能。

（一）知名度

品牌知名度意指受众对某品牌知晓程度的度量指标，即消费者当中有多少人知晓该品牌。合法取得商标所有权只是创建品牌的开始，获得有知名度的商标才可被称为名牌（有一定知名度的牌子）。

（二）认知度

品牌创建的起点是获取一定的知名度，但简单的知名是远远不够的，为了下一步能够获得赞誉和口碑，还需要消费者对品牌有更多的了解，而消费者所了解的内容来源于企业在摸清目标消费者心理的情况下有针对性的宣传信息。

品牌认知度是度量消费者对品牌认识程度的指标，即认知的深入程度，从仅仅是对品牌名称的知晓开始，直至对该品牌有完全了解的过程。认知是品牌美誉的前提，也是品牌传播效果的度量。

（三）美誉度

品牌获得来自消费者的良好口碑及赞许，即获得了消费者的美誉。但品牌美誉度不仅仅是衡量某个消费者对某品牌的赞许程度。一个消费者对某品牌的偏爱程度并不是品牌美誉度的核心，品牌美誉度的核心内涵是购买者当中有多大比例来自同伴消费决策的影响，即消费者在使用了该品牌的产品或服务并形成体验后，所做出的使用评价对其他消费者的影响。总的来看，一个品牌能够形成美誉度的关键在于是否获得了消费者的认可。因此，可以认为认知度是美誉度形成的基础，但充分的认知并不一定能够获得相应的美誉度。

实务中，美誉度一般由自我传播的概念代替。自我传播简称自传播，俗称口碑，指在没有任何商业费用支撑的情况下，品牌依然在消费者和媒体中广泛传播。

品牌美誉度是品牌创建的关键，能否被称为品牌，就是看该商标是否获得了相当程度的美誉度。美誉度与认知度之间确实存在较强的相关关系，一般说来，美誉度的形成是需要有认知度的基础的。厂商经过努力使品牌形成较高认知度是有可能的，但能否形成美誉度就不完全取决于厂商的努力了，品牌自身、消费者的成熟程度、市场机遇等都是美誉度产生的必要条件。美誉度一旦形成，就意味着该品牌创建成功，即该商标成为一般意义上的品牌。此时的品牌不再需要像在创建阶段那样为知名度负担高额的宣传成本，即使将广告全部停下来，品牌也会在消费者之间广泛传播。达到一定美誉度的品牌，继续扩大宣传信息覆盖面的策略效果会很低，厂商只需要投放少量提示性的广告即可。

（四）忠诚度

品牌忠诚是指消费者在购买决策中，表现出对某个品牌有选择偏向性的（而非随意的）行为反应。它是一种行为过程，也是一种心理（决策和评估）过程。简单来说，品牌忠诚是指消费者的消费偏好或消费习惯对某品牌保持长期一致性和持续性，即该消费者对这个品牌具有了品牌忠诚的行为。品牌忠诚不同于人与人之间感情的忠诚，它不特指品牌与消费者之间具有了情感上的相互依赖，而仅仅是消费者对品牌表现出稳定的习惯和偏好，因此，在品牌忠诚指标中不考虑对某品牌在情感上的依赖，只考虑行为上的连续。品牌忠诚度对一个品牌的生存与发展极其重要，一定的忠诚度能够体现出该品牌价值对销售层面的支撑作用，能够使品牌提高抗风险的能力，从而保持长久的生命力。品牌忠诚度是一个品牌能够发挥时效性作用的体现。

专栏　商标距离品牌有多远

当很多人被问及品牌是什么的时候会想当然地认为他们平素里可以看到的商标就是我们耳熟能详的品牌，其实这是一个误区，品牌与商标之间有些联系，但无论如何是不能画等号的。

合法地注册一个商标只是实现了一个品牌应具备的排他性功能而已，只是达到了作为一个差异化工具的必要条件，也可以理解为是创建品牌的起点，绝大多数的商标还不能称为品牌。一个商标距离真正意义上的品牌到底有多远呢？

在品牌理论界有一个简单的五项维度，即知名度、认知度、美誉度、联想度、忠诚度，用以对品牌市场力进行简单的分析，这五项维度的内在逻辑也基本构成了每一个品牌都大致遵循的发展路径：知名度—认知度—美誉度—联想度—忠诚度。

这条路径可以这样解释：合法地取得商标所有权，即获得具有排他性和竞争性的品牌基础，但这仅仅只是创建品牌的开始，这一商标若是无人知晓可以说是没有任何价值，知名度即是商标走向品牌的首要目标，获取一定知名度的商标即是我们常说的名牌。名牌是中国特有的词汇，英文中不存在这样一个定义，国外学者一般认为具有相当的知名度是一个商标能够被称为品牌的必要条件。一个合法注册的商标经过努力获得一定的知名度而成为名牌，这个过程主要依靠的是商业传播手段，如广告促销等。手段没有限制，如果将名牌和品牌的市场力等同起来，其后果之一就是部分企业会不惜一切代价出名，标新立异甚至通过另类恶俗的手段获得关注，依靠这样的手段获取的知名度本质上是一种短期关注度，如果要获得之后的美誉度就会困难重重。

如果通过正当的手段和努力，该商标在知名度的支持下还能够获得消费者在有提示的情况下较高的提及率，便可获得所谓的认知度。对消费者而言的有提示提及是知名度维度的一个进步，它不再是简单知晓该品牌，而是对该品牌的内涵已经达到比较熟悉的程度，甚至可以被认为是一定程度上的认可，距离美誉度只一步之遥。

该商标在目标人群中继续通过大量的公关手段获得来自消费者的良好口碑及赞许，即获得品牌塑造的关键指标——美誉度，此时的品牌即使是在无任何商业广告或是公共关系等传播手段支持的情况下，其品牌信息依旧能够不断传播和发展，在消费者当中已经出现了自我传播的现象，即我们通常所说的口碑效应。一般认为，获得美誉度，即产生品牌自我传播的口碑，才是品牌形成的标志。

若该品牌继续发展，能够达到在无提示条件下获得消费者在对应的商品门类中的选择，即在没有任何形式提示的情况下，实验受众对该品牌能够自觉选择，那么，该品牌就获得了较高的联想度。联想度使得品牌具有了延伸的可能。延伸能力的形成使得品牌的价值倍增，使品牌变得更有价值。

若该品牌进一步发展，使得消费者消费偏好或习惯因某品牌而保持一致或连续，即该品牌获得了品牌忠诚度。一旦形成了忠诚度，品牌就不再是一个普通的商业符号，而成为重要的社会文化现象永远留存在人类发展史中。

由此可见，合法地注册商标只是对该商标赋予了充足的排他意义，为品牌成为差异化工具提供了可能，一个商标最终成为一个品牌还有很远的未知历程有待探索。

资料来源：周云．商标距离品牌有多远［N］．中国商报，2012-10-13.

第二节　农业品牌的创建

农业品牌的创建不是一朝一夕可以完成的，它有一个复杂而又严谨的过程。下面是按照创建品牌的一般步骤，并结合农业企业的特点，归纳出的农业品牌创建的四个基本步骤：

第一，品牌资源分析与定位。

第二，品牌品名的设计原则。

第三，品牌个性及识别系统。

第四，品牌推广策略的选择。

当然，这些步骤不是完全独立的，它们之间随着具体情况可以进行合并或调整。下面就简要介绍农业品牌创建的步骤和要点。

一、品牌资源分析与定位

（一）品牌资源分析

市场是现实购买者和潜在购买者的总和，分析好市场及其组成要素是一切营销活动的基础。因此，农业品牌创建的第一步就是对企业的品牌资源进行分析。分析农业企业的品牌资源包括对人、财、物、市场环境等方面的综合分析，特别是以下三个方面的分析至关重要：

1. 可挖掘的市场空间

现有品牌厂商和潜在的目标消费者能否接纳新品牌是品牌运作的关键因素。

2. 品牌管理人才资源分析

首先审度一下企业现有的运营队伍是否具有充足的品牌运营能力。然后对品牌运营的各个环节逐个甄选、布置，针对运营环节与岗位职能进行匹配。配齐和优化运营队伍是品牌运营成败的关键。因此，对现有的品牌运营队伍、营销队伍、品牌管理人才资源进行分析是品牌资源分析的重要一步。

3. 财务资源分析

财务状况直接影响着企业品牌运营的战略选择，良好的财务状况是进行品牌运作的基础条件。品牌运营有相当长的准备期和铺垫期，其间很少有收益，这需要充足的现金流为品牌长期运营做保证。因此，财务资源分析是品牌资源分析中不可或缺的一个环节。

品牌是一个系统，各个环节应当保持一个平衡发展的状态，包括产品开发能力、设计更新速度、生产质量水平、售后服务、渠道管理，甚至价格制定是否合理，对品牌创建都有重要影响。

农业品牌资源分析的结论是两个相连的部分，即市场定位与产品定位。具体来说，市场定位是产品所有者针对目标消费者或目标市场的选择。产品定位是在完成市场定位的基础上，为满足目标消费者或目标市场的需求对产品策略的选择。产品定位是对市场定位的具体化，是以市场定位为基础，受市场定位结论的指导，但比市场定位更深入和细致。品牌定位指企业在市场定位和产品定位的基础上，对具体的品牌在其价值取向及个性差异上的原则性决策。从理论上说，三者的顺序是市场定位在先，继而是产品定位，最后才是品牌定位。前两个步骤基本囊括了对品牌资源进行分析的全部内容，接下来着重阐述品牌定位的基本内容。

（二）品牌定位的基本程序

1. 分析该品牌的核心价值

依据产品定位确定品牌核心价值，品牌的定位一定不能偏离品牌核心价值。优秀的品牌核心价值应该能够体现所有者的社会责任感以及价值观。对农业产品而言，安全性是体现生产者社会责任感的首要要求。

2. 品牌竞争目标确认及核心价值的演绎

品牌定位的目的是尽可能地避开与竞争者之间的利益冲突。在确定具体的企业品牌位置时一定要分析竞争品牌在消费者脑海中的现有位置。在了解竞争者的基础上，运用具体的营销策略，结合自身的资源情况，确立明确的品牌价值理念。除此之外，企业并不能直接实现其价值观的传播，优选演绎方向是品牌定位中重要的步骤。

3. 优选品牌诉求点

在确立了核心价值及其演绎方向之后，其他定位都要建立在自己的优势诉求点之上，因此，所有者应优选品牌在营销中的品牌诉求点。此阶段的品牌诉求表达起来仍是抽象的概念。

4. 品牌策略原则的形成

这一阶段，实现了品牌理念从抽象概念到具体操作的转变。固化标准形成原则是对品牌进行传播与应用的基础。传播与应用必须贯彻这一阶段形成的各项品牌策略原则。

品牌策略原则的形成标志着一项品牌定位的完成。当然，这些原则也不是一成不变的，适时修改原则以适应环境的变化是必要的工作。

二、品牌品名的设计原则

品牌形象系统中的名、图、字、色四要素，品名是首位。确立品名识别，是一项很重要的管理内容。

一般来说，一个品名有两层含义：第一层含义是指具备识别功能的产品名称，这是品名的基本含义。当产品名称被消费者广泛认识，形成品牌关系后，品名就有了第二层的含义，即品牌的品名。所有的事物都有符号识别系统，具备区别其他事物的识别性。但有识别的事物不一定都能体现出市场价值，此处我们所提及的品名是有市场价值的识别系统。

品名的确定一般遵循五大原则：易于传播原则、丰富内涵与易于联想原则、易于延伸原则、适应性原则与可保护性原则。

1. 易于传播原则

易于传播原则是创造品名的核心，可以理解为易识别、易读、易记、易口传。因此，从心理学的角度来看，可易于记忆的品牌名不应该超过 7 个字，超过 7 个字的品名被认知度就会迅速递减。越难传播的名词，其宣传成本就越高。最易记的品名是 2～4 个字，能够做到雅俗共赏是易口传的要义，诸如“白大夫”“小护士”“康师傅”，这些都是符合易于传播原则的典型品名。

2. 丰富内涵与易于联想原则

丰富内涵是指品名要能蕴含一种深刻的理念；易于联想是指字面无意的品名能够引发消费者的联想，从而影响消费行为。在设计品名时，既要让词语蕴含我们所要传达的理念，也要让词语有一定的抽象程度，要确保该品名可以引发消费者联想。因此，品名的语义最好不要太具体，包容度要大，要能给人一定的思维发散的空间。

3. 易于延伸原则

易于延伸原则简言之就是品名是否能顺利地扩展到其他产品上。一个优秀品牌的品名设计，既要能符合当前产品定位和品牌定位，也要兼顾今后经营发展的需要。

品牌延伸是介于新产品线增加和新品牌增加战略之间的一种发展战略，一般认为，品牌延伸是将一个著名品牌或某一具有市场影响力的成功品牌移植到与成名产品或初始产品完全不同的产品上。在设计品名阶段就考虑品牌延伸的问题是十分必要的。

4. 适应性原则

适应性是指品名的使用能够适应时间和空间上的变化。在时间上，品名不能有过强的时代特征，否则会因为时过境迁而陈旧过时；在空间上，品名也不能因地域不同而引起文化冲突，要尊重各地区消费者不同的消费文化和习惯。

5. 可保护性原则

可保护性是指名称在法律意义上能够得到充分的保护，即能注册，尽量回避已经被注册了的品名。很多企业在这方面的意识很薄弱，以至于自己经营了几十年的品牌被竞争对手抢先注册。联想集团将原先使用了10年的英文名Legend改为Lenovo，原因就在于此。联想在解释更名动机时说："联想品牌要国际化，首先需要一个可以在世界上畅通无阻的、受人喜爱的英文品牌，但Legend这个英文名在国外很多国家已经被注册。因此，必须未雨绸缪，为未来公司业务拓展做好先行部署。"联想英文品名变更的案例充分诠释了可保护性原则的精髓①。

三、品牌个性及识别系统

1. 品牌个性

品牌个性的确立是现代品牌管理中最为关键的一环。在构建品牌的各个层面，从品名标志到品牌形象再到品牌个性，个性始终是品牌追求的最高层面。良好的品牌形象对消费者而言只能形成认可，而品牌个性则可以形成品牌忠诚，影响消费行为的发生。因此，品牌个性应该比品牌形象的要求更高。

营销理论中品牌个性的概念与广告理论中的品牌人格化很相似。广告大师戴维·奥格威（David Ogilvy）为此专门在品牌形象战略理论中做过论述："广告不仅要挖掘产品本身的卖点，同时还要赋予产品一种人性化的形象。"如威士忌、香烟、啤酒等商品，竞争者不易看出各品牌有多大的差异，如何转化广告表现，是主要课题。因此，奥格威主张，培植品牌拥有的威信，使消费者保持对品牌长期的好感，从竞争品牌中确立自家品牌的优越地位。这种战略构想，必须长期使用某一象征，借以强调高级感、高品质，多起用名人或有个性的人作象征人物。

品牌个性化有助于达到更好的传播沟通效果。在设计创意时，要为这个品牌的个性找到拟人的价值观、外形、声音和行为等特征。品牌个性化的塑造分为三个基本步骤：第一步，对产品进行拟人化处理；第二步，选择与产品品牌相一致的品牌形象代言人；第三步，依据产品定位和品牌形象确定品牌个性。

塑造品牌个性应该独具一格，其关键在于选用适当的核心图案表现品牌个性。品牌的特定个性是通过标志和文案组合表现出来的。

2. 品牌的识别系统

确立品牌个性之后，需要设计品牌的识别系统，这是一项系统工程，主要包括两个方面，分别是品牌视觉识别系统和品牌行为识别系统。

首先，品牌视觉识别系统是指在品牌定位、品名设计和品牌个性确立之后，运用视觉传播的方法，通过识别符号来展示品牌独特形象设计的系统。这就是企业形象识别系统（corporate identity system，简称CI系统）。

品牌视觉识别系统的建立，可分为基础和应用两大部分。基础部分包括企业标志、品

① 潘肖珏. 公关语言艺术 [M]. 上海：同济大学出版社，2003.

牌标志、标准字体、标准图形、标准色彩等若干方面的内容。应用部分包括产品造型及其包装、生产环境和设备、展示场所和器具、交通运输工具、办公设备和用品、工作服饰、广告设施和视听资料、公关用品和礼品、厂旗厂徽、指示标志和路牌等所有需要应用基础设计内容的方方面面。

其次，品牌行为识别系统是一种在品牌理念指导下，通过对品牌内涵的贯彻来促进对外经营和对内管理的各项工作，从而形成品牌经营体系的设计系统。这就是常说的企业行为识别系统（behavior identity system，简称 BI 系统）。品牌的行为识别主要包括品牌战略的策划，相关组织机构的设置，新产品开发的方向，促销手段的运用，公关活动的范围，等等。从形式上看，品牌行为识别系统是一种反映企业动态活动特性的设计系统，是市场行为规范化、标准化的要求，因此相对于品牌视觉识别系统的建立来说，它较为复杂，较有弹性，实施也较为困难。

品牌视觉识别系统和品牌行为识别系统是一个有机的整体：品牌视觉识别系统是整个识别系统的基础内容，是品牌塑造的重点所在，因为有了品牌视觉识别系统，才能及时地、鲜明地向社会传达品牌的信息，最终塑造出品牌。识别系统是品牌形象直接传达给各个经营部门的载体，对于未来的广告宣传和公共关系活动有很强的指导意义；品牌行为识别系统是识别系统的本质内容，它是一种动态的形式，强调一种行为过程，是建立整个识别系统的关键，有了行为识别系统，品牌的理念才能落到实处。

四、品牌推广策略的选择

一般来说，品牌发展分成四个明显的阶段：新品牌导入期，品牌成长期，品牌成熟期，品牌衰退期。下面按照品牌发展的阶段来阐述品牌推广策略的内容。

1. 新品牌导入期

品牌的第一个推广阶段是新品牌导入期。导入期就是品牌第一次面对顾客或第一次参与竞争的阶段。导入期的特点是，目标人群出于对新品牌缺乏认知而谨慎选择。顾客中会有少数敢于试用者，这些人可能就是顾客群中的勇于接受新鲜事物者，也可能是盲目选择者。其他利益相关者还在密切关注新品牌的推广过程和结果。

概括和了解导入期的特点是为了使企业制订出适当的推广计划和媒体投放策略。针对一个新品牌的推广，目标人群的反应无外乎漠不关心、关注、尝试和充当传播者四种。根据以往的市场推广经验分析，表现出这四种行为状态的顾客比例依次是 64%、21%、13.5%、1.5%，这四种表现基本涵盖了目标人群对新品牌的所有态度。正是这些显著的态度决定了品牌推广策略的选择。

品牌在推广前一定要充分论证其可行性，并且制定一套有连续性和针对性的推广步骤。值得注意的是，品牌在导入期的推广因行业不同、产品不同而没有一成不变的推广模式，这要求根据具体市场、具体产品、具体的目标人群来选择适合自己的推广模式，简单照搬成功案例很可能会弄巧成拙。

2. 品牌成长期

经过新品牌导入期，品牌推广就进入一个新的阶段——品牌成长期。成长期是品牌推广的关键时期。适应性地调整产品定位、品牌定位和推广方式在这一阶段是必要的，提升美誉度和忠诚度是这一阶段工作的重点。

成长期的特点是，品牌在行业内已有一定的知名度，越来越多的顾客表现出了对品牌的赞誉，并开始使用该品牌的产品，在前期试用者中已形成了一定的品牌忠诚度。品牌资产的无形价值已经初步形成。品牌的销售量和市场占有率进入快速上升期。

这一阶段也是问题的爆发期，主要涉及品牌管理和控制能力等方面，具体有媒体的选择及投放的频率问题、品牌推广人员的观念和执行能力问题等。成长期里对品牌推广的步骤、推广的协同力和推广的创新性要求很高。处在成长期的品牌已经具有较高的知名度，为了使品牌的美誉度和忠诚度得到同步提升，必须进行有效的品牌管理。

品牌成长期所采用的推广方式恰当与否关系到品牌竞争力和影响力的提高，因而还应评估现有的推广模式是否有利于蓄积品牌的发展后劲。

3. 品牌成熟期

品牌成熟期，也可称为品牌全盛期或收获期。成熟期的特点是，品牌已有很高的知名度，目标人群相当明确且认知度很高，已经拥有了相当数量的品牌忠诚者，品牌已经具有了可以延伸的能力。另外，此时销售量和市场占有率达到前所未有的高度，该品牌成为各媒体争相关注报道的对象，对社会公共事业有一定的影响力。品牌竞争力和影响力已经在行业内达到数一数二的位置，品牌的无形价值也已提升到新的高度。

处在成熟时期的品牌还是存在许多问题，如品牌核心优势的丧失、目标人群偏好的转移、顾客忠诚度的降低等。当品牌进入全盛时期时，应当及时地全方位地检查自身劣势，并深知这些劣势可能会成为品牌被着重攻击的弱点。因此，放大优势，修补劣势，是品牌管理的重点工作。

值得强调的是，成熟期的品牌因为品牌本身已经具有的影响力，成为各个利益相关者关注的焦点，稍有不慎，尤其是在产品质量把控或企业声誉维护方面稍有疏忽之处，就极有可能引起媒体的放大炒作，进而使品牌陷入万劫不复的境地。于是，规避风险是品牌成熟期管理工作的核心内容。

4. 品牌衰退期

所谓品牌衰退期，是指品牌发展处于美誉度和忠诚度呈现逐渐下降的趋势、品牌竞争力和影响力正在逐步衰退的阶段。

衰退期的特点是，品牌的知名度仍然很高，但影响力远不如从前，目标人群的认知度仍在延续但力度逐渐下降，销售额和市场占有率明显萎缩，越来越多的经销商开始退出合作，品牌资产的无形价值正在以极快的速度降低。

品牌进入衰退期既是必然的，又是偶然的。当出现品牌定位和诉求不再适应变动的市场环境、推广方式不当、应对突发事件处理不当，抑或是竞争者加大投入、出现了创新性变革、竞争者诉求和定位更加精准进而流失客户等情况，都会使品牌由盛转衰。

由此看来，品牌衰退期并不必然使品牌走向衰败和消亡，只要处理得当，品牌仍然可以延续其生命力。

在对上述各品牌推广阶段有了清晰的认识，并进行了详尽的准备后，品牌创建项目即可着手实施。

第三节　农产品属性与农业品牌创建和管理的要点

一、农产品属性

1. 农产品属于生活必需品

按照收入需求弹性对商品进行分类，农产品属于弹性很低的生活必需品范畴（见图 7-1)。必需品的需求是刚性需求，只会随着消费者的收入变化而轻微波动，比如大米这样的产品，无论消费者的收入如何，需求量几乎是不变的。

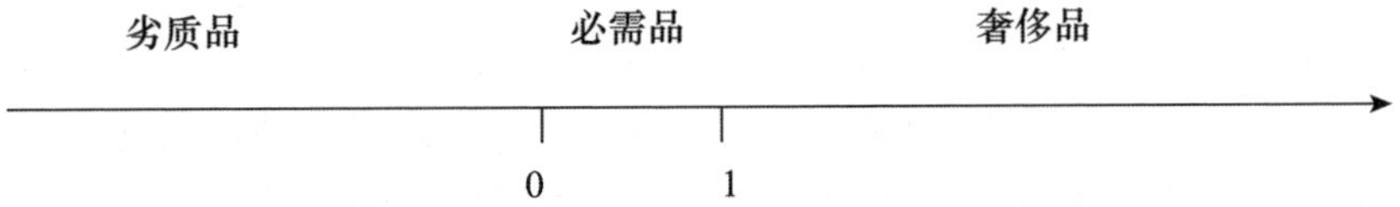

图 7-1　依据收入需求弹性对商品的划分

资料来源：高鸿业. 西方经济学 [M]. 北京：中国人民大学出版社，2014.

农产品因为需求是恒定的，与奢侈品相比，获得产品附加值要困难得多，这也是农业企业创建品牌的难点之一。

2. 农产品的同质化程度高

农产品属性和质量间的差异程度非常小，且同类农产品满足的需求几乎无差异或差异很小，这使得农业品牌作为差异化的工具显得尤为重要。但是，如果同类农产品之间的同质化程度过高，则有可能造成农业品牌的差异化能力大打折扣。

3. 自然垄断形成竞争壁垒

农产品生产是自然再生产和经济再生产的统一。农产品生产受自然环境制约的程度较大，自然环境条件（比如光照、温度和温差、水资源、土壤、地理条件以及主要气候特征等）是农产品品质形成的重要基础。因此，许多农产品品牌的形成具有一定的自然垄断性。例如新疆，由于其具有昼夜温差大这一独特的气候优势，当地的哈密瓜、葡萄等瓜果类产品因其中的糖分积累远高于其他地区而闻名天下。这是新疆此类农产品的独特优势，其他地区不容易模仿，这使得当地农产品的品牌形成具有了独特的竞争壁垒。我国许多地方特色农产品的形成，大都得益于其特有的自然环境和资源条件，比如东北的大豆、烟台的苹果、宁夏的枸杞子、福建的鳗鱼、云南的花卉等。

4. 农产品的品牌、技术（知识产权）保护难度较大

与工业品在封闭式的厂房内生产不同，大多数农产品生产是在露天环境中进行的，这使得农业技术的应用程度与效果受自然气候等因素的影响较大，且农业技术容易泄露，你能种，我也能种，生产出的产品只要能吃，广大消费者就难以区分其中的质量差异。由于信息不对称，极易形成“柠檬市场”，假冒产品驱逐品牌产品，品牌价值损失殆尽。同时，受动植物遗传特征的影响，农业生产者也很难单独占有某农产品的品质特征。品质差别难以因生产者的不同而有所差别，这加大了农产品品牌和知识产权的保护难度。

5. 新鲜度及产地来源是形成农产品品牌的重要推动因素

农产品的生物性使它不像工业品那样可以整年生产。许多农产品有较强的生产季节性和易腐不耐贮藏性，这决定了它们的供给在时间维度上呈现不均衡性；农产品品质与自然环境的特定联系使得产地成为影响农产品品牌形成的重要因素。因此，在创建农产品品牌及名牌时，应十分强调农产品的生产日期（它决定产品的新鲜度）和产地，以此加深消费者对该产品的印象。

二、农业品牌创建和管理的要点

上述农产品属性的特点都使得农业企业的品牌经营要比其他类型的企业困难得多。基于农业和农产品的特点，农产品品牌的创建要注意以下六点：

1. 开阔胸怀

对农产品和食品品类品牌的重视程度要高于产品品牌。很多针对农产品消费者的调研都明确显示，消费者的选择多样性比品牌更重要。因此，先有品类再有品牌的次序在农产品和食品上表现明显。但要做到这一点，需要企业具有开阔的胸怀，能够承担品类研发的责任，尤其是产销量领先的企业，在发展创建品牌的过程中，首先考虑的应是品类开发，其次才是产品品牌运作，让品类品牌的发展快于企业产品品牌的发展。

专栏　东阿阿胶的品类品牌

10 年前，阿胶面临着被边缘化的危机。随着农业机械化、城市化的发展，作为阿胶的重要原料，毛驴的使用价值下降，这使得毛驴养殖量和驴皮的产量逐渐减少。基于产业现状，东阿阿胶调整战略布局，实施“隐去品牌推品类，做大品类，做强品牌”的策略，从三方面、四平台入手，完成全产业链模式的探索实践和积极创新，盘活整个产业链，形成产业良性循环，从而使阿胶产业链上的价值得以重新扩增和分配。

东阿阿胶是行业内的标杆和典范。行业的典范就是不断引领这个行业升级，把这个行业带到一个全新的高度。东阿阿胶已经超越阿胶这个行业，成为整个医药乃至大健康行业的典范。东阿阿胶“十三五”的目标不仅仅是做行业的引领者，更是成为标准的制定者、行业价值观的缔造者和建设者，甚至于还有更高远的追求与使命，那就是“寿人济世”。东阿阿胶通过“单焦点、多品牌协同”这一“十三五”战略布局，其核心竞争力、战略及主导权越来越强。

资料来源：引领行业繁荣是行业领导者的首要责任［EB/OL］. http://www.trout.com.cn/mtbd/585.jhtml.

2. 放长视野

放长视野是要求农业企业在创建农业品牌的过程中不要只把视野局限在农业中，农产品可以走出农业的范畴。这需要企业管理和营销人员依靠创意创新，在产品功能设计环节上下功夫。

专栏　北京正谷农业的礼品定位

北京正谷农业是北京一家做有机农业产品的公司，从基地种植到终端销售，与其他同类公司并无太大的差异。但正谷营销的基本模式是销售礼品卡，虽然销售的产品仍是农产品，但正谷农业并没有把自己的产品当作农产品来销售，而是把产品进行了分类组合，当作礼品来销售。这一定位的改变其实也改变了产品的属性，使其跳出了农业范畴，使品牌的附加值大幅增加。

资料来源：龙腾华夏：农产品怎么做直销？[EB/OL]. https://www.lthx.cn/info/nongchanpinzenyangzuozhixiao.

3. 严于律己，避开变现陷阱

严于律己就是要求农业企业重视农产品的质量标准，不能因为追求利润而轻易地放弃质量和安全底线。企业要有一套自己的企业标准，用它来约束自己的行为和管理决策。农产品品牌的品牌资产变现非常容易，要经得起诱惑，可以适度利用品牌资产发展，决不可以过早变现。

企业标准高于社团标准，社团标准高于国家标准。一套执行到位且有效的标准能够成就一个企业、一个品类，甚至一套经营模式。

专栏　深圳百果园

深圳百果园是一家依靠门店连锁经营的水果经销企业，10 年间门店的数量增加到了 3 000 家以上，依靠的就是自己长期坚持标准种植、标准采购和标准销售，形成了一套可靠的企业标准，进而能够保证长期质量稳定，也渐渐形成了自己特有的商业模式。这套标准才是百果园成功的关键，是百果园的核心竞争力所在。

资料来源：林霞. 百果园水果连锁超市的经营状况及营销策略探讨 [J]. 市场论坛，2016 (4).

4. 顺应趋势

顺应趋势就是要求农业企业能够看清发展方向，顺应时代，适应消费者偏好和需求的变化。整体来看，消费者偏好将趋于小众化，即消费者会形成一簇一簇依据某个特定需求组织起来的小众人群，他们具有高度忠诚度且趋于稳定，体验式营销和会员式渠道销售将是未来农产品销售的主流，塑造大规模品牌的可能性越来越小，而小众的高端品牌会越来越多。

专栏　嘉华婚爱的微传播

嘉华婚爱是深圳一家从事婚庆类黄金制品销售的企业，原本知名度不高，但在 2014 年底推出了一组“我要红，抢金子”的微信活动，这一活动使得该品牌的知名度和认知度迅速上升。该活动依赖一个手机 App 软件界面，消费者在花园界面中任意点击可以偶然获得几毫克至几十毫克不等的虚拟黄金，累计 1 克可以到其门店兑换黄金。这一活动在短短一个月内吸引了数百万人参与，大幅提高了品牌的知名度和认知度。之后有茶叶企业模仿推出了春节采春茶活动，某农垦企业模仿开展了集采菜篮子活动，都获得了不错的传播效果。

资料来源：嘉华婚爱珠宝为什么被赞是珠宝界内的一股清流？［EB/OL］. http://www.zb580.tv/news/148345.html.

5. 善于发现

善于发现，即要求农业企业善于发现品牌传播的机遇。机会就在身边，要能够抓住转瞬即逝的良机，在大环境变化中发现新需求。尤其是舆情中包含着大量的自传播信息，也就给予了企业大量的发展机会和公关空间。善于发现是品牌公关能力的体现，农产品也一样，从这个角度看，农业品牌创建需要非常高超的公关能力。

6. 适时实施品牌战略，及时量力扩张，主动进行延伸

没有哪个品牌是靠战略规划出来的，品牌都是企业摸爬滚打闯出来的。农业品牌发展到一定阶段，就需要进行系统的规划。依托规划寻求战略性合作，在上下游产业当中寻找战略合作者，适当扩大品牌发展格局，对品牌成长非常有好处。

延伸是品牌价值的放大器，但初学者一般不重视延伸，只有到了必须延伸的时候，才知道它有多么重要。一个创建成功的品牌不能只是一个企业或一个产品的品牌，它应该继续发展下去，带动更多产品和品类。农产品品牌的扩张是在零售终端，而农产品本身是不具有稀缺性又能被高度替代的产品，因此品牌的终端扩张是非常有必要的。但这个过程风险是很高的，一定要量力而行。

【思考练习】

1. 农业企业经营面临哪些瓶颈？
2. 农业企业家形象与企业品牌形象有何关系？
3. 农业企业如何实现品牌资源分析与定位？
4. 我国农业企业如何实现品牌国际化经营战略？
5. 请分析农业企业品牌管理策略。

【案例分析】

铁骑力士的圣迪乐

四川铁骑力士实业有限公司，经过近29个春秋的风霜雪雨，由创业初期的6个人、3.5万元资金，发展到员工6 000余名，资产近37个亿，从单一的饲料加工发展成为集饲料生产、种畜禽繁育与养殖、屠宰分割和食品精深加工于一体的现代农牧食品集团，在全国建有130家分（子）公司，为农业产业化国家重点龙头企业，获得“国家认定企业技术中心”国家科技进步奖荣誉。

在圣迪乐村的建设中，公司创造出“公司＋农户＋园区”和“七个统一”的产业推广模式，带动周边农民脱贫致富。目前，圣迪乐模式已成功地在成都邛崃、江西丰城等复

制。圣迪乐模式较好地引导了广大农民实现民间资金向民间资本的转变，土地资源向土地资本的转变。

与现行农村产业化模式相比，圣迪乐村的产业模式有农业组织形式市场化、生产经营企业化和投入机制多元化的鲜明特征。这种模式体现了四川省政府对牧业“三个转变”的要求。

四川是畜牧大省，养猪业在全国占有重要地位。2003 年，公司从加拿大引进“洋”猪 300 余头，这是四川省有史以来从国外引进种猪质量最高、数量最多的一次。该批种猪的引进，每年可改良 150 万头猪，使 3 000 万～5 000 万头商品猪的繁育能力大幅提高，带动的社会经济效益达 10 亿元。在饲料方面，公司在全国饲料业率先推出绿色饲料，并于 2002 年通过绿色认证。同时，“公司＋农户＋园区”的圣迪乐村养殖模式进一步运用到猪产业链，在建种猪扩繁场、纯种猪场确保猪种的情况下，先后在绵阳的农开区、三台县、江油市、安县、梓潼县等地建设绿色商品猪示范场，按照“七个统一”推广模式的要求，让农户住进园区饲养。与此同时，在 50 多个乡镇发展养殖基地，实行“订单畜牧业”，通过严格科学的生产管理过程和畅通快捷的营销渠道，将单一产业发展模式转变为品牌农业、订单农业和标准农业混合的多元化模式，大大提高了农业产品的价值。

资料来源：张利庠．大赢家 II：转型升级中的中国畜牧行业十大名牌案例研究［M］．北京：企业管理出版社，2016．本书编者有所改动。

案例思考题：

1．农业企业如何实施品牌营销？

2．农业龙头企业品牌价值共创策略有哪些？

【参考文献】

［1］周云．地理标志，是农产品品牌点金石还是绊脚石？［J］．商业文化，2013（11）．

［2］周云．商标距离品牌有多远［N］．中国商报，2012-10-13．

［3］张利庠．大赢家 II：转型升级中的中国畜牧行业十大名牌案例研究［M］．北京：企业管理出版社，2016．

［4］林霞．百果园水果连锁超市的经营状况及营销策略探讨［J］．市场论坛，2016（4）．

［5］潘肖珏．公关语言艺术［M］．上海：同济大学出版社，2003．

［6］高鸿业．西方经济学［M］．北京：中国人民大学出版社，2014．

第八章

农业企业信息化管理

【学习要点】

- 企业信息化管理的概念和意义
- 企业信息化建设的内容和农业信息化政策
- 农村数字鸿沟形成的原因和解决办法
- 农村电商的主要类型和发展现状
- 农村电商的未来发展

第一节　信息化管理与农业信息化

一、企业信息化管理

(一) 企业信息化管理的概念

信息化管理是指以信息化带动工业化，实现企业管理现代化的过程。它是将现代信息技术与先进的管理理念相融合，转变企业的生产方式、经营方式、业务流程、管理方式以及组织方式，并重新整合企业内外部资源，提高企业效率和效益、增强企业竞争力的过程。

利用信息技术升级变革企业管理措施是企业信息化管理的应用过程。信息化管理对企业产生的影响包括组织结构、管理运作模式以及战略规划三个方面。信息化管理是对信息化环境下企业变革过程的管理，是指在系统工程管理思想的指导下，采用先进的管理理论方法，实现信息技术支持下的企业运作管理，提升企业的管理水平，建立企业的竞争优势，对企业采用的信息技术、建立的信息系统、获取的信息资源和企业信息化实施运作过程进行计划、组织、协调、控制和指挥，以降低企业信息化实施的风险，使企业信息技术和信息资源上的投资能获取最大收益①。

① 范玉顺. 信息化管理战略与方法 [M]. 北京：清华大学出版社，2008.

企业信息化管理的精髓是信息集成，其核心要素是数据平台的建设和数据的深度挖掘。通过信息管理系统把企业的设计、采购、生产、制造、财务、营销、经营、管理等各个环节集成起来，共享信息和资源。同时，利用现代化的技术手段来寻找自己的潜在客户，有效地支撑企业的决策系统，达到降低库存、提高生产效能和质量、快速应变的目的，增强企业的市场竞争力。

（二）企业信息化管理的目标

企业信息化管理的目标包括实现企业发展目标、管理与IT技术深度融合以及动态信息化管理。

1. 实现企业发展目标，避免单一信息化

信息化管理是企业为了达到其经营目标，以适量投入获取最佳效益，借助一些重要的工具和手段而有效利用企业人力、物力和财力等资源的过程。信息化是手段，运营是关键，业务流程的优化或重组是核心，增强企业的核心竞争力、实现企业价值的最大化是最终目的。不能片面地追求信息系统的准确、信息的快速获得而忽视了信息是为企业经营管理服务的。

2. 信息化管理不是IT技术与经营管理简单的结合，而是相互融合与创新

信息化管理不是简单地用IT技术来实现已经陈旧的管理逻辑，不要期望将某种解决方案、ERP等系统套用在传统的管理模式之上就会产生某种神奇的功效。当信息系统与现行的管理制度、组织行为发生剧烈冲击和碰撞的时候，当需要真正的创新发生在现有的管理层面甚至企业治理结构层面的时候，信息系统往往无法提供更多的帮助，这时需要的是通过信息化带动企业管理的创新，站在企业战略发展的高度，重新审视过去积淀的企业文化、企业理念、管理制度、组织结构，将信息技术融入企业新的管理模式和方法中。

3. 信息化管理是一个动态的系统和一个动态的管理过程

企业的信息化并不能一蹴而就，而是渐次提高的。企业内外部环境是一个动态的系统，企业管理的信息化系统软件也要与之相适应，管理信息系统的选择、采购、实施、应用是一个循环的动态过程。这一动态过程是与企业的战略目标和业务流程紧密联系在一起的。

（三）企业信息化管理的意义

企业信息化管理的意义在于以下四方面：

1. 加快信息流动，提高信息资源利用率

在建设企业信息系统的过程中，对企业的信息资源进行总体规划，同时采用企业重组理论对业务流程和组织机构进行改革和简化，使信息流动的过程大为缩短，也使信息流动更为舒畅，从而提高信息资源利用率。信息资源利用率的提高往往会给企业带来巨大的经济效益。

2. 加强对外交流，创造更多的商机

企业信息化工程的实施，特别是互联网环境的建立，为企业在网上做广告、利用网络宣传提供了物质基础。网络环境的建立还方便了企业的对外交流，不仅可以改善企业的形象，而且可以创造更多的商机。事实上，随着整个国际社会普遍采用信息技术，电子数据交换、电子邮件、电子商务等技术得到普遍采用，企业若不实现信息化，就无法实现对外

交流，这无疑是自己关闭了通往国内外市场的大门。

3. 促进企业管理模式的变革

有效的管理离不开信息系统的支持，信息系统效能的充分发挥有赖于对管理模式和业务流程的改革。因此，人们在进行信息系统的规划和建设时，首先强调的是应用并行工程。运用企业流程重组等新理论对企业旧有的管理模式和业务流程进行改革，使之具有简单性、平面性、并行性等特点，可以满足信息系统的要求。

4. 提高员工素质，提升企业文化

企业信息化的主要特征就是计算机技术广泛和深入的应用。为了做到这一步，就要求企业必须制定严格的操作规程和工作规范，实现文明生产，并经常性地对员工进行培训和教育。久而久之，员工就会摒弃旧有的工作方式，处处按照操作规程进行操作，从而提高全体员工的整体素质，有助于信息化企业文化的形成①。

二、企业信息化建设的内容

（一）营销管理信息化

信息技术的发展导致了企业营销形式的信息化。信息技术服务于企业营销环节的多个方面，包括信息咨询、价格谈判、购买签约、费用支付、物流配送、售后服务等。

营销管理信息化是指生产者利用信息技术将产品的外观、价格、性能、产地、服务等相关信息通过电脑、手机等智能设备展示给消费者的新型营销形式。该过程改变了传统模式下拉关系、聊天喝酒的推销方式。

信息化使营销管理进一步便利化、简洁化、网络化，对企业本身、消费者都产生了深远的影响。

1. 营销管理信息化对企业的影响

（1）对企业营销人员知识水平和技术能力提升的要求。信息化改变了营销人员传统的工作方式，要求营销人员掌握现代互联网技术知识并且具备线上环境中的沟通能力，能够在线上环境中向消费者进行准确的产品介绍。信息化缩短了企业与消费者之间的距离，企业需要与消费者进行直接的销售和服务活动，目的是让消费者获得与线下环境中类似甚至更好的购物体验。因此，企业只有能够获得网络消费者的认可，才能成为信息化营销时代的优胜者。

（2）对企业竞争能力提升的要求。信息化直接打破了传统环境中地区因素的界限，消费者利用智能设备可以看到来自全世界各个国家或地区的产品信息。另外，信息化进一步导致了企业在产品价格、产品质量以及服务能力上的透明化。因此，对于企业来说，其竞争压力被提升到了空前的高度。

（3）对企业效率提升的要求。信息化催生了更多类型的电子商务模式，如 B2C、B2B 等不同类型的电子商务模式。在这些电商模式下，企业通过网络更快地进行原材料采购、产品生产及销售、物流配送等方面的交易活动，这也进一步要求企业在上述环节具备更高的运作效率。

---

① 李健，侯书生. 信息化管理：企业管理的时代浪潮［M］. 成都：四川大学出版社，2016.

2. 营销管理信息化对消费者的影响

(1) 消费者消费行为的便利化。电子商务模式的出现直接冲破了原始消费者类型的界限，消费者不再需要到实体店进行购物，而是可以利用智能设备随时随地进行产品或服务的购买。

(2) 消费者消费行为的理性化。信息化使得产品信息更加全面、透明地呈现在消费者视野之中。在这样的消费环境下，消费者可以更加清楚地对比不同企业产品的特点，从而进一步减弱传统模式下的信息不对称，实现消费行为的理性化。

(3) 消费者消费选择的多样化。由于信息传递的便捷性，消费者可以接收到更加丰富的产品信息，这在一定程度上增加了消费者的消费选择。此外，产品的消费者需求导向在信息化的发展下得到快速提升，利用信息化带来的便利，消费者可以向企业更加主动地表达自己对产品的要求，个性化产品、定制化生产变得更加普遍。

(二) 组织结构信息化

传统的企业组织结构以重视专业分工、强调产业规模、尊重部门等级形成的自上而下的管理组织形式呈现。这种组织结构保证了企业在传统条件下能够职责明确、分工清晰、运行有序，呈现出较强的稳定性。但上述组织结构并不能满足信息化时代对企业组织的要求。第一，复杂的管理结构影响了信息传递的效率。传统组织结构管理层级严密，信息经过层层传递之后必然出现内容偏差和时效滞后的问题。第二，严格的管理等级影响了企业的创新能力。第三，烦琐的业务流程弱化了企业的市场适应能力，远离了消费者，不能较好地满足客户的需求。

适应信息化发展的企业组织结构需要具有以下三方面的特点：

1. 精简的部门结构

信息化的发展打破了组织部门间的界限，企业员工不再完全拘泥于部门的限制进行工作，而是依据工作的内容和性质进行有机的组合。同时，组织结构的精简又减少了企业的管理部门和管理人员总数，从而实现了企业运行效率的提升和管理成本的下降。精简的组织结构表现出以下两个特点：第一，企业信息传递速度更快，效率更高；第二，企业与顾客的联系更为直接、紧密，能够有效地掌握客户的心理和需求，在市场竞争中进行更快的调整。

2. 分散的决策权力

信息化促使企业在决策权力上进行变革，决策权力不再集中于过去的单一的集中的决策单位，而是分散到多个部门、中心单位的手中。因此，决策将跨越部门的界限，由不同的职能部门综合制定。决策权力的分散也提高了企业员工的使命感与责任意识，同时也使他们在创造和创新能力上有了进一步的提升。

3. 无界的资源约束

信息化的发展，打破了企业活动在时间和空间上的束缚，企业的经营形式表现出没有边界限制的特点。这种特点表现在两个方面：第一，在企业内部，依赖信息的快速传输，各部门实现了信息与资源的共享，围绕同一个目标，不同部门发挥自身的优势，能够更快、更高效地解决问题。第二，在企业外部，各企业间实现了更快捷的禀赋传递，根据自身的特点，能够最大化效益、最小化风险。

（三）财务管理信息化

信息化模式下的财务管理与传统模式中企业财务管理有着不同的特点，时效性、网络性是两者最主要的差别。第一，信息化财务管理的时效性是指，企业处理财务信息不能总在财务事项发生之后，财务信息处理将呈现出动态的发展过程。企业利用信息技术实现会计核算与财务管理的动态结合，实时同步企业的报表、账单、审计等财物信息内容。第二，财务数据从传统的纸质数据向网络数据方向发展，数字报表、电子单据改变了原有的财务信息处理方式。同理，从事相关工作的财务人员也由原有的纸质工作方式转变为网络财务模式下的工作方式。

（四）生产管理信息化

企业生产管理信息化具有以下三方面的特点：

1. 生产过程的信息化

企业信息化在企业生产过程中的应用，可在管理信息系统的基础上，采用计算机辅助技术与制造，建立计算机集成制造系统；可在开发决策支持系统的基础上，通过人机对话实施计划与控制，从物料资源计划发展制造资源计划和企业资源计划。这些新的生产方式把信息技术和生产技术紧密地融为一体，使传统的生产方式升级换代①。

2. 库存精简化

在实施企业信息化以后，各个生产阶段可以通过网络相互联系、同时进行，使传统的直线串行式生产变成网络经济下的并行式生产作业，在减少许多不必要的等待时间的同时，也使得即时制生产成为可能，使库存降到最低限度。在过去，企业必须先把产品生产出来放在商场中等待销售，这样必然会占用资金和库容。实施企业信息化以后，如果没有产品需求，企业就可以暂时不生产，等到新的需求产生后再进行生产，这样就可大大降低生产和销售成本。另外，借助信息化，企业可以快速地调研市场需求，对市场的反馈做出最快反应，同时利用网络掌握竞争者的最新动态，调整、改良其产品与服务，从而实现低库存生产。IBM 很早就开始应用企业信息化高级计划系统。通过该系统，生产商可以准确地依据销售商的需求来生产，这样就提高了库存周转率，使库存总量保持在很低的水平，从而把库存成本降到最低限度。

3. 数字化定制生产

数字化定制生产即规模顾客化生产，是在广泛地应用网络技术、信息技术、管理技术的基础上，用标准化的部件组合成顾客化的产品或服务，以单个顾客为目标，保证顾客需求获得最大限度的满足。数字化定制生产与传统意义上的定制生产的本质区别在于，前者是规模化基础上的定制生产。数字化定制生产并不是企业提供无限的选择，而是提供适当数量的标准件，并使之进行成千上万种搭配，既给顾客一种无限选择的感觉，又可以对复杂的制造过程进行系统管理。

企业信息化的发展使数字化定制生产不仅变得必要，而且也成为可能。进入企业信息化时代的消费者需求越来越多样化、个性化，市场细分也彻底化，这要求企业必须对每位顾客的需求进行一对一的个性化营销，否则，顾客只要点击鼠标就可找到新的更符合自身

① 宋协栋，李桂青．互联网经济下的企业信息化建设与管理变革研究［M］．北京：中国纺织出版社，2017.

需求的商家。同时，企业信息化使得数字化定制生产变得简单可行。企业可通过构建各种数据库，记录全部客户的各种数据，并可通过网络与顾客进行实时交流，掌握顾客的最新需求动向。企业得到用户的需求信息后，即可准确、快速地把信息传送到企业的设计、供应、生产、配送等各环节，随后，各环节可及时准确又有条不紊地对信息做出反馈。可以说，企业信息化使企业与顾客间的时间与空间障碍降到了最低限度。

（五）人力资源管理信息化

通过企业信息化方式进行人才招聘为越来越多的企业所认识，与此相应的人才测评、人才流动的方式也在网上迅速发展。与传统的人才招聘、录用方式相比，改用企业信息化方式进行人才招聘，具有十分明显的优势。

第一，可以改变过去集中时间单独招聘或通过人才市场招聘的做法，通过企业网站可全天候发布用人信息，随时恭候合适人选前来应聘。

第二，将大大降低人才招聘的开支，提高招聘的效率。

第三，人才的招聘范围将不再受地域的限制，可扩展到全国，甚至全球范围。

第四，人才的网上测评可采用灵活多样的方法，测评的科学性和准确性得到提高。

第五，人才通过网上流动可以悄无声息地进行，既节省费用，又有更多的选择机会。

与此同时，在企业内部，员工之间相互信任、相互学习、相互交流的气氛会不断增加。实施信息化人力资源管理后，企业将成为员工学习知识、发展自我、实现人生价值的地方，而不是不容差错和失误、束缚个人自由发展的流水生产线。

三、信息化的障碍：风险、管理

（一）信息化风险

1. 企业信息化风险的定义

关于企业信息化风险的解释，国外的一些研究者认为，这种风险是由于出现信息技术问题而导致在企业层面出现了故障。这种解释，强调信息技术失效引发了企业运作层面出现问题。

农业企业信息化风险是指，农业企业在企业信息化的过程中，由于使用信息技术而导致企业经营、管理、生产等方面出现问题的可能性。衡量农业企业信息化风险的方法与衡量一般风险的方法近似，用不同种类风险发生的概率与相应的风险损失的乘积进行表示。

2. 企业信息化风险的分类

现有研究对企业信息化风险提出了多种分类方法和标准，其中常见的分类方法有以下几种：

（1）根据来源可分为内部因素风险、外部因素风险。

（2）根据状态可分为动态风险、静态风险。

（3）根据影响时效可分为短期风险、长期风险。

（4）根据影响范围可分为局部风险、整体风险。

（5）根据表现形态可分为显性风险、隐性风险。

（6）根据可控性可分为可控风险、不可控风险。

（7）根据企业生命周期可分为规划阶段风险、分析阶段风险、设计阶段风险、实施阶段风险、运行阶段风险。

（8）根据信息化层次可分为战略风险、经营风险、作业风险。

（9）根据责任人可分为业主风险、政府风险、代理风险、投资方风险、供应商风险、客户风险、担保方风险、保险公司风险。

（10）根据信息化要素可分为组织风险、管理风险、技术风险。

（二）信息化风险管理

企业信息化风险管理包括风险组合管理和过程管理。

风险组合管理，是指面对企业所发生的多个信息化风险，企业不采用单独解决的办法，而是将多个风险采用综合管理的方式，以通用的方式解决风险。这种处理方式是把多个风险看成一个不同风险的复杂组合。尽管这种情况下的风险的积累可能会超出预期，不在管理者的承受能力之内，但是，从整体上看，多种风险之间可能自然地相互抵消，管理者就不需要单独逐个对风险进行管理和控制应对。

过程管理，是指把企业信息化风险管理看成一个由多个阶段组成的循环往复的过程。在每一个具体阶段，企业都有特定的处理方式和方法应对风险，并进行综合管理。一般情况下，这个循环往复的过程大体分为目标设定、风险识别、风险评估和分析、风险应对和控制、风险监控五个阶段，每个阶段之间都是相互联系、环环相扣的。

四、农业信息化政策梳理

《中共中央国务院关于实施乡村振兴战略的意见》等中央一号文件中涉及的农业信息化政策如表 8－1 所示：

表 8－1　2004—2018 年中央一号文件中涉及的农业信息化政策

序号	年份	文件名称	涉及内容
1	2004	《中共中央国务院关于促进农民增加收入若干政策的意见》	中央及地方安排专门资金，支持农民专业合作组织开展信息、技术、培训、质量标准与认证、市场营销等服务。有关部门要密切跟踪监测和及时通报国内外市场供需、政策法规和疫病疫情、检验检疫标准等动态，为农产品出口企业提供信息服务
2	2005	《中共中央国务院关于进一步加强农村工作提高农业综合生产能力若干政策的意见》	鼓励发展现代物流、连锁经营、电子商务等新型业态和流通方式。发展农产品拍卖、网上交易等方式。加强农业信息化建设。搞好农产品市场信息体系
3	2006	《中共中央国务院关于推进社会主义新农村建设的若干意见》	积极推进农业信息化建设，充分利用和整合涉农信息资源，强化面向农村的广播电视电信等信息服务，重点抓好“金农”工程和农业综合信息服务平台建设工程
4	2007	《中共中央国务院关于积极发展现代农业扎实推进社会主义新农村建设的若干意见》	从农业信息技术装备、农业信息资源、信息服务平台建设、公用农业数据库、信息基础设施建设等方面加快农业信息化建设

续表

序号	年份	文件名称	涉及内容
5	2008	《中共中央国务院关于切实加强农业基础建设进一步促进农业发展农民增收的若干意见》	按照求实效、重服务、广覆盖、多模式的要求，整合资源，共建平台，健全农村信息服务体系。推进"金农"、"三电合一"、农村信息化示范和农村商务信息服务等工程建设，积极探索信息服务进村入户的途径和办法。健全农业信息收集和发布制度，为农民和企业提供及时有效的信息服务
6	2009	《中共中央国务院关于2009年促进农业稳定发展农民持续增收的若干意见》	大幅度增加国家对农村基础设施建设投入，加快推进农业机械化，发展农村信息化
7	2010	《中共中央国务院关于加大统筹城乡发展力度进一步夯实农业农村发展基础的若干意见》	推进农村信息化，积极支持农村电信和互联网基础设施建设，健全农村综合信息服务体系
8	2011	《中共中央国务院关于加快水利改革发展的决定》	推进水利信息化建设。加快建设国家防汛抗旱指挥系统和水资源管理信息系统，提高水资源调控、水利管理和工程运行的信息化水平
9	2012	《中共中央国务院关于加快推进农业科技创新持续增强农产品供给保障能力的若干意见》	促进农业技术集成化、劳动过程机械化、生产经营信息化。充分利用广播电视、报刊、互联网、手机等媒体和现代信息技术，为农民提供高效便捷、简明直观、双向互动的服务。加快农业机械化。充分利用现代信息技术手段，发展农产品电子商务等现代交易方式
10	2013	《中共中央国务院关于加快发展现代农业进一步增强农村发展活力的若干意见》	促进工业化、信息化、城镇化、农业现代化同步发展，着力强化现代农业基础支撑，深入推进社会主义新农村建设。加快用信息化手段推进现代化农业建设，启动金农工程二期，推动国家农村信息化试点省建设。发展农业信息服务，重点开发信息采集、精准作业、农村远程数字化和可视化、气象预测预报、灾害预警等技术
11	2014	《中共中央国务院关于全面深化农村改革加快推进农业现代化的若干意见》	建设以农业物联网和精准装备为重点的农业全程信息化和机械化技术体系。加快发展现代种业和农业机械化。加强覆盖全国的市场流通网络建设。加快邮政系统服务"三农"综合平台建设。启动农村流通设施和农产品批发市场信息化提升工程，加强农产品电子商务平台建设
12	2015	《中共中央国务院关于加大改革创新力度加快农业现代化建设的若干意见》	深入推进农村广播电视、通信等村村通工程，加快农村信息基础设施建设和宽带普及，推进信息进村入户

续表

序号	年份	文件名称	涉及内容
13	2016	《中共中央国务院关于落实发展新理念加快农业现代化实现全面小康目标的若干意见》	大力推进“互联网＋”现代农业，应用物联网、云计算、大数据、移动互联等现代化信息技术，推动农业产业链改造升级。促进农村电子商务加快发展，形成线上线下融合、农产品进城与农资和消费品下乡双向流通格局。加快实现行政村宽带全覆盖，创新电信普遍服务补偿机制，推进农村互联网提速降费。鼓励大型电商平台企业开展农村电商服务，支持地方和行业健全农村电商服务体系
14	2017	《中共中央国务院关于深入推进农业供给侧结构性改革加快培育农业农村发展新动能的若干意见》	推进农村电商发展。推进“互联网＋”现代农业行动
15	2018	《中共中央国务院关于实施乡村振兴战略的意见》	大力建设具有广泛性的促进农村电子商务发展的基础设施，鼓励支持各类市场主体创新发展基于互联网的新型农业产业模式，深入实施电子商务进农村综合示范，加快推进农村流通现代化。实施数字乡村战略，做好整体规划设计，加快农村地区宽带网络和第四代移动通信网络覆盖步伐，开发适应“三农”特点的信息技术、产品、应用和服务，推动远程医疗、远程教育等应用普及，弥合城乡数字鸿沟

从 2004 年到 2018 年，每年中央一号文件都有涉及农业信息化发展的相关内容。纵观这些年政策的变化，我们可以发现，虽然政策目标不断调整，但是总的方向并未发生大的改变。农业信息化政策呈现两种变化趋势：

第一，农业信息化政策不断强化农村信息化基础设施建设要求。随着信息技术的不断发展，提高农村地区信息化基础设施建设是实现农业信息化的基本保障。2004 年以来的每年的中央一号文件都强调了提高农村地区信息化基础设施建设的要求，并且从单纯地注重基础设施资金投入向科技投资并重方向发展。要利用信息化技术包装农村医疗、农村教育，尽快弥合城乡的数字鸿沟。

第二，不断丰富互联网技术的应用功能。回顾 15 个中央一号文件，我们会发现，农业信息化政策强调从单纯地运用互联网技术向集成多种信息化技术发展，从单纯地提供信息服务向服务于农业生产、经营、服务、管理的全过程发展。尤其从 2016 年中央一号文件开始，“互联网＋”被作为政策指示列入农业农村工作之中，政策要求地方政府全面利用“互联网＋”实现农业现代化，并将其作为推动乡村振兴规划的重要力量。

第二节　农村数字鸿沟

一、农村数字鸿沟概述

（一）农村数字鸿沟

1. 农村数字鸿沟的概念

数字鸿沟的概念最早见于 1995 年，美国国家电信和信息管理局（National Telecommunications and Information Administration，NTIA）在分析信息技术对社会发展过程的影响时，指出随着科学技术的进步、经济水平的提升，社会在由工业社会向信息化社会的过渡中，城乡之间由于以网络技术为代表的信息接入、主体利用信息程度以及接入环境等存在差距，进而产生了城乡之间的信息化差距。

农村数字鸿沟是指城乡居民在拥有和使用信息技术方面的差距。可将数字鸿沟分为一级鸿沟和二级鸿沟两种。一级鸿沟是指物理接入的鸿沟，二级鸿沟则是指“互联网物理接入之外的互联网信息获取能力上的差距”。

2. 农村数字鸿沟的测量

（1）单一指标测量。美国是最早对数字鸿沟进行研究的国家。在美国的主流学术界，一般采用不同地区、收入、年龄、种族、性别、健康状况以及受教育程度的人们在智能手机、电脑、平板电脑使用以及其他可以反映互联网普及率差距的指标测量数字鸿沟。

联合国教科文组织与美国学术界有着类似的测量体系，从性别、年龄、受教育程度、收入差别四个方面来考察不同群体在计算机和互联网应用方面与社会平均水平的差距。

世界经济论坛（World Economic Forum，WEF）主要从设备接入、应用程度和主体水平三个维度来研究数字鸿沟，接入和应用通过信息化准备指数或者网络扩散指数来测量①。

（2）复合指标测量。一些研究者认为单一指标测量数字鸿沟存在片面性，至少从信息基础、应用、意识以及环境四个维度来测量数字鸿沟才更为合理。比如，在《中国数字鸿沟报告 2013》中，按照互联网（25%）、计算机（25%）、彩电（25%）、固定电话（12.5%）、移动电话（12.5%）等指标来计算不同区域数字鸿沟综合指数（digital divide index，DDIX）②。

茶洪旺和罗廷锦从基础设施、信息应用、信息意识和信息环境四个维度来构建数字鸿沟指标体系（见表 8-2）。

表 8-2 数字鸿沟测量指标体系

维度	指标	说明
基础设施	1. 公路密度	每平方千米公路的长度/（千米/平方千米）
	2. 高速公路密度	每平方千米高速公路的长度/（千米/平方千米）
	3. 长途光缆长度	每平方千米长途光缆的长度/（千米/平方千米）
	4. 自然村宽带网络覆盖率	开通宽带互联网自然村所占比例/%
	5. 行政村宽带网络覆盖率	开通宽带互联网行政村所占比例/%
信息应用	1. 互联网普及率	互联网人数占总人口的比例/%
	2. 互联网宽带用户数	每百户中互联网宽带接入用户数/%
	3. 移动电话普及率	每百人中移动电话用户数/%
	4. 城镇居民计算机拥有量	每百户城镇居民拥有计算机的数量/（台/百户）
	5. 农村居民计算机拥有量	每百户农村居民拥有计算机的数量/（台/百户）
	6. 信息消费支出比重	家庭人均信息消费占消费支出的比例/%

① 茶洪旺，罗廷锦．“数字鸿沟”与贫困关系：基于云南 16 个地州市的实证分析 [J]．开发研究，2018（2）．

② 国家信息中心《中国数字鸿沟研究》课题组．中国数字鸿沟报告 2013 [J]．信息化研究，2013（9）．

续表

维度	指标	说明
信息意识	1. 教育支出	人均教育支出/（元/人）
	2. 文盲率	15岁以上文盲人口占总人口的比例/%
	3. 在校生人数	每百人中初中以上在校生人数/（生/百人）
信息环境	1. 电视信号覆盖率	能使用电视信号的人口占总人口的比例/%
	2. 广播信号覆盖率	能使用广播信号的人口占总人口的比例/%
	3. 人均电信业务量	地区人均电信业务量/（元/人）
	4. 研究人员比重	研究人员占总人口的比例/%
	5. R&D研发强度	地区R&D经费投入与GDP的比例/%

资料来源：国家信息中心《中国数字鸿沟研究》课题组．中国数字鸿沟报告2013［J］．信息化研究，2013（9）．

3．农村数字鸿沟的现状①

（1）城乡数字鸿沟综合指数。城乡数字鸿沟综合指数是由五项城乡信息技术应用相对差距指数加权计算得出的一个合成指标，反映的是城乡数字鸿沟总体水平。其中，互联网、计算机、彩电相对差距的权重分别为1/4，固定电话、移动电话相对差距指数的权重分别为1/8。2012年城乡数字鸿沟综合指数为0.44（见图8－1），即农村信息技术应用总体水平落后于城市45%左右，表明城乡之间仍存在着明显的数字鸿沟。

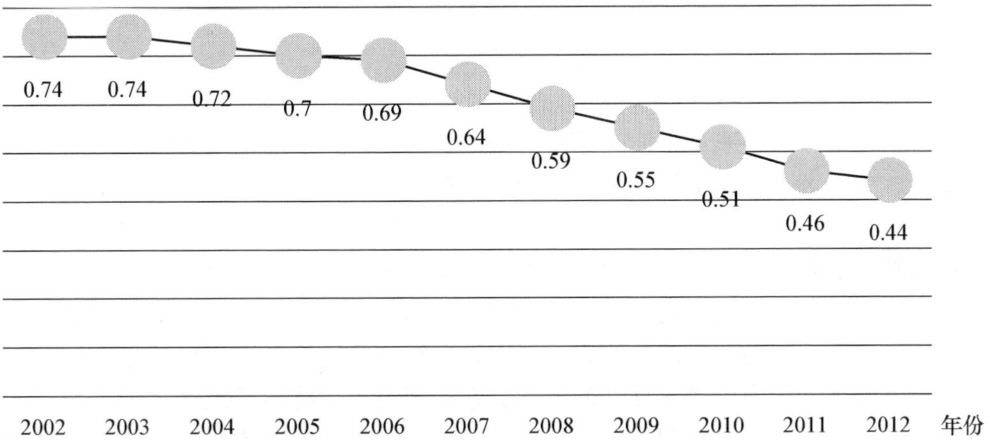

图8－1　2002—2012年中国城乡数字鸿沟综合指数

资料来源：国家信息中心《中国数字鸿沟研究》课题组．中国数字鸿沟报告2013．信息化研究，2013（9）．

从分类指标看，城乡数字鸿沟主要体现在计算机和互联网方面，固定电话居中，移动电话和彩电方面的差距已经很小了。总体上看，一项技术产品的普及越是趋于饱和，城乡差距就会越小。从变化趋势看，城乡数字鸿沟呈缩小趋势，2002—2012年城乡数字鸿沟指数下降了约41%。差距缩小最快的是移动电话，缩幅达91%。其次是彩电，缩幅达73%。计算机和互联网差距的缩幅分别为20%和31%。固定电话的差距缩小最慢，十年间的缩幅仅有9%。

① 国家信息中心《中国数字鸿沟研究》课题组．中国数字鸿沟报告2013［J］．信息化研究，2013（9）．

（2）互联网普及率。农村互联网普及率保持稳定，截至 2016 年 6 月为 31.70%（见图 8－2）。但是，该年城镇地区互联网普及率超过农村地区 35.5%，城乡差距仍然较大。

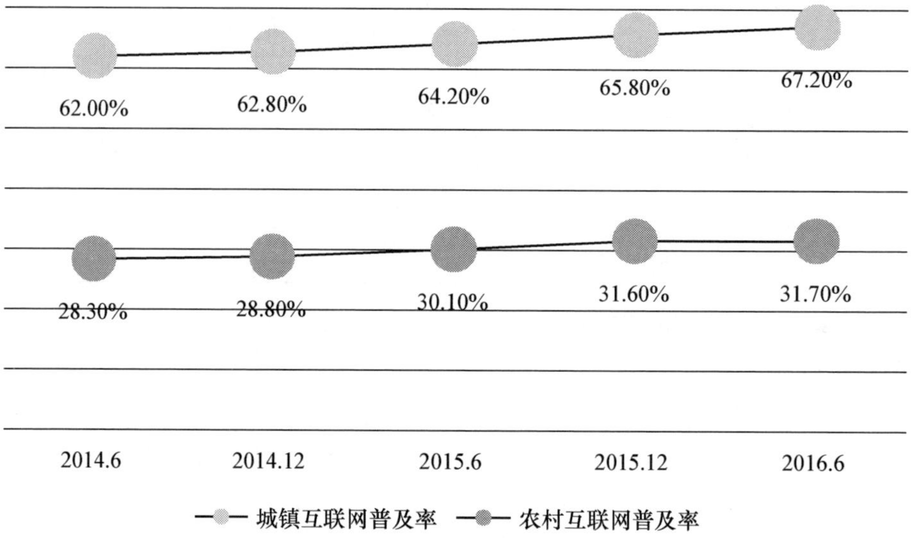

图 8－2　2014—2016 年中国城镇与农村互联网普及率

资料来源：2016 年第 38 次《中国互联网络发展状况统计报告》。

（二）形成原因

1. 经济鸿沟

从经济角度看，数字鸿沟本质上是经济鸿沟。一方面，发展信息通信技术需要对信息技术基础设施进行大量的资金投入。经济发达地区有着雄厚的经济实力，在基础设施的投入、建设上有着先天的资本优势。而经济落后地区受制于经济实力，其基建投入不足，因而信息通信技术的发展目标受阻甚大，从而拉大了与经济发达地区之间的数字鸿沟。另一方面，信息通信技术的发展又是推动地区经济发展的强大动力。发达的信息通信可以降低企业运营中的成本，提高企业的竞争力。对于很多经济发达地区而言，信息通信技术的发展同国家整体经济的发展形成了良性的互动关系；而对于经济落后地区来说，经济的落后同信息通信技术的投入不足之间形成了一种恶性循环，越是投入不足，数字鸿沟越大，这导致地区的经济发展变得缓慢，与其他地区之间经济发展水平的差距也越来越大。

2. 信息因素

（1）信息获取能力不同。由于政府在城镇地区对相关信息沟通技术的基础投资规模较大，信息的可接入性要远远高于广大的农村地区。这使得对于同样的信息，城镇居民能既廉价又快速地建立通道，及时获取市场信息变化，并据此做出最优决策。这种由于信息的可接入性而产生的城乡数字鸿沟称为一级数字鸿沟。

（2）信息利用能力不同。相较于城镇地区，农村地区的居民由于受教育程度较低，在使用信息化工具并通过信息化工具进行信息的有效加工利用上，与城镇居民存在较大差距。近些年，农村地区广泛存在的农产品滞销问题，就是产销信息不对称而又没有充分利用有效信息途径造成的。

二、农村数字鸿沟引发的问题

（一）农民利益受损

1.“谷贱伤农”

“谷贱伤农”是指由于农产品的需求弹性较低，在农民粮食丰收的情况下农产品价格降低导致农民收益降低的现象。随着农业生产力以及生产技术的不断进步，除非遭遇极端恶劣天气，农产品都能够实现丰收。但是农村数字鸿沟导致农村居民与城镇居民在信息获取、利用能力上存在差别，农产品在销售环节上常出现销路不足甚至滞销的情况，严重影响农民的农业生产收益。农村数字鸿沟带来的信息隔阂将进一步加剧“谷贱伤农”对农民的影响。

2. 中间商“盘剥”

罗纳德·科斯（Ronald Coase）在《企业的本质》中提出，交易成本的存在决定了企业和市场的边界。将交易成本应用农业生产者情境下，我们会发现，受制于缺乏有效的农产品价格信息以及搜寻信息所付出的高额成本，农民在进行农产品贸易时往往只能获得中间商提供的信息。中间商“截断”了正常市场价格信息的传播，人为地扩大了农产品的交易成本，变相“盘剥”农民的正常收入，不利于农民的正常资本积累。信息化提高了全社会信息获取的速度，但是农村数字鸿沟却导致农民依然在信息获取上落后于城镇居民，从而加大了农产品的交易成本，加重了中间商对农民的“盘剥”。

（二）“数字化贫困”问题

“数字化贫困”是指城乡之间在数字化技术与设备使用方面的“新数字鸿沟”的扩大及其所加剧的农村数字化贫困问题。其总体特征包括三点：第一，“数字文盲”问题凸显。由于农村在数字化教育上的严重短缺，农村的贫困人口、失业人员、留守儿童和老年人成为“数字文盲”。第二，“数字经济”参与度不高。农民数字化技术和资源的应用意识与能力欠缺，导致“数字经济”参与度不高。大多数农民的数字化应用水平有限，停留在新闻浏览、生活娱乐等基础层面，在使用数字化技术提高农业生产和改善农民生活方面严重不足。第三，“数字信息”误区存在。农民对数字化信息的辨别度有待提高，个人隐私容易泄露且应对网上诈骗等自我保护意识及能力不足。同时，网络娱乐极易让人沉迷，对于工作时间相对松散的农村居民而言，他们容易陷入网络娱乐难以自拔。

1.“数字化贫困”加剧社会不平等

农村“数字化贫困”与经济贫困可以相互强化，使得经济富人成为数字强者，经济穷人成为数字弱者，从而引发新的社会分化和新一轮城乡经济分化，形成新的城乡二元结构，使得“数字化贫困”问题成为当代社会不平等的主要来源。

2.“数字化贫困”限制农村人力资本开发

产业数字化转型升级对人的数字知识技能的要求越来越高。然而，庞大的农民工群体正被“数字化贫困”所困，缺乏足够的数字化教育，不具备数字化能力，无法满足产业升级对数字化知识和技能的要求。实现农业现代化是实现乡村振兴的关键前提，而构建现代农业必须用现代科学技术服务农业生产，需要依托数字化技术打造智慧化农业生产、经营和服务体系。因而，现代农业需要具备数字化知识和技能的新型职业农民和新型农业经营者。但是广大农民基于“数字化贫困”难题，缺乏职业化的数字教育，难以提供现代农业要求的人力资本。

3. “数字化贫困”阻碍贫困人口脱贫

“数字化贫困”让贫困人口陷入技术与经济双双落后的两难境地，缺乏改变生活现状的机会，导致他们难以彻底脱离贫困的状态。一方面，技术落后导致贫困人口难以从事与数字经济有关的工作，无法享有数字经济带来的利润和分红。同时，技术的落后会导致他们被边缘化，加大贫困的内生性，最后落入贫困与落后的恶性循环。另一方面，“数字化贫困”剥夺农村信息弱势群体参与公共事务的权利。由于农村数字贫困人口无法使用数字化公共服务，诸如数字政府、网络教育等不断兴起的在互联网上运营的公共活动和公共服务，他们容易丧失为自己争取权利和谋取利益的机会。

（三）阻碍城乡二元经济结构转换

1. 阻碍农村剩余劳动力转移

城乡信息化落差会造成农村劳动力素质低下和现代工业部门吸纳能力下降，从而增加农业剩余劳动力转移的难度。随着信息技术在现代工业部门的普遍使用，城市企业的技术水平迅速提高，其对劳动者素质的要求也相应提高。而我国部分农村劳动者文化程度较低，不能适应企业的需求，因而近年来频繁出现“用工荒”现象。企业为解决以上问题，会采用提高农民工福利待遇或对农民工进行培训等措施，但这会增加企业的用工成本，最终减少企业的用工需求，增加农业剩余劳动力转移的难度。

2. 阻碍农业现代化发展

农业电子商务的交易方式实现了小农户生产与大市场的对接，极大地降低了农户在产品宣传、寻找交易信息、销售等方面的交易成本，加快了农产品在更大区域的流通。信息网络体系还将改善对自然灾害的监测与预报，增强农业抵御自然灾害的能力，减轻自然灾害给农业带来的损失。可以预测，随着信息技术的广泛应用，农业分工水平和交易效率将进入正反馈的良性循环，促进农业龙头企业的改革发展，推动农业规模化、产业化经营，实现传统农业向现代农业的转型。

然而农业信息技术的应用总体上处于起步阶段，许多适用技术尚处于试用阶段，距离推广普及还有很长的路。根据2016年第38次《中国互联网络发展状况统计报告》提供的数据，该年我国城镇与农村互联网普及率仍然相差35.5%。该结果表明，大部分农村地区仍然处于传统的农业社会生产结构中，依靠传统的生产方式和生产习惯完成农业生产工作。因此，农业实际生产情况与农业现代化的发展目标仍有很远的距离，解决农村数字鸿沟是实现信息化带动农业现代化的前提①。

三、如何缩小农村数字鸿沟

（一）优化环境

1. 完善政府作用

缩小农村数字鸿沟的核心在于加快解决农村信息化建设问题。政府作为政治经济社会活动的中枢，引导农村实现信息化发展，无疑会起到至关重要的作用。针对目前

① 陈晓华. 我国城乡二元经济结构转换中的数字鸿沟效应与对策 [J]. 农业现代化研究，2014 (1).

我国信息化建设存在的问题，政府应当从以下方面提升其职能：第一，遵从中央对农业信息化发展的统一部署，各级地方政府根据地区发展特点选择制定农业信息化发展的模式。第二，建立完善的职能体系，构建部门层次清晰、分工明确、相互配合的组织管理体系，形成运转有效的服务管理系统。第三，夯实法律基础，完善农村信息化相关法律、法规标准，研究制定有利于农业信息化发展的政策支持体系。第四，建立组织保障长效机制，将缩小农村数字鸿沟纳入干部考核范围，并建立相应的奖惩制度和机制。

2. 加大基建投入

我国地域辽阔，让分散在全国各地的农民获得各种信息资源的前提是建立城乡一体的信息传播网络。高质量的信息基础设施是快速传播信息的基础，也是弥合农村数字鸿沟的关键，具有改善贫困现状、促进经济发展的催化作用。因此，包括上网费用、上网终端设备、网络接入条件以及上网场所等在内的软硬件基础设施都需要进一步提升。硬件方面，要加快光缆传输网络、宽带通信网、数字电视网等基础信息网络建设，推进“三网融合”工程，形成宽带化、智能化、现代化的综合信息网络。软件方面，政策更多地向农村家庭上网终端设备购置和流量资费倾斜，以更优惠的政策完善信息基础设施建设。

3. 整合信息资源

农业信息化为农民带来的最大价值是及时有效地获取信息，包括种养技术和市场信息。信息资源的供需错位和交叉重复一直以来是信息资源方面存在的问题。因此，需要进一步增加多方合作，利用数字信息技术，建设农业信息的互联互通平台。建立多层次信息资源开发体系，加强农业数据库的研制和开发，注重提高内容的有效性和丰富数据库资源的种类。各部门和机构加强沟通与协调，加大资源整合力度，推动农业管理部门、农业研究机构和农业企业的信息资源共享。

4. 提升服务推广

让习惯于传统农业经营方式的农民向农业信息化转型不是一件特别容易的事情。尤其在“风险规避”的心态下，农民只有在真实看到信息化农业发展的好处时才愿意跟风追随。因此，向农民宣传推广农业信息化的发展优势，树立成功案例典型，对引导农民投入农业信息化发展也至关重要。具体措施如下：

第一，要加快建设种植业、养殖业等重点领域的农业信息化示范项目，建设农产品电子商务和基层电子政务服务平台等试点示范项目，引导农民专业合作组织、农业产业化龙头企业以及种养大户进入农业生产经营信息化建设领域。第二，要建立健全乡、村两级信息服务组织，逐步完善从省、市到县、乡的四级农业农村信息化工作服务体系，加快信息“进村入户”的步伐。第三，创新信息工作手段与方式，利用各种农业洽谈会、博览会、展销会、推介会等活动以及媒体向农民推广新技术、新产品，利用“三农”服务热线、聘请专家等方式为农民答疑解惑。

（二）培育人才

1. 提升基础教育水平

在信息时代，贫困产生“信息鸿沟”，“信息鸿沟”助推新的贫困产生。贫困地区教育落后，人口素质低，这是形成“数字鸿沟”的重要因素。因此，需要加大贫困地区人力资本开发的投资力度，提高人口素质。具体措施如下：

第一，进一步降低农村学龄儿童的受教育成本，对不同学生进行差异化管理，免除学杂费的同时，进一步提高义务教育和职业教育阶段学生的学习和生活补助。第二，在政策范围内允许高校给予农村地区考生适度的政策倾斜。第三，加大职业教育力度，让没能考上大学或者不上高中的农村青年直接进入职业学校学习，给农村青年提供更多的教育机会，让他们拥有一技之长。

2. 重视信息培训

以行政村为单位，通过组织多种形式的在职教育、培训班等向农民提供信息技术应用技能方面的教育，充分利用广播、电视、报纸等大众传媒渠道，宣传普及计算机和网络基础知识。同时，还必须注意从青少年起对农民进行信息启蒙教育，在农村中小学普及计算机和网络，将信息教育纳入教学课程，加速推进远程教育发展，让农村中小学生能够分享大城市、好学校、高水平教师的优质教育。

专栏　弥合中国农村的数字鸿沟　B2b2C模式推动电商下乡

出生并成长于山东省高密市堤东村的大学生侯莎莎，大学毕业后怀着创业的梦想，回到农村的家乡开办电子商务服务站，为村民在网上购物。高密是中国最富裕的100个县之一（以GDP衡量），也是诺贝尔文学奖获得者莫言的家乡。当阿里巴巴的农村电子商务项目“农村淘宝”于2015年4月4日在高密启动时，侯莎莎成为首批20位农村电商的“村级合伙人”之一。“农村淘宝”为这些合伙人提供培训、设备和店面装修，帮助他们在各自的村里开办电子商务服务站，为村民在网上购物。到2015年底，“农村淘宝”的村级服务站在全国已达到了1万多个。

从B2C到B2b2C

电子商务以数字方式将企业（B）与消费者（C）连接起来。然而，B2C模式对农村并不太适用。原因主要是，虽然越来越多的农村居民从网上获取免费服务（比如新闻和游戏），但如何使他们享受免费网络服务并学会网购仍是极大的挑战。在现阶段，网上的产品信息虽然丰富，但并未有效地传达给农村消费者。农村居民通常也无法享受在线支付和快递服务。更难的是培育农村的网购文化和在线消费习惯。

鉴于上述难题，农村电商的实践孕育出了O2O的创新：B2b2C（见图8-3）。它的基本理念是在现有的B2C电商模式中嵌入中间层“b”网络，造就一个B2b2C的新模式，将电商平台（如淘宝和京东）或独立商家/分销商（如海尔）与生活在农村的终端消费者连接起来。“b”网络可以解决农村电子商务中的信息、支付和物流问题，并提供面对面的服务以帮助新渠道和商家赢得农村消费者的信任。它不但能帮助向农民销售产品，也可以成为农民向外销售产品的渠道。简言之，“b”网络的基础设施可以概括为“县-村二级运营体系”。

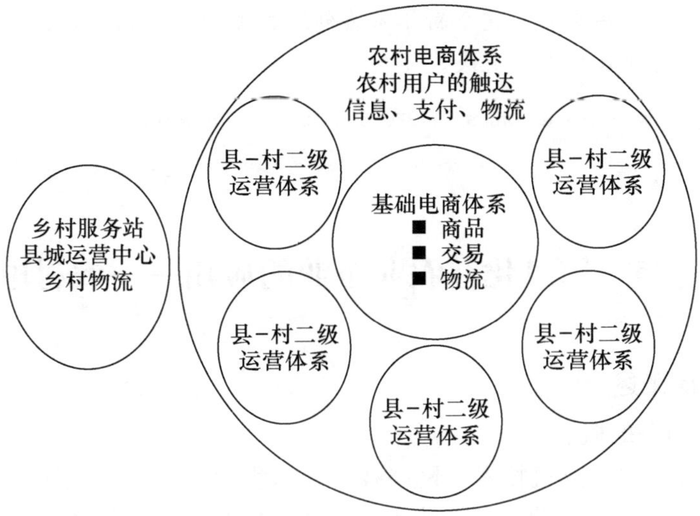

图 8-3　农村电子商务 B2b2C 实施模式图解

"县-村二级运营体系"的运作

"县-村二级运营体系"由两部分组成：县城运营中心和分散于县内各村的服务站。县城运营中心的面积通常在 300～1 000 平方米；他们负责招募、培训和管理村级服务站的"合伙人"，推广线上和线下销售活动，处理与政府的关系，组织物流和展示当地农产品。

运营中心在县一级组织、管理电商服务，各个村级服务站则帮助农村居民进行网络购物和网络销售，这种模式保证了没有互联网接入和电脑及商务技能的农民也可以参与电子商务。村级服务站的设立可以有多种形式，既可以是个人形式，即村里的某个人用手机 App 游街串巷，也可以是配备电脑和宽屏电视的实体站点，就像侯莎莎管理的站点。现阶段，村级服务站主要帮助村民网络购物，包括搜索产品、网络支付、收发包裹。村民还可以在网上交水电费和电话费、买火车票，甚至不出村就可以办贷款。未来，村级电商合伙人将提供更为广泛的服务，包括帮助农产品外销和农资分销。

要使"县-村二级运营体系"运转起来，物流网络也至关重要，它将运营中心和各个村级服务站连接起来。农村居民网购的产品将首先从全国各地到达县城运营中心，然后由农村"最后一公里"物流进行分拣和运送到村级服务站。"最后一公里"物流是 B2b2C 网络的核心。网络购物只是农村电子商务的起点，终极目的是帮助建立覆盖到村的"最后一公里"物流服务。一旦能够把收发和存储网购产品以及农产品的农村"最后一公里"物流网络建设起来，农村居民将能享受到更多平台和商家带来的产品或服务。农村电子商务"最后一公里"物流网络的建设，独立于现有的主流快递网络之外。主流快递网络还没有覆盖到村的最后一公里服务。

弥合落后地区数字鸿沟

B2b2C 模式为消除农村电子商务的障碍提供了可行的解决方案。处于中间的"b"网络，能够以最小的变化来提升网购和改善农村地区物流。农村引入电子商务，不但将使产品的出入更为容易，还将促进村内外的信息交流。电子商务很可能会改善农村生活质量，并缩小城市与农村的数字鸿沟。这个新体系将创造更多的就业机会，因此农村电子商务会吸引农民工返乡，逆转农村人才流失。

资料来源：http://www.sohu.com/a/79492058_357983.本书编者有所改动。

第三节 信息化在农业企业的应用——农村电商

一、农村电商概述

1. 农村电子商务的概念

电子商务是指利用计算机技术、网络技术和远程通信技术等现代化信息技术与电子工具，对企业的各项商贸活动进行持续优化，在全球范围内进行各类商务贸易活动，从而实现商品生产、营销、交易、运输和服务的电子化、数字化和网络化的整个商务过程。

广义的农村电子商务是指以互联网平台为依托，对农产品商务贸易活动进行革新、包装和服务。狭义的农村电子商务是指农业企业组织在商务活动中利用互联网来完成操作工作。

2. 电子商务的基本要素

电子商务主要由商务平台、消费者、产品、物流四个基本要素组成。

商务平台是电子商务开展的主要阵地，具有展示商品、宣传推广、通信交流、在线交易、金融支付等多项重要作用。

消费者是电子商务活动开展的主体，具有访问、购买、评价等诸多重要作用。

产品是电子商务活动开展的主要对象，具有充实商务平台、满足人民生活需要、实现价格价值、促进经济活动繁荣等重要作用。

物流是电子商务活动开展的重要保障，具有输送商品、完成交易、促使人民生活渠道多样化和便捷化的重要作用。

3. 农村电子商务的发展意义

(1) 提高农民贸易地位。传统的农产品交易多以“一手交钱、一手交货”的现货交易为主要模式。由于该模式受地域、时间、市场规模等因素的影响，农产品交易的整体效能偏低。而农村电子商务能够减少流通环节进而降低流通成本，在提升农民利润空间的基础上，极大地平衡了农民生产者与消费者之间的信息不对称，提高了农民对消费者需求的了解程度。

(2) 改善农村就业环境。由于农村在基础设施建设方面相对于城市比较落后，长期以来，农村青壮劳动力外出务工已成为我国绝大部分农村地区的常态。农村电子商务使得农村地区经济状况得到改善，通过对农民的技能培训及信息交流，越来越多的大学生、农民工返乡，进行农村电子商务创业或从事其他配套产业的创业工作。农村电子商务带动了农民就业本地化、服务业发展多元化，全面改善了农村的就业环境。

（3）助力农村地区“就地城镇化”。农村电子商务产业集群带动了人口的集聚，推动农村向城镇化方向发展。在产业集群和人口聚集的带动下，农村地区基础设施建设得到提高，生活服务和公共服务不断发展升级，从而倒逼就地城镇化趋势出现。农村通过就地城镇化，实现与县城的 24 小时生产环节联动，实现生产、流通以及行销的全面接通。

（4）推动产业转型升级。农村电子商务产业是在该地区传统产业的基础上发展形成的。产业的电子商务化转型推动了原有产业的升级。产业类型从原有的以为企业代工零配件向包含产品设计、生产、加工和销售的全产业链类型转变。

（5）助力扶贫。利用电子商务等信息化手段帮助贫困地区寻求致富机会，挖掘农村及贫困地区的经济发展潜力，为扶贫找到了可行的方法和手段，也为农村电商提供了持续的支持和动力。

二、农村电商发展现状

1. 农村网络环境

（1）互联网接入设备使用情况。截至 2017 年 12 月，我国网民使用手机上网的比例达 97.5%，比 2016 年提升 2.4%，使用率再创新高；使用台式电脑、笔记本电脑上网的比例分别为 53.0%、35.8%，与 2016 年相比，用台式电脑上网的比例下降 7.1%，用电视上网的比例提高 3.2%，上升至 28.2%（见图 8－4）。

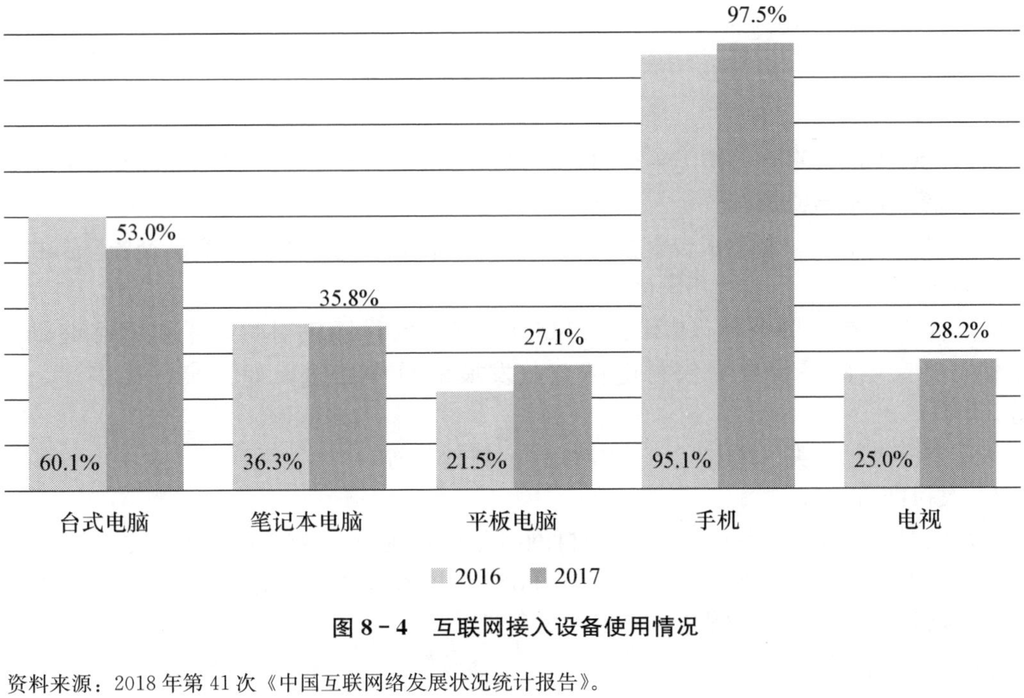

图 8－4　互联网接入设备使用情况

资料来源：2018 年第 41 次《中国互联网络发展状况统计报告》。

上述数据显示：农村用户主要依赖手机终端进行电商活动，城乡数字鸿沟导致农村地区接触网络相对较晚，台式电脑、平板电脑等电子设备数量相对较少。

（2）农村网店、网民情况。2017 年，中国农村网店规模达到 985.6 万家，比 2016 年增长 20.7%，为超过 2 800 万人提供就业岗位。2017 年，中国农村网民占比 27.0%，规模达 2.09 亿，较 2016 年底增加 793 万人，同比增长 4.0%①。

2. 电子商务类型

目前农村电商的主要模式见表 8－3。

表 8－3　农村电子商务主要模式

电商模式	特点	典型平台
B2C	农产品网站对消费者	京东、苏宁易购
C2B	集合竞价订购模式	拼多多
S2b2C	农产品供应链模式	云集、美菜网
C2C	农村用户（商品/消费者）对城市用户（消费者/商户）	农村淘宝
O2O	线上线下融合	夏日葵电商
ABC	代理商—商家—消费者	淘实惠
B2S	分享、体验式（众筹）	众筹网
B2F/F2C	生产者对家庭	村头电商

资料来源：中商产业研究院. 2018 年中国农村电商行业市场前景研究报告［EB/OL］. http://www.askci.com/news/chanye.

（1）B2C 类综合平台。该类平台将农产品送至消费者手中，亦将工业商品销往农村地区，如京东、苏宁易购等。

（2）C2C 类平台。该类平台直接提供农村用户和城市用户之间的商品交流，其中以农村淘宝为典型代表。

（3）社交平台、服务类（C2B、S2b2C）。基于农村网民对移动手机网络终端的过度依赖，社交电商平台成为农村电商企业发展的重中之重，如云集、拼多多、美菜网等。

（4）供应链服务类（B2b2C），如中农网、村村乐等。

3. 农村网络零售

（1）农村网络零售规模。2017 年农村网络零售额达到 12 448.8 亿元，比 2016 年增长 39.1%（见图 8－5）。另外，2017 年，全国 832 个国家级贫困县实现网络零售额1 207.9亿元，同比增长 52.1%，高出农村增速 13.0%②。

① 商务部：截至 2017 年底农村网店达 985.6 万家　带动就业超 2 800 万［EB/OL］. http://www.finance.people.com.cn/n1/2018/0125/c1004－29787048.html.

② 农村电子商务发展报告（2017 年度）［J］. 中国合作经济，2018（6）.

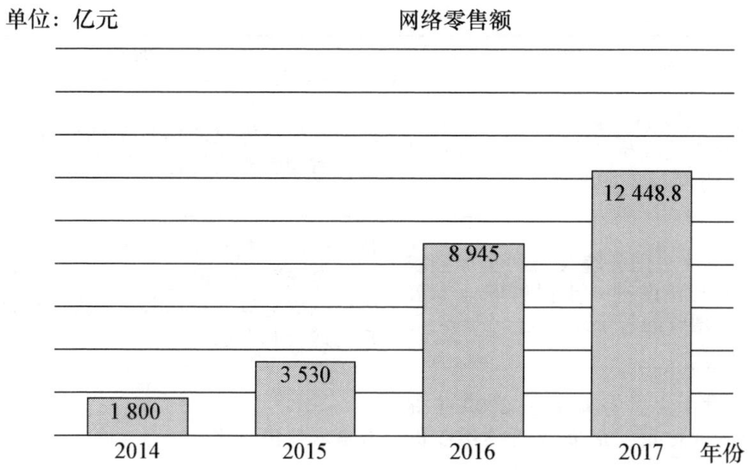

图 8-5 2014—2017 年农村电商网络零售额度

资料来源：农村电子商务发展报告（2017 年度）[J]. 中国合作经济，2018（6）.

2017 年“双十一”期间农村实现网络零售额 846.08 亿元，其中“双十一”当天实现网络零售额 392.40 亿元，同比增长 66.53%，在“双十一”期间占比 46.38%。目前农村电商零售交易额已突破万亿，在电商巨头加大对农村脱贫扶贫力度的情况下，农村电商将进一步加速农村地区的经济发展。

（2）农村网络零售类别。以零售产品的形态将农村网络零售类型分为服务类和事物类。2017 年服务类农村网络零售排前三位的依次是在线旅游、在线餐饮、生活服务。根据《中国电子商务发展报告（2018—2019）》，三种产品分别是实现了 1 831.9 亿元、1 625.8 亿元、180.7 亿元的销售收入，比 2016 年增长了 66.8%、58.6%、45.3%。

三、电子商务政策梳理

2005—2018 年（2011 年中央一号文件聚焦水利问题），13 个中央一号文件都聚焦关注农业农村问题，农业农村的信息化、电子商务问题也都得到了相当的关注。回顾过去 13 个中央一号文件可以发现，中央在不断提高对农村电子商务建设的重视，在不断提升电子商务基础设施建设的同时，逐渐增加对电子商务发展模式的政策指引（见表 8-4）。

表 8-4 2005—2018 年中央一号文件中涉及农村电子商务的政策

序号	年份	文件名称	涉及内容
1	2005	《中共中央国务院关于进一步加强农村工作提高农业综合生产能力若干政策的意见》	鼓励发展现代物流、连锁经营、电子商务等新型业态和流通方式。改造现有农产品批发市场，发展经纪人代理、农产品拍卖、网上交易等方式，增强交易功能
2	2006	《中共中央国务院关于推进社会主义新农村建设的若干意见》	要积极推进农业信息化建设，充分利用和整合涉农信息资源，强化面向农村的广播电视电信等信息服务，重点抓好“金农”工程和农业综合信息服务平台建设工程

续表

序号	年份	文件名称	涉及内容
3	2007	《中共中央国务院关于积极发展现代农业扎实推进社会主义新农村建设的若干意见》	加强农村一体化的信息基础设施建设，创新服务模式，启动农村信息化示范工程
4	2008	《中共中央国务院关于切实加强农业基础建设进一步促进农业发展农民增收的若干意见》	整合资源，共建平台，健全农村信息服务体系。推进“金农”、“三电合一”、农村信息化示范和农村商务信息服务等工程建设，积极探索信息服务进村入户的途径和办法
5	2009	《中共中央国务院关于2009年促进农业稳定发展农民持续增收的若干意见》	发展农村信息化
6	2010	《中共中央国务院关于加大统筹城乡发展力度进一步夯实农业农村发展基础的若干意见》	大力开拓农村市场。大力发展物流配送、连锁超市、电子商务等现代流通方式，支持商贸、邮政等企业向农村延伸服务，建设日用消费品、农产品、生产资料等经营网点
7	2012	《中共中央国务院关于加快推进农业科技创新持续增强农产品供给保障能力的若干意见》	充分利用现代信息技术手段，发展农产品电子商务等现代交易方式
8	2013	《中共中央国务院关于加快发展现代农业进一步增强农村发展活力的若干意见》	大力培育现代流通方式和新型流通业态，发展农产品网上教育、连锁分销和农民网店。加快宽带网络等农村信息基础设施建设
9	2014	《中共中央国务院关于全面深化农村改革加快推进农业现代化的若干意见》	启动农村流通设施和农产品批发市场信息化提升工程，加强农产品电子商务平台建设
10	2015	《中共中央国务院关于加大改革创新力度加快农业现代化建设的若干意见》	支持电商、物流、商贸、金融等企业参与涉农电子商务平台建设。开展电子商务进农村综合示范
11	2016	《中共中央国务院关于落实发展新理念加快农业现代化实现全面小康目标的若干意见》	促进农村电子商务加快发展，形成线上线下融合、农产品进城与农资和消费品下乡双向流通格局。鼓励大型电商平台企业开展农村电商服务，支持地方和行业健全农村电商服务体系
12	2017	《中共中央国务院关于深入推进农业供给侧结构性改革加快培育农业农村发展新动能的若干意见》	推进农村电商发展
13	2018	《中共中央国务院关于实施乡村振兴战略的意见》	大力建设具有广泛性的促进农村电子商务发展的基础设施，鼓励支持各类市场主体创新发展基于互联网的新型农业产业模式，深入实施电子商务进农村综合示范，加快推进农村流通现代化

从2015年开始，支持农村电子商务发展就被写进中央一号文件的要求中。2016年，中央一号文件要求加快农村电子商务发展速度，大型电子商务平台应当为农村电商的发展提供有力的保障。2017年发布的中央一号文件，首次明确对涉农电子商务平台建设的大力支持。2018年发布的中央一号文件更是将发展农村电子商务作为实现乡村振兴的重要力量。

政府高度重视农村电子商务工作，中共中央、国务院各部委于2017年制定了一系列相关政策，旨在促进农村电子商务发展（见表8-5）。

表8-5　2017年中共中央、国务院各部委制定的农村电子商务相关政策

发布机构	发布时间	文件名称	政策要点
农业部	2017年1月26日	《关于推进农业供给侧结构性改革的实施意见》	健全现代农产品市场体系，大力发展农村电子商务，推进冷链物流、智能物流等设施建设，促进新型农业经营主体与电商企业面对面对接融合，推动线上线下互动发展
财政部、商务部、国务院扶贫办	2017年5月3日	《关于开展2017年电子商务进农村综合示范工作的通知》	深入建设和完善农村电商公共服务体系。推动农产品、农村工业品、乡村旅游及服务产品的电商化、品牌化、标准化。增强贫困地区发展内生动力，让贫困户享受到电商发展带来的收益
中共中央办公厅、国务院办公厅	2017年5月31日	《关于构建政策体系培育新型农业经营主体的意见》	统筹规划建设农村物流设施，重点支持一村一品示范村镇和农民合作社示范社建设电商平台基础设施，逐步带动形成以县、乡、村、社为支撑的农村物流网络体系

四、农村电商发展的问题

（一）农村市场对接电商问题

1. 电子商务进农村面临知识鸿沟和代际差异

（1）知识鸿沟。具有更高社会经济地位的人总是比其他人获得更多更好的信息。随着时间的流逝，获得信息多的群体和获得信息少的群体间的差异会日益增长。中国发展不平衡不充分的问题在农村最为突出。农村虽人口众多，但大部分人口是电商尚未激活用户，甚至是未触网用户。农村中文盲和小学教育程度人口很难进行网上购物，我们可以认为电子商务进农村存在“知识鸿沟”。

（2）代际差异。在农村所有人口中，除了受教育程度对农民使用电子商务产生影响，年龄因素同样会产生一定程度的影响，根据调研，在农村中40岁以上者很难参与到电子商务中，我们称之为“代际差异”。

2. 农村市场秩序缺乏规范

农村电商市场秩序缺乏规范主要体现在以下两个方面：其一，农民消费观念滞后，识别能力较弱。由于对电脑、手机、平板等网络终端在应用上不熟悉，部分农民在通过网络终端直接筛选目标产品的过程中存在选择不当的风险。其二，电商主体众多，产品质量难以控制。电商平台给各种类型的电商销售群体提供了场所，也给假冒伪劣商品提供了可乘之机。因此，农民在电子商务平台购买产品时存在买到劣质品的风险。

（二）电子商务物流欠发展

1. 农村物流企业发展不足

物流配套对电商发展的影响至关重要。我国农村电商的配套物流发展仍处于初级阶段，在业务方面以提供单纯的运输、仓储服务为主，加工、包装等增值业务目前仍相对缺乏。同时，农村物流的门槛相对较低，多数物流企业注册资本都在500万元以内，甚至部分业主只需采购几辆货车就成立了物流企业，开始从事物流业务。

2. 流通渠道不顺畅

农产品因其特殊性，与工业品相比较，在加工、保险、运输、储存等方面有着更高的标准和要求。而实际情况是，一方面，农村电商物流中心的建设仍然比较滞后，在硬件配套上与现代化物流建设仍然存在很大差距；另一方面，受地域、地理环境等因素困扰，仍然有一些村镇地区不在物流企业的服务范围之内。流通渠道不顺畅已成为制约农村电商物流发展的主要因素。

3. 政策不完善

在我国经济发展的宏观规划中，存在一定程度的“重生产轻物流”“重城市轻农村”思想。在农村物流规划制定、农村物流信息发布、农村物流市场规则形成等方面都存在明显不足。在物流企业的优惠政策方面，涉及土地、税收、资金等方面的政策，支持力度不够。外部环境的支持力度不足导致了农村电商物流的发展不足。

4. 人才欠缺

电商行业人才缺乏不仅出现在农村电商企业，城市电商企业也存在同样的问题。虽然过去几年，强大的电商消费需求促进了电商供给端的发展，但是物流企业的人才培养并未跟上物流企业发展的脚步。另外，农村电商物流的工作内容相比城市物流更加辛苦，收入更低，直接导致农村电商物流的人才流失严重。实际情况是，农村电商物流从业人员多以当地农民劳动力为主，员工整体受教育程度的不足也制约了农村电商物流的发展。

五、如何发展农村电商

（一）优化环境

1. 政府的作用

在农村电商的发展过程中，政府应当积极配合，扮演好“引导者”“中间人”“服务者”的角色。

（1）政策优惠。农村电商的发展离不开政府的支持，尤其是在电商发展的起步阶段。因此，政府首先应当简化工商登记注册程序，在允许范围内尽量降低工商注册登记费；其次，为经济困难的电商提供政府贴息贷款，降低房屋租赁费用和网络宽带费用，推动农村电商规模化，形成产业集群。

（2）监管指引。政府在做好服务者角色的同时，应当充分发挥“刚性”“理性”职能，避免农村电商发展不良。在电商行业，“以假乱真”“滥竽充数”的欺诈经营十分常见，农村电商经营者很可能经受不住短期集中的“暴利”诱惑而进行不良经营。政府必须发挥严格监管的“刚性”职能，通过法律和制度的强制性对农村电商经营进行约束和指导。

2. 品牌的作用

农村电商向品牌化、差异化发展转型是企业转型升级、获得竞争优势的有效路径。因此，应当积极推动农村电商企业向提高品牌意识、创立品牌、增加产品设计感等方向发展。具体有以下方式：其一，简化工商信息注册、专利申请等手续，同时增加第三方服务公司的外部支持。其二，树立转型标杆，发挥标杆企业的模范带头作用，引导农村电商向品牌化转型。其三，开办讲座、培训，鼓励农村电商品牌化。

3. 融资支持作用

提供良好的金融环境有利于农村电子商务的发展。第一，建构诚信的金融体系，营造诚信的交易环境。第二，加强与金融企业合作，降低融资成本，发展更多金融支持项目。第三，建立电子商务园区，使农村电子商务经营模式标准化。联合零散的农村电商，以园区面对金融机构从而获得更大的金融支持。

（二）培育人才

1. 差异化培训

农村电商发展规模、阶段参差不齐，对不同阶段的从业者也应当差异化对待。具体方式如下：其一，定期开展专业培训，针对不同的从业者设置不同的侧重点。其二，增加不同从业者之间的经验交流互动，可由经验丰富的、经营出色的管理者传授经验。总之，在实体经济和电子商务两个方面进行专业的技术培训与经验交流，以此实现产业与电商、实体与虚拟的互动交流。

2. 校企合作

学校作为人才培育基地，应当成为电商获取人才的最直接渠道。第一，电商根据自己的需要向学校定向招收专业人才。同时，学校在考虑市场人才需求的基础上，定制化、定向化培养电商人才。第二，电商与学校深入合作，给在校生提供更丰富的电商实习平台，为后期引入人才打下基础。第三，电商与学校联合办学，深化合作培训机制，制定教育合作长效机制。第四，电商为当地职业技校提供办学支持，建立实用型培训教室和培训课程。

3. 非正式交流

农村电商从业者可以定期或者不定期参与政府、行业协会、企业组织的线上线下交流活动，随时针对当前遇到的政策问题、店铺运营问题相互交流经验。积极参与政府、行业协会、企业提供的交流机会，鼓励从业者私下以各种形式相互扶持。

4. “引进来”“走出去”相结合

一方面，政府和企业采取一定的激励政策和措施，将外地高端电商人才“引进来”。通过引入专业人才和高端人才的方式，推动客服外包、美工设计、店铺装修、品牌设计等方面的服务，提升农村电商行业的水平。另一方面，鼓励农村电商“走出去”。向先进企业、先进县市学习，通过实地考察和互动交流，更有针对性地解决问题。自发外出参观交流，参加各种电子商务研讨座谈会，或到名校找名师请教，甚至参加 MBA 等系统性、专业性的课程。和其他地区电商分工合作，相互交流，共享学习资源。

专栏 农村电子商务发展模式——淘宝村的形成

江苏省徐州市东风村

东风村隶属江苏省徐州市睢宁县沙集镇。2008 年以前，主产业为种植业与传统养殖、废旧塑料回收与加工、粉丝加工，人均年收入仅 2 000 元，多数青壮年劳动力外出打工，“空心村”现象比较突出。2006 年 5 月，一个叫孙寒的“80 后”年轻人开起了东风村第一家淘宝店，经营家居饰品和挂件，但每月净利润只有 2 000 多元。后来陆续受到宜家家居和韩剧的启发，孙寒和好友陈雷先是满镇满县地寻找木匠师傅合作，然后仿制出具有宜家装饰风格的拼装家具和韩式家具。由于产品具有简约、时尚和低价的优势，他们的家具很快就大卖，第一个月的销售额就达 2 万多元，第一年挣了 30 多万元。2007 年 5 月，孙寒和陈雷分别建立了自己的家具厂。发展到 2008 年，孙寒已盈利上百万元，住上了楼房，买了轿车。一批比较熟悉的村民受到孙寒和陈雷的影响，陆续效仿学习，开起了自己的网店。通过一轮又一轮的亲戚带亲戚、朋友带朋友，东风村的网店数量很快实现爆发式增长。2008 年底，东风村共有网商近 100 户；2010 年，增长到 400 多户，网店 1 000 多家；2013 年，增长到 600 多户，约占全村家庭户数的 60%，网店 3 000 多家；2014 年，网商数量趋于稳定，年交易额超过 12 亿元。2012 年，在孙寒的带领下，网商们成立了电子商务协会。利用协会平台，对内进行资源整合和人力培训，以及规范网销行为和提升品牌；对外形成强势的“话语平台”，跟物流、电信、原材料供应商等谈判，获得低价。协会还邀请专家教授开展培训，举办商城招商交流会，组织会员外出交流，参加各种电商研讨会，到高校找名师请教，甚至参加 MBA 等专业性课程。随着东风村网店的快速增长，各类服务主体陆续入驻东风村。物流方面的发展最为明显，到 2014 年 8 月，仅东风村“网商一条街”就有 43 家物流快递服务商入驻。而融资理财服务、摄影摄像与图片处理、店铺装修与代运营、品牌推广与管理咨询、法律服务、网商培训等，也分别有多家专业的服务提供商。当网商们遇到土地、资金等问题时，政府部门提供了支持和帮助。例如，成立电子商务产业发展办公室，指导扩大生产用地，建立电子商务产业园，组织大学生村官创业培训等，对东风村的电商发展起到了积极的推动作用。

广东省揭阳市军埔村

军埔村位于广东省揭阳市揭东区锡场镇。军埔村素有经商传统，拥有食品加工的传统产业。几年前，由于行业竞争加剧、管理模式落后、产业规模较小、产品档次不高等问题凸显，军埔村的食品加工业走向没落。

2012 年 7 月，在广州从事淘宝服装销售或配送的黄海金、许史东、黄时加、许冰峰等 12 位军埔青年陆续回到村里开网店，很快把淘宝店经营得风生水起。亲朋好友纷纷上门取经，他们手把手传授，并开起实体网批店，给亲朋好友供给货物。当年年底，军埔村网商增加到 50 多家。此后，“一传十、十传百”，军埔村驶入电子商务发展的快车道，许多在外打工的新生代农民工、专科本科毕业生纷纷回村开起淘宝店，就连在揭阳打工的外省人也进入军埔村租房开网店。2013 年底，全村共有网商近 300 家。到了 2014 年底，全村有 358 户、2 000 多人投入网上销售活动，开设淘宝网店 3 000 多家、实体网批店 300 多家，全年交易额 16.8 亿元，纯利润达到了 1 500 万元，销售的产品种类包括服装、塑料家居用品、皮具、电器、五金、玩具等。

2013 年 7 月，锡场镇电子商务协会成立，由最早回乡创业的 12 位青年网商担当理事，现有单位会员 200 多名。协会理事牵头带领所有会员签订协议书，约定各自创新，不可仿款，但可以相互供货，利润共享，若违反则罚款 2 万元。协会建立诚信基金，采取“假一罚十”的方式促使会员主动保障产品质量，维护淘宝村形象，还牵头组织“月光盛典”“帅靓双十一，惊喜在军埔”“军埔年货节”等促销活动。

如今，军埔村光纤到户、无线网络全覆盖，是潮汕地区网速最快、广东省上网资费最低的村庄。各大通信运营商相继进入军埔村新建基站，设置自助服务终端，开设便利服务。15 家快递公司在军埔村设立办事处。榕城鞋业协会在军埔村建立占地超 800 平方米的电商服务平台，为当地网商提供货源和售后服务。普宁国际服装城在军埔村投资建成“华尔美网批第一城”。一库电商供应链、云梯电商、邦想电商、电商港等第三方电商服务企业先后入驻军埔村。

政府推动成立电子商务服务中心，提供企业工商登记注册、网络报装、企业入驻等综合服务，还出台了《军埔村电子商务企业贷款风险补偿暂行办法》和《军埔村电子商务企业贷款贴息暂行办法》等文件，为符合资格的电商户补贴和减免网络、借贷等费用。2014 年 4 月，广东省第一个普惠金融服务中心挂牌成立，为军埔村网商提供理财、投资和融资服务。2014 年 9 月，深圳市共信赢金融信息服务有限公司揭东军埔分公司正式运营，这是军埔村首家互联网金融企业。为了拓宽民间投资渠道，政府还鼓励社会力量申请设立村镇银行、小额信贷公司、第三方支付公司等。随着生态要素的多元化和逐步完善，军埔村正努力往品牌化和优质化的方向发展。

资料来源：曾亿武，邱东茂，沈逸婷，等. 淘宝村形成过程研究：以东风村和军埔村为例 [J]. 经济地理，2015 (12).

【思考练习】

1. 请分析农业企业信息化管理的内涵。
2. 企业信息化管理有哪些意义？
3. 企业信息化建设的内容有哪些？
4. 企业信息化建设有哪些障碍？
5. 什么是农村数字鸿沟？
6. 农村数字鸿沟引发了哪些问题？
7. 请分析农村电商的发展路径。

【案例分析】

京东农场

2019 年新年的第一周，金堂县与京东集团举行了“京东农场示范基地”合作签约仪式。作为全国首批按照全程可视化溯源标准和体系打造的设施农业方向的“京东农场”即将开建。本次签订协议的3个“京东农场示范基地”分别是赵家镇平水桥村羊肚菌示范基地、莲墩村柑橘示范基地、淮口镇龚家村油橄榄示范基地。这是京东集团在2018年4月开启京东农场项目以来，又一新达成合作的京东农场示范基地。截至2019年5月，京东农场已经在东北、西北、西南、华东、华南等地推动了近20个创新项目落地，该数字仍在继续扩大。

京东农场是京东集团根据自身优势，以餐桌健康、农业生态为使命开展的数字农业进程。一方面通过对传统农场的信息化管理改造，提升生产标准和产品服务质量；另一方面借助互联网平台，以市场方式连接农民和消费者，打造农产品品牌。

生产信息化。金堂县与京东集团共建现代化、数字化、智能化“京东农场示范基地”，构建全程可视化的溯源和管控体系，建立从田间到餐桌的高品质农产品上行通道，提高农产品溢价，促进优质优价，有效推进农产品产销对接，不断提升“金”字农产品知名度和美誉度。

电子商务。京东农场依托京东供应链、物流、大数据、营销、金融和技术能力，金堂县依托产业优势，双方将全面对接，在产业发展、品牌提升、营销推广和电商人才培育等方面开展深度互动合作，共同推动现代化京东农场建设。

资料来源：四川省首个“京东农场”落户金堂县［EB/OL］. http://www.sohu.com/a/296048726_378064.

【参考文献】

［1］范玉顺．信息化管理战略与方法［M］．北京：清华大学出版社，2008.

［2］薛祖云．企业信息化与内部控制［M］．厦门：厦门大学出版社，2011.

［3］李健，侯书生．信息化管理：企业管理的时代浪潮［M］．成都：四川大学出版社，2016.

［4］宋协栋，李桂青．互联网经济下的企业信息化建设与管理变革研究［M］．北京：中国纺织出版社，2017.

［5］张福德．中国电子商务技术［M］．北京：蓝天出版社，1999.

［6］劳顿，特拉弗．电子商务：商业、技术和社会［M］．北京：清华大学出版社，2010.

［7］茶洪旺，罗廷锦．“数字鸿沟”与贫困关系：基于云南16个地州市的实证分析［J］．开发研究，2018（2）.

［8］金春枝，李伦．我国互联网数字鸿沟空间分异格局研究［J］．经济地理，2016（8）.

［9］郑晓迪．传播“公共性”视角下的城乡数字鸿沟［J］．华中农业大学学报（社会科学版），2017（4）.

［10］薛伟贤，刘骏．中国城乡数字鸿沟对城市化进程的阻尼测度研究［J］．软科学，2014（1）.

［11］陈晓华．我国城乡二元经济结构转换中的数字鸿沟效应与对策［J］．农业现代化研究，2014（1）.

[12] 史梁，艾保. 中国中部农村“数字鸿沟”研究：以安徽省、湖北省两村庄为例 [J]. 青年记者，2013 (26).

[13] 洪勇. 我国农村电商发展的制约因素与促进政策 [J]. 商业经济研究，2016 (4).

[14] 朱世友. 农村电商发展对物流业的影响及农村物流体系构建 [J]. 价格月刊，2016 (3).

[15] 梁强，邹立凯，杨学儒，等. 政府支持对包容性创业的影响机制研究：基于揭阳军埔电商创业集群的案例分析 [J]. 南方经济，2016 (1).

[16] 李育林，张玉强. 我国地方政府在“淘宝村”发展中的职能定位探析：以广东省军埔村为例 [J]. 科技管理研究，2015 (11).

第九章

农业企业资本运营与财务管理

【学习要点】

- 资本运营/财务管理概述
- 农业企业的成本费用管理
- 农业企业的利润管理
- 农业企业的经营绩效评价

第一节 资本运营/财务管理概述

企业兴衰，财务为本。企业作为运用资本进行生产经营的主体，是资本生存、增值和获取收益的客观载体。企业对生产经营进行组织和管理，实质上是对资本进行运筹与规划，任何企业的生产经营都是根植于资本运作。在某种意义上，企业生产经营可以视为资本运营与财务管理的实现形式。

一、资本运营/财务管理的含义

（一）资本运营

1. 资本运营的概念

资本运营的概念主要有以下三种观点：一是强调企业通过资本运营带来的增值。当企业寻求更大发展空间时，它就会以所拥有的部分先育资本为经营对象，使资本向更大的领域流动，实现企业自身内外部有限资源的最优化配置，提高企业的综合竞争力，使企业最大限度地增值。二是强调企业外部交易型战略的运用。企业经营一般主要关注企业内部管理型战略与外部交易型战略，两大战略有效运用的关键是把培育核心能力作为企业资本运营的根基，企业资本运营指的是企业外部交易型战略中的兼并、收购、重组等。三是强调马克思主义中的资本增值。资本运营就是赋予资本一定范围内的运动空间，让资本在资本市场自由运动，同时对资本进行一定的管理操作，通过不断的循环实现增值。综合以上观点，资本运营的核心内涵是以资本最大限度地增值为目的，对资本所进行的运筹和经营活动。

2. 资本运营的特点

(1) 资本运营具有价值性。资本运营最重要的特征是价值性。资本运营的对象都必须具有一定的价值。资本运营过程中使用的所有生产要素都需要支付相应的成本。根据生产要素的价值大小体现资本运营所占用的成本比例，将机会成本和边际成本的价值进行比较分析，才能做出提高资本效益和运营效率的最佳决策。

(2) 资本运营具有流动性。资本运营最明显的特征是流动性。资本运营的生命在于运动，资本如果停止运动，就无法实现最优化的资源配置以及持续性的价值增值。资本运营要求资本不仅要有完整的实物形态，而且要有较高的资本利用效率。资本利用效率只有在资本的不断流动中才能得以体现。要想提高资本利用效率，就必须进行资本的流动和重新组合，这是一个互惠互利的良性循环。

(3) 资本运营具有市场性。资本运营自然是资本在资本市场上的运作经营。从本质上可以说，资本就是市场经济发展到一定程度的产物，市场性是资本运营的先天特征。无论将资本按照哪种学派的观点加以定义，无论资本自身的价值多大，无论资本运营的效率多高，它都必须经过市场的检验才能称为真正意义上的资本，即资本是无法脱离市场单独活动的。

(4) 资本运营具有增值性。资本运营的最终目的是实现资本的不断增值，这是资本运营的本质要求，是资本的内在特征。无论是什么形式的资本运营，核心任务都是实现利润的最大化，也就是说用最少的资本成本来获得最多的资本收益。资本运营不单单注重企业资产规模的扩张，更加侧重公司价值的提升。

(5) 资本运营具有不确定性。资本运营风险的不确定性与利益并存。任何投资活动都是某种风险的资本投入，不存在无风险的投资和收益。这就要求经营者在进行资本运营决策时，必须同时考虑资本的增值和存在的风险，立足企业的长远发展，尽量分散资本的经营风险，通过优化资本结构来增强资本的抗风险能力，保证风险在一定的情况下收益最大。

3. 资本运营的原则

(1) 资本运营要立足于企业的产品经营和持续发展。资本运营必须立足于企业的产品经营。具体而言，资本的运营规模以及方式方法都需要依据产品经营的特点进行选择和设立，这就是产品经营对资本运营的约束力。同时，还需要时刻关注两者之间的平衡关系。企业发展资本运营固然重要，但也不可过分追求资本运营带来的眼前利益，而忽视了产品经营的重要性。

(2) 资本运营要有助于增强企业的核心竞争力。企业的核心竞争力一般可以通过内部途径和外部途径增强。内部途径就是依靠企业内部不断的开发、积累和改进形成，一般需要消耗大量的时间和精力。外部途径是通过资本运营中的兼并、收购等方式进行外部资源整合，从而获得自身所缺乏的核心竞争力要素。企业利用资本运营中的并购来增强企业的核心竞争力，具有快速、直接、有效等内部途径无法比拟的优势。

（3）资本运营必须谨慎防范投机心理。鉴于资本运营具有高智力性、非生产性、高效益性三大特点，企业经营者在进行资本运营时很有可能存在投机心理，这需要尽可能避免。资本运营不需要耗费实物资源，只需要通过脑力劳动将原本存在的资源进行重新组合，就可在短时间内获得较大收益。因此，防范经营者的投机心理十分重要。

（二）企业财务的概念

企业财务，是指企业财务活动，即企业再生产经营过程中的资金运动以及企业财务关系。企业财务管理是对企业财务活动（包含财务关系）的管理。要深刻认识企业财务的概念，就必须研究企业财务活动和资金运动形成的财务关系。

随着企业再生产过程的不断进行，企业资金总是处于不断运动之中。在企业再生产过程中，企业资金从货币资金形态开始，顺次通过购买、生产、销售三个阶段，分别表现为固定资金、生产储备资金、未完工产品资金、成品资金等各种形态，然后又回到货币资金形态。从货币资金开始，经过若干阶段，又回到货币资金形态的运动过程，叫作资金的循环。企业资金周而复始的循环，叫作资金的周转。企业财务活动一般包括以下四个方面的内容：

1. 筹集资金

企业进行生产活动，必须以占有或能够支配一定数额的资金为前提。筹集资金是资金运动的起点，是投资的必要前提。企业在进行生产经营活动之前，首先须从各种渠道筹集资金。企业筹资有两种不同性质的资金来源：一是企业自有资金，如企业吸收投资者的直接投资、发行股票、企业内部留存收益等，投资者包括国家、其他企业单位、个人、外商等。二是企业借入资金，企业通过向银行借款、发行债券、应付款项等方式来吸收借入资金，构成企业的负债。企业从投资者、债权人那里筹集来的资金，一般是货币资金形态，也可以是实物、无形资产形态，对实物和无形资产需要通过资产评估确定其货币金额。企业筹集到所需资金，表现为企业资金的流入。

2. 投放资金

企业取得资金后，必须将资金投入使用，以谋求最大的经济效益；否则，筹资活动就失去了目的和效用。企业投资是指企业将筹集到的资金投入使用，例如购置流动资产、固定资产、无形资产等经营资产，也包括对其他单位的投资，如投资购买其他企业的股票、债券或与其他企业联营等，其目的都是取得一定的收益。企业无论购买内部所需资产，还是购买各种证券，都需要支付资金。而当企业变卖对内投资形成的各种资产或收回对外投资时，产生资金的流入。投资是资金运动的中心环节，它不仅对资金筹集提出要求，而且是决定未来经济效益的先天条件。

3. 耗费资金

在生产过程中，生产者使用劳动手段对劳动对象进行加工，生产出新产品。与此同时，耗费各种材料，损耗固定资产，还需支付职工工资和其他费用。各种生产耗费的货币表现就是产品等有关对象的成本。总之，企业所耗费的固定资金、生产储备资金、用于支付工资的资金，先转化为未完工产品资金，产品制造完成后，再转化为成品资金。在发生资金耗费的过程中，生产者创造出新的价值。因此，资金的耗费过程又是资金的积累过程。资金耗费是资金运动的基础环节。

4. 分配资金

企业通过投资活动或营运活动取得的收入要依据中国现行法律法规做出分配。营业利润、补贴收入和营业外收支净额等构成企业的利润总额。企业利润总额首先要按国家规定缴纳所得税，税后利润要提取公积金用于扩大积累、弥补亏损，再向投资者分配投资收益。用以分配投资收益和还本付息的资金，就从企业资金运动过程中退出。资金分配是一次资金运动过程的终点，又是下一次资金运动过程开始的前奏。

资金的筹集和投放反映企业对生产要素的取得和使用，资金的耗费反映企业物化劳动和活劳动①的消耗，资金的分配反映企业生产成果的实现和分配。因此，企业资金运动是企业再生产过程的价值表现。上述财务活动互相联系、相互依存，构成了完整的企业财务活动（见图 9－1）。

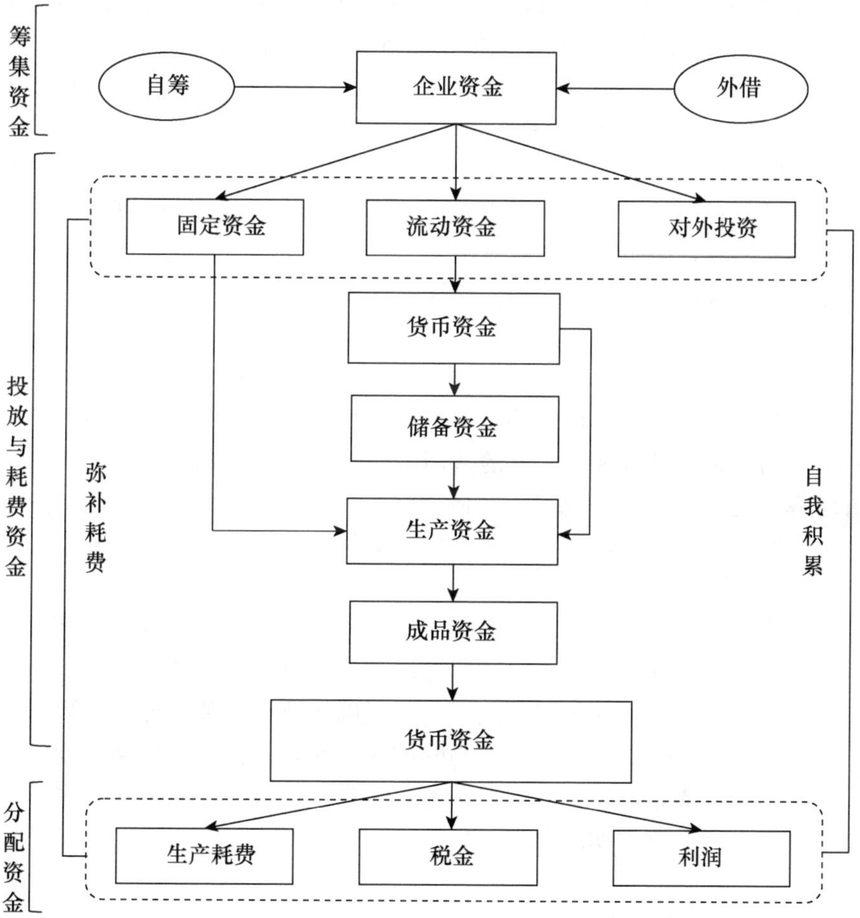

图 9－1　企业财务活动的资金运动过程

① 物化劳动和活劳动：从定义上来看，物化劳动又叫对象劳动或过去化劳动，是指凝结在产品中的人类劳动或物化在生产资料上的劳动；活劳动是指物质资料生产过程中劳动者脑力和体力的消耗过程，是处于流动状态的人类劳动。

（三）企业财务关系

企业的财务活动具有社会性，资金的筹集、投放、耗费和分配体现着各种经济利益关系。财务关系就是指企业在资金运动中，与各有关方面发生的经济关系。

1. 企业与投资者和受资者之间的财务关系

企业从各种投资者那里筹集资金，进行生产经营活动，并将所实现的利润按各投资者的出资额进行分配。企业还可用自身的财产向其他单位投资，这些被投资单位即为受资者。受资者应向企业分配投资收益。投资者与企业、企业与受资者的关系，是投资与分享投资收益的关系，在性质上属于所有权关系。处理这种财务关系必须维护投资者、受资者的合法权益。

2. 企业与债权人、债务人、往来客户之间的财务关系

企业购买材料、销售产品，要与购销客户发生货款收支结算关系。在购销活动中由于延期收付款项，会与有关单位产生商业信用——应收账款和应付账款。当企业资金不足或资金闲置时，会向银行借款、发行债券或购买其他单位债券。业务往来中的收支结算，要及时收付款项，以免相互占用资金。一旦形成债权债务关系，则债务人不仅要还本，还要付息。企业与债权人、债务人、往来客户的关系，在性质上属于债权债务关系、合同义务关系。

3. 企业与税务机关之间的财务关系

企业应按照国家税收法律法规缴纳各种税款，包括所得税、流转税和计入成本的税金。国家以社会管理者的身份向一切企业征收的有关税金，是国家财政收入的主要来源。企业及时、足额地纳税，是生产经营者对国家应尽的义务，必须认真履行。企业与税务机关之间的财务关系反映的是依法纳税和依法征税的税收权利义务关系。

4. 企业内部各单位之间的财务关系

一般说来，企业内部各部门、各单位之间与企业财务部门都要发生领款、报销、代收、代付的收支结算关系。在实行内部经济核算制和经营责任制的条件下，企业内部各单位都有相对独立的资金定额或独立支配的费用限额，各部门、各单位之间提供产品和劳务要进行计价结算。这样，企业财务部门同各部门、各单位之间，各部门、各单位相互之间，就发生资金结算关系，它体现着企业内部各单位之间的经济利益关系。

5. 企业与职工之间的财务关系

企业要用自身的产品销售收入，向职工支付工资、津贴、奖金等，从而按照职工提供的劳动数量和质量进行分配。这种企业与职工之间的结算关系，体现着职工个人和集体在劳动成果上的分配关系。处理这种财务关系，要正确地执行有关的分配政策。

企业的资金运动，从表面上看是钱和物的增减变动，而钱和物的增减变动都离不开人与人之间的关系。我们要透过资金运动的现象，看到人与人之间的财务关系，自觉地处理好财务关系，促进生产经营活动的发展。

二、财务管理的环境与目标

（一）财务管理的环境

企业财务管理的环境即理财环境，是财务组织的重要前提，是指企业理财过程中对企业理财活动有直接或间接影响的各种条件和因素的集合。企业理财环境一般可分为宏观理财环境与微观理财环境两个方面（见表 9－1）。

表 9-1　企业理财环境的影响因素

类型	影响因素	解释
宏观理财环境	国际国内政治经济形势	直接影响筹资风险、投资风险与外汇风险，并通过影响外贸与消费进而对企业财务效益产生重要作用
	社会制度与经济体制形式	公有制经济是我国社会主义市场经济的主体，非公有制经济是社会主义市场经济的重要组成部分。市场在资源配置中发挥决定性作用
	税收	税收环境包括公民和企业法人的纳税意识、政府及各部门对税收的重视程度和配合情况、税负及当前税法执行情况等，我国目前共有增值税、消费税、营业税、企业所得税、个人所得税等 18 个税种
	信贷	企业贷款种类、利率与贷款条件视不同企业组织形式而有所区别。银行利率变动是影响企业盈利能力和证券投资收益强有力的杠杆
	价格	市场调节价格是主要形式，但在市场调节价出现暴涨暴落时，国家物价部门可对价格进行指导，以维护社会正常经济秩序
	外汇	国际外汇市场汇率的波动性和国内外汇市场价格的可变性，使企业外币业务具有风险性。这对财务组织外币业务管理有深刻的影响
	国有资产管理	我国国有资产的绝大部分为经营性国有资产，由若干国有资产经营企业所掌握运用，国有资产监督管理机构（国资委）对企业的国有资产进行产权管理，并拥有对国有资产的所有权、投资权、受益权和监督权
微观理财环境	企业组织形式	组织形式是属于独资企业、合资企业、合作企业还是属于股份制企业，将会影响企业的资本筹集方式与收益分配方式，影响企业的财务管理制度设计
	企业管理体制	企业内部实行集权管理、分权管理，还是集权与分权相结合的管理体制，将直接影响财务管理体制的类型
	生产经营状况	企业生产经营状况将直接影响筹资需要量、投资方向与规模、成本费用水平和收益水平
	团队、领导与员工素质	企业唯一真正的资源是人，管理就是充分开发人力资源。提高团队、领导与员工素质是现代组织提升竞争力的利器，这也对现代财务管理方法能否采用有重要影响

资料来源：刘玥，毛巧奕，林晓红．财务管理［M］．北京：清华大学出版社，2018．

（二）财务管理的目标

企业财务管理目标从根本上说取决于企业目标。财务管理目标具有体制性特征，整个社会经济体制、经济模式和企业所采用的组织制度，在很大程度上决定企业财务管理目标的取向。我国企业财务管理的总体目标应该是什么？理论界有许多不同的表述，主要观点见图 9-2。

三、资本运营的基本模式

资本运营的基本模式有风险投资、企业上市、企业并购与企业重组四种。

风险投资是指向主要属于科技型的高成长性风险企业提供股权资本，并为其提供股权资本和咨询服务，以期在风险企业发展成熟后，通过一定的退出方式获得中长期资本增值收益的投资行为。风险投资一般是针对正处于开始期或发展初期，但却在快速成长的高科技中小型企业。

企业上市形式一般分为直接上市、买壳上市、借壳上市、造壳上市等。直接上市是指股份有限公司经国务院或国务院授权的证券管理部门批准，在证券交易所上市交易，即公

经济效益最大化

- 不少论著认为，“讲求经济效益最大化是企业财务管理的总体目标”，“我国企业财务管理的根本目标是追求经济效益的最大化”。企业经济效益主要是通过财务指标如资金、成本、收入等表现出来的，经济效益要求对生产经营中的消耗、占用和成果进行记录、计算、对比和控制

利润最大化

- 利润最大化一般是指企业税后利润总额的最大化。利润额反映当期经营活动中投入与产出对比的结果，与企业的利益息息相关。利润最大化对于企业投资者、债权人、经营者和职工都是有利的，而且利润指标在实际应用方面比较简便。但如果片面强调利润额的增加，有可能使企业产生追求短期利益的行为

股东财富最大化

- 按照现代委托代理学说，企业经营者应最大限度地谋求股东或委托人的利益，而股东或委托人的利益则是提高资本报酬，增加股东财富。股东财富最大化的评价指标主要是股票市价或每股市价。但这一理财目标实际上对于大量的非上市公司不适用，而且股票市价并不是总能反映企业的经营业绩，也难以准确体现股东财富

权益资本利润率最大化

- 这个指标可全面地反映企业营业收入、营业费用和投入资本的关系即投入产出关系，能较好地考核企业经济效益的水平。权益资本利润率是企业综合性最强的一个经济指标，也容易理解，便于操作，对于财务分析、财务预测有重要的作用

企业价值最大化

- 企业价值是指企业全部资产的市场价值。在对企业价值进行评估时，着重点不是评估企业已经获得的利润水平，而是评估企业潜在的获利能力。企业价值最大化理财目标科学地考虑了风险与报酬的联系，能克服企业在追求利润上的短期行为，而且考虑了债权人、经理层、一般职工的利益。但在衡量方法的可操作性方面存在着难以克服的缺陷，因此目前还是难以付诸实行的理财目标

履行社会责任

- 企业在谋求自身经济效益的过程中，必须尽自己的社会责任，正确处理提高经济效益和履行社会责任的关系。企业要保证产品质量，不能以不正当手段追求企业利润；要维护社会公共利益，保护生态平衡；还应根据自身力量承担一定的社会义务。企业要实现理财目标，不能只从企业本身来考虑，还必须从企业所从属的更大范围的社会系统来考虑。履行社会责任，在性质上并不属于企业的理财目标，而是企业搞好财务管理、实现理财目标的一个基本约束条件

图 9－2　企业财务管理目标

资料来源：郭复初，王庆成．财务管理学［M］．北京：高等教育出版社，2014.

开发行股票。买壳上市一般是指非上市公司先选定一家已经上市的公司作为目标对象，对其进行股权收购并成为控股公司，最后将自身的资产注入上市公司，从而实现间接上市。借壳上市是指公司自身已经拥有一家上市公司，该下属公司将上市后所筹集的资产用来收购总公司的其他下属公司的资产或股权，从而达到整个公司集团的上市目的。造壳上市一般是科技型企业经常选择的融资模式，需要在海外某地先注册成立一家控股公司，通过不断收购企业股权并且纳入该家海外控股公司的名下，在海外上市筹资后实现滚动收购。

企业并购是指企业通过市场中的产权购买等交易活动实现对其他企业控制权的行为，是企业兼并、收购两种资本运营方式的统称。兼并是指通过有偿转让产权使目标公司丧失其原本的法人资格或者法人实体发生改变，从而并入本公司或集体的经济行为。收购是指企业通过产权交易活动获得目标企业一定程度控制权的经济行为。现代企业并购在资本市场中是一种常见的运作模式，一般包括企业合并、资产收购、股权收购三种形式。

企业重组是指企业以资本保值增值为目标，运用资产重组、负债重组和产权重组方式，优化企业资产结构、负债结构和产权结构，以充分利用现有资源，实现资源优化配置。

四、企业财务战略管理与规划

（一）企业财务战略管理

企业财务战略管理是企业战略理论在财务管理方面的应用与延伸，是财务管理在战略方向上一个符合逻辑和极具潜力的理论拓展。开展财务战略理论研究在理论与企业实际经营管理上都具有重要意义。其一，有助于解决企业资金管理的有效性和效率问题，实现企业可持续盈利和成长能力最大化。其二，有助于合理配置战略财务资源，科学制定与选择财务战略，促进企业可持续发展。其三，有助于树立科学发展观，运用战略管理思想与方法，促进企业不断获取战略上的收益。其四，有助于创造新的竞争优势，推动财务战略管理理论与实践研究。

企业财务战略管理的内容主要包括筹资组合战略、资本投资战略、资本收益分配战略等三个部分。

1. 筹资组合战略

筹资组合战略是指根据企业内外环境状况和未来趋势预测，对企业的筹资规模、筹资渠道、筹资方式和筹资结构等进行长期而系统的谋划，旨在为企业战略实施和提高长期竞争力提供可靠的资金保障。筹资组合战略是企业财务战略乃至企业经营战略的一个重要组成部分。因为，不仅筹措必要的资金是企业战略和投资战略实施的前提，而且筹资成本的高低还会直接增加或降低企业的经营成本，进而波及企业的竞争力。筹资组合战略针对筹资的动因、筹资时间、筹资方式、筹资渠道、筹资数额、筹资成本等问题确定应该采取的行动方针。

2. 资本投资战略

资本投资战略是指通过资金的组合及运用，确定企业最佳投资方向和投资规模的谋划，旨在保持企业的竞争优势及持续发展。资本投资战略是企业财务战略管理的核心内容，决定着企业能否把有限的资金和资源合理配置、有效利用。主要内容包括企业规模、资本规模的决策和固定资产投资方向的确定，主要解决的是资金是用于外延扩大投资还是用于内涵扩大投资，是用于老产品改造还是新产品开发投资，是自主经营还是引进外资联合投资，是自有资金投资还是贷款负债投资，以及固定资产与流动资产投资比例等问题。

3. 资本收益分配战略

资本收益分配战略是指以战略眼光确定企业收益分配原则和股利分配政策的谋划，旨在保证企业和股东的长远利益。资本收益分配战略主要是解决在较长时间内企业利益多少用于分配给股东、多少用于资本积累扩大再生产、多少用于改善职工生活福利等问题。这方面的内容主要包括资本收益的管理、股份公司股利分配政策的制定等。

（二）企业财务战略规划

企业战略规划包括企业战略总结与环境分析、企业战略定位、企业核心业务发展战略、企业战略措施规划、企业组织调整和辅助支持系统与企业财务战略规划等内容。企业财务战略是企业战略的一个重要子战略。财务战略在许多方面具有企业战略的一般特征，企业战略规划制定的基本思路对于财务战略来说有较强适用性。企业财务战略规划的制定可概括为以下几个步骤：

1. 财务战略分析

财务战略分析实质是为保证企业始终具有长期竞争优势，属于财务预测分析范畴，即预测判断财务状况，它是形成财务战略决策的基础。财务战略分析首先必须认识到对企业长远和大局来说正在和将要发生的重大事件，然后通过对企业内外部环境因素的研究，为财务战略决策提供各种可能的解决方案。其基本步骤如下：

（1）分析企业财务战略环境。分析企业财务战略环境是指企业在制定财务战略时对内外部环境进行分析。企业财务是一个开放性系统，只有和外部环境相适应，企业才能生存和实现可持续发展；在适应外部环境的同时，企业财务还要和企业内部环境相配合。

（2）确定企业财务战略宗旨。企业在分析内外部环境的基础上，明确企业财务战略的宗旨和任务，这是企业财务战略管理过程中最重要、最困难的工作。财务战略宗旨必须把企业财务战略的性质、特点和目的描述清楚。财务战略宗旨不能定得过窄，也不能定得过宽，否则容易限制企业的行动或使企业无所适从。

（3）设置企业财务战略目标。在遵循企业财务战略宗旨时所要达到的长期特定地位，可以看作企业财务战略在一定时期内所要得到的结果。企业财务战略宗旨为企业高层管理者选择要达到的财务战略目标提供了方向和范围。财务战略目标应该做到清晰、明确，既有挑战性，又有现实性。

（4）制定企业财务战略。企业财务战略是为实现企业宗旨和财务战略目标服务的，是从全局出发做出的长期性的财务谋划和财务活动纲领。企业财务战略应解决以下问题：1）如何面对变化了的财务环境；2）如何合理分配财务资源；3）如何参与财务竞争；4）如何进行财务合作；5）如何通过财务活动调动企业各部门的积极性。

（5）制定企业财务政策。企业财务战略的全部含义需要由企业财务政策来做进一步的阐述和说明。企业财务政策是指导人们实施财务战略的细则，有助于建立一种规范的可预测的行动方式，有助于促进企业内部各单位之间的相互联系和协调。

2. 财务战略选择

财务战略选择是指在分析企业内外环境因素的变化趋势及其对财务活动影响的基础上，对企业资金流动所做的全局性、长远性、系统性和决定性的谋划。根据财务战略管理者对风险的偏好及价值取向，财务战略可分为成长型财务战略、扩张型财务战略、多元化财务战略、收缩型财务战略四种。

（1）成长型财务战略。成长型财务战略是指企业预期到未来的市场环境和内部条件将会发生有利变化，以实现企业财务绩效的稳定增长和资产规模的平稳增长为目的的一种财务战略。实施成长型财务战略的企业，一般会把优化企业资源配置、提高资金使用效率及效益作为首要任务，将利润积累作为实现企业资产规模扩张的基本资金来源。为了防止过重的利息负担，这类企业对利用负债实现企业资产规模和经营规模的扩张往往持十分谨慎的态度。其一般特征是“低负债、低收入、高收益、极少分配”。

（2）扩张型财务战略。扩张型财务战略是指企业预期到未来的市场环境和内部条件将会发生有利变化，以实现企业资产规模迅速扩张为目的的一种财务战略。为实施这种财务战略，企业往往需要将大部分利润留存，同时大量进行外部融资，以弥补内部积累相对于企业扩张需要的不足，从而使企业财务战略目标比原有的战略起点大幅度提高。更多地利用负债而不是股权筹资，是因为负债筹资既能为企业带来财务杠杆效应，又能防止净资产收益率和每股收益的稀释。随着企业资产规模的扩张，企业的资产收益率在一个较长时期内表现出相对较低的水平。其主要特征表现为“高负债、高收入、低收益、少分配”。

（3）多元化财务战略。多元化财务战略是指企业通过开发新产品、占领新市场、开拓新的投资渠道，进行多领域、多行业经营，以分散风险和有效利用资源，保持稳定收益的财务战略。多元化财务战略是相对于企业专业化经营而言的，其内容包括产品的多元化、市场的多元化、投资区域的多元化和资本的多元化。所谓产品的多元化，是指企业新生产的产品跨越了并不一定相关的多种行业。所谓市场的多元化，是指企业的产品存在于多个市场，包括国内市场和国际区域市场，甚至包括全球市场。所谓投资区域的多元化，是指企业的投资不是集中在一个区域，而是分散在多个区域甚至世界各国。所谓资本的多元化，是指企业资本来源及其构成的多种形式，包括有形资本和无形资本，如证券、股票、知识产权、商标和企业声誉等。其主要特征是“高负债、高收入、稳定收益、中分配”。

（4）收缩型财务战略。收缩型财务战略是指企业预期到未来的市场环境和内部条件将会发生不利变化，为预防出现财务危机并追求新的发展而采取的一种战略。企业发展历史上曾遇到过挫折、经历过负债过度，或现时经营上面临困难，是企业采取收缩型财务战略的两个主要原因。企业采取这种战略，往往会尽可能减少现金流出并增加现金流入，集中一切力量用于主导产业，从而使企业增强市场竞争力。这种企业财务战略目标与原有的战略起点相比会有向相反方向偏离的态势。其主要特征是“高负债、低收益、多分配”。

这四种企业财务战略是企业总体财务战略，它们之间相互联系、彼此衔接，共同构成了企业整个生命周期中的财务战略体系。然而，总体财务战略只是对企业财务战略的性质和方向所做出的大体规定。

3. 财务战略实施

财务战略实施就是将财务战略转化为行动，它包括合理组织、实际执行、监督指导等几项基本工作。具体地说，财务战略方案确定后必须建立一定的组织形式，把企业财务战略的长期目标年度化，并制定出一系列确保目标实现的政策措施，在此基础上对企业的财务资源进行有效配置，对实施的执行情况进行实时监控，出现意外情况及时处理。与此相适应，财务在全面资本预算的基础上必须建立起责任会计制，把全面预算分解到各责任单位，建立年度财务预算和财务政策，在实际执行过程中利用管理会计信息系统进行差异分析和实施成本控制。从财务战略管理的高度看，尽管财务战略的实施是通过日常财务管理来进行的，但是财务战略管理主要是关注组织本身和财务资源配置的合理性、财务激励机制的有效性、影响财务战略目标实现的重大性偏差以及对重大事项的财务应变能力。

4. 财务战略控制

在制定财务战略的过程中，一方面，必须在企业总体战略的指导下，对理财环境做出分析；另一方面，在对理财环境进行分析时，必须着重于对一般环境、行业环境及其竞争态势中有关财务的重要方面进行深入细致的分析。在分析理财环境的过程中，主要分析宏观经济领域中可能影响到财务战略的各种因素及其变化，分析行业竞争态势及其演变趋势，特别是企业平均成本和平均收益、资金流向和现金流量、行业融（投）资等财务关键因素的变化趋势，敏锐洞察竞争对手的财务状况及其财务战略。有了详尽的理财环境分析后，财务战略的正确性就有了根本保障。

但是，当理财环境变迁甚至突变时，财务战略应做出调整乃至重新确立。无论是企业战略还是财务战略，都必须对环境变化做出正确适时的反应。财务战略的顺利实施离不开对环境的严密监控，这也正是现代战略控制与传统控制的本质区别。因此，建立一个包括环境监控在内的有效的财务战略控制系统对有效地实施财务战略是极其重要且不可或缺的。

5. 财务战略评价

财务战略管理的发展客观上要求企业财务业绩评价体系的发展。企业财务战略评价的重点之一在于既定的财务目标是否能够实现，主要运用财务指标进行衡量；评价的重点之二在于企业是否有足够的现金流量保证企业按既定的财务战略方向前进；评价的重点之三在于企业对评价的结果能够做出迅速的反应。

（三）基于企业生命周期的财务战略理论

“生命”一直是中国哲学思想中非常重要的一个概念。尽管理论界对企业的研究起步很早，但是侧重生命周期角度的研究到 20 世纪 60 年代才有人提出。“企业生命周期”这一概念大约是在 20 世纪 70 年代中期提出的，最早提出这一概念的可能是耶鲁大学的约翰·R. 金伯利（John R. Kimberly）和罗伯特·H. 迈尔斯（Robert H. Miles）。企业生命周期理论把企业人格化，认为企业像生物有机体一样，有一个从生到死、由盛转衰的过程。美国学者伊查克·爱迪思（Ichak Adizes）曾用 20 多年的时间研究企业如何发展、老化和衰亡，他所创立的生命周期理论准确生动地概括了企业生命不同阶段的特征，剖析了企业生命周期的基本规律，揭示了企业生存过程中基本发展与制约的关系，并提出了相应的对策。爱迪思创立的企业生命周期理论把企业组织的生命周期细分为 10 个时期，分别是孕育期、婴儿期、学步期、青春期、盛年期、稳定期、贵族期、官僚化前期、官僚期、死亡期。

本书从一般意义上将企业生命周期归结为初创期、发展期、成熟期和衰退期四个阶段，探讨企业在这四个阶段的财务的一般特征、财务战略的定位以及财务战略的选择等问题。在企业所处的不同阶段，企业内部所拥有的财务资源和财务能力是不同的，这又决定了在一定时期内企业所具有的资源和实力是有限的，如何制定合适的财务战略，充分发挥企业的核心优势，是企业在制定财务战略时必须考虑的问题。同时，由于企业在初创期、发展期、成熟期和衰退期，在行业中的地位是不断变化的，所面临的竞争环境、财务环境也是动态的，因此，企业在制定财务战略时，必须结合外部环境，做出恰当的选择。

下面详细介绍企业在这四个阶段的财务的一般特征：

1. 初创期财务的一般特征

现金需求量大，需要大规模举债经营，存在着很大的经营风险。这些风险包括：新产品能否试制成功；如果成功，它能否被潜在的客户接受；如果被接受，这个市场能否扩大到一定的规模，以补偿投入的成本与给予该产品充分发展的空间；即使这些都能实现，企业能否获得足够的市场份额立足于该行业；等等。这种高经营风险意味着与这一阶段相关的财务风险应尽可能降低。

企业市场份额的确定缺乏依据与理性，没有稳定的份额，投机性较强，风险性投资较为明显。产品结构不稳定，规模效益低下，单位产品的成本和分担的固定成本较高。

新产品的开发和市场的拓展需要投入大量的资金，企业的现金净流量多呈现负数，且需要投资者给企业注入新的资金，内部资金积累还需要一个过程。零股利分配政策已成为创业期企业普遍采用的财务政策。

企业的财务环境生疏，各种财务关系尚待疏通。特别是由于企业尚未建立一定的市场地位，其信用程度不高，资产抵押能力有限，偿债能力差，外部筹资能力也极为有限。

创业者在经营管理上“大权独揽”。企业不同程度地缺乏技术、经营与管理等方面的一般知识与专门知识，更缺乏一套系统科学的管理体系。创业者对筹资、投资以及日常财务管理工作都要过问，财务大权完全掌控在创业者手中。

财务管理的重点是资金筹集。处于初创期的企业的资金，主要来源于创业者和风险资本。以自有资金为主、借入资金为辅，加大内部投资力度，或者依靠风险资本来满足其对资金的需求。随着企业经营业务的发展，经营活动产生的现金流量逐渐由负值趋向于零，并会逐渐增加。销售额最大化是构成财务管理的目标。

2. 发展期财务的一般特征

拥有稳定的产品和生产销售体系，在没有强大企业介入的小范围内建立了较大的竞争优势。企业销售增长率通常持续在10%以上，资金实力已有明显增强。尽管较之初创期，经营风险有所降低，但在绝对数值上依然是高的。

自有资本在企业发展中不断增加。企业自身创造现金的能力在增强，企业通过积累，拥有了一定的自由资金周转规模，基本上能够满足企业生产经营对追加资金的需求。对一家高成长公司来说，应将收益的大部分返回到经营过程中，以便为企业未来的发展提供资金，实行低股利支付率政策是这一策略的必然结果。

在融资方式上，采用适当的融资渠道，更多地利用负债而不是股权筹资，旨在将财务风险控制在低水平。

企业资产规模的快速扩张，往往使企业的资产收益率在一个较长时期内表现为相对低水平，因为收益的增长相对资产的增长总是具有一定的滞后性。企业财务策划应以增加财务杠杆利益为出发点，以追求利润最大化为目标，采取积极的筹资策略，大大提高债务比例；同时应加强管理，降低资金成本，减少筹资风险，提高企业的权益资本收益率。

大规模生产和追求利润最大化的目标导向，使资本源源不断地注入短期盈利较大的某一产品、某一行业领域。此时的企业容易被眼前的机会和利润所驱使，从而缺乏战略眼光。同时，会有新的竞争者进入市场，导致竞争开始加剧。随着销售额的不断上升，研发、促销等费用对销售额的比率不断下降，并且由于“经验曲线”的影响，产品的单位制造成本相对于初创期也开始快速下降。

3. 成熟期财务的一般特征

企业销售额和产品市场份额比较稳定，其增长率一般在0～10%之间。融资渠道较多，融资数额与难度有所降低。伴随着负债融资增加，财务风险上升到与经营风险相当的程度。每股的高现金净利比例使股利支付率和支付额都会提高，投资者此时的回报更多是通过股利分配来满足。

企业开展多元化经营战略，有计划、有步骤地实施资源战略转移。资源战略转移使企业内部的各个子系统处于不断调整的过程中，以适应企业重新发展的需要。战略重点转移的一个方面就是保持现有的市场份额和提高效率，这使得从发展期进入成熟期的转换非常难以管理。然而，通过负债融资而提高的财务风险可以用降低的经营风险抵销，因为这一阶段的净现金流量已变成正数，借款和还款成为可能。

企业发展速度慢，面临成长极限①，但稳定性增强。成本、利润等财务指标会在一个时期内保持不变或变化很小。

经营活动出现正的现金流量，投资活动出现的现金流量开始慢慢由负变为正，融资活动不再给企业带来净现金流入，开始表现为净现金流出，现金流转顺畅。财务状态比较稳定，资产收益水平较高，企业的获利能力大大提高，规模效益显著。

企业从以量取胜转向以质取胜，其灵活性和可控性达到平衡，凸显了一些企业运作的理想化特征，如企业组织结构完善和控制体系基本建立。通过资本积累和融资达到相当大的资本规模。融资渠道多且能力强，成为企业成长的重要推动力。公司股票价值有可能被市场高估。

一方面，公司留存收益具有潜在风险，因为它可能没有被合理使用，从而导致企业整体经营回报率降低。另一方面，公司开始把资金投资在其他领域，以期望开拓新的成长机会和形成新的可持续竞争优势，并以此创造新的增长机遇。财务战略的目标是可持续盈利能力最大化。

4. 衰退期财务的一般特征

企业产品销售量和利润急剧下降，市场萎缩，价格下调，生产任务不足，销售增长率出现负数。

企业获利能力下降，偿债能力不能保持；企业财务状况逐渐变坏，员工流动率提高。财务杠杆水平和财务风险日渐增加。

企业需要调整战略，实施组织再造与管理更新。德鲁克提出的“企业可能出现衰败的信号”值得借鉴：(1) 企业的使命接近完成。(2) 超常规的发展。一般来说，在很短的时间内，一个企业在规模上扩大 2～3 倍，那可以肯定，它已经超越了自己的事业理论基础，此时必须重新审视本企业的生存环境、使命和核心竞争力。(3) 意外的成功或失败。意外的成功可能是好事，但是如果超出了事业理论基础，新的事业理论又未建立，企业失去了理论支撑，最终会因为无力驾驭与控制，招致灭顶之灾。而意外的失败比之意外的成功就更为可怕。如果对于这种突发的失败视而不见，或漫不经心，就会使得多年建立起来的基业顷刻覆灭。

---

① 成长极限是指企业在成长过程中，由于各种因素的限制，企业的成长速度、规模水平在达到一定的水平以后所处的一种很难进一步提高的状态。一般而言，企业在其生命周期的各个阶段都会存在影响企业继续发展的因素，但是，成长极限特指成熟期的企业遇到的很难进一步成长的状态。

财务管理的重点是获得稳定的现金流量，并不断提高自身的市场价值。

第二节　农业企业的成本费用管理

一、成本费用的概念与构成

成本是商品价值的组成部分。人们要进行生产经营活动或达到一定的目的，就必须耗费一定的人力、物力和财力资源，其所耗资源的货币表现及其对象化称为成本。

成本与费用是两个不同的概念。成本一般指生产经营成本，是按照不同产品或提供劳务而归集的各项费用之和。我国现行财务制度规定，产品成本是指产品制造成本，是生产单位为生产产品或提供劳务而消耗的直接材料、直接工资、其他直接支出和制造费用的总和。费用常指生产经营费用，是企业在一定时期内为进行生产经营活动而发生的各种消耗的货币表现。

成本与生产经营费用都反映企业生产经营过程中的耗费，生产经营费用的发生过程往往又是产品成本的形成过程。二者的区别在于耗费的衡量角度不同。成本是为了取得某种资源而付出的代价，是按特定对象所归集的费用，是对象化了的费用；费用是在某会计期间针对企业所拥有或控制的资产产生的耗费，与一定会计期间相联系而与特定对象无关。其中，生产经营费用既包括直接费用、制造费用，还包括期间费用，而产品成本只包括直接费用和制造费用。

（一）产品成本项目构成

1. 直接材料

直接材料指生产商品产品和提供劳务过程中所消耗的，直接用于产品生产，构成产品实体的原料及主要材料、外购半成品以及有助于产品形成的辅助材料和其他直接材料。

2. 直接工资

直接工资指在生产产品和提供劳务的过程中，直接参加产品生产的工人工资、奖金、补贴。

3. 其他直接支出

其他直接支出包括直接从事产品生产的人员的福利费等。

4. 制造费用

制造费用指应用于产品制造但不能直接计入产品成本的有关费用，换句话说，是指企业为生产产品和提供劳务而发生的各项间接费用，主要包括各生产车间管理人员的工资、奖金、津贴、补贴、福利费，生产车间房屋建筑物、机器设备等的折旧费，租赁费（不包括融资租赁费），取暖费，水电费，办公费，差旅费，运输费，保险费，设计制图费，试验检验费，劳动保护费，修理费，等等。

（二）期间费用项目

期间费用是指企业行政管理部门为组织和管理生产经营活动而于本期发生的，不能直接或间接归入营业成本，而是直接计入当期损益的各项费用，包括销售费用、管理费用和财务费用等。

1. 销售费用

销售费用指企业在销售过程中所发生的费用。销售费用具体包括应由企业负担的运输费、装卸费、包装费、保险费、展览费、销售佣金、委托代销手续费、广告费、租赁费和销售服务费，专设销售机构的人员工资、福利费、差旅费、办公费、折旧费、修理费、材料消耗、低值易耗品摊销及其他费用。但销售部门属于行政管理部门，所发生的经费开支不包括在销售费用之内，而应列入管理费用。

2. 管理费用

管理费用指企业管理和组织生产经营活动所发生的各项费用。管理费用包括的内容较多，具体包括公司经营、工会经费、职工教育经费、劳动保险费、差旅费、咨询费、审计费、诉讼费、技术转让费、技术开发费、无形资产摊销、递延资产摊销、坏账损失、业务招待费以及其他费用等。

3. 财务费用

财务费用指企业为进行资金筹集等理财活动而发生的各项费用。财务费用主要包括利息净支出、汇兑净损失、金融机构手续费和其他因资金而发生的费用。利息净支出包括短期借款利息、长期借款利息、应付票据利息、票据贴现利息、应付债券利息、长期应付融资租赁款利息、长期应付引进国外设备款利息等。

二、企业成本费用管理

（一）成本费用管理的原则与要求

1. 成本费用管理的原则

（1）正确区分各种支出的性质，严格遵守成本费用开支范围。

（2）正确处理生产经营消耗同生产成果的关系，实现高产、优质、低成本的最佳组合。

（3）正确处理生产消耗同生产技术的关系，把降低成本同开展技术革新结合起来。

2. 成本费用管理的要求

（1）明确成本费用管理的范围界限。企业的费用支出多种多样，企业在计算成本、费用指标时，必须明确成本和费用的界限，划清生产性消耗与非生产性消耗的界限。如果把一些不属于生产经营的费用支出列入成本费用，或漏计、少计成本费用，就会影响企业的利润总额，混淆成本费用补偿的界限，损害投资者的利益，也影响国家的财政收入。因此，企业必须明确成本费用的开支范围，划清费用补偿界限，保证产品成本的真实性和可靠性。

（2）规范成本费用管理的基础工作。规范成本费用管理工作是进行成本费用核算与控制的前提。它主要包括做好各项定额、预算的制定和修订工作，健全各项原始记录，建立计量检测管理制度，使成本费用管理工作有据可循。

（3）实行全面成本费用管理。全面成本费用管理是指企业、生产班组、个人等各个层次，生产技术、经营、后勤服务各个部门，包括产品的开发设计、试制、生产准备、生产制造、产品销售，一直到用户使用，即企业生产经营的全过程，都要进行成本费用核算与管理。全面成本费用管理要求“三全一防”，即全过程管理、全环节管理、全员管理与预防性管理。

(4) 正确处理成本费用与产品质量之间的关系。降低产品成本、节约费用，以尽可能低的消耗取得尽可能大的经营成果，这不是片面讲求节约，而是要求在重视提高产品质量的前提下，降低成本费用。一方面，产品质量提高，废品少，单位产品的平均成本就会降低；另一方面，因产品质量提高，在一定时期内需要多消耗一些人工和材料，导致成本上升。因此，必须正确分析和处理二者之间的关系，以提高企业综合经济效益。

(二) 企业成本费用的日常管理

1. 成本预测

成本预测是根据计划期内企业生产经营活动中各种技术经济条件的变化情况和拟采用的降低成本措施，运用科学的方法，对产品成本的变动趋势和未来成本水平做出估计。它是进行成本决策和制订成本计划的依据。

农业企业成本预测主要包括以下内容：

(1) 在新建、扩建和改建企业时，要预测建设工程成本和投产后的产品成本。

(2) 在采取重大技术措施、进行设备改造和更新时，要预测技术措施、设备改造和更新的工程成本与投产后的产品成本。

(3) 在开发新产品和改造老产品时，要预测新产品设计成本和老产品改造成本。

(4) 在制定或改革产品工艺时，要进行工艺成本的预测分析。

(5) 在正式编制成本计划前，要进行可比产品成本降低指标的试算平衡和不可比产品成本的预计。

(6) 在执行成本计划的过程中，要预测下一阶段成本计划可能完成的程度。

(7) 在日常生产管理中，要通过技术经济指标的变动，预测单位产品成本及其变动趋势。

成本预测第一要确定预测目标，明确预测范围、期限和方法；第二要收集和分析所需的资料和数据，审核资料的可靠性、完整性和代表性，排除偶然因素的干扰；第三要建立成本预测模型，利用模型进行定量分析；第四要发现问题，纠正预测误差；第五要比较权衡，择优选用，即通过比较各种方案在不同状态下的成本，从中选择技术上先进、经济上合理的最优方案。

按照成本性质的不同，成本预测方法可以分为定性预测方法和定量预测方法。定性预测方法，是指利用所收集的经济情报资料，依靠有关人员的判断经验和综合分析能力来预测未来成本的方法，如专家会议法、德尔菲法等。定量预测方法，是指以有关的历史数据为基础，运用一定的数学模型进行计量性预测的方法。根据所采用数学模型的不同，定量预测方法又可分为多种类型，常用的方法有历史成本预测法、目标成本预测法和销售收入成本费用率预测法。

2. 成本决策

决策是一个过程，从确定成本目标到选择实施方案，一般要经过确定决策目标、收集相关资料、拟订备选方案、做出最后决策四个基本程序，其中最关键的就是确定决策目标，即目标成本（目标成本＝最有竞争能力的价格－必须保证的利润）。所谓目标成本，也可以说是作为奋斗目标所要努力实现的成本，即力求在成本尽可能低的条件下实现净收益最大化。

成本决策不仅是成本管理的重要职能，还是企业生产经营决策体系中的重要组成部分。成本决策所考虑的是价值问题，即资金耗费的经济合理性问题。成本决策的内容包括产品成本决策、质量成本决策、产品寿命周期成本决策等。成本决策的方法有定性分析法和数量分析法。数量分析法包括量本利分析法、差量分析法、投入产出法等。

成本决策的基本程序：

（1）确定决策目标。成本决策的总体目标是要求在企业生产经营活动中，资金耗费水平达到最低，所取得的经济效益最大。在某一具体问题中，可采取不同形式，但总的原则是必须兼顾企业目前和长远的利益，并且要通过自身努力能够实现。

（2）收集相关资料。收集的资料，是指与进行该项成本决策有关的所有成本资料以及其他资料。广泛地收集资料是决策是否可靠的基础，全面、真实、具体是收集工作的基本要求。

（3）拟订备选方案。进行成本决策，必须先拟订多个（两个以上）可行的备选方案，以供比较和择优。拟订可行性方案时，一般应把握两个基本原则：一是保持方案的全面完整性，二是满足方案之间的差异性。

（4）做出最后决策。在对各种可行性方案进行比较分析的基础上，按照一定的标准，采取合理的方法进行筛选，最后做出成本最优化决策。

3. 成本费用计划

成本费用计划是在预测的基础上，预先规定企业计划期成本费用的耗费水平和降低成本总目标的措施方案。它是企业生产财务计划的重要组成部分，是成本核算和成本费用控制的重要依据。正确编制成本费用计划，是加强成本费用管理的重要环节，其作用在于通过编制成本计划，增强预见性，减少盲目性，有利于控制费用开支，节约各种物资消耗，指导和监督企业生产经营活动。

成本费用计划包括产品成本计划和期间费用预算。产品成本计划具体包括主要产品单位成本计划、全部产品生产成本计划以及制造费用预算等。期间费用预算包括销售费用预算、管理费用预算、财务费用预算。一般是先编制产品单位成本计划，然后汇总成全部产品的成本计划。

成本计划编制的步骤：

（1）收集和整理有关资料。包括上级管理部门有关成本计划编制的各项规定，计划期内企业的生产、物资供应、劳动工资和技术组织等，企业成本的历史资料及同类企业或同类型产品的成本资料，职工对增产节约的意见和建议，等等。

（2）进行试算平衡。所谓试算平衡，就是根据计划期内影响成本降低的各项主要因素，测算可比产品可能降低的数额和比率。

（3）对农产品成本进行核算。产品成本核算包括生产费用的归集、分配，产品总成本、单位成本的计算两部分。农产品成本核算，是将农业企业在一定时期内发生的、用货币表现的生产耗费，按它们的用途进行归集、分配，计算出不同产品的实际成本和单位成本的过程。

三、农产品成本核算

（一）生产成本要素的核算

生产费用是指农业企业生产过程中发生的与产品生产有密切联系、能用货币计量的耗费。将生产费用按照一定的成本计算对象进行归集，则形成各种生产成本。生产费用要素包括以下几个方面：

（1）外购材料。农业企业为进行生产而耗用的一切从外部购进的原材料，主要是种子、化肥、农药、鱼苗、地膜等。

（2）外购燃料。企业为进行生产而耗用的一切从外部购进的各种燃料，包括固体燃料、液体燃料和气体燃料。

（3）外购动力。农业企业为进行生产而耗用的一切从外部购进的各种动力，包括电力、热力和蒸汽等。

（4）人工费。农业企业所有应计入生产费用的职工工资、工资性津贴、奖金、福利费等各项劳动报酬。

（5）折旧费。农业企业按照规定对固定资产计算提取并计入费用的折旧费。

（6）其他支出。不属于以上各项要素的费用支出，如邮电费、差旅费、租赁费等。

将上述生产费用要素按照经济用途可划分为以下若干成本项目：

（1）直接材料成本。直接材料一般指构成产品实体的原材料、辅助材料等。在种植业中指生产中耗用的自产或外购的种子、种苗、化肥、农药、地膜等，在畜牧业中指畜牧养殖业生产中耗用的饲料、燃料、动力、畜禽医药费等，在渔业中指直接用于养殖生产的苗种、饲料、肥料和材料等。

（2）直接人工成本。直接人工成本指直接从事种植业、畜牧业、林业、渔业等的生产人员的工资、工资性津贴、奖金、福利费等。

（3）机械作业成本。机械作业成本指生产过程中进行耕、耙、播种、施肥、中耕、除草、喷药等机械作业所发生的费用支出，如燃料和润滑油费、修理用零部件费、农机具折旧费、农机具修理费等。有航空作业的种植业，机械作业费还包括航空作业费。将机械作业费按机械车组或单车进行归集，在一定时期内一个机械车组或单车所耗费的机械作业费就是机械作业成本。

（4）其他直接费用。其他直接费用指直接材料费、直接人工费和机械作业费以外的其他直接费用。

（5）制造费用。农业企业的制造费用是指各农业生产单位（如生产队）为组织和管理生产而发生的应摊销、分配计入各产品生产成本的间接费用。比如种植业生产中所发生的生产管理人员工资及福利费、固定资产折旧费、晾晒费、场院照明费、晒场维修费、晒场警卫人员工资、粮食清选费、烘干费等。

（二）辅助生产成本的核算

辅助生产，是指为基本生产、企业行政管理部门等单位提供服务而进行的产品生产和劳务供应。辅助生产车间为生产产品或提供劳务而发生的原材料费、动力费、工资及福利费以及辅助生产车间的制造费，被称为辅助生产费。为生产和服务提供一定种类和一定数量的产品或劳务所耗费的辅助生产费之和，构成该种产品或劳务的辅助生产成本。

（三）种植业生产成本的核算

种植业包括大田作物栽培和蔬菜栽培，还有其他特殊的园艺栽培等。大田作物栽培有小麦（冬小麦和春小麦）、其他麦类、水稻（早稻和晚稻）、大豆、杂豆、玉米、其他谷物、薯类作物、棉花、花生、油菜籽、其他油料作物、糖料作物、烟叶、剑麻、其他纤维作物、香料作物、人参、啤酒花、牧草等。蔬菜栽培主要有菠菜、番茄、茄子、大白菜、菜豆、茴香、金针菜、木耳、蘑菇等。蔬菜栽培又分为露天栽培和保护地（温床和温室）栽培。特种园艺栽培有灵芝、花卉等。

种植业农产品生产成本计算的截止时间因农作物农产品特点而异。农业企业的种植业生产具有季节性强、生长周期长、经济再生产与自然再生产相交织的特点。在确定种植业各成本计算期时，应与其生产周期一致，在农产品产出的月份计算成本。粮豆的成本算至入库或在场上能够销售，棉花算至皮棉，纤维作物、香料作物、人参、啤酒花等算至纤维等初级农产品，草算至干草，不入库的鲜活农产品算至销售，入库的鲜活农产品算至入库，年底尚未脱粒的作物算至预提脱粒费用。下年度实际发生的脱粒费用与预提费用的差额，由下年同一农产品负担。

成本核算参考公式：

$$\text{某种作物单位面积成本}=\frac{\text{该种作物生产总成本}}{\text{该种作物播种面积}}$$

$$\text{某种作物主产品单位产量成本}=\frac{\text{该种作物生产总成本}-\text{副产品价值}}{\text{该种作物主产品产量}}$$

$$\begin{array}{c}\text{一次性收获多年生作物}\\\text{主农产品单位成本}\end{array}=\frac{\text{截止收获月份的累计费用}-\text{副产品价值}}{\text{主农产品产量}}$$

$$\text{某种蔬菜应分配的温室费用}=\frac{\text{温室费用总额}}{\text{实际使用的格日总数}}\times\text{该种蔬菜占用的格日数}$$

（四）林业生产成本的核算

林木生产包括种子、苗木、木材生产等，其主要产品有种子、苗木、原木、原竹、水果、干果、干胶（或浓缩胶乳）、茶叶、竹笋等。林木按生产阶段一般可分为种苗、造林抚育、采割三个阶段，不同阶段的林木也应分别核算其成本。

各阶段林木及林产品的生产成本计算：育苗阶段算至出圃时；造林抚育阶段，消耗性林木资产和公益林算至郁闭成林时，生产性林木资产算至达到预定生产经营目的时；采割阶段，林木采伐算至原木产品，橡胶算至干胶或浓缩胶乳，茶算至各种毛茶，其他收获活动算至其他林产品入库。

（五）畜牧养殖业生产成本的核算

畜牧养殖业生产是指对猪、牛、羊、鸡、鸭、鹅等畜禽产品的生产。畜牧养殖业生产成本是指企业饲养和放牧各种畜禽发生的全部费用，主要包括仔猪（牛、羊等）费、饲料费、人工费、防疫和医药费、房屋和机械设备折旧费、零星用具购置费、借款及占用资金的利息、销售费、运费、水电费和零星死亡损失费等。在成本中不包括大批死亡的意外亏损。

对畜牧业产品进行成本核算，首先要确定成本计算对象，可以实行分群核算，也可以实行混群核算。实行分群核算可以按不同种类畜禽的不同齿龄，划分为若干群，按群归集生产费用，分群计算畜禽产品成本。混群核算是只按畜禽种类划分，不按畜禽的齿龄分群，其生产费用的归集和成本计算都按畜群种类进行。

成本核算参考公式：

（1）分群核算。

$$\text{幼畜(禽)活重的单位成本(元/千克)}=\frac{\text{该群累计饲养费用}-\text{副产品价值}}{\text{幼畜(禽)活重}}$$

$$\begin{aligned}\text{某畜(禽)群的增重量(千克)}=&\text{该群期末存栏活重}+\text{本期离群活重[不包括死畜(禽)重量,下同]}\\&-\text{期初结转、期内购入和转入的活重}\end{aligned}$$

$$\text{幼畜(禽)或育肥畜(禽)增重单位成本(元/千克)}=\frac{\text{该群本期饲养费用}-\text{副产品价值}}{\text{该群增重数}}$$

$$\text{某群幼畜(禽)及育肥畜(禽)活重单位成本(元/千克)}=\frac{\text{期初活重总成本}+\text{本期增重总成本}+\text{购入、转入总成本}-\text{死畜(禽)残值}}{\text{期末存栏活重}+\text{期内离群活重}}$$

$$\text{某群转出总成本(元)}=\text{该群本期离群活重}\times\text{该群活重单位成本}$$

$$\text{某群期末存栏总成本(元)}=\text{某群期末存栏活重}\times\text{该群活重单位成本}$$

$$\text{主产品单位成本(元/千克)}=\frac{\text{该畜(禽)群累计全部饲养费用}-\text{副产品价值}}{\text{该畜(禽)群主产品总产量}}$$

（2）混群核算。

$$\begin{aligned}\text{某类畜(禽)本期生产总成本(元)}=&\text{期初存栏价值}+\text{本期间养费用}\\&+\text{本期购入畜(禽)价值}+\text{本期无偿调入畜(禽)价值}\\&-\text{期末存栏价值}-\text{本期无偿调出畜(禽)价值}\end{aligned}$$

$$\text{某类畜(禽)主产品单位成本(元)}=\frac{\text{某类畜(禽)生产总成本}-\text{副产品价值}}{\text{该类畜(禽)主产品总产量}}$$

（六）渔业生产成本的核算

渔业又称水产业，渔业生产指水生动、植物的养殖。水生动、植物养殖可分为淡水养殖和海水养殖两种。淡水养殖主要生产淡水鱼等，海水养殖主要生产海水鱼、虾、贝、藻等。

渔业一般以水产品品种为成本核算对象。淡水养殖场一般计算鱼苗、鱼种和成鱼等主要产品成本。海水养殖场一般计算虾、牡蛎、蛤、海带、紫菜、海水鱼等主要产品成本。

水产养殖专业性较强，养殖生产要经过育苗、繁殖、培育、投入放养等过程，生产周期一般在1～2年或更长，具有培育周期长的特点。因此，水产养殖的成本计算期从购入幼苗或育苗开始，不入库的鲜活产品计算到销售为止，入库的成品成本则计算到入库为止。其成本计算期一般应与其生产周期一致。

（1）淡水养殖成本核算参考公式。

$$\text{每万尾鱼苗成本}=\frac{\text{育苗期的全部成本费用}}{\text{育成鱼苗万尾数}}$$

$$鱼种单位成本=\frac{育种期的全部成本费用}{育成鱼苗万尾数或千克数}$$

$$多年放养成鱼单位成本=\frac{捕捞前各年发生的生产费用+本年生产费用}{成鱼总产量}$$

$$逐年放养成鱼单位成本=\frac{本年成鱼放养的全部费用}{本年成鱼产量}$$

（2）海水养殖成本核算参考公式。

$$成鱼单位成本=\frac{捕捞前各年结转的生产费用+当年发生的生产费用+捕捞费用}{成鱼总产量}$$

第三节　农业企业的利润管理

利润管理，是指企业对利润的形成与分配进行计划、监督与控制等一系列活动。企业利润一般受产品的生产量、销售量、成本、价格等多种因素的影响。利润管理则要求企业增加合理利润，正确反映和分配利润，加强成本形成过程和产品销售过程的管理与控制。利润管理对现代农业企业的持续发展具有重要意义。

一、企业利润的概念

利润是销售收入扣除成本费用后的余额。由于成本费用包括的内容与表现形式不同，利润所包含的内容与表现形式也不同。如果成本费用不包括利息和所得税，则利润表现为息税前利润；如果成本费用包含了利息而不包括所得税，则利润表现为利润总额；如果成本费用包含了所得税，则利润表现为净利润；如果成本费用中甚至包含了权益资本的成本，则利润表现为经济增加值。当然，上述关于利润的不同内容与表现形式，只是就一般意义而言的，在不同时期的财务制度与会计制度中，为了经济管理的需要，成本费用的内容、形式与利润的内容、形式均略有差别，经济增加值也有许多调整因素。

企业利润的经济实质是企业员工为社会创造的剩余产品价值的货币表现，是企业的经营成果。利润是反映企业经营绩效的核心指标，在一定程度上反映出企业经济效益的高低和对社会贡献的大小。企业利益相关者主要有所有者、债权人、经营者、员工和国家。利益相关者之间的经济关系，包括经济上的责、权、利关系。三者之中利益是基础和目的，行使权力与履行责任，都是为了获得相应利益。处理相关者的利益关系，核心是做好利润分配工作。做好利润分配工作的前提是要有不断增长的利润可分。加强利润管理，一方面能直接为企业内部法规和准则的制定提供约束目标，为制度和规范的完善指明方向；另一方面为改进企业绩效考核提供了思路。因此，加强企业利润管理有利于引导企业的经营管理步入良性循环的轨道。企业利润的获得和不断增长，是企业内部积累的源泉，是企业可持续发展的财力基础。

二、利润的核算

利润体现为企业在一定时期内从事生产经营活动、投资活动和其他非经营活动所取得的全部纯收入。就其构成来看，既有通过生产经营活动而获得的，还包括那些与生产活动无直接关系的事项所引起的盈亏。企业的利润总额涉及营业利润、投资净收益、营业外收支净额和补贴收入等部分（见表9－2）。

表9－2　利润总额的构成

营业利润	营业利润是企业在一定期间从事生产经营活动所取得的净收益，是利润总额的主体
投资净收益	投资净收益是企业对外投资取得税务收益扣除投资损失后的余额
营业外收支净额	营业外收支净额是与企业生产经营活动没有直接联系的各种营业外收入扣除营业外支出的余额
补贴收入	补贴收入是企业按规定实际收到退还的增值税，或按销量或工作量等依据国家规定的补助定额计算并按期给予的定额补贴，以及属于国家财政扶持的领域而给予的其他形式的补贴

资料来源：谢获宝．新编会计学原理［M］．武汉：湖北人民出版社，2008.

利润核算参考公式：

企业利润总额＝营业利润＋投资净收益＋补贴收入＋营业外收支净额

产品销售利润＝产品销售净收入－产品销售成本－产品销售税金及附加

三、利润分配管理

（一）利润分配的概念与意义

利润分配是利用价值形式对企业劳动者创造的社会剩余产品所进行的分配。生产决定分配，而分配对生产又起着积极的促进作用。通过利润分配能正确处理企业与各方面的经济关系，调动各方面的积极性，促进生产经营的发展。

利润分配具有重要的意义。首先，通过利润分配，国家财政能集中动用一部分利润，为社会经济的发展创造良好的条件。其次，通过利润分配，企业由此形成一部分自行安排使用的积累性资金，增强企业生产经营的财力，有利于企业发展生产，改善职工生活福利。最后，通过利润分配，投资者能实现预期的收益，从而提高企业的信誉度，有利于增强企业继续融通资金的能力。

为充分发挥利润分配的重要作用，在利润分配中必须遵循以下原则：

1. 兼顾各方面利益的原则

在利润分配中，必须兼顾国家、企业经营者和投资者的利益。为保证国家职能的实现，各个企业应将其利润的一部分，以税金形式上交给国家，形成统一的财政资金。企业作为生产经营活动的主体，为进一步发展生产和改善职工生活，应从利润中分得相当一部分，用以建立公积金和公益金。经营者是搞好企业经营的关键要素，应以奖金或股票、期权的形式分给经营者一部分利润。投资者作为企业资产的所有者，有权按规定分享部分利润。

2. 积累和消费相结合的原则

企业税后利润的分配要体现把积累和消费正确地结合起来的要求，既要扩充企业扩大再生产的财力基础，保证扩大再生产的进行，又要为不断提高职工工资和福利待遇创造条件。要防止片面强调积累、不顾消费的行为，也要纠正片面强调消费、挤占积累的行为。

3. 效率与公平相统一的原则

在税后利润分配中，要确立劳动、资本、技术和管理等生产要素按贡献参与分配的原则。企业经营者和其他职工以管理、技术等要素参与企业利润分配的，应当在企业章程或者有关合同中对分配办法做出规定。凡按贡献取得企业股权的，与其他投资者一同进行企业利润分配；没有取得企业股权的，如采取奖金等形式，在相关业务实现的利润限额和分配标准内，从当期费用中列支。无论以何种方式参与利润分配，都应按章程或合同规定对经营者与职工的业绩进行严格考核，不符合要求的经营者与职工不能参与利润分配。

（二）企业利润分配的顺序

1. 弥补企业亏损

按《企业财务通则》规定，企业发生的年度亏损，可以用下一年度的税前利润弥补；下一年度利润不足弥补的，可以在五年内用所得税税前利润延续弥补；延续五年未弥补完的亏损，用缴纳所得税之后的利润弥补。由于现阶段，我国境内的所有企业都是面向市场从事商品生产和经营的实体，法律地位平等，都是商品生产经营者，应享受同等的权利和义务。而市场是千变万化的，任何企业都有获得盈利的机遇，也都有面临风险而出现亏损的可能。当企业经营有盈利时，任何企业都应按税法规定履行向国家上交所得税的义务；当企业经营发生亏损时，国家也予以扶持，帮助企业解决财务困难。因此，国家财政部门对企业亏损的弥补做了上述统一规定。

采取用以后特定时期的利润弥补某年亏损的办法叫后延弥补。后延弥补具有这些优点：1）较之于前抵弥补（用前几年的盈利弥补，具体做法是由企业申请退税来弥补）而言，可以免除税务部门退税的困难。2）一切企业发生亏损均按统一政策进行补亏，有利于企业平等竞争。3）采取这种补亏办法可以使那些利润变动不均衡的企业避免发生税负过重的情况。4）采用这种补亏办法，既体现了国家对亏损企业的扶持，为企业扭亏创造了必要条件，又体现了对企业的鞭策。企业必须完善内部经营机制，通过加强内部管理，尽快扭亏为盈。否则，五年补亏期满，企业未抵补完的亏损额就转由企业税后利润抵补了。

2. 缴纳所得税

所得税是国家凭借政治权力参与企业收益分配的一个税种。它按年计征，分期预缴。企业应从全局利益出发，正确计算和缴纳所得税数额，其计算公式如下：

企业应纳所得税的数额＝企业应税所得额×所得税的税率

式中，所得税的税率是由国家税法规定的，企业必须严格执行，不得随意改变。正确计算应纳所得税数额的关键是正确计算应税所得额。应税所得额是根据国家税法规定，用在企业实现利润总额的基础上增加或扣减有关收支项目的办法加以计算的，其计算公式如下：

企业应税所得额＝实现利润总额＋经批准增加的收入项目
　　－经批准减少的项目（如弥补以往年度亏损等）

3. 分配税后利润

企业缴纳所得税后的利润一般应按下列顺序进行分配：

（1）支付被没收财物的损失，以及违反税法规定而支付的滞纳金、罚款。把这项支出作为税后利润分配的首要项目，是为了维护国家的法律权威，促使企业遵纪守法。税法和经济合同都有法律效力，具有强制性，任何企业都必须遵守，不得违反。如果违反税法，该缴纳的税款不缴纳，甚至偷税、漏税，除按税法规定补缴税款，还要从滞纳之日起按照规定征收滞纳金。违反经济合同也是违法，如缔约的任何一方未履行合同或未完全履行合同，给对方造成经济损失，违约者应向对方支付违约金。如果因违约给对方造成的经济损失超过违约金时，违约方应向对方支付罚款，补偿违约金的不足部分。另外，行政、公安、司法、海关等部门为贯彻执行各种法律而制定的各种条例和制度也应认真遵守，企业在生产经营活动中违反了这些条例和制度，情节严重的要罚款或没收财物。

（2）弥补以前年度亏损。如果企业的亏损额较大，用税前利润在五年的限制期内抵补不完，就转由企业的税后利润弥补，以保证企业简单再生产的正常进行，为扩大再生产创造条件。

（3）提取公积金。一般工商企业均应提取法定盈余公积金。现行制度规定，根据税后利润扣除前述两项分配数额后的余额的10%提取公积金，主要用于弥补企业亏损，补充投资者分利的不足，以及按规定转增资本金。但在补充投资者分利或转增资本金后，企业留存的法定盈余公积金不得低于企业注册资本的25%。企业的法定盈余公积金达到注册资本的50%时可不再提取。

（4）投资者分配利润。投资者总是关心其投资收益率的高低，取得较高收益率是其投资的目的。投资者把每年年底能从企业税后利润中分得的份额作为衡量企业经营绩效的指标。如果一个企业过去税后利润的分配率一直较为稳定，而现在却有较大幅度的下降，这必然影响企业继续融通资金。因此，当企业发生亏损、无利分配时，经企业管理当局决议，在保证法定盈余公积金的余额不低于企业注册资本的25%的条件下，可将法定盈余公积金的一部分分配给投资者，以维护企业的声誉。可见，向投资者分配税后利润是十分重要的。

第四节　农业企业的经营绩效评价

一、企业财务业绩评价

在现代企业的经营活动中，只有运用科学的分析方法，提供有说服力的量化数据和指标，才能评价企业经营成果和经营业绩，运筹企业未来的经营活动。因此，财务评价十分重要。

（一）财务评价的基本含义

企业财务评价，是以收集、处理与企业财务状况和经营成果有关的信息为起点，以企业对外提供的财务报告为主要依据，结合财务相关环境资料，对企业已完成的经营成果进行考核，对企业目前财务状况进行评估，对企业未来的发展趋势进行预测，为相关决策者提供决策信息支持的系统分析、评判过程。从性质上看，财务评价的视角包括财务状况、经营业绩及各项财务能力（主要是偿债能力、获利能力和经营能力等）；从时间上看，财务评价的视角包括财务现状、财务趋势及财务前景；从与投资决策的相关性看，财务评价的视角包括投资的预期收益与风险等。上述各项财务评价视角的内容之间也是相互交叉、相互重叠的。

财务评价一般指对财务报表的分析评价。财务报表是专门反映会计主体财务状况和经营成果的对外报告。财务报表分为月份、季度、年度财务报表，应按规定向主管财政机关报送。其中，对外提供的年度财务报表应当依法经过会计师事务所审计，它具有全面、客观、综合的特征。作为对企业一定期间会计核算数据的分类汇总，财务报告能够说明企业在既定时日的财务状况和既定期间的经营业绩，也能通过报表附注部分说明这些财务状况和经营业绩的构成与成因。但财务报告的财务信息只是对企业财务现象的一种客观描述，具有外在性的特征，其给予财务信息使用者的也相应只能是一种有关企业财务现象的感性认识，是一种财务陈述性信息。作为决策所需要的财务信息应当是能够揭示企业财务的内在联系及其变化规律的、具有预测价值的“理性”信息。要使企业各利益主体能够正确决策，首先必须实现财务信息从“感性”到“理性”的转化，实现这种转化的主要手段就是财务评价。

（二）财务评价的内容

资金是企业财产物资的货币表现，经营资金的循环与周转贯穿于企业生产经营过程的各个环节。因此，通过对资金在企业生产经营中的运行状况及结果进行全面分析，基本上能达到财务评价的目标。企业经营资金的运行状态、运行结果和所表现出来的财务能力，主要是通过经营资金的增值性、流动性、安全性体现出来的。

经营资金的增值性通过利润及经营成果表现，反映了企业的盈利能力。通过对盈利能力进行分析，可以考察投入资金的获利程度。经营资金的流动性通过资产变现速度的快慢表现，反映企业的偿债能力。通过对偿债能力进行分析，可以了解企业支付能力的大小，判断企业信用状况的好坏。经营资金的安全性通过资金的来源、分析、回收等过程表现，反映企业的营运能力。通过对营运能力进行分析，可以判断企业生产经营的可靠程度，反映资金运转的稳定性。在财务评价中，经营资金的增值性、流动性、安全性及所属指标，再加上外部投资者对企业的评价判断，形成了财务评价的基本体系。

1. 盈利能力是财务评价的中心

从企业生存的角度出发，财务评价的出发点应放在经济效益上，盈利能力是企业经济效益的直接体现。通过对盈利能力进行分析，可以根据利润等盈利指标的实现情况，从生产经营过程的各个环节寻找提高盈利的潜力。盈利能力的提高，会大大改善企业财务状况，提高企业的偿债能力。另外，从投资者的角度考察，企业盈利能力的增强，会提高企业在市场中的竞争地位，使股票交易活跃。因此，盈利能力反映了企业的综合财务实力，是财务评价的中心。

2. 偿债能力是保证盈利能力的条件

即使是盈利能力高的企业，如果只考虑发展速度而忽视企业偿债能力，一旦出现经济波动或突发事件，企业的应变能力就会削弱，甚至出现“盈利破产”的情况。即使利润表上有较高的利润，但如果企业将大部分盈利分配给投资者或沉淀于长期资产，也会出现利润大而现金不足的状况。因此，在分析盈利能力的同时还要兼顾分析偿债能力。保证足够的偿债能力，树立良好的信用形象，是企业借入资金的前提，是企业获取大量盈利的有效保证。

3. 营运能力是创造盈利能力的基础

利润产生于生产过程，实现于销售过程，生产是销售的基础。企业只有在生产中不断优化资产结构，加快资金周转，在经营中不断优化资本结构，提高资本利用效率，才能保证通过产品销售过程实现盈利。从偿债能力的角度来看，也只有加快资产和资本的营运速度，才能保证收回所投入的现金，满足支付的需要。因此，营运能力是具体生产经营过程是否顺利的表现，是创造经营成果的基础，也是保证债务偿付的前提。

（三）企业财务比率分析

财务比率分析是企业财务评价中最基本、最重要的分析方法。在企业财务评价中，需要计算和分析的基本财务比率有偿债能力比率、营运能力比率、盈利能力比率。

1. 偿债能力比率

企业的偿债能力是指在一定期间内企业能否及时偿还到期债务的清偿能力。债权人十分关心企业的偿债能力，往往把偿债能力的高低视为企业信用状况好坏的标志。企业的偿债能力按分析要求，可以划分为长期偿债能力和短期偿债能力。长期偿债能力，是指企业所具有的偿还长期债务（一般为一年以上）的能力。短期偿债能力，是指企业对一年内到期债务的清偿能力。

（1）短期偿债能力。短期偿债能力主要是指企业对日常经营债务的支付能力。它本质上是一种资产变现能力。它反映了企业短期内及时偿付债务的信用程度。短期偿债能力是企业履行短期债务的保证，因此，对短期偿债能力的分析主要是通过对流动资产与短期债务的对比关系进行的，特别应着重分析那些周转速度快、变现能力强的流动资产。反映短期偿债能力的指标主要有流动比率、速动比率、现金比率等。

1）流动比率是用比率形式反映的流动资产与流动负债之间的对比关系。流动比率代表企业的日常支付能力。其计算公式如下：

$$流动比率=\frac{流动资产}{流动负债}$$

其中，流动负债是企业一年内需支付的日常经营债务，如应付账款、短期借款等。用于担保支付短期债务的来源，只能是现金及短期内能变成现金的流动资产。

流动比率从流动资产对流动负债的保障程度的角度来说明企业的短期偿债能力。其比率值越高，表明企业流动资产对流动负债的保障程度越高，企业的短期偿债能力越强。但从优化资本结构和提高资金使用效率方面考虑，该比率值并非越高越好，因为比率值过高，可能表明企业的负债较少，没有充分发挥负债的财务杠杆效应，也可能是资产存量过大，资产利用效率不高。

2）速动比率是企业流动资产中速动资产与流动负债的比率，反映企业的即时支付能力。其计算公式如下：

$$速动比率=\frac{速动资产}{流动负债}\times 速动资产=货币性资产+结算性资产出$$
$$=现金+短期有价证券+应收款项净额$$

而

$$速动资产=流动资产-存货资产-其他流动资产$$

流动资产扣除存货资产和其他流动资产后，就是速动资产，一般包括货币资金、短期投资、应收票据、应收账款、一年内到期的长期投资等项目。

速动比率是从速动资产对流动负债的保障程度的角度说明企业的短期偿债能力，其比率值越高，表明企业速动资产对流动负债的保障程度越高，企业的短期偿债能力越强。但也要视行业性质而定。

3）现金比率是在因企业大量赊销而形成大量的应收账款时，考察企业的变现能力时所运用的指标。其计算公式如下：

$$现金比率=\frac{现金及其等价物}{流动负债}$$

其中，现金及其等价物包括已经是现金形式的货币资金、肯定可以出售的短期有价证券、基本上无回收风险的一年内到期的长期投资等项目。

现金比率越高，说明变现能力越强。现金比率也称为变现比率，比速动比率所反映的即时支付能力更迅速。

此外，还可以用存款周转率、应收账款周转率等作为补充反映企业短期偿债能力的指标。

（2）长期偿债能力。企业对长期债务的清偿义务包括两个方面：一是财务本金的偿还，二是债务利息的支付。因此，用于评价长期偿债能力的基本财务指标主要有资产负债率和利息保障倍数两项。

资产负债率是指企业在一定时点（通常为期末）的负债总额对资产总额的比率，或者负债总额占资产总额的百分比。其计算公式如下：

$$资产负债率=\frac{负债总额}{资产总额}\times 100\%$$

资产负债率是从总资产对总负债的保障程度的角度来说明企业的长期偿债能力。相对而言，其比率值越低，表明企业资产对负债的保障程度越高，企业的长期偿债能力越强。企业利益主体的身份不同，看待该项指标的立场也不尽相同。

利息保障倍数，是指企业息税前利润与利息费用的比率。该比率反映企业息税前利润为所需支付利息的多少倍，用于衡量企业偿付借款利息的能力。其计算公式如下：

$$利息保障倍数=\frac{息税前利润}{利息费用}$$

$$息税前利润=营业性收入-经营性成本$$

或

$$息税前利润=税前利润总额+利息费用$$

式中，利息费用不仅包括计入当期财务费用的利息费用，而且还包括资本化的利息。

相对而言，该比率值越高，表明企业的承息能力越强。从长远看，企业应连续比较多个会计年度（一般选择五年以上）的利息保障倍数，以说明企业付息能力的稳定性。

2. 营运能力比率

营运能力比率是用于衡量企业组织、管理和营运特定资产的能力和效率的比率，一般用资产的周转速度来衡量。企业的固定资产和流动资产如果能尽快地周转回收，在单位时间内能被使用的资产就越多，资产的利用程度或利用效率就得到了提高。在企业的资产中，固定资产回收时间较长，一般用折旧率的高低来衡量其周转速度。因此，考察资产的周转期，一般主要考察流动资产，通过流动资产的周转速度来反映企业经营活动量和经营效率，即企业的营运能力。在现行财务评价中，常用的营运能力比率有存货周转率、应收账款周转率、流动资产周转率和总资产周转率等四项。它们通常是以资产在一定时期（如一年）的周转次数或周转一次所需要的天数表示。

（1）资产周转期。资产周转期是指各项资产从投入到收回经历一次循环所需的时间，也称为周转天数。资产周转期的原始含义是资产周转率，资产周转率表示各项资产在一定期间内循环周转的次数。它表明资产的利用程度。其计算公式如下：

$$资产周转率=\frac{周转工作量}{资产平均余额}$$

$$资产周转期=\frac{分析期天数}{周转次数}$$

或

$$资产周转期=\frac{分析期天数\times 资产平均余额}{周转工作量}$$

式中，周转工作量可以是费用额、销售额等，视不同资产性质而定。资产平均余额是指分析期资产负债表上期初余额与期末余额的平均值。

资产的回收周转短，意味着占用在资产上的资金停留在企业生产经营过程中的时间短，可以尽早地回收投入的资金；资产的保存周期短，资产的库存数量相应减少，可以节约存货费用。

（2）存货周转率。存货周转率是用于衡量企业对存货的营运能力和管理效率的财务比率。其计算公式如下：

$$存货周转率=\frac{本期销售成本}{存货平均余额}$$

$$存货周转天数=\frac{360}{存货周转率}$$

或

$$存货周转率=\frac{期初存货+期末存货}{2}$$

$$存货周转天数=\frac{360\times存货平均余额}{本期销售成本}$$

存货周转率高，周转天数少，表明存货的周转速度快，变现能力强，进而说明企业具有较强的存货营运能力和较高的存货管理效率。存货周转率的高低与企业的经营特点（如经营周期、经营的季节性等）紧密相关，企业的经营特点不同，存货周转率客观上存在着差异。在对该项比率进行比较分析时，必须注意行业可比性。

（3）应收账款周转率。应收账款周转率是用于衡量企业应收账款管理效率的财务比率。其计算公式如下：

$$应收账款周转率=\frac{本期销售收入}{应收账款平均余额}$$

$$应收账款周转天数=\frac{360\times应收账款平均余额}{本期销售收入}$$

$$应收账款平均余额=\frac{期初应收账款+期末应收账款}{2}$$

应收账款周转率高，周转天数少，表明企业应收账款的管理效率高，变现能力强。反之，企业营运资金将会过多地呆滞在应收账款上，影响企业资金的正常周转。

（4）流动资产周转率。流动资产周转率是用于衡量企业流动资产综合营运效率和变现能力的财务比率。其计算公式如下：

$$流动资产周转率=\frac{本期销售收入}{流动资产平均余额}$$

$$流动资产周转天数=\frac{360\times流动资产平均余额}{本期销售收入}$$

$$流动资产平均余额=\frac{期初流动资产+期末流动资产}{2}$$

流动资产周转率越高，周转天数越少，表明企业对流动资产的综合营运能力越强，效率越高。流动资产周转率与存货周转率和应收账款周转率的关系如下：

$$流动资产周转率=应收账款周转率\times应收账款占流动资产比重$$

或

$$流动资产周转率=(1+成本利润率)\times存货周转率\times存货占流动资产比重$$

这种关系说明，当应收账款占流动资产的比重一定时，要加速流动资产周转，有赖于加速应收账款的周转；当存货占流动资产比重一定时，要加速流动资产周转，有赖于在加速存货周转的同时，提高经营的获利水平。

（5）总资产周转率。其计算公式如下：

$$总资产周转率=\frac{本期销售收入}{总资产平均余额}$$

$$总资产周转天数=\frac{360\times 总资产平均余额}{本期销售收入}$$

$$总资产平均余额=\frac{期初总资产+期末总资产}{2}$$

总资产周转率是用于衡量企业资产综合营运效率和变现能力的比率。总资产周转率越高，表明企业资产的综合营运能力越强，效率越高。总资产周转率与流动资产周转率的关系如下：

$$总资产周转率=流动资产周转率\times 流动资产占总资产的比重$$

3. 盈利能力比率

盈利能力就是企业获取利润的能力，获利是企业经营的直接目的。从某种程度来说，盈利能力是保持良好财务状况的基本目的，盈利能力的大小是衡量企业经营与管理业绩的直接指标。反映企业盈利情况的财务比率主要有营业利润率、总资产报酬率和净资产报酬率等基本的财务比率。

（1）营业利润率。营业利润率指标的意义在于从营业收益的角度说明企业的获利水平。将营业利润与营业收入进行比较，不仅能反映营业利润与营业收入的内在逻辑关系，揭示营业收入对企业利润的贡献程度，还可以反映市场营销对企业利润的贡献程度，有助于评价营销部门的工作业绩。其计算公式如下：

$$营业利润率=\frac{本期营业利润}{本期营业收入}\times 100\%$$

营业利润率越高，表明企业的获利水平越高。反之，获利水平越低。

营业利润可以从主营业务利润和营业利润两个方面计算。为便于区分，将以主营业务利润计算的利润率称为营业毛利率，而将以营业利润计算的利润率称为营业利润率。营业毛利率和营业利润率尽管均可用于说明企业的获利水平，但前者侧重于从主营业务的角度说明企业的获利水平，后者侧重于说明企业营业的综合获利水平。

（2）总资产报酬率。企业经营的目的在于获利，经营的手段则是合理组织和营运特定资产。将利润与资产比较，能够揭示经营手段的有效性和经营目标的实现程度。将息税前利润与总资产进行比较，能够充分体现投入与产出的相关性，从而真实客观地揭示获利能力。其计算公式如下：

$$总资产报酬率=\frac{息税前利润}{总资产平均余额(或期末余额)}\times 100\%$$

总资产报酬率越高，表明企业的获利能力越强。反之，获利能力越弱。总资产报酬率视行业性质不同而不同。

（3）净资产报酬率。从企业内部看，股东财富的增长主要来源于利润。将净利润与净资产（股东权益）进行比较，能够揭示企业理财目标的实现程度，也能客观地反映企业股东的报酬状况和财富增长情况。净资产报酬率用于从净收益的角度说明企业净资产的获利水平。其计算公式如下：

$$净资产报酬率=\frac{净利润}{净资产平均金额(或期末余额)}\times 100\%$$

净资产报酬率越高，表明企业的获利水平越高。反之，获利水平越低。

净资产报酬率与营业利润率尽管均是用于衡量企业获利水平的指标，但二者说明问题的角度不同，营业利润率是从经营的角度说明企业的获利水平，而净资产报酬率则是从综合性的角度说明企业的获利水平。

二、企业经营绩效评价

（一）企业经营绩效评价的概念及影响因素

企业经营绩效评价是指运用数理统计和运筹学原理，特定指标体系，对照统一的标准，按照一定的程序，通过定量定性对比分析，对企业一定经营期间的经营效益和经营者业绩做出客观、公正和准确的综合评判。企业经营效益主要表现在企业的盈利能力、资产运营水平、偿债能力和后续发展能力等方面。经营者业绩主要通过经营者在经营管理企业的过程中对企业经营、成长、发展所取得的成果和所做出的贡献来体现。企业经营绩效评价包括对企业经营效益和经营者业绩两个方面的评判。

影响企业经营绩效评价的因素主要有以下几点：

1. 研发成本投入

投入与产出一直是市场经济中不可避免的两个关键词，二者之间的关系不是绝对确定的。比如说企业如果想要扩大产出，就需要根据实时的市场运行状况以及经济波动情况调整投入，一般来说，增加研发成本的投入，会相应地提高产出，但是必须将研发成本投入控制在一定范围内，即综合考虑企业自身资金、规模、市场、经济等因素来确定一个研发成本投入的饱和值。如果盲目增加研发成本投入，不仅不能提高企业绩效，而且会给企业带来问题。

2. 广告宣传支出

品牌的号召力是强大的，一个企业生产的产品要想在市场中占有更多的份额，获得更多的利益，就要有一定的知名度，而广告就是一个有效途径。投放广告，可以吸引消费者的注意，加强品牌形象的建设，扩大产品的销售额，提升企业经营绩效。但是，广告宣传支出也要根据企业的实际情况来确定，在企业正常经营运行的情况下，适当增加广告宣传支出，能够有效提高企业经营绩效。

3. 技术创新能力

科学技术的发展日新月异，对企业创新能力的要求也越来越高。企业要想提高经营绩效，首先自身技术应该过关；为了应对不断变化的市场，企业要不断地加强技术研究，提高科技水平，这样才能提高生产力，生产出高质量的产品；同时，企业只有拥有较强的创新意识和创新能力，不断地进行技术创新，才能在激烈的市场竞争中站稳脚跟。技术创新能够为企业提供良好的服务，能够提高顾客满意度、提升品牌影响力、增加市场占有率。

4. 人才资源建设

企业要想形成持久的竞争力，提高企业经营绩效，离不开能够创造高绩效的人才团队。人才资源的建设对企业来讲尤为重要，企业要想持续发展，就要留得住人才，吸收更多的人才。人才资源是企业的一笔宝贵财富，技术创新也需要人才来实现。企业可以通过合理的招聘与考核制度来保持人才资源的高质量，确保人才资源建设能够持续稳定地进行。

5. 竞争战略与管理体制

企业要想长远发展，首先就要制定正确的发展战略与良好的管理体制。企业的领导层要具备长远的眼光，要根据企业自身的特点选择适合自己的发展方向与管理模式，不能盲目生产与经营，这样才能使整个企业积极有序地运行。但事实上，目前一些企业忽视战略的必要性，并且管理体制上或多或少都存在着一些问题，这必须引起经营者的重视，要及时纠正与调整。

（二）企业经营绩效评价的方法

企业经营绩效评价是为企业的经营管理服务的，对企业的经营起着导向性的作用，直接关系到企业核心竞争力的形成与保持，影响着企业的生存与发展。

1. 传统的企业经营绩效评价——财务性评价指标

传统的企业经营绩效评价系统只有财务性评价指标，包括偿债能力指标、运营能力指标、盈利能力指标和发展能力指标。在过去很长一段时间里，财务性评价指标被许多企业广泛应用，但也在实际当中暴露出许多局限性。例如：会计收益的计算未考虑所有资本的成本，仅仅解释了债务资本的成本，却忽略了对权益资本成本的补偿，不确认和计量权益资本成本，实质是虚增利润，有可能误导投资者做出错误的决策；会计方法的可选择性以及财务报表的编制具有相当的弹性，使会计收益存在某种程度的失真，往往不能准确地反映企业的经营业绩，单凭报表业绩决定经营者的实际工作绩效和报酬很可能是不恰当的；在面对未来难以实现增长的状况时，财务评价指标显得力不从心；会计收益是一种“短视指标”，片面强调利润可能助长企业管理当局急功近利的思想和短期投机行为，使企业经营者不愿进行可能会降低当前盈利目标的资本投资去追求长期战略目标等。

2. 现代企业经营绩效评价——在财务性评价指标的基础上结合非财务性评价指标

一个完整的企业经营绩效评价系统应该是财务性评价指标与非财务性评价指标的有机结合。从国内外目前的理论和实践来看，完整的企业经营绩效评价系统应该包括以下几种非财务性评价指标：

（1）市场占有率。市场占有率反映企业在市场营销方面的经营业绩。在竞争激烈的市场环境中，企业在市场中占有的份额对企业而言具有举足轻重的地位。实际调查表明，市场占有率在众多非财务性评价指标中雄居榜首。

（2）产品品质。产品品质是指产品的质量水平。产品品质表现在两个方面：一是指产品在生产阶段符合企业制造标准所表现出的品质，二是指产品在售后阶段符合客户使用要求而表现出的品质。

（3）员工积极性。知识经济时代，人力资源在企业的经营管理活动中处于核心地位。如果企业员工在生产经营过程中积极性不高，在公司中没有受到应有的尊重，这将不可避免地导致整个企业的经营业绩受到一定程度的影响。

（4）创新能力。知识经济时代，企业的管理重心正由实物资本转向技术、知识、人才等无形资本。创新能力是指企业开发、创造适应市场需要的新产品的能力。

(5) 客户满意度。顾客满意可以促进顾客忠诚，顾客忠诚可能会带来终身价值（包括保留、重复交易、推荐新顾客等行为），进而带来企业收入的增长、盈利的提高。

（三）主要经营绩效评价办法与模型

1. EVA 模型

经济增加值（economic value added，EVA）又称经济利润，是一定时期的企业税后净营业利润与投入资本的资金成本的差额。EVA 是基于税后净营业利润和产生这些利润所需资本投入总成本的一种企业绩效财务评价方法。公司每年创造的 EVA 等于税后净营业利润与全部资本成本之间的差额。其中，资本成本不仅包括债务成本，也包括股本成本。

EVA 模型是一种管理绩效财务评定方法。从算术角度说，EVA 等于税后净营业利润减去债务成本和股本成本，是所有成本被扣除后的剩余收入。其计算公式如下：

$$EVA = NOPAT - (WACC \times TC)$$

税后净营业利润＝营业利润＋财务费用＋投资收益－EVA 税收调整

或

税后净营业利润＝销售额－营运费用－税收

或

税后净营业利润＝营运收入×(1－所得税率)

式中，NOPAT 是税后净营业利润，WACC 是加权平均资本成本，TC 是投资资本总额。

与传统的绩效评价体系相比，EVA 模型具有鲜明的特点和明显的优越性：EVA 模型不受公认会计准则的限制，其使用者可以根据需求做出适度调整，以获取相对准确的数据，从而降低了会计准则引起的经营绩效扭曲现象；EVA 模型将业绩评价与股东财富最大化的目标联系起来，使管理者的利益与股东的利益在矛盾和协调中取得一致，也克服了经营者的利润粉饰行为；EVA 模型提供了资本市场对企业的评价、企业内部的资本预算以及管理者绩效评估的测定和分析工具，从而将不同资本规模、不同资本结构、不同经营风险的企业放在同一起跑线上进行业绩评价；由于 EVA 模型涵盖了各个管理层次，这使得公司的经营管理活动能够很好地将各个部门长、中、短期的目标有效地结合在一起，使得管理与决策更加科学；EVA 模型的管理强调权力的有效分散，可以避免控制层次过多带来的弊端，同时促进组织结构“扁平化”，增强组织及其经营管理的灵活性，提高管理、决策的效率与有效性。因此，EVA 模型作为一种有效的业绩评价工具在美、英等国备受关注。

但 EVA 模型并不能解决所有问题，其本身也存在着一些局限性：计算 EVA 所进行的必要调整可能并不符合成本效益原则；EVA 模型过分强调了经营成果的业绩，并主张将 EVA 作为决定企业管理者与员工报酬的唯一指标，这样单纯地运用 EVA 指标也常常难以识别会计信息的真实性；同时，EVA 是一种财务性指标，缺乏对非财务性指标的重视。

2. BSC 模型

平衡计分卡（balanced score card，BSC）是通过建立一整套财务性与非财务性指标体系，将公司的战略转化为具体目标和业绩指标，对企业的经营业绩和竞争状况进行综合、全面、系统的评价的一种业绩评价方法。从 BSC 模型来看，它包括四个方面的内容：财务、顾客、内部经营流程、学习和成长。

（1）财务。平衡计分卡要求根据企业所处发展时期或阶段的不同，相应地选择财务业绩计量指标，包括利润、投资回报率、EVA 等。此处所指的财务性指标是一种综合指标，其他三个方面的改善必须反映在财务性指标上。从这一意义上看，财务方面是其他三个方面的出发点和归宿。

（2）顾客。企业以顾客为中心开展生产经营活动，必须把握顾客方面核心的衡量指标，包括顾客满意度、新顾客赢得率、顾客回报时间、顾客利润、老顾客留住率以及目标市场份额等。这些指标可以系统地反映企业在市场中为客户提供了什么样的价值，处于什么样的竞争地位。

（3）内部经营流程。内部经营流程是指企业以顾客需求为起点，投入各种原材料创造出对顾客有价值的产品或服务的一系列活动。内部经营流程是企业改善其经营业绩的重点，顾客满意度、股东价值的实现都要从内部经营流程中获得支持。它主要包括产品设计、产品开发、售后服务、生产效率、产品质量等指标。

（4）学习和成长。学习和成长最关键的因素是人才、信息系统和组织程序。强调员工的能力是以人为本的管理思想的结果。为了适应新的挑战，不仅员工必须通过不断学习提高业务素质，而且企业管理当局也必须加强对员工的技能培训，改善企业内部的信息传导机制，激发员工的积极性，促进企业的学习与成长。学习和成长包括的指标主要有雇员能力、组织适应变化的能力等。

平衡计分卡这四个方面并不是相互独立的，而是根据企业的总体战略，由一系列因果链贯穿起来的一个整体，展示了业绩和业绩动因之间的关系，确认并有效地管理这一因果关系是平衡计分卡的主要特征（见图 9－3）。四个视角之间相互影响、相互作用，每一个视角不仅包括具体的目标，还包括为达到每一目标而设的评价方法，这些都是在公司远景和战略框架的统领下完成的。

平衡计分卡具有明显的优点，表现在以下三个方面：一是实现了定量指标和定性指标、财务性指标和非财务性指标的有机平衡；二是实现了战略目标的管理，并进一步将战略目标进行战术转化；三是实现了不同业绩评价角度间的紧密联系和有机融合，共同支持企业的战略。

平衡计分卡也存在局限性，如非财务性指标难以量化，其中学习、成长与创新都是很宽泛的概念，涉及企业生产经营的各方面，单独界定一个方面比较困难。作为一种新的绩效考核体系，平衡计分卡的实施可能会遇到各业务部门对采用新的绩效考核体系的抵制，此外还会遇到非财务性指标不能和经营成果紧密结合、各利益主体对财务性指标的看重所带来的压力等问题。由于四个方面未能包括公司实际经营活动的所有方面，供应商、社区、政府等重要利益相关者的作用未能在其中得到反映。

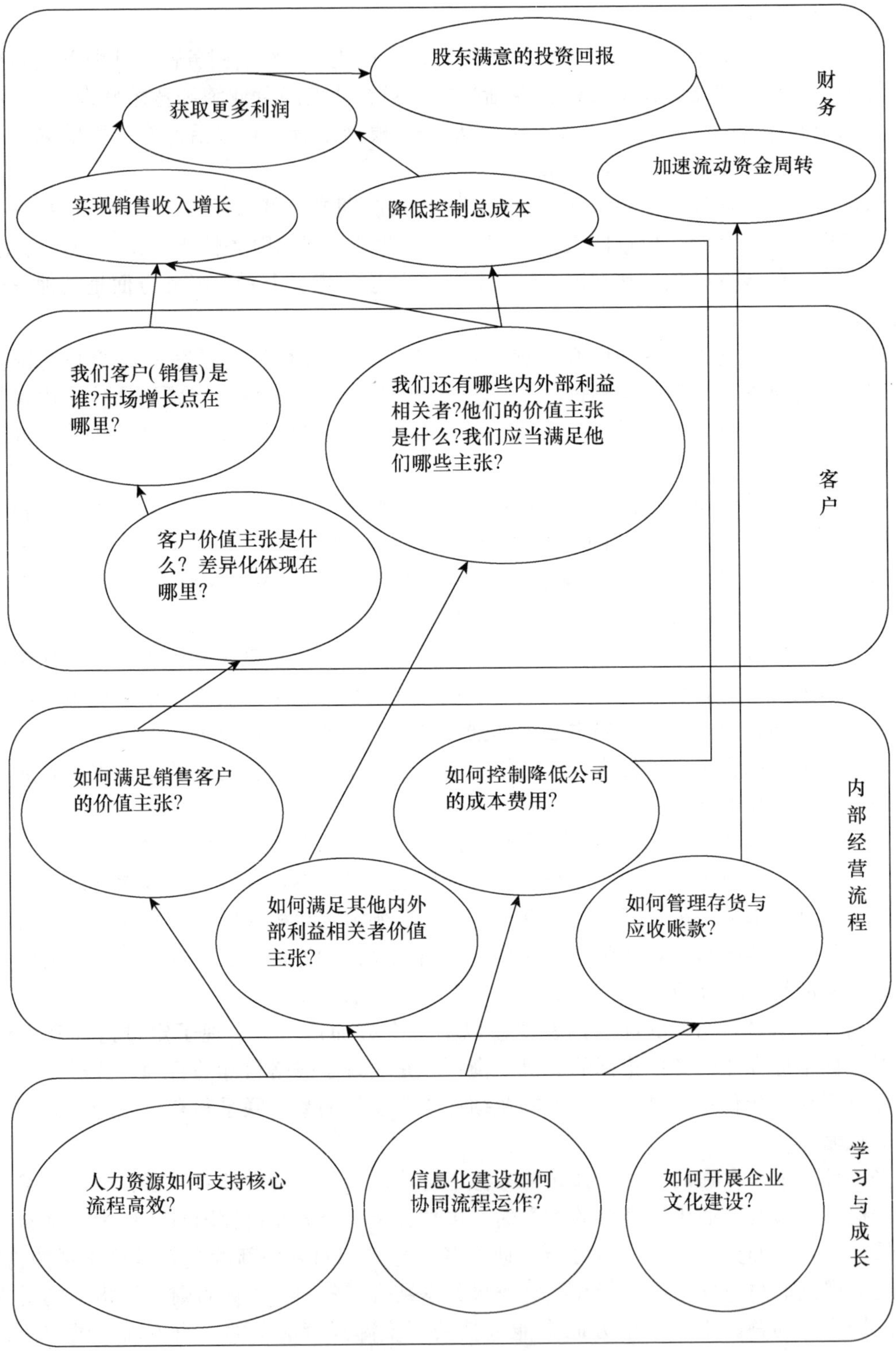

图 9-3　平衡计分卡战略地图分析思路

资料来源：温素彬，盛佳丽. 战略地图：解读与应用案例［J］. 会计之友，2020（17）：150-156.

【思考练习】

1. 资本运营有哪些特点?

2. 资本运营有哪些原则?

3. 请分析财务管理的环境与目标。

4. 资本运营的基本模式有哪些?

5. 请阐述财务战略管理理论。

6. 请分析农业企业的成本费用管理。

7. 近些年，农业型上市公司财务舞弊事件屡屡发生，你认为有哪些可行性的防范与治理对策?

【案例分析】

A 企业财务造假事件

A 企业是一家覆盖全产业链的乳制品公司，业务涉及草料种植、奶牛养殖、液态奶和奶粉的生产及销售，于 2013 年在香港上市，首次公开募股一共募得资金 78 亿元，上市当日收盘价为每股 2.52 港元。上市之初，股价一路飘红，企业收益也相当可观，其在内地经营变得越发出色，在拥有大好市场前景和自身畜牧草场的双重优势下，A 企业已然是同行中的领先者。通过良好的成本控制和低价政策，A 企业在华北市场中占据了半边天，特别是在东北拥有了绝对的市场份额。

然而 2016 年 12 月，美国知名做空机构浑水（Muddy Waters）公司针对 A 企业发布了两份总计 60 页的沽空报告，称 A 企业至少从 2014 年开始发布虚假财务报表、夸大其资产价值及负债颇多，并称该公司估值实际接近零。该报告认为，A 企业存在财务舞弊行为。报告出现之初，股价小幅波动。虽然事后公司立即采取了补救措施，谴责其有关报道的不真实性并挽回了小部分利益，但 2017 年 3 月 24 日，A 企业在半个小时之内股价暴跌 90%，最终跌至停牌，股价只剩 0.42 元。A 企业总负债高达 400 多亿元，但其总资产仅为 380 亿元。金融机构借款方面，包括从银行（中国银行、工商银行、平安银行）途径借款 120 亿～130 亿元，从互联网金融（红岭创投）途径借款 4 亿元，从融资租赁（中建投租赁）途径借款 11 亿元。如此巨大的债务对比 A 企业暴跌的市值，企业进入破产重组或清算是必然的事情。除此之外，在丑闻过后，公司高管几乎纷纷出逃，A 企业的基本生产和工作也几乎停滞，除去辞职的员工，其余的员工几乎进入休假状态，只有少量职能部门有极少数员工上班，员工工资也没有办法足额支付。

A 企业造假手段分析：

(1) 虚构会计利润。从 2014 年开始，A 企业已经报告了大量的虚假利润。A 企业宣称实现了苜蓿生产的自给自足是谎言。有大量的证据显示，A 企业从 Anderson 公司进口苜蓿。A 企业在首次公开募股招股的说明书中，声称自有生产成本为 437 元人民币/吨，而进口苜蓿接近 2 500 元人民币/吨。A 企业强调了苜蓿农场靠近饲料加工企业和奶牛场的物流成本和质量优势。短的供应链也被认为提升了苜蓿在运输和处理过程中的蛋白质含量保留状况。基于 2014 年财务报告中的苜蓿产量，A 企业苜蓿的短供应链可以节省 8.3 亿～11 亿元。但进口苜蓿的事实使得这一表述严重失真。

(2) 资本性支出造假。A 企业在其奶牛场的资本性支出上夸大了这些农场的造价，这些资本性支出的造假是为了支撑利润表的欺诈。自 A 企业首次公开募股以来，虚增奶牛场的资本性支出为 8.93 亿～16 亿元。在 2014—2016 年的年度报告中，A 企业预计建设 32 个牧场，每个牧场成本接近 8 900 万元，总计近 30 亿元，但实际的成本大大低于这个金额，实际上很多牧场缺乏挤奶设备，并且还未完工，实际的资本性支出应该更低。

(3) 隐匿资产转移。管理层从 A 企业窃取了至少 1 亿元的资产。该行为与 A 企业将富裕牧场转让给非公开第三方有关，富裕牧场拥有至少 4 个奶牛场。A 企业管理层将富裕牧场转移至下辖的子公司。但 2015 年度 A 企业的财务报告并未披露收购处置子公司的价格，从而隐匿了相关资产转移。

(4) 不如实披露经营状况。A 企业一直过高的财务杠杆处在违约的边缘。数据显示，A 企业外部的流通股很大一部分已经被用作融资抵押，并且将部分资产投入了其他产业，但是在财务报告中缺少披露，以至于需要政府出面协调，以行政手段阻止金融机构收回贷款。

资料来源：白甜甜. 农业公司财务造假案例及动因分析 [J]. 商情，2017 (15).

案例思考题：

结合农业行业特点与企业管理知识，分析 A 企业财务造假背后的动因。

【参考文献】

[1] 李桂兰，程淮中. 基于企业生命周期的财务战略研究 [M]. 长沙：湖南人民出版社，2006.

[2] 王棣华. 企业高级财务管理 [M]. 北京：清华大学出版社，2016.

[3] 陈玉菁. 财务管理：实务与案例 [M]. 北京：中国人民大学出版社，2011.

[4] 蔡根女. 农业企业经营管理学 [M]. 北京：高等教育出版社，2014.

[5] 董雪艳，袁建华. 农业企业会计学 [M]. 北京：高等教育出版社，2016.

[6] 郭复初，王庆成. 财务管理学 [M]. 北京：高等教育出版社，2014.

[7] 李玉明. 农业企业经营管理 [M]. 哈尔滨：哈尔滨工程大学出版社，2012.

[8] 边俊杰，孟鹰，余来文. 企业资本运营理论与应用 [M]. 北京：经济管理出版社，2014.

[9] 白甜甜. 农业公司财务造假案例及动因分析 [J]. 商情，2017 (15).

[10] 刘玥，毛巧奕，林晓红. 财务管理 [M]. 北京：清华大学出版社，2018.

[11] 谢获宝. 新编会计学原理 [M]. 武汉：湖北人民出版社，2008.

[12] 陈伟琳. 企业经营业绩评价探析 [J]. 财会通讯（学术版），2006 (5).

第十章

农业企业人才管理

【学习要点】

- 企业人力资源管理过程及其重要性
- 我国农业企业的人才管理问题
- 农业企业招聘和甄选人才的工作任务
- 农业企业不同类型的人才培育方式
- 农业企业留住人才的各种策略

企业是以人为主体而组成的经济单位。随着组织结构的建立，企业需要合适的人选去执行战略计划。能否拥有一支高质量的员工队伍是企业能否获得竞争优势并提升组织绩效的重要影响因素。许多管理实践表明，人力资源已经成为企业最重要的资源之一，其中那部分优质的人力资源（人才资源）更是在企业的成功中起着关键的作用。因此，农业企业的管理不能忽视人的因素，农业企业的成功必然倚靠人才管理的辅助。

第一节　人力资源管理概述

一、人力资源与人力资源管理

（一）人力资源

农业企业的经营管理活动也是企业利用一切物质和非物质资源来实现企业目标、创造财富的活动，其中，人力资源是农业企业最宝贵的资源之一。

人力资源（human resource，HR）这一概念的正式提出与明确界定出现于著名管理大师彼得·德鲁克创作的《管理的实践》（*The Practice of Management*）一书中。德鲁克指出，人力资源即企业所雇用的整个人，是所有资源中最富有生产力、最具有多种才能，同时也最丰富的资源。与其他资源相比，这种资源是“人”，具有协作、整合、判断与想象等一些管理者必须考虑的特性，必须通过有效的激励机制才能被开发利用，从而为企业创造可见的价值。此外，人力资源只能自我运用，人对人力资源具有绝对的控制权。

随着人力资源重要性的提升，人力资源的相关研究越来越多，不同研究者从不同的角度对人力资源进行了概念界定。主要的观点有两种：一种是从能力的角度出发，强调人所具备的能力；另一种是从人的角度出发，强调工作的人员。我们认为，所谓人力资源，就是指能够对组织价值创造起贡献作用的、具有一定素质和能力的人员。

作为一种资源，人力资源同时具有量和质的规定，即人力资源的数量和质量。对于企业而言，人力资源的数量一般指企业员工的数量。对于国家而言，人力资源的数量包括现实的人力资源数量和潜在的人力资源数量。其中，现实的人力资源管理数量包括适龄就业人口、未成年就业人口、老年就业人口、求业人口。潜在的人力资源数量包括暂时不能参加社会劳动的人口（就学人口、家务劳动人口、服役人口）和其他人口。人力资源的质量指人力资源的体质水平、文化水平、专业技术水平以及心理素质的高低、道德情操水平等①。

（二）人力资源管理

人力资源管理（human resource management，HRM）是一个获取、培训、评价员工以及向员工支付薪酬的过程，同时也是一个关注劳资关系、健康和安全以及公平等方面问题的过程②。著名管理学教授斯蒂芬·P. 罗宾斯（Stephen P. Robbins）将人力资源管理过程划分为三个阶段：第一阶段即识别和甄选合格员工，包括人力资源规划、招聘和解聘、甄选三个任务；第二阶段即为员工提供与时俱进的技能和知识，包括上岗培训、员工培训两个任务；第三阶段即留住胜任的高绩效员工，包括绩效管理、薪酬与福利、职业发展三个任务③。

从头到尾全程审视人力资源管理过程是很有意义的，例如，企业在选择雇用哪些人之前首先需要得到一定数量的求职者。然而问题在于，管理者可能并不仅仅是先对员工进行培训，然后再对他们的工作绩效进行评价。相反，绩效评价还会反过来形成员工的后续培训。人力资源管理是一个整体，这个过程中的各个内容是相互作用、彼此联系的。人力资源管理应该是对人力资源管理过程中各个内容的综合管理，这也是当今的人力资源管理趋势，即将传统人力资源管理过程中的活动视为一个有效协调的管理过程的一部分，该阶段的人力资源管理也称人才管理。

不同的人对“人才管理”有不同的界定。许多管理者认为，“人才管理”仅仅是指以获取、发展和保留最优秀的员工这样一种方式来管理员工。加里·德斯勒（Gary Dessler）将人才管理定义为“一个以目标为导向的包括规划、招募、开发、管理、报酬提供等多项内容的完整过程”。根据这一定义，一个具备人才管理思维的管理者会有以下行为④：

---

① 董克用. 人力资源管理概论［M］. 北京：中国人民大学出版社，2012.

② 德斯勒. 人力资源管理［M］. 北京：中国人民大学出版社，2017.

③ 罗宾斯，库尔特. 管理学［M］. 北京：中国人民大学出版社，2018.

④ 同②.

（1）将招募和培训这样一些人才管理活动视为彼此相互联系的。

（2）确保人员配置、培训和薪酬等所有这些人才管理决策都是在目标指引下完成的，即弄清楚这么一个问题："为了获得达成公司战略目标所需的员工胜任素质，我们应该采用哪些招募、测试、培训或薪酬活动?"

（3）在针对某个职位制订招募计划以及进行甄选、培训、绩效评价、薪酬等方面的决策时，确保一致性地使用这一职位对人的技能、知识和行为（胜任素质）提出的"总体要求"。

（4）积极地对员工进行分类和管理。

（5）积极地调整或整合现有的招募和培训等各项人才管理职能。

我们采用加里·德斯勒关于人才管理的定义，将人才管理视为全面协调的人力资源管理活动，而不是仅指企业中那部分优质的人力资源的管理。

总体来说，人力资源管理是企业为实现其目标，安排正确数量的正确人选在正确的时间处于正确的位置上的一系列工作过程。其中，正确的数量指配备的人员数量与职位的需求相匹配，即企业的人员供求平衡，不供过于求，也不供不应求；正确的人选指人员的素质与职位匹配，不大材小用，也避免"彼得原理"①。

二、人力资源管理与企业绩效

企业所做出的雇用谁、支付何种薪酬、提供何种培训以及如何评估员工绩效等决定，都将会对员工为客户提供有价值的产品或服务的动机以及能力产生直接的影响。那些试图通过投资于新技术以及提高整个组织的质量来提升自身竞争力的公司，同时也是对人力资源配备、培训以及薪酬管理实践等的水平的提高进行投资的公司。已有研究表明，人力资源管理实践对组织绩效有显著的促进作用②。这些高绩效人力资源管理实践包括自我管理团队、分散化决策、灵活的工作安排、开放式沟通、基于绩效的报酬、广泛的员工参与、授予员工更多的决策控制权、基于人员与工作岗位相匹配和人员与组织相匹配的人员定岗等。例如，陈卫平等利用詹姆斯·赫斯克特（James Heskett）等人提出的服务利润链（service-profit chain，SPC）理论③证明了农业企业员工管理与组织绩效之间的关系④。

---

① 彼得原理是美国学者劳伦斯·彼得（Laurence Peter）在对组织中人员晋升的相关现象研究后得出的一个结论，即在各种组织中，由于习惯于对在某个等级上称职的人员进行晋升提拔，因而雇员总是趋向于被晋升到其不称职的地位。彼得原理有时也被称为"向上爬"理论。

② DATTA D K，GUTHRIE J P，& WRIGHT P M. Human resource management and labor productivity：does industry matter? [J]. Academy of Management Journal，2005，48 (3).

③ 服务利润链理论由赫斯克特等人于 1994 年提出，主要是通过顾客满意度和顾客忠诚度等来连接员工满意度与公司财务绩效之间的因果链。根据这种观点，组织内部服务质量影响员工满意度，进而影响员工忠诚度和员工生产力。而员工生产力创造了顾客价值，这是客户满意度的基础。客户满意度又决定了客户的忠诚度，从而提升公司的财务绩效。

④ 陈卫平，谭思，王笑丛. 会员制农场的员工管理如何影响会员续约?：惠州四季分享有机农场的个案研究[J]. 江淮论坛，2018 (2).

三、人力资源管理发展简史

（一）人事管理阶段

人事管理是伴随着18世纪后期工业革命到来而产生的，是人力资源管理的前身。这一阶段，在工人的管理方面产生了各种朴素的管理思想。例如，在劳动的基础上对每个工人的工作职责进行界定，实行具有激励性的工资制度，推行员工福利制度，对工人的工作业绩进行考核，等等。这些管理思想基本以经验为主，并没有形成科学的理论。直到20世纪60年代，人事还只被认为与蓝领或操作工人有关，它的作用就是记录活动、颁发奖章和协调每年一次的公司聚餐等。可以说在人事管理阶段，“人”被看作档案来管理，人事部门仅是一个“办手续”的部门，是个琐碎次要的部门，工作内容包括日常考勤，工资发放，办理离职、退休、离休等①。

（二）人力资源管理阶段

对传统人事管理理论的反思，促进了人力资源管理思想的出现。这种理论源于梅奥（George E. Mayo）的人际关系学说和盛行于20世纪70年代的行为科学。人力资源管理的指导思想即把人看作重要的资源，重视人的才能的发挥和潜能的挖掘。相比人事管理，人力资源管理更注重其管理的社会性和心理性，以“人性管理”补充“理性管理”，丰富了人事管理思想的内涵，这意味着“以人为中心”管理的雏形开始形成。在这一阶段，人力资源管理工作强调以“工作”为核心，其目标更看重如何使个人能够完成工作。此时人力资源管理的各个模块开始建立，如招聘、培训、薪酬、绩效等，但各个模块之间的关系呈现相互独立状态。

（三）战略性人力资源管理阶段

战略性人力资源管理（strategic human resources management，SHRM）产生于20世纪80年代。1981年，德瓦纳、福姆布鲁姆和蒂奇（Devanna，Fombrum，& Tichy）在《人力资源管理：一个战略观》中提出并深刻分析了企业战略和人力资源的关系，标志着战略性人力资源管理理论的产生。战略性人力资源管理的基本理念是：在制定人力资源管理政策和安排各种人力资源管理活动时，管理者的出发点应当是帮助公司获得为实现其战略目标所需的那些员工的胜任素质和行为。简单地说，战略性人力资源管理就是系统地将人与企业联系起来，将人力资源视为决定企业成败的关键因素，其核心职能是参与企业战略决策，强调通过人力资源规划、政策及具体实践，获取能与企业战略垂直匹配并能在企业内部活动间水平匹配的具有竞争优势的人力资源配置，并且所有的人力资源活动都是为了达到企业目标。

（四）人才管理阶段

人才管理（talent management，TM）这一概念出现于20世纪90年代，是指利用战略人力资源规划以提高商业价值，并使组织达成目标的一种科学，又称后战略人力资源管理。目前对人才管理没有统一的概念界定，有的研究者强调是对组织中优质的那部分人力资源的管理，有的研究者强调人才管理的核心议题是“吸引、聘任、培养和保留人才”。在实际的应用中，人才管理也就包涵了吸引与招聘、测评与评估、绩效管理、学习和开

---

① 董克用，叶向峰. 人力资源管理概论［M］. 北京：中国人民大学出版社，2003.

发、继任与保留等诸多方面。总体来说，在该阶段，人力资源被看作一个整体，而不再被割裂成模块。其目标是实现公司发展过程中持续的人才供应，人力资源部门的业务重心转向吸引、招募、发展、管理和留任人才，更加强化人力资源的战略地位①。

第二节　我国农业企业的人才管理问题

随着竞争的全球化、信息技术的飞速发展、经营的顾客导向和客户需求的不断变化、知识经济的兴起等外部经济环境的变化，农业企业面临的市场竞争越来越激烈。农业企业要取得成功，必须综合考虑环境的机会、经营战略、组织的特点及独特的能力等来管理企业的人才资源。然而，实际上我国农业企业面临着诸多的人才管理困境。其中，主要的人才管理问题包括人才供给不足、人才培育机制不完善和人才流失严重，即“进入少、流出多、人才存量未盘活”。

一、农业企业的人才供给问题

我国绝大部分农业企业长期面临严重的人才匮乏问题，既表现为人才数量上的短缺，又表现为人才质量上的不足。

第一，农业企业人才数量短缺。

由于农业领域的经济收益总体低于工业和服务业，大多数农业企业难以吸引人才进入，尤其是合适的优秀人才的进入。根据国家统计局公布的数据，我国农、林、牧、渔行业城镇单位就业人员工资总额虽然呈上升趋势，但在总体城镇单位就业人员工资总额中所占比例一直处于很低的状态，该比例甚至处于下降趋势。虽然工资总额有所提升，但是农、林、牧、渔行业城镇单位就业人员总数一直呈下降趋势。表 10－1 的数据虽然不能直接显示我国农业企业的就业人员数和就业人员工资总额，但也可以大致反映出我国农业企业的就业人员数和就业人员工资总额不容乐观。此外，虽然我国很多高等院校设置了农业相关专业，但主动报考的学生较少，即使培养了一些毕业生，部分毕业生最终选择离开涉农领域。

表 10－1　2005—2016 年我国农、林、牧、渔行业城镇单位就业人员数和就业人员工资总额

年份	就业人员数（万人）	占总就业人员数的比例（%）	就业人员工资总额（亿元）	占总就业人员工资总额的比例（%）
2005	446.3	3.91	368.7	1.79
2006	435.2	3.72	403.3	1.66
2007	426.3	3.55	464.6	1.58
2008	410.1	3.36	516.4	1.46

① 北森研究院，中国人民大学劳动人事学院．人才管理：中国人力资源管理新纪元［EB/OL］．https://wenku.baidu.com/view/236f69c78bd63186bcebbca9.html.

续表

年份	就业人员数（万人）	占总就业人员数的比例（%）	就业人员工资总额（亿元）	占总就业人员工资总额的比例（%）
2009	373.7	2.97	537.4	1.33
2010	375.7	2.88	627.1	1.33
2011	359.5	2.49	697.7	1.16
2012	338.9	2.22	760.8	1.07
2013	294.8	1.63	758.0	0.81
2014	284.6	1.56	808.9	0.79
2015	270.0	1.49	862.6	0.77
2016	263.2	1.47	882.1	0.73

资料来源：国家统计局. 中国统计年鉴（2017）［M］. 北京：中国统计出版社，2017.

第二，农业企业人才质量不足。

由于工资福利等因素，农业企业难以吸引优秀人才主动进入，这就使得总体上农业企业的优质人才资源少于其他行业，大部分人才的素质水平有待提升。

不同于一般的企业，农业企业除了经营管理层次的人才，还需要一批专业技术人才从事相关的生产、加工等工作。虽然我国有大量的农村劳动力可以成为农业企业的潜在人力资源，但是大部分农村劳动力素质水平较低，难以直接被吸纳为企业的技术带头人，大多是临时工人的角色。根据国家统计局公布的《2016年农民工监测调查报告》，虽然农民工受教育水平不断提高，但是大部分依旧是初中（约占60%）和高中（约占17%）文化水平（见表10－2）。接受过农业和非农业职业技能培训的农民工相对较少（占32.9%）。总体来说，能进入农业企业的高素质、高技能的人才资源依旧稀缺。

此外，我国农业院校的人才培养侧重精英教育，偏向经济管理人才的培养，农业技术人才的培养不足，并且培养的农业技术人才存在与实践脱节的现象，这间接导致进入农业企业的人才质量水平不高。

表10－2　农民工文化程度构成　　单位：%

	农民工合计		外出农民工		本地农民工	
	2015年	2016年	2015年	2016年	2015年	2016年
未上过学	1.1	1.0	0.8	0.7	1.4	1.3
小学	14.0	13.2	10.9	10.0	17.1	16.2
初中	59.7	59.4	60.5	60.2	58.9	58.6
高中	16.9	17.0	17.2	17.2	16.6	16.8
大专及以上	8.3	9.4	10.7	11.9	6.0	7.1

资料来源：国家统计局. 2016年农民工监测调查报告［EB/OL］. 国家统计局网，2017-04-28.

二、农业企业的人才培育问题

培训现有的员工是农业企业解决人才供给问题的途径之一，但是当前大多数农业企业没有建立完善的培训机制。

首先，农业企业的培训需求不明确，未能有效确立人才培训目标。有的农业企业选择直接让员工上岗，另有部分农业企业意识到应该对员工进行培训，但是没有将培训工作与企业发展战略紧密结合，如未能按照员工岗位设置相应的技能培训。人才培训必须针对农业企业目标的实现来进行，如更有效率的生产方法、产品或服务质量的改善、生产成本的降低等。农业企业通过明确自身的实际需求，有效地把资源运用到最有助于实现企业目标的培训活动中，一方面有效地开发了人才资源，另一方面也有助于企业的可持续发展。

其次，没有开发有效的培训方案。一方面是培训的课程体系、教材设施、师资团队等的不合理配置，如请没有实际经验的讲师教授农业技术操作的问题；另一方面是培训人员的不合理安排，如仅培训那些经过挑选、有发展潜力的人员，或让没什么事的人员参加大大小小的培训，并没有考虑这些员工是否需要培训等问题。此外，农业企业的培训很少有针对性地进行专业技能培训。员工的专业技能包括三类：专业知识与技能，这是员工工作中使用的最主要的知识与技能，是员工的专长；相关知识与技能，这是员工工作经常用到的知识与技能，但并非员工的专长；基础知识，这是员工应该了解的背景知识。很多农业企业在对员工进行培训时，没有从业务流程出发，轻视对员工专业技能的培训，不能满足为企业培养实用人才、提升产品品质和生产效率的要求。另外，农业企业的员工培训重视培训技能带来的直接效益，未能到生产一线指导培训，忽视对农业人才的团队意识、协作精神、竞争意识等基本素质以及员工思维和观念的训练①。

最后，农业企业的培训缺乏有效的评估。培训评估是检验培训的最终效果、规范培训相关人员行为的重要途径，忽视对培训效果的评估容易使很多培训流于形式，难以达到预期的效果。例如，有的企业会采取管理者给员工集体授课的形式来进行员工的培训，但是大部分在授课完之后没有后续的评估措施，这使得企业难以判断员工是否吸纳了培训的有效内容。另外，对这类培训，久而久之，员工也会心生厌烦，产生消极抵触的情绪。

三、农业企业的人才保留问题

难以吸引到人才资源是企业人才管理的重大困境，而既有的人才难以留任同样给农业企业的人才管理造成了很大的困扰。农业企业人才流失的原因是多方面的，主要原因包括以下几个方面：

第一，薪酬体系不合理，缺乏有效的激励机制。

前面已经提及，农业行业就业人员的工资水平普遍低于工业或服务业等其他行业，在现实的生活挑战面前，部分人才在没有薪酬激励的情况下会选择调换工作单位。除了整体薪资水平偏低的制约，农业企业内部对于员工薪资评定的不合理制度也容易造成人才的流失。例如，在一线技术工人工作强度、专业化程度等比较高的情况下，企业仅从工作年限等方面来评定工资，这种不公平的工资制度使员工逐渐丧失工作的动力。除此之外，大部

① 李明玉．农业企业经营管理［M］．哈尔滨：哈尔滨工程大学出版社，2012.

分企业未能给员工提供合理的福利保障，如休假、医疗保障等，这使得农业企业的薪酬体系对外缺乏竞争力。

第二，大部分农业企业内部发展空间有限，公司前景不容乐观。

虽然我国农业龙头企业在不断地发展，但是总体来说，我国大部分农业企业规模偏小，缺乏现代企业管理机制。大部分人才在农业企业内部上升空间有限，一方面是没有设置合适的上升机制，另一方面是大部分农业企业偏向传统的家族式管理，不给家族外的员工安排上升通道。此外，大部分农业企业效益低下，企业游走在破产的边缘，前景不容乐观，因而迫使员工想办法离开。

第三，工作环境问题。

大部分农业企业给员工提供的工作环境较为简陋，尤其是一线技术员工的工作条件较为艰苦。随着社会总体发展水平的提升，愿意从事一线艰苦工作的人越来越少，如果工作环境不能有所改善，离职的员工会越来越多。例如，一些农业公司下属的农场的生产技术工人承担了大部分的生产种植工作，但是办公室是简易的活动板房，夏热冬冷，不能给辛苦工作后的员工提供一个舒适的休息环境，等等。

第三节　农业企业的人才识别和甄选

农业企业要建立一支高绩效的人才队伍，首先需要吸引一批优秀的人才，并甄选适合的人才，以组建符合企业战略的人才队伍。识别和甄选人才过程主要包含三个任务，即人力资源规划、招聘和解聘、甄选。

一、人力资源规划

人力资源管理规划（human resource planning，HRP）是企业管理者根据当前的人力资源状况，为了满足未来一段时间企业的人力资源数量和质量的需要，在招募、甄选、利用、开发、解聘等方面工作的预测和相关事宜，是人力资源管理工作的基础。为了保证数量正确、类型合格的人员在正确的时间处于正确的位置，农业企业需要对不同时期、不同内外部环境、不同战略目标下的人力资源需求进行预测，来确保企业对人力资源需求的满足，以保证企业战略目标的实现。人力资源规划包括两个步骤：第一，评估当前的人力资源；第二，满足未来的人力资源需求①。

（一）评估当前的人力资源

评估当前的人力资源指企业对当前员工的情况进行统一整理。这种整理通常包括员工各方面的信息，如姓名、受教育程度、所接受的培训、工作经历、所掌握的语言、特殊能力以及专业技能等。当前评估的一个重要组成部分是工作分析。

1. 工作分析的内容

工作分析指系统地收集和组织有关工作的信息，以确定一项工作的任务、职责和责

① 罗宾斯，库尔特. 管理学［M］. 北京：中国人民大学出版社，2018.

任。工作分析提供的信息可用 6W1H 概括，即

- who，什么样的人来完成这项工作最合适？
- what，具体的工作内容是什么？
- when，工作的时间安排是什么？
- where，这些工作在哪里进行？
- why，从事这些工作的目的是什么？
- for who，这些工作的服务对象是谁？
- how，如何来进行这些工作？

工作分析最主要是回答 who 和 what 这两个问题。第一个问题与从事职位的人的资格有关，包括专业、年龄、必要的知识和能力、工作或实习经历、心理素质等。第二个问题与职位上的工作活动有关，包括职位名称、职责、工作要求、工作场所、工作时间、工作条件等一系列内容①。工作分析能够帮助农业企业合理地利用人才资源，如管理岗位的人才与技术岗位的人才所需要具备的能力和素质是不一样的，不能按照同样的标准来选人。

2. 工作分析的方法

工作分析过程中的信息收集方法主要有以下四种，即访谈法、观察法、日记法和问卷法。

（1）访谈法，即工作分析人员根据情况对任职者、该职位的直接上级以及其他对该职位比较了解的人员进行个别访谈或集体访谈的方法。访谈法能够简单、迅速地收集职位分析资料，适用性强。但是被访谈者往往夸大其承担的责任和工作的难度，容易引起职位分析资料的失真和扭曲。

（2）观察法，指由职位分析人员直接观察所需分析的工作，记录某一时期该职位工作的内容、形式、过程和方法，并在此基础上进行分析的方法。该方法一般适用于工作内容主要是由身体活动来完成且重复性较大、重复期较短的工作，如装配线工人、保安人员，不适用于脑力劳动成分较高的工作或处理紧急情况的间歇性工作，如律师、急救站的护士等。

（3）日记法，即由职位的任职者本人按照时间顺序记录工作过程，然后经过归纳提炼取得所需资料的一种方法。该方法适用于工作循环周期短、工作状态稳定的职位，常常用于确定工作职责、工作关系、劳动强度等方面的信息。

（4）问卷法，是通过由一系列问题构成的调查表收集资料以测量任职者的行为和态度的方法。

收集完与工作相关的信息后需要对收集的数据进行分析。工作分析的方法可分为两类：第一类为基于工作的分析方法，第二类为基于素质的分析方法。

基于工作的分析方法主要关注的是完成工作所需要具备的知识、技能、经验等，主要的分析方法有任务清单分析法、关键事件法、职位分析问卷法、职能工作分析法、O* NET系统法。

（1）任务清单分析（task inventory analysis，TIA）法。任务清单分析法常被用来决

① 董克用. 人力资源管理概论［M］. 北京：中国人民大学出版社，2012.

定成功地完成一项工作所需的知识、技能和能力（knowledge，skill，abilities，KSA）等信息。该方法包括三个步骤：第一，访谈，通过对当前工作持有者及其管理者进行访谈以集中列出作为工作一部分的各项任务的清单；第二，调查，由当前工作持有者对每项任务的重要性、发生频率以及所需培训的时间等进行评级打分；第三，用 KSA 矩阵对一项任务做一概括。

（2）关键事件法（critical incident method，CIM），又称关键事件技术（critical incident technique，CIT）。关键事件法指通过一定的表格，专门记录工作者工作过程中那些特别有效或特别无效的行为，以此作为将来确定任职资格的一种依据。记录的内容大致包括导致事件发生的原因、有效和无效行为的特征、行为的后果、工作者可以控制的范围及努力程度的评估。

（3）职位分析问卷（position analysis questionnaire，PAQ）法。职位分析问卷是一张工作分析问卷表，包含了 194 个不同的项目，采用 5 分制的分级法。职位分析问卷法试图确定在完成一项具体的工作过程中，不同的项目，或者说各种工作要素所参与的程度。194 个项目可以分为 6 个部分：信息投入、思维过程、得出结果、与他人的关系、工作背景、其他特点。

（4）职能工作分析（functional job analysis，FJA）法。职能工作分析法主要收集有关工作的以下几方面的情报：职位持有者如何对待人、数据和事物，职位持有者用以完成工作的方法和技巧，职位持有者使用的机器、工具和设备，职位持有者产生的材料、方案和服务。

（5）O* NET（occupation information network）系统法。O* NET 系统是一个职位分析系统。O* NET 系统能够将工作信息（如工作活动、组织情境、工作特征等）和工作者特征（如知识、技能、兴趣等）结合在一起，不仅是工作导向的职位分析和任职者导向的职位分析的结合，而且还能体现职业者的特定要求。

有时候员工即使具备了工作所需的知识、技能、经验等，也不一定能够出色地完成工作，他们还需要具备一定的胜任素质。胜任素质指与特定组织特定工作职位上工作业绩水平有因果关联的个体特征和行为。胜任素质的提出者戴维·麦克莱兰（David McClelland）认为，胜任素质包括六个方面的内容：知识，即某一领域的有用信息；技能，即从事某一活动的熟练程度；社会角色，即希望在他人面前表现出来的形象（如以企业领导、主人的形象展现自己）；自我概念，即对自己的身份、个性和价值的认识与看法（如将自己视为权威还是教练）；特质，即个体行为方面相对持久、稳定的特征（如善于倾听他人、谨慎等）；动机，即那些决定外显行为的自然而稳定的思想（如总想把自己的事情做好，总想控制影响别人，总想让别人理解、接纳、喜欢自己）。

基于素质的分析方法即建立胜任素质模型。胜任素质模型就是个体为完成某项工作、达成某一绩效目标所应具备的一系列不同素质要素的组合，分为内在动机、知识技能、自我形象与社会角色特征等几个方面。这些行为和技能必须是可衡量、可观察、可指导的，并对员工的个人绩效以及企业的成功产生关键影响。

通常来说，胜任素质模型具有以下特征：第一，由 4～6 项胜任素质组成；第二，每项胜任素质在整个模型中有一定的权重（重要性程度）；第三，每项胜任素质都有明确的界定；第四，部分胜任素质还界定了所必须达到的等级。

3. 工作说明书

工作分析的直接结果是工作说明书，一般是描述工作内容、工作环境和工作条件的书面声明。

工作说明书主要包含工作描述和工作规范两方面的内容。工作描述是对任职者实际做了什么、如何去做以及该职位的工作条件等做出的书面陈述。工作描述主要包含以下信息：职位标识、职位概要、履行职责、业绩标准、工作关系、使用设备、工作的环境和工作条件。工作规范又称岗位规范或任职资格，是指任职者要胜任该项工作必须具备的资格与条件。工作规范说明了一项工作对任职者在教育程度、工作经验、知识、技能、体能和个性特征方面的最低要求。

工作说明书范例如表 10－3 所示。

表 10－3　工作说明书范例

<table>
<tr><td colspan="2">岗位编号</td><td></td><td>版本号</td><td colspan="2"></td></tr>
<tr><td colspan="2">岗位名称</td><td></td><td>页码</td><td colspan="2"></td></tr>
<tr><td colspan="2">所属部门</td><td></td><td>直接上级</td><td colspan="2"></td></tr>
<tr><td colspan="2">相关部门/岗位</td><td></td><td>直接下级</td><td colspan="2"></td></tr>
<tr><td colspan="2">可转换的岗位</td><td></td><td>编写日期</td><td colspan="2"></td></tr>
<tr><td>岗位工作内容</td><td colspan="5"></td></tr>
<tr><td rowspan="2">岗位规范及责任</td><td colspan="2" rowspan="2"></td><td colspan="2">工作权限</td><td></td></tr>
<tr><td colspan="2">上岗前需要接受的培训</td><td></td></tr>
<tr><td rowspan="6">岗位资历及素质要求</td><td colspan="4">性格类型：</td><td>性别：</td></tr>
<tr><td colspan="4">学历：</td><td>年龄：</td></tr>
<tr><td colspan="5">特别要求：</td></tr>
<tr><td colspan="5">品德要求：</td></tr>
<tr><td colspan="5">专业背景及业务能力要求：</td></tr>
<tr><td colspan="5">岗位所需资历证明及工作经历要求：</td></tr>
<tr><td colspan="2">拟制：</td><td colspan="2">审核：</td><td colspan="2">批准：</td></tr>
</table>

（二）满足未来的人力资源需求

满足未来的人力资源需求指企业依据组织的使命、目标和战略，对企业未来的人力资源需求与供给情况进行评估后开发行动方案的过程。该工作过程包括四个步骤：第一，确定未来人力资源的需求。需求预测一般来源于企业的产品或服务需求以及劳动生产率。第二，确定未来人力资源的供给，包括内部供给和外部供给。第三，协调需求和供给，即确定两者间的差距，可能的结果包括人力资源短缺、人力资源过剩和人力资源供求平衡。第四，开发行动方案来填补预测的缺口①。

二、招聘和解聘

（一）招聘

招聘指农业企业为了发现、识别和吸引合格的求职者而开展的一系列活动。当农业企业内部存在职位空缺时，管理者应该利用工作分析收集的信息来指导员工招聘。招聘的实质就是让潜在的合格人员对本企业的相关职位产生兴趣并且前来应聘这些职位。招聘的目的是吸引人员，因此并不要求对应聘人员进行严格的挑选。但是，招聘吸引的人员应该是组织目前空缺或者将来需要的人员，且数量应当适量。也就是说，招聘工作是基于人力资源规划的结果，与组织当前及未来的用人安排协调。

1. 招聘的流程

招聘工作一般按照以下几个步骤来进行：

（1）确定招聘需求。招聘活动的起点一般源于职位空缺的产生，一旦职位空缺产生，组织的招聘流程随即启动。对招聘需求的确认，包括需求数量、岗位工作内容和基本任职资格、希望上岗时间等内容。有的公司还对薪酬水平或其他特殊要求进行确认。这些内容的确认以人力资源规划和工作分析为基础。

（2）选择招聘来源。招聘的来源是指潜在的求职者所存在的目标群体。招聘的来源有两个，即外部招聘和内部招聘。内部招聘的来源有三个：下级职位上的人员，主要通过晋升的方式来填补空缺职位；同级职位上的人员，主要通过工作调换或工作轮换的方式来填补职位空缺；上级职位上的人员，主要通过降职的方式来填补职位空缺。在农业企业的管理实践中，主要是前两种内部招聘来源，第三种内部招聘来源很少出现。外部招聘来源相对较多，主要有学校、竞争者或其他公司、失业者、老年群体、军人、自我雇佣者。

（3）制订招聘计划。一般来说，招聘计划的内容主要包括以下几个方面：招聘的规模、招聘的范围、招聘的时间和招聘的预算。根据招聘的对象、招聘具体要求的不同，农业企业的招聘计划会适当增加其他内容。

（4）实施招聘计划。首先是发布招聘信息。企业可以利用各种传播工具发布岗位信息，鼓励和吸引人员参加应聘。在发布信息时应当注意信息发布的范围、信息发布的时间、招聘对象的层次等。其次是对应聘者进行选拔，包括通知参加面试的人员、安排面试、确定最终人选等工作。

2. 招聘的方法

根据来源的不同，招聘的方法可以分为内部招聘方法和外部招聘方法。

内部招聘是识别和吸引来自组织内部的求职者的过程，包括职位公告、内部网站和内部员工配置、人才管理系统等。

外部招聘是识别和吸引来自组织外部的求职者的过程，包括自荐求职者、员工推荐、广告、就业网站、高校及就业指导办公室、职业介绍所、猎头公司等。

内部招聘与外部招聘各有其利弊，如表 10－4 所示，农业企业应该根据其实际情况挑

① 赫尼曼，贾奇，卡迈尔-米勒．组织人员配置：招募、选拔和雇佣［M］．北京：中国人民大学出版社，2017.

选合适的招聘方法，以吸引合适的人才。

表 10－4　内部招聘与外部招聘的利弊分析

渠道	优势	劣势
内部招聘	1. 有利于提高员工的士气和发展期望 2. 对组织工作的程序、企业文化、领导方式等比较熟悉，能够迅速地开展工作 3. 对企业目标认同感强，辞职可能性小，有利于个人和企业的长期发展 4. 风险小，对员工的工作绩效、能力和人品有基本的了解，可靠性较高 5. 节约时间和费用	1. 容易引起同事间的过度竞争，发生内耗 2. 竞争失利者感到心理不平衡，难以安抚，容易降低士气 3. 新上任者面对的是“老人”，难以建立起领导声望 4. 容易出现近亲繁殖问题，思想、观念因循守旧，思考范围狭窄，缺乏创新与活力
外部招聘	1. 为企业注入新鲜的“血液”，能够给企业带来活力 2. 避免企业内部相互竞争所造成的紧张气氛 3. 给企业内部人员以压力，激发他们的工作动力 4. 选择的范围比较广，可以招聘到优秀的人才	1. 对内部人员是一个打击，感到晋升无望，会影响工作热情 2. 外部人员对企业情况不了解，需要较长的时间来适应 3. 对外部人员不是很了解，不容易做出客观的评价，可靠性比较差 4. 外部人员不一定认同企业的价值观和企业文化，会给企业的稳定造成影响

资料来源：董克用. 人力资源管理概论［M］. 北京：中国人民大学出版社，2012.

（二）解聘

在农业企业存在员工过剩或员工绩效低下等情况时，管理者可以解聘员工，即减少组织的员工数量。解聘具有减少劳动力成本、替换业绩糟糕的员工、增加创新、为更大的多元化创造机会等优势。然而，对任何一个管理者而言，解聘都不是一项愉快的工作，解聘方式不当容易给企业造成不利的影响，如产生劳动纠纷、增加重新招聘的成本等。

一旦做出解聘的决定，管理者就必须小心谨慎地实施。管理者必须妥善解决的关键问题包括通知雇员、确定解雇标准、与被解聘的雇员进行沟通、协调媒体关系、维持安全、对未被解聘者进行安抚。

公司在解聘员工之前应该至少提前几个星期通知，一方面这是社交上和职业上的礼仪，另一方面这也能有效缓解劳资关系，同时对继续留在公司里的雇员进行安抚。

解聘的标准必须十分清晰。当企业清晰地制定出标准后，负责决定解雇名单的管理者才有可能做出公正、前后一致的决定。一般来说，资历和雇员的表现是做出解聘决定的两个最重要的标准。

尽可能以充满人情味和顾及对方感受的态度与将被解聘的雇员进行沟通，这是十分重要的。没有一个雇员喜欢听到他（她）被解雇了。而管理者处理这件令人不快的任务的方式可能影响雇员和组织中的其他人如何接受解聘决定。

协调媒体关系指企业高层管理者与人力资源部门合作制订出一个计划，向外部客户（通过媒体）和员工（通过内部沟通）提供有关解聘的准确信息，以平息谣言和安抚留下的雇员。

在有些情况下，解聘会危及公司的财产，公司需要做好适当的安全措施。

解聘会对暂时留下来的员工造成一定的负面影响，如产生“幸存者焦虑”（更多的工作、令人不安的变化、对贡献的自我评估、内疚、抑郁等)，因此对未解聘者进行安抚是必要的。公司可以为未被解聘者制订专门的计划，使这方面的问题最小化。例如，与留下来的员工沟通，让其了解公司的财务状况。如果留下来的员工理解公司实行解聘的经济原因，他们或许更有可能将解聘归因于外部因素而不是公司的内部管理问题。此外，理解公司解聘的原因也会激励员工帮助组织渡过难关。

三、甄选

甄选指对申请者进行甄别、筛选，以确保最合适的候选人得到这一职位。

(一) 甄选的信度与效度

正确的甄选决策需要同时具备信度与效度。

信度指测试的一致性，指一个人参加两种不同形式的同一测试时，或者在两个不同的时间参加同一测试时，能够得到具有一致性的测试成绩。估计信度的方法一般有重测信度、复本信度、内部比较。重测信度估计指在两个不同的时间点对相同的人实施相同的测试，然后加以比较。复本信度估计指先实施一项测试，然后再实施另一项被专家认为与该测试等价的测试，再加以比较。内部比较估计指将被测试者对某些问题的答案与其对同一项测试中衡量同一方面内容的另一组独立的问题的答案相比较。

效度指基于测试得出的结果的正确程度，即回答这么一个问题：“这项测试衡量了它想要测试的东西吗?”效度包括效标关联效度、内容效度、结构效度。效标关联效度是要从统计学的角度证明一个甄选程序中的分数与被作为样本的员工的工作绩效之间的关系。内容效度是要证明一个甄选程序能够代表在职位上需要完成的那些事情的重要方面。结构效度则要证明一个甄选程序测量了一个概念，且这个概念对于成功达成工作绩效来说很重要。

(二) 甄选的手段

甄选的手段可以分为测试、工作样本与工作模拟、背景调查及其他甄选手段。

测试的类型包括认知能力测试、运动和身体能力测试、人格和兴趣测试、成就测试。

工作样本与工作模拟，即向被试者展现在他们申请的职位上从事的典型场景，然后再对他们做出的反应进行评价。该方法也属于测试的类型，但不同于大多数测试，因为它们是在直接测量工作绩效。工作样本与工作模拟测试具体包括工作样本法、情境判断测试、管理评价中心(如典型的公文筐练习、无领导小组讨论、管理游戏、个人口头演讲、面试等模拟任务)、情境测试和视频模拟测试、小型工作培训和评价法、实际工作预览。

各种测试通常只是企业甄选过程中的一个组成部分，其他的甄选工具可能还包括背景调查和推荐信核查、雇佣前信息收集服务、诚实性测试、笔迹分析等。

专栏　蒙牛的选才“三合论”

人才的能级对应理论说明：人才的层次与职位是一一对应的，不同类型的人才对岗位的特征要求是不同的，只有人才类型与岗位要求相匹配，才能提高劳动生产率。盲目地一味追求高学历人才，却不能使人才应有的价值得到充分的体现，最终只会导致高投入、低回报。

蒙牛集团遵从人才的能级对应理论，强调要为本企业岗位找准合适的人才，即“把合适的人才安排到合适的岗位”。蒙牛认为，一个人是不是人才并不是由他的学历、能力、经验等来定义的，而是由他与将从事的岗位的契合程度来定义的，只要是合适时间合适地点合适岗位的人（简称“三合”），就是人才。离开了具体的环境来谈论人才，不过是胶柱鼓瑟、缘木求鱼。

在蒙牛看来，招聘人才的目的不是用他的高学历、高素质、丰富经验来作为摆设和炫耀，而是希望他们的学历、素质、经验能够为企业所用，给企业带来价值。如果不能实现这个目标，那高学历、高素质、丰富经验与无用便是等同。因此，适合才是最重要的，适合岗位的需要才是最重要的。

“闻道有先后，术业有专攻。”每一个人都有自己的性格特征与能力专长，一个企业所应该做到的，就是让员工的能力与目标岗位所需要的才能相匹配，即能岗匹配。能岗匹配包含两方面的含义：第一，指某个人的能力完全能胜任该岗位的要求，即所谓人得其职；第二，指岗位所要求的能力这个人完全能达到，即所谓职得其人。能岗匹配原理指人的能力与岗位要求的能力匹配，这种匹配包含着“恰好”的概念，二者的对应使人的能力发挥得最好，岗位的工作任务也完成得最好。能岗匹配原理的核心要素是，最优的不一定是最匹配的，最匹配的才是最优选择，即职得其才，才得其职，才职匹配，效果最优。

除人才的“三合”观念，蒙牛还认为，人才必须认同企业的文化，遵从企业的价值观，否则，即使是达到了“三合”的要求，也不是企业最好的招聘对象。只有认同企业的文化，遵从企业价值观的人，才会发自内心地热爱自己的职业，为企业的发展毫无保留地贡献自己的聪明才智。否则，很可能出现员工在自己的岗位上利用公司的资源干私活的情况。

提到用人标准，牛根生曾经说过：从人本管理的角度看，人人都是人才，就看放的是不是地方，这是一个人岗匹配的问题。因此，在蒙牛选卫生工的时候，不是选那些文化程度高的，或者是家庭条件特别好的，而是选老实敦厚的农村妇女。因为这份工作对平常基本上没有经济收入的农村妇女来说显得弥足珍贵，她们会重视自己的工作，并尽可能将工作做好。由此才有了蒙牛工厂纤尘不染的卫生状况，才有了每天“安全、卫生、营养、健康”的蒙牛食品走向全国，甚至漂洋过海。

资料来源：梅晓鹏. 蒙牛管理模式全集［M］. 武汉：武汉大学出版社. 2007.

第四节 农业企业的人才培育

农业企业人才管理的一个重要环节是对吸引来的人才进行培育，通过为员工提供必要的知识和技能，使其更好地为公司创造价值。农业企业的员工培训是必需的，根据人力资本理论，培训可以使员工学习新技术，由此可以提高企业的边际生产力，企业的边际产品也可以按照同样的幅度增加，从而提高人力资本存量。具体来说，农业企业的人才培育根据培育对象的不同可分为新员工上岗培训和现有员工培训。

一、上岗培训

上岗培训是指农业企业对新员工进行工作岗位和组织的入门介绍，以使新员工尽可能无顾虑地融入组织之中。上岗培训包括工作部门上岗培训和组织上岗培训。其中，工作部门上岗培训是使员工熟悉工作单位的目标，明确自身工作如何为工作部门的目标做贡献，也包括向新员工介绍新同事。组织上岗培训则是告知新员工关于组织的目标、历史、理念、程序以及规章制度，也包括相关的人力资源政策、带领新员工参观组织各个工作场所等。

二、员工培训

员工培训是指为使新员工或当前员工获得完成工作所需的各种技能而采用的一种措施。农业企业加大员工的培训，能够提升员工的素质和能力，有效地开发现有的人才资源。例如，双汇集团每年都会制订三级（集团、职能部门及事业部、项目公司）培训计划，由人力资源中心联合上海影响力、相关事业部及其他九大职能中心进行培训教材的编制，各职能中心选派业务技术熟练的中层以上干部或邀请外部专家组织授课。双汇集团对不同类型的员工有不同的培训制度，例如，对基层员工重点培训安全知识、操作标准及企业规章制度，对中层干部重点培训内部管理规范、外部行业发展、职业素养拓展，对高层重点培训国家战略、宏观经济、行业发展以及产业政策等。其培训内容涵盖了国民经济、行业发展、企业管理、工艺流程、实战操作等多重领域、多个维度，确保各类培训内容全面、紧贴实战、指导经营、产生实效①。

员工培训的黄金法则为包括“分析（analysis）—设计（design）—开发（develop）—实施（implement）—评估（evaluate）”这几个步骤在内的 ADDIE 五步培训法。

1. 分析培训需求

分析培训需求所要明确的是企业的战略性或长期性培训需求以及（或者）当前的培训需求。

战略性培训需求分析确定了员工为填补这些未来的新职位需要接受哪些方面的培训，其分析结果能为企业的继任计划提供支持。

当前培训需求分析的目的多是改进公司当前的绩效，特别是对新员工以及那些绩效较差的员工进行培训。新员工的培训需求通过任务分析来确定。任务分析（task analysis）是通过对职位的详细研究来决定这一职位要求任职者具备哪些特定的技能。现有员工的培训需求通过绩效分析来确定。绩效分析（performance analysis）是一个确认是否存在绩效缺陷并且判定这种绩效缺陷是否能通过培训或者其他手段（比如工作调动）来加以解决的过程。

2. 设计总体培训方案

设计总体培训方案意味着要对包括培训目标、培训方法以及培训方案评估等在内的总体培训方案进行规划。

方案设计的步骤包括：第一，设定绩效目标；第二，创建详细的培训脉络，即整个培

---

① 双汇集团的人力资源管理［EB/OL］. http://www.hrsee.com/? id=448.

训方案从头到尾涉及的所有步骤；第三，选择一种培训方法，比如课堂讲授或在线培训；第四，与管理层确认总体培训方案的设计。在培训方案的设计中还应该概括性地描述企业准备如何塑造一种能够激励受训者学习并将所学内容转化到工作中去的学习环境。

3. 开发课程

开发课程即拟订培训方案，意味着将培训方案中涉及的培训内容和材料实际加以组合。也就是说，企业要选择培训方案实际将会呈现的培训内容（如 CRM 系统使用方法、生产信息系统管理方法等），还要设计或选择将会运用的具体培训方法以及将会使用的培训设备和材料（如工作手册、PPT、讲稿等）。

4. 实施培训方案

实施培训方案意味着采用一种或多种培训方法来实施培训。具体的培训方法有很多，可分为传统培训方式和基于技术的培训方式。

传统培训方式主要包括：在岗培训，通常是在向员工初步介绍工作任务之后，员工简单地通过实际执行来学习如何开展这些工作任务；工作轮换，指员工在某个特定领域中从事不同的工作岗位，从而接触各种各样的工作任务；辅导制，也称学徒制，指员工跟随一位经验丰富的同事一起工作，该同事向他提供信息、支持和激励；实验练习，即员工参与到角色扮演、模拟或其他类型的面对面培训中；工作手册/指南，指员工可以参考培训工作手册和指南，获取相关信息；课堂讲座，指员工参加传达特定信息的讲座。

基于技术的培训方式主要包括：CD-ROM/DVD/录像带/录音带/播客培训，指员工通过听或看所选择的传达信息或展示技巧的特定媒介来接受培训；视频会议/电话会议/卫星电视培训；电子化学习，指基于互联网的学习，员工可以参与多媒体的模拟功能或其他互动模块；移动学习，指员工通过移动设备开展学习。

5. 评估培训效果

评估培训效果即对以下四种基本类型的培训结果或效果进行评价：(1) 反应，即评价受训者对培训项目的反应。他们是否喜欢这个培训计划？他们是否认为这个计划是有价值的？(2) 学习，指对受训者进行测试，以确定他们是否学会了要求他们掌握的原理、技能和事实。(3) 行为，指评价受训者的工作行为是否因为参加培训项目而发生了变化。例如，百货商店投诉部的员工对待前来投诉的顾客是否比过去更加友善？(4) 结果，即根据预先设定的培训目标，培训项目取得了哪些最终成果。例如，顾客的投诉量是否减少了？

农业企业可以选择用货币或者非货币的方法来衡量培训的效果。但是不管用什么方法，培训都应该根据它如何满足原本计划要满足的需求来判断。例如，要评估一个旨在提高生产部门员工工作效率的培训计划，只要评估该培训计划对劳动生产率和生产成本的作用即可，而不用评估客户的满意度。相反，客服专员培训效果的评估则需要评估客户满意度，而不是生产成本和劳动生产率。

专栏　娃哈哈系统化的人才梯队建设

2009 年，娃哈哈人力资源部启动了系统化的人才梯队建设方案。首先，娃哈哈进行信息梳理和分析，针对不同需求设计不同的储备人才培养方案，并结合实际情况进行调整和完善，逐步建立起后备人才梯队。其次，横纵结合定位储备人才特点，细化培养的具体方案。最后，结合娃哈哈“战争中学习战争”的特色培养方法，在标准化的流程中，通过基层实战锻炼，培育一批又一批储备人才。

1. 动态优化梯队结构

娃哈哈先对员工类型、学历素质、年龄工龄等基本资质进行细致分析，全面梳理行政管理干部、专业技术人才、销售人员及生产一线工人队伍现状，制订与公司发展目标相匹配的人才规划。包括：(1) 针对行政管理干部年轻化、管理知识技能系统性不足的特点，制订了“长青计划”；(2) 结合分公司技术管理骨干缺乏活力、稳定性不足的特点，制订出“星火计划”；(3) 因市场亟须充满执行力、战斗力和活力的销售人才，提出了“营销子弟兵计划”；(4) 为解决生产一线工人流动性大、技术水平层次参差不齐等问题，设计了“生产工人素质提升计划”。各项计划对储备人才的数量、引进和培养来源、储备培养周期以及具体培养措施均提出了明确规划，为储备人才梯队建设规划了蓝图，并根据公司的发展和实践经验的积累不断完善人才规划。

2. “三横三纵”坐标式储备人才

为增强选拔和培养的针对性，娃哈哈细化了不同目标岗位的选拔标准，加强了对选拔对象的个体分析（业务优势与短板、个人发展意愿、目标岗位胜任度等），将储备人才分层分类。

横向展开部厂级储备干部、科技储备干部、技术/管理骨干储备人才的选拔工作，纵向通过“分公司推荐—片区选荐—集团公司评审并纳入人才库”递进选拔，逐渐形成了“三横三纵”、梯次分明的储备人才梯队结构及选拔体系。通过纵横连接，得出每位储备人才在整体选拔流程中的坐标，在每个坐标点上，选拔采用的工具与方法都会进行定制化调整。

3. 标准化培养，在线跟踪评估

娃哈哈梳理出了一套可复制的选拔流程，包括选拔方案与标准的制定、选拔通知与宣传、自主报名/组织推荐/他人引荐、基本资质审核、知识技能测试、背景考察、实地调查、一对一面谈、联席评审等基本环节。

除了梳理选拔流程，娃哈哈还从集团层面制定的针对梯队人才个体的培养反馈流程，清晰地划分了培养阶段，明确各阶段培养重点，提供公司内外部培训培养资源清单，规定阶段性反馈与评估标准。以标准化培养手册为载体，实现梯队人才培养的跟踪管控。

4. 管理层参与，落实培养责任

储备人才梯队建设工作是一项系统工程，需要获得公司上下的认同与支持。首先要争取公司管理者的重视和参与。在长青储备干部培训班上，娃哈哈邀请公司领导寄语储备干部，强调公司对他们的期望和要求，激发员工的进取心。在帮带培养的过程中，统筹协调，邀请公司资深的干部担任年轻干部的导师，言传身教助其成长。利用走访分公司、高层干部例会的时机，不断影响在职干部，切实帮助他们解决人才选用中的难题，让他们树立与公司一致的人才培养理念，并通过制度落实其培养责任。

5. 基础锻炼，实战检验

娃哈哈强调对储备干部“态度、能力、作为”三个主要模块的考察与培养，“战争中学习战争”的成长路径决定了公司储备人才“基层锻炼，实战检验”的核心培养方式。除了集中培训、自主学习、帮带培养、书籍阅读、参访学习等培养形式，岗位实训、挂职锻炼、轮岗培养、任务攻关对于娃哈哈储备干部而言，是最有效的培养模式。对人力资源部来说，实战培养更利于日常评估信息的收集积累。相较每年固定次数的大规模短周期选拔，对梯队人才日常工作作风、成长心态变化、实际工作能力和业绩等信息的收集和分析，更有助于掌握储备人才的真实情况，降低干部选聘的风险。

资料来源：李凤媛，李祎晨. 娃哈哈：坐标式定位培养储备人才 [J]. 培训，2014 (11).

第五节　农业企业的人才保留策略

人才是农业企业发展的“血液”，其中胜任的高绩效员工更是为企业创造价值的主力，农业企业应该尽最大努力保留人才。保留人才也是农业企业缩减管理成本的一种方式。农业企业在吸引人才和培训人才上已经投入了大量的人力、物力和财力，这部分人才流失后，企业重新吸引和培训人才又需要投入，而留住人才的成本相对较低。一般有“环境留人、待遇留人、工作留人、制度留人、情感留人”之说，而在农业企业的人才管理过程中，人才保留的主要策略是绩效管理、薪酬管理和职业发展。

一、绩效管理

(一) 绩效管理的内容

绩效管理（performance management）是指识别、衡量以及开发个人及团队绩效，并且使这些绩效与组织目标保持一致的一个持续性过程。绩效管理通过“应该是什么”和“实际是什么”进行比较来发挥作用，其中“应该是什么”涉及工作目标、工作维度、胜任素质等内容。

绩效管理的过程如下：第一，制定公司战略目标；第二，将目标分解到各个部门、团队及个人，要确保员工的目标与公司的战略目标及运营目标联系在一起；第三，持续评价目标达成的进展情况；第四，将目标达成情况报告给管理层、团队及个人；第五，实时采取必要的纠正措施。例如，光明乳业在引入战略性的绩效管理体系——平衡计分卡时，先对公司的战略目标与发展方向等重新进行理解、分析与归纳，再根据战略目标设计绩效指标。绩效指标体系的评价从三方面进行，即对指标结构完备性、指标内容完整性和指标操作可行性三方面进行核查。最后将绩效评估及其结果的应用贯穿于日常工作中的每一个环节①。

① 绩效管理案例：光明乳业的一次平衡计分卡实践 [EB/OL]. http://www.hrsee.com/? id=89.

（二）绩效管理的方法

绩效管理的方法有目标管理法、360度反馈法、图尺度评价法、交替排序法、配对比较法、强制分布法、关键事件法、陈述性表格评价法、行为锚定等级评价法、混合标准尺度评价法等。这里主要介绍目标管理法和360度反馈法。

1. 目标管理法

目标管理法（management by objectives，MBO）是指由管理者与公司每一位员工共同决定具体的、可衡量的、与组织相关的绩效目标，并且定期检查完成目标进展情况的一种管理方式。由此而产生的奖励或惩罚则根据目标的完成情况来确定。目标管理法属于结果导向型的考评方法之一，以实际产出为基础，考评的重点是员工工作的成效和劳动的结果。

目标管理一般经过以下四个步骤：第一，制定组织、部门及个人目标，包括制定目标的依据、对目标进行分类、符合SMART原则①、目标须沟通一致等；第二，实施目标；第三，信息反馈处理；第四，检查实施结果及奖惩。

目标管理法的评价标准直接反映员工的工作内容，结果易于观测，因此很少出现评价失误，也适合给员工提供建议，进行反馈和辅导。目标管理的过程是员工共同参与的过程，因此，有助于提高员工工作的积极性，增强其责任心和事业心。目标管理有助于改进组织结构的职责分工。由于组织目标的成果和责任力图划归一个职位或部门，容易发现授权不足与职责不清等缺陷。但是，目标管理法没有在不同部门、不同员工之间设立统一目标，因此难以对员工和不同部门之间的工作绩效横向比较，不能为以后的晋升决策提供依据。

2. 360度反馈法

360度反馈法，即360度反馈评价，也称为全方位反馈评价或多源反馈评价。传统的绩效评价，主要由被评价者的上级对其进行评价，而360度反馈评价则由与被评价者有密切关系的人，包括被评价者的上级、同事、下属和客户等，分别匿名对被评价者进行评价。被评价者自己也对自己进行评价。然后，由专业人员根据有关人员对被评价者的评价，对比被评价者的自我评价向被评价者提供反馈，以帮助被评价者提高其能力水平和业绩。由于360度反馈法是被评价者的上级、同级、下级和服务的客户等对他进行评价，通过评价，被评价者能够知晓各方面的意见，清楚自己的长处和短处，从而提高自己。

二、薪酬管理

（一）薪酬管理的内容

一个雇员的总薪酬由三部分组成，即基本薪酬、奖励工资和福利。

第一，基本薪酬，即薪酬中固定不变的那一部分，它的形式或者是薪水（如周/月工资单），或者是小时工资。例如，有的农业企业给生产一线的临时工人每人每天100元的

① SMART原则指目标明确原则（specific）、目标可衡量原则（measurable）、目标可达成原则（attainable）、目标相关性原则（relevant）、目标时效性原则（time-bound）。

薪酬。

第二，奖励工资，又称绩效工资，是薪酬中的变动部分，是公司旨在奖励工作表现杰出者的薪酬计划。绩效工资包括微观层面的绩效工资，如考绩工资、个别奖金计划、奖励等，以及宏观层面的绩效工资，如收益分享、利润分享、股权计划等。

第三，福利（又称间接薪酬），包括国家法定的福利，如法定的社会保险（养老保险、医疗保险、失业保险、工伤保险、生育保险）、住房公积金、公休假日、法定休假日、带薪休假，以及企业自主的福利（企业的人寿保险、医疗保健、退休计划等）。例如，广东东进农牧有限公司的员工在公司内部食堂就餐免费，员工可获取公司提供的住房保障资金等①。

（二）制订薪酬计划的标准②

薪酬从经济上、社会上和心理上影响着每个雇员，不恰当地处理薪酬问题可能对雇员，以及最终对企业的绩效产生严重的负面影响。为了设计恰当的薪酬计划，农业企业需要考虑以下问题：

1. 内部平等还是外部平等

内部平等指公司内部员工感觉到工资结构是公平的。外部平等指相对于其他雇主正在支付给同类型劳工的工资，员工感到是公平的。一般来说，强调外部公平对处于迅速变化的市场中的新创办的、较小的企业更加合适。当面临在内部公平与外部公平之间做出选择时，越来越多的企业选择向新雇员提供大额的“签约奖金”以吸引杰出的求职者而不打乱现有的薪酬表。

2. 固定工资还是可变工资

农业企业可以选择以基本工资的形式支付占总薪酬较高比例的固定工资（如按月固定工资），或者选择按预先确立的标准（如工作绩效和公司盈利情况）浮动的可变工资。固定工资可减少雇员的风险，且容易管理。现在也有公司向可变工资计划转移。

3. 根据绩效还是根据身份

根据绩效支付薪酬（performance-contingent compensation）强调的是员工的工作绩效，并且把工资与个人或集体的贡献绑在一起，其最极端的形式是传统的计件工资制和销售佣金。根据身份支付薪酬（membership-contingent compensation）强调雇员在组织中的身份，雇员每月按规定在公司待够时长就可以获得工资，并且能在组织的阶梯上晋升。这取决于企业文化和高层管理者或公司创始人的理念。大多数强调工作绩效的公司具有以下特点：较少的管理层级、迅速的增长、内部员工和团体之间实行竞争、现成可得的绩效指标、巨大的竞争压力。

4. 岗位工资还是个人工资

岗位工资根据公司中某一项特定工作的价值和贡献而定，对岗不对人。个人工资是根据一个雇员采用了多少技能和知识做这项工作来支付薪酬，包括基于知识的工资

① 罗明忠. 社会责任视角下的企业人力资源策略：基于广东东进农牧有限公司的案例分析 [J]. 中国人力资源开发，2012 (4).

② 戈麦斯-梅希亚，鲍尔金，卡尔迪. 人力资源管理 [M]. 上海：格致出版社，2015.

(knowledge-based pay）和基于技能的工资（skill-based pay)。虽然传统的以工作为中心的工资制度仍然占支配地位，但越来越多的企业正在选择采用基于知识的薪酬制度。

5. 平等主义还是精英主义

平等主义的工资制度（egalitarian pay system）指薪酬计划是将大多数雇员置于同一个薪酬制度下。精英主义的薪酬计划（elitist pay system）指根据组织层级或雇员群体制订不同的薪酬计划。精英主义的薪酬计划在拥有许多成熟产品、市场份额相对稳定、有一定竞争能力、已经树立了声誉的企业中使用较为普遍。而平等主义的工资制度在一个企业经常遭遇经营风险并且试图通过对新技术、新事物和新产品不断地投资以扩大其市场份额的高度竞争的环境中更为常见。

6. 薪酬低于市场还是高于市场

雇员工资直接影响企业从其他公司吸引员工的能力。工资的满意度与工资水平正向相关，雇员对工资不满意是员工流失的最常见的原因之一。企业支付雇员高于市场水平的工资容易让企业雇用到“拔尖人才”。在劳动力短缺的市场情况下，要想迅速发展的公司也必须考虑支付高于市场的工资。然而，即使在传统上支付高工资的企业，现今趋势是盯住市场中位数支付一个基本工资，再结合更大胆进取的奖励措施。

7. 货币奖励还是非货币奖励

企业可以选择是通过货币奖励（如工资和股票期权）来激励雇员，还是通过非货币的手段（如有趣味的工作和工作保障）来奖励雇员。一般来说，强调货币奖励的公司是想加强个人的业绩和责任，而强调非货币奖励的公司是想强化对组织的承诺。

8. 透明工资还是秘密工资

企业可以选择是让雇员了解有关其他员工的薪酬水平以及薪酬是如何决定的等信息，还是对雇员进行隐瞒。

9. 工资决策是集中还是分权

在集中决策的制度中，薪酬决策被紧紧控制在位于企业中心地点的管理者手中，通常是公司总部的人力资源管理部那里。在一个分权决策的制度中，工资决策往下授权给企业的各个单位的管理者。

（三）薪酬计算的方法

薪酬计算的方法包括基于工作的薪酬计划和基于技能的薪酬计划。

基于工作的薪酬计划（job-based approach）假设工作是由拿工资的人按明确规定的职务（如秘书、簿记员等）完成的。基于工作的薪酬计划主要有三个组成部分：第一，为实现内部平等，企业采用工作评价评估整个企业的所有工作的相对价值；第二，为实现外部平等，企业利用从市场调查获得的有关基准工作或关键工作的薪酬数据以制定工资政策；第三，为实现个人平等，企业利用经验、资历和工作业绩的组合以确定一个人在他的工作的工资幅度内的地位。

基于技能的薪酬计划（skill-based approach）奖励雇员获得深度技能（学习有关专门领域的更多的知识）、横向技能（学习更多领域的知识）和纵向技能（自我管理），但是该薪酬计划实施成本高，使用有限。

三、职业发展

职业发展（career development）指有助于一个人进行职业探索、职业确立、取得职业成功以及获得职业满足的贯穿始终的一系列连续活动。职业发展并不是一个一次性培训计划或职业规划，而是一种承认人是组织的最重要的资源而做出的持续的、有组织的、正规化的努力。职业发展在帮助管理者招聘和保留一个成功企业所需要的有技能的、有责任心的员工队伍方面发挥着关键性的作用。

管理者有帮助员工发展职业的职责。一位有能力的直接上级即使是仅仅提供一些现实的绩效审查以及坦诚的职业发展建议，很少或根本不需要做其他任何方面的额外努力，也可以帮助员工走上正确的职业发展轨道，并使其保持在这个正确的轨道上。同时，企业也负有职责，但是企业的职责取决于该员工在公司中工作时间的长短。在实际雇用员工之前，企业提供现实性的工作预览即可。在员工上岗一段时间后，定期的职位轮换能够帮助员工更加清楚他们自己擅长（或不擅长）做什么。除此之外，员工也应为自我发展负责，进行自我职业生涯的管理，在金钱、工作、生活这三个方面找到平衡点。

专栏　四季分享以会员续约为主要经营目标下的员工管理制度

四季分享有机农场是深圳市四季分享生态农业有限公司发起众筹的一家农场。2012年，农场负责人张和平召集120位消费者，让消费者每人出资5万元预付5年消费款作为农场建设资金，成立并运营农场，目前服务近3 000个会员家庭。该农场一直保持行业中领先的会员续约率，其中农场2016年的会员续约率达到91%。

农场负责人张和平指出，高会员续约率与农场的员工管理制度密切相关。四季分享将会员续约作为主要经营目标。一方面，对会员的产品销售是农场收入的主要来源；另一方面，会员的口碑传播能带来更多稳定的会员，进而增加农场的销售收入。由于农场财务绩效与会员密切相关，农场对于会员“争取一个都不能少，保证会员不流失”。为此，农场要求员工工作以会员为中心，并完善相应的员工管理制度。实践表明，农场的员工管理制度有效促进了会员的续约。四季分享有机农场具体的员工管理制度主要有以下内容：

第一，理念传递。四季分享坚持有机理念，强调有机文化的建设与传播。首先，农场负责人经常与员工交流有机文化，强调“大家应是有机生活的倡导者、践行者、布道者、传道者，也有可能是殉道者”。农场还通过内部培训来向员工传授与有机相关的知识和技能。其次，农场借助视频、纸质材料、微信文章等各类媒介传递有机理念。比如有机餐厅播放与有机相关的视频，墙面张贴与有机相关的介绍，农场主朋友圈发布与有机相关的文章等。

第二，赋能授权。赋能授权指给予员工更多额外的权力，其主要体现在生产目标责任制和员工创业孵化项目。生产目标责任制，指各生产小组组长根据个人情况从农场认领生产任务（产品种类、产量等），自己制订生产计划并组织工人进行生产。员工创业孵化项目是农场鼓励员工农场内创业、“自己当老板”的制度安排。

第三，薪酬保障。农场为员工提供行业内较高的薪酬，与会员最相关的生产部门和管家部门的员工月薪均在6 500元左右，有的月薪过万。

第四，奖惩机制。对于管家而言，每个管家分管特定数量的会员，这部分会员的续约是其绩效考核的指标之一。此外，新增会员数是第二个考核指标。农场根据这两个指标评价员工，如果没有完成农场规定的最低标准，则按比例扣其基本工资；如果达到最低标准，则超过部分按比例发奖金。对于生产小组组长而言，其奖惩根据产量来定。如果未完成其认领的生产任务，同样是差额扣钱、超额奖钱。此外，农场设置了产品溯源追责制，所有配送给会员的产品都标明生产者、配菜员和送菜员，会员在向管家或点菜系统留言进行投诉时，管家将投诉信息反馈给相应部门，然后进行追责，负有责任的员工将受到扣除工资的惩罚。

资料来源：陈卫平，谭思，王笑丛. 会员制农场的员工管理如何影响会员续约?：惠州四季分享有机农场的个案研究 [J]. 江淮论坛，2018 (2).

【思考练习】

1. 请描述人力资源管理的过程。
2. 讨论我国农业企业人才管理存在的问题及可能的原因。
3. 农业企业吸引人才的任务有哪些？请描述这些任务。
4. 请描述农业企业的人才培育方式。
5. 请讨论农业企业保留人才的策略。

【案例分析】

中粮集团的人力资源管理

中粮集团有限公司（COFCO）是立足中国的国际大粮商，是全球布局、全产业链、拥有最大市场和发展潜力的农业及粮油食品企业。1994 年以来，中粮集团一直名列美国《财富》杂志全球企业 500 强。

中粮集团的人力资源管理系统的主线是人才发展。中粮集团在 20 世纪 90 年代中后期开始探索人力资源管理的时候，试图对招聘、薪酬、绩效、培训等人力资源管理的各个模块进行优化，但很快发现这往往是“头痛医头，脚痛医脚”，割裂了人力资源体系的整体性和系统性。发现这个问题后，中粮集团的人力资源工作在宁高宁董事长的亲自领导下由人力资源管理向人才的开发和培养转型。在这个过程中，人才发展成为贯穿人力资源系统的主线。通过人才发展这条主线来统领招聘、薪酬、绩效、培训各个模块，人力资源工作由权力驱动转变为客户驱动，也就是要像做业务一样，把员工视为人力资源工作的客户，为员工尤其是优秀的经理人和员工，提供差异化的人力资源产品或服务。

人才发展的主线在中粮集团的具体实践中，是以领导力模型的构建为基础，通过这个领导力模型来进行人才的选拔、测评以及课程的开发、培训，最终选拔培养出中粮集团打造全产业链需要的优秀经理人。中粮集团采用战略的眼光，在商业驱动力和集团强调的“阳光、透明、公开、公正”的企业文化的共同作用下，构建了“高境界、强合力、重市场”的领导力模型。这个模型“人”字的造型，也体现了集团“以人为本”的理念。

中粮集团还在领导力模型基础上系统地开发培训体系。中粮集团把宁高宁董事长的五步组合论——选首席执行官、组建团队、制定战略、运营管理、价值评价——作为课程开发的模型框架，把领导力模型作为课程开发的主要内容，建立了中粮集团现在的课程体系。根据培训的层次和对象的不同，这种课程体系又开发了不同的课程，像 LDP1 到 LDP3，主要是在经营中心以下和 BU 开展。基础领导力（LDP)、运营领导力（ALDP)、战略领导力（SLDP)、高管领导力（ELDP)，都是由集团的人力资源培训部门和中粮企业大学——忠良书院共同完成的。

中粮集团的培训课程如表 10－5 所示。

表 10－5　中粮集团的培训课程

课程类别	选首席执行官	组建团队	制定战略	运营管理	价值评价
战略领导力课程	• 五步组合论 • 总体管理者 • 有效决策	• 构建组织 • 激励人才 • 文化与变革	• 战略管理基础与公司战略 • 业务竞争战略 • 竞争优势	• 战略营销管理与品牌打造 • 消费行为与新产品开发 • 中粮渠道战略 • 中粮 B2B 大客户营销	• 企业价值创造与评价 • 危机管理
中粮领导力课程	业绩导向、学习成长、阳光诚信、协同共赢、组织发展、资源整合、系统思考、客户导向、变革创新				
中粮管理课程	• 中粮领导力模型解读 • 中粮经理人角色认知与转型	• 中粮企业文化 • 中粮人力资源管理	• 全产业链战略进展与挑战 • 中粮战略转型	• 中粮标杆管理八步法 • 中粮产品研发管理	• 中粮 6S 之路 • 中粮社会责任

中粮集团的战略领导力项目被赋予了一个很响亮的名字，叫晨光计划（晨光班），寓意年轻、成长、进步、清新、希望、未来，代表着不断地成熟、不断地提升。晨光计划的主要培训项目是从副职经理人向正职转型。中粮集团有几十个业务单元，每一个单元都相当于一个行业。这个项目就是要培养每个行业的领军人物。该项目从集团 335 名职能和业务部门副职经理人中，初选 39 人；宁董事长亲自担任考官，经过层层的选拔以及个性化的测试，选出 26 人。这 39 人是当前岗位优秀的人，这 26 人不仅是当前岗位优秀的人，而且有担任正职经理人的潜质。该项目最后取得了很大的成功，培养了一支队伍，尤其是培养了后备的人才，而且提供了集团落地解决的方案，积累了师资，开发了一批课程。这个项目得到了国资委领导的肯定，在一期毕业、二期开学的时候，国资委的领导也莅临指导。晨光班现在已经成为中粮集团后备人才队伍建设的优秀实践基地。

资料来源：迟京涛. 什么是好的人力资源管理体系 [J]. 中国人力资源开发，2013 (12).

案例思考题：

1. 人才管理已经成为当今的人力资源管理趋势，请结合中粮集团的案例，解释为什么需要从传统人力资源管理向人才管理转型。

2. 中粮集团的人力资源系统以人才发展为主线，这条主线是怎么落地的？

3. 你如何评价中粮集团的晨光计划？

4. 世界500强企业中80%以上建立了企业大学，忠良书院就是中粮集团建立的企业大学，你认为企业大学对企业的人力资源管理有什么作用？

伊利的选才标准："四以人才"

在伊利，何谓人才？潘刚说，人才是那些忠于企业，能把个人事业的发展与组织目标的实现相统一，在企业整体运作的关键环节上发挥重要作用，具有较强的不可替代性的人。在激烈的市场竞争中，企业间的竞争已经转化为人才的竞争。每个企业都在寻找自己的得人用人之道，伊利在多年的经验积累中将自己的人才观总结为"四以人才"，即以德取才，以能用才，以需育才，以信留才。

"以德取才，以能用才，以需育才"

为选拔优秀人才，伊利建立了主管以上人才的聘用标准以及人才公示制度，要求所有主管以上人才在聘任前，必须把个人简历、担任管理职务时间、能力素质评估结构和主要业绩公之于众，接受广大员工的监督。2006年，伊利按照"内部招聘为主，外部招聘为辅"的原则，内部提升主管以上管理人员150多人，外部招聘中高层管理人员30多人。根据人力资源战略规划，到2010年，伊利对专业技术人才和管理人才需求旺盛，累计需要新增技术人才2 000多名，管理人才1 000多名，其中70%的人才将从内部产生。同年，伊利又出台了《人才举荐办法》，通过举荐奖励的方式鼓励内部员工推荐外部优秀人才。

为提高公司甄选人才的科学性和准确率，伊利与某管理咨询公司合作制定了基于行为面试法的面试手册，比如"与下属沟通""与客户谈判"，甚至"批评下属"等任务，从中观察应聘人员的综合素质，决定是否录用或者安排何种适当的岗位。

2006年，伊利启动了"伊利商学院"管理培训课程项目，旨在培养具有创新能力、执行能力和认同伊利核心价值观的管理人员。此外，伊利每年在基层评选产生优秀员工和星级员工，该评选已成为伊利规模最大、影响范围最广的评优项目。

通过以上管理措施的落实，一批德才兼备、年富力强的管理和技术人员正在不断成长为伊利的中坚力量。

"以信留才"

"以信留才"即用情感信任等方式留住人才，使人才具有向心力。例如，有很多员工因为短时间的不快乐而离开伊利，后来又想回来了，伊利对他们是宽容的。潘刚说："员工离开企业，可能有员工自身的问题，也可能是企业工作做得不到位的关系。但是我们是欢迎员工能够再回到企业，当他有了这个经历之后，出去到了另外一个企业，就会反过来跟伊利比……只要能够认同伊利的文化，能够跟伊利融合，我们都会欢迎。"事实上，很多员工走了之后最后又都回来了，而且都被安排了合理的位置。

对于干不好的员工，伊利也会帮助他们成长。潘刚认为，要帮助那些在伊利没有成功的、个人价值体现不是很好的员工，企业帮助他成长，带动他成长，最终把团队打造成一个具有国际竞争力的团队。

资料来源：何思阳，朱仰晴．解密伊利：棋手潘刚［M］．北京：现代出版社，2010.

【参考文献】

[1] 董克用，叶向峰. 人力资源管理概论 [M]. 北京：中国人民大学出版社，2003.

[2] 李明玉. 农业企业经营管理 [M]. 哈尔滨：哈尔滨工程大学出版社，2012.

[3] 迟京涛. 什么是好的人力资源管理体系 [J]. 中国人力资源开发，2013 (12).

[4] 董克用. 人力资源管理概论 [M]. 北京：中国人民大学出版社，2012.

[5] 德斯勒. 人力资源管理 [M]. 北京：中国人民大学出版社，2017.

[6] 罗宾斯，库尔特. 管理学 [M]. 北京：中国人民大学出版社，2018.

[7] DATTA D K，GUTHRIE J P，& WRIGHT P M. Human resource management and labor productivity：does industry matter? [J]. Academy of management journal，2005，48 (3).

第十一章

农业企业风险管理

【学习要点】
- 风险和风险管理的内涵
- 农业企业的风险特征
- 农业企业的供应链风险及管理方法

第一节　风险和风险管理

一、风险

（一）风险的定义

“风险”一词在不同的研究领域有着不同的定义，目前理论界并没有形成一个被大众完全认可的普遍定义。通常认为，风险是指某种事件发生的不确定性。在经济学中，不确定性被定义为结果发生的可能性在“0”和“1”之间。“风险”用来表述结果发生的可能性在“0”和“1”之间，并且该概率的分布是可以准确获知的；而不确定性则是指不能把握这一概率。组织学领域的学者则提出了完全不同的风险概念。在组织学领域，风险被定义为“因不确定性而导致的预期结果的偏离、分布及其概率”。这一定义中不仅包含着危险，也预示着机会的存在。不确定性指人们预知到的环境和组织中的意外事件的不可预知性。

企业的风险通常被定义为所有可能对企业目标的实现产生影响的事项。现代农业企业的风险则是指现代农业企业在农业生产经营过程中所面临的风险，它反映了农业生产经营过程中的不确定性和人的有限理性使现代农业企业的预期农业收益与实际农业收益发生偏离的程度。

（二）风险的构成要素

构成风险的主要要素有风险因素、风险事件和风险损失。

风险因素是指能够引起或增加风险事件发生的机会或影响损失严重程度的因素，是事故发生的潜在条件，因此也被称为风险条件。农业企业的风险因素通常由物质风险因素和人为风险因素组成。物质风险因素是有形的，并能直接影响农业企业物理功能的因素，即某一标的本身所具有的足以引起或增加损失机会和加重损失程度的客观原因与条件，如恶劣天气、自然灾害等。人们对有些物质风险因素可以在一定程度上加以控制，对有些则受到技术条件的限制而无能为力。人为风险因素是指与农业企业经营有关的人的品德修养或心理状态等无形因素，可分为道德风险因素和心理风险因素。道德风险因素即由于个人不诚实或怀有不良企图，故意使风险事件发生或扩大已发生风险事件的损失程度的因素。心理风险因素即由于人们主观上的疏忽或过失而导致增加风险事件发生的机会或扩大了损失严重程度的因素。

风险事件是指直接导致损失发生并可能引起经济损失或人身伤亡的偶然事件，即是风险的可能成为现实，从而导致损失的后果。风险事件又称风险事故。风险事件的发生导致预期结果和实际结果间的差异，进而导致风险的发生。

风险损失是指非故意的、非计划的、非预期的经济价值的减少。在风险损失的定义中，需要注意的有两点：一是非故意的、非计划的、非预期的。故意的、可计划的、可预期的经济价值的减少都不能被列入风险损失的范畴，如折旧、自然损耗、面对受损的物资不采取抢救措施等。二是造成经济价值的减少，需要用货币来衡量。风险损失可以分为直接损失，包括财务损失、收入损失和费用损失等，以及间接损失，包括企业信誉损失、企业形象损失、业务关系破坏和社会利益损失等。

普遍认为风险因素、风险事件和风险损失三者之间存在着一定的因果关系，即风险因素的存在和增加引起风险事件，而风险事件一旦发生，便会导致损失。解释三者之间的传导关系主要有两种理论，分别是赫伯特·W. 海因里希（Herbert W. Heinrich）的骨牌理论和哈登（Haddon）的能量释放论。前者认为风险因素、风险事件和风险损失之间的传导主要是人的错误行为起作用，即人为因素所致；后者则认为主要是物理因素起作用，即事物所承受的能量超过其所能容纳的能量所致。

（三）风险的类型

为了更好地识别风险、衡量风险进而对风险进行管理，对风险进行科学的分类是必不可少的。按照不同的视角，风险可以被划分为不同的类型。目前研究中，主要是从风险发生的原因、风险的表现形式、风险产生的环境三个角度来对企业风险进行分类的。

1. 按照发生的原因划分

按照发生的原因不同，风险可以分为自然风险、社会风险、经济风险和技术风险。

（1）自然风险是指由于自然力的不规则变化所引起的物理化学现象而导致物质毁损和人员伤亡。农业企业的自然风险主要来自自然界与农业生产相关的自然灾害。农业生产十分依赖自然气候条件，季节性强。涝、旱、风、虫、病等自然灾害都属于自然风险，这些风险非人力所能控制。

（2）社会风险又称行为风险，是指由于个人或团体的行为，包括过失行为、不当行为和故意行为，对社会生产和人类生活造成损失的可能性。一般来说，社会风险造成的损失影响范围较小，损失程度较小。农业企业的社会风险一般来说具体表现在以下几个方面：

一是来自伪劣种子、化肥和农药等农业生产资料，二是错误的行政干预，三是工业污染，四是农业政策等经济环境发生的变化，五是政局变化、政权迭代、动乱等因素引起或造成的各种损失。其中，政策风险是影响农业生产和经营的重要风险，主要来源于与农业生产和经营相关的政策转换和政策改变两个部分。

（3）经济风险又称价格风险，是指在生产经营活动中，由于受市场供求等各种关系的影响、经济贸易条件等因素变化的影响，或者经济决策失误，导致经济上遭受损失的可能性。例如生产的减产、价格的涨落、经营的亏损等。因为经济风险主要表现为市场风险，而市场风险来源于市场经济，是市场经济波动的产物，一般体现在农业投入品和农业产出品的价格波动上，因此经济风险又叫价格风险。由于农业生产存在一定的周期性，生产决策和市场销售存在一个时间差，这就使农产品的供给存在滞后性，这种滞后性会带来价格的波动，从而导致市场风险。同时，经济风险也包含由于通货膨胀、外汇行市波动、经济周期等宏观经济环境发生变化而产生的经济损失。

（4）技术风险是指由于科学技术发展的负面影响而带来的种种风险。农业企业的技术风险主要是指农业技术的运用所带来的实际收益与预期收益发生背离的可能性，主要分为技术研发风险、技术市场风险、技术替代风险、技术流失风险和技术使用风险。

2. 按照表现形式划分

按照表现形式的不同，风险可以分为投资风险、生产风险、销售风险、财务风险和人事风险。

（1）投资风险是指企业为实现其投资目的而对未来经营、财务活动可能造成的亏损或破产所承担的风险。具体表现为因盲目投资、重复建设，或因产品缺乏竞争力而不得不停产，或因项目投产后连年亏损，无力偿还贷款而引发风险。农业企业在投入资金后，因市场需求发生变化，并且由于农业企业具有生产周期较长、投资回收期较长的特点，最终收益会受到影响并与预期收益偏离，从而产生投资风险。

（2）生产风险是指企业在生产过程中受到不确定因素的影响，如自然灾害、技术事故、质量问题等，从而引起农业企业无法按期完成计划而产生的风险。影响农业企业生产风险的因素主要有生产过程的意外中断和生产计划失误造成的生产过程紊乱。

（3）销售风险是指企业产品销售时所承担的风险。农业企业的销售风险主要来自销售环境发生变化时企业所承担的各种损失。

（4）财务风险是指企业上述三种风险损失在财务上的综合反映，以及因此所发生的死账、呆账损失而承担的风险。农业企业由于负债融资而引起的企业盈余变动的风险也属于财务风险。赊销商品的应收款逾期不能收回，或订购商品预付款，逾期不能供货，或债务人无力偿还债务，而导致企业资金周转困难，都属于财务风险。由于赊销账款和供应链金融的普及，企业之间可能形成债务链，一旦债务链条中有一方无法按时偿还债务，风险就会沿着链条传递，引起其他相关企业发生财务风险。财务风险主要包括资金筹集风险、资金运行风险、资金回收风险和财务管理风险。

（5）人事风险是指由于人事制度不合理，造成企业高级管理人才和技术骨干流失所带来的风险，还包括由于负责人或在重要岗位上的人员，突然发生意外或不称职等原因带来的经济损失等。由于农业企业管理者在经营管理上的不善和制度上的缺陷导致员工对企业利益造成损害的可能性属于农业企业中的人事风险。

3. 按照产生的环境划分

按照产生的环境不同，风险可以分为静态风险和动态风险。

（1）静态风险是指在经济条件没有变化的情况下，一些自然现象和人们的过失造成损失的可能性。这类风险具有偶然性、客观性和无利性的特点，对于个体和社会来说，都是只有损失机会而没有获利机会的纯损失风险，可以在任何社会经济条件发生。这类风险损失可以以保险费形式计入产品的成本。

（2）动态风险是指在经济条件发生变化的情况下造成损失的可能性，比如，人口增加、资本成长、技术进步、产业组织效率的提高、消费者爱好的转移、政治经济体制的改革都有可能引起风险。动态风险既存在损失的可能，也存在获利的机会。比如，技术进步会使一部分人或者企业受益，也会使一部分人或企业遭受损失。因为这类风险兼有风险报酬和风险损失的两种可能性，所以不能计入产品成本，也不可向保险公司投保。

（四）风险的特征

风险的特征是风险独有的一些特性，理解风险的特征可以更好地认识风险、识别风险、管理风险。一般来说，风险具有客观性、突发性、损害性、不确定性、发展性五大特征。

1. 客观性

风险是客观存在的，不可能使用技术手段完全排除。但是随着技术水平的提高，人们逐渐发现风险具有一定的规律性，这些规律性是人们认识风险、估计风险、避免风险和管理风险的基础。

2. 突发性

虽然风险事件的发生有一个逐渐发酵的过程，但是往往这个渐变的过程是很难被识别的，这使得风险事件的发生多数是突发的，是令人措手不及的。

3. 损害性

风险事件的发生往往造成一定程度的损失。损失既包括实质损失即风险事件直接造成的有形物质的损失，也包括费用损失即风险事件引起的施救费用、救助费用、医疗费用、清理场地费用等。收入损失即由风险事件所引起的经营收入的损失；责任损失即根据合同法规规定，行为人应对他人的财产损失或人身伤害承担经济赔偿责任的损失。

4. 不确定性

风险的不确定性是风险最本质的特征，风险的不确定性主要体现在空间、时间和损失程度的不确定性方面，即风险发生的地点、时间以及可能引起的损失程度都是不确定的。

5. 发展性

风险并不是一成不变的，随着企业经营活动的扩大，风险也是不断发展的。在这个过程中，风险的性质是可以变化的，风险发生的概率大小也可以随着人们对风险认识的提高和管理措施的完善而发生变化，同时企业存在的风险的种类也会发生变化。

二、风险的评估方法

为了更好地认识和管理风险，使用一定的工具对风险进行评估是十分必要的。英国标准协会 BS 31100 将风险评估过程定义为风险的识别、分析及评价三个阶段的综合。最能直观地表现风险发生的可能性及其影响程度的方式是风险矩阵，也被称作风险地图。图 11－1 展示的是一个简单的风险矩阵，这是衡量某个事件发生的可能性与该事件所带来的影响程度（或损失程度）最普遍的方法之一。借助风险矩阵，企业可以明确知道某一风险是否在企业可以被接受的范围之内或者企业能否承受该风险带来的损失程度。

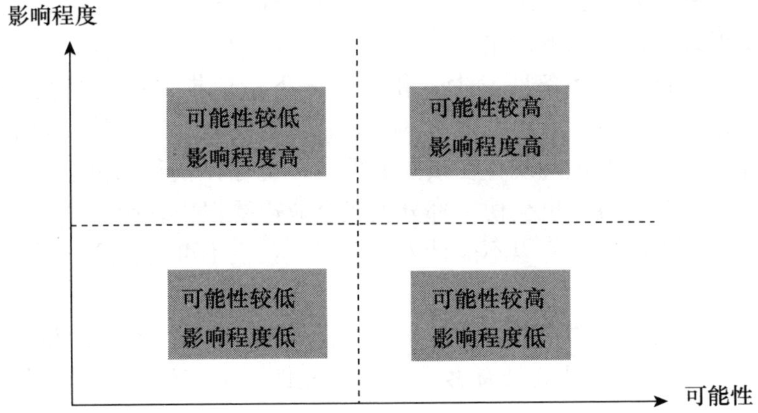

图 11－1　风险的可能性及影响程度

资料来源：李素鹏. ISO 风险管理标准全解［M］. 北京：人民邮电出版社，2012.

风险的衡量是指以损失资料为基础，运用概率论和数理统计的方法对某一特定或者某几个风险事件发生的损失概率和损失程度进行估计。在大量充分有效的数据资料的基础上，衡量风险要完成以下两项任务：一是估计损失发生的次数，即损失频率。损失频率描述的是单位时间内损失事件发生的平均次数。运用概率论和数理统计的相关知识，损失概率 P 可以衡量风险发生的频率。二是估计风险损失程度 C。风险损失程度是指风险可能造成的损失金额，损失程度的衡量用货币单位来描述。风险 R 是风险事件发生的概率 P 和风险损失程度 C 的函数：

$$R=f(P,C)$$

（一）风险事件发生概率的估计

在估计风险事件发生概率时，需要考虑风险单位数、损失形态、损失事件三个因素的不同组合。

（1）一个风险单位遭受单一风险事件导致单一损失形态的损失概率。此时风险事件的发生与否，相互之间是互斥的，概率之和为 1。

（2）一个风险单位遭受多种风险事件单一损失形态的损失概率。如果多种风险事件在同一时间发生，那么这些事件共同发生的概率需要通过计算得到。

（3）一个风险单位遭受单一风险事件导致的多种损失形态的损失概率。一个风险事件发生后可能导致多种损失情况，这种情况需要一一计算出不同损失形态下的损失概率。

（4）多个风险单位遭受单一事件导致单一损失形态的损失概率。在这种情况下，需要判断这些风险单位是否相互独立，如果这两个风险单位是相关的，则需要使用条件概率来计算风险事件发生的概率。

（5）多个风险单位遭受多个事件导致多个损失形态的损失概率。这种情况比较复杂，需要大量的损失概率资料的支持。

（二）风险强度的估计

标准离差（σ）反映风险事件不确定收益值对期望值（$\bar{E}$）的离散程度，即盈亏波动度。这一数值越大，风险强度越高。但不同方案的标准离差没有办法比较，故引入标准离差率（q）来比较不同方案的风险强度。其公式如下：

$$q=\sigma/\bar{E}$$

$$\sigma=\sqrt{\sum_{i=1}^{n}(X_i-\bar{E})^2\cdot P_i}$$

$$\bar{E}=\sum_{i=1}^{n}X_iP_i$$

式中：q——标准离差率；

σ——标准离差；

$\bar{E}$——期望值；

P_i——第 i 种自然状态下的发生概率；

X_i——某种方案在第 i 种自然状态下的收益值。

（三）企业生存风险度分析

企业生存风险度是衡量企业承受风险损失程度的指标，是指各种决策可能造成的最大的风险损失与企业致命的损失（一般以企业占有的资金总额为限度）之间的比值。

企业生存风险度＝某决策可能造成的最大风险损失/企业致命的损失

三、风险管理

（一）风险管理的定义

风险管理是企业为了能够将收益最大化、波动性以及结果的可变性最小化所采取的各种活动。风险管理对企业十分重要，其目标是以最低的管理成本获取最大的安全保障，减少风险事件对风险管理单位造成的损失和不利影响。有效的风险管理对保障风险管理单位的财产和人身安全能起到积极的作用。

（二）风险管理的过程

风险管理的过程实质上是管理决策的过程。与风险管理相关的活动包括风险识别、风险评估、风险排序、应对关键性风险、采取控制性措施、风险规划、风险报告和风险管理系统等。

（三）风险管理的方法

在正确衡量风险的基础上，对引发风险事件的风险因素进行综合评价，并以此为依据确定合适的风险管理方法。风险管理方法选择的原则是费用最小化原则和所得收益最大化原则。目前普遍存在于企业管理中的风险管理方法主要有风险规避、风险控制、风险转移和风险自留（见图 11-2）。

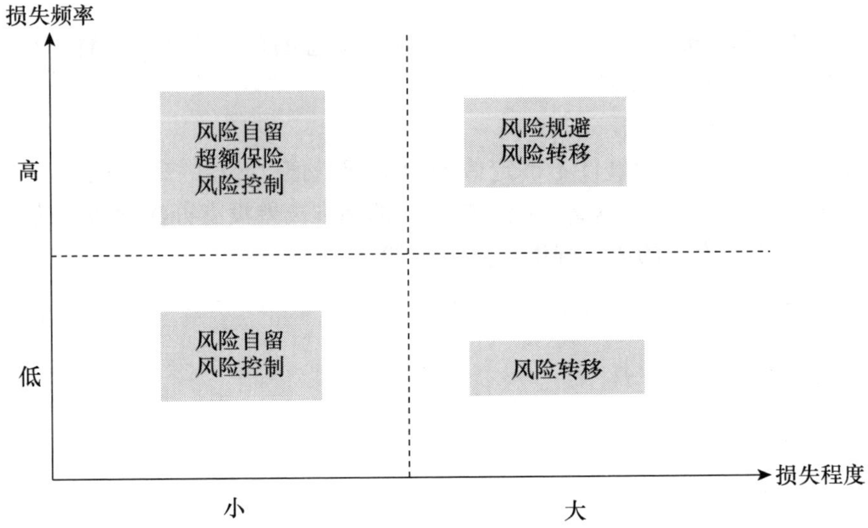

图 11-2　风险管理方法的选择

资料来源：武艳，张晓锋，张静．企业风险管理［M］．北京：清华大学出版社，2011.

（1）风险规避是指通过计划的变更来消除风险或风险发生的条件。主要存在两种情况：一是采取事前预防措施来降低损失发生的概率，二是通过事前预防和事后补救来降低损失程度。

（2）风险控制是通过降低风险发生的频率，缩小其风险的程度来控制风险，包括风险预防和风险抑制，即尽可能地降低损失程度。主要目标是在控制费用的前提下尽可能地降低风险。

（3）风险转移是通过合理措施，将风险及风险损失从一个主体转移到另一个主体。依据是否采用财务方式转移风险，风险转移可以分为两种：一是控制型的非保险转移，即通过非财务的方式转移风险。二是财务型的风险转移，包括财务型非保险转移和保险。财务型非保险转移是通过外部资金支付来转移可能发生的损失；保险是通过购买保险将风险损失转移给保险人，用确定支出来代替风险的不确定性。

（4）风险自留是指经济单位承担风险事件所造成的风险损失，因此又称为风险承担。

通常企业不会单一采取某一种风险管理方法来应对风险，而是将风险管理方法组合实施形成风险管理方案，并根据风险事件的特点选择不同的风险管理方案。一般来说，损失程度小的风险一般采取风险自留、风险控制的方法，损失程度大的风险一般是采取风险转移或风险规避的方法。

第二节　农业企业的风险特征

农业生产的根本特点是经济再生产和自然再生产交织在一起，由于自身的弱质性和生产过程的特殊性，农业企业的风险特征具有一般风险并不具备的行业特点。

一、不可控性

农业企业风险的不可控性较一般企业风险更为严重，具体体现在两个方面：

首先是自然环境方面。由于农业的生产特性，自然因素对农业的影响相比其他行业更为敏感。农业企业生产的自然特性与其所占用资源的数量和质量密不可分，其在很大程度上直接决定了农业企业经营业绩的好坏。在数量方面，相关资源的短缺（如水资源和土地资源）会严重影响农业企业的生产营运。在质量方面，环境污染对资源质量所带来的不利影响会从根本上影响农业企业的效益。此外，农业生产也会受到不可控的自然灾害的影响，自然灾害一方面会影响农业企业的产量，另一方面还会影响农业企业的产品质量，这都会增加农业企业风险的不可控性，造成农业企业效益不稳定。

其次是市场方面。一方面，农产品市场价格波动大，变化难以把控，再加上农产品生产周期长，生产计划调整缓慢，这使得农业企业面临的风险更加不可控制。另一方面来自政策环境的变化，现阶段我国农业正处于转型时期，农业政策的稳定性较差。整体而言，农业政策的调整总是朝有利于农业经济发展的方向进行，但就个体而言，它不可能对每一个农业企业都有益。

二、地区差异性

农业生产的主要影响因素——自然环境，特别是自然灾害，具有明显的地区差异性特征。不同地区农业生产中的主要灾害具有显著差异。同时，因为各地人力成本和土地成本存在差异，农业企业的地理位置也直接决定了农业企业的营运成本高低，从而影响了农业企业的风险程度。

三、不对称性

农业企业风险的不对称性主要体现在两个方面：

一方面是风险与收益的不对称。高风险往往对应着高收益，但在农业生产中，由于农业受自然环境和经济环境的影响较大，农业风险带来的损失往往是难以估计的，而往往从农业生产中获取的收益则是有限的。这就导致了农业企业风险和收益的不对称。

另一方面是信息不对称。农业企业与农户个人或市场中介机构签约时都不可能掌握与契约相关的所有信息。此外，农户本身缺乏较好的信用意识及外部监督机制的缺失，导致农户根据市场行情决定自己产品的归属，不能很好地履行合同、契约，这会给农业企业带来原料短缺的风险，进而影响其生产的连续性和生产设备利用的充分性。

四、复杂性

农业生产不仅是自然再生产和经济再生产的交织，还是人类劳动生产的过程，因此农业生产同时会受到自然因素和人为主观因素的双重影响。农业企业风险的复杂性主要体现在生产过程和产量的不稳定、市场供需和价格的波动以及资金供应能力的不确定。

第三节　农业企业的供应链风险

一、供应链风险的定义

供应链风险是指意料之外的宏观或微观层面上的事件出现的可能性和造成的影响，这些事件会导致供应链的任何部分出现操作、战术或战略级别的故障或异常。供应链风险可以分为外生风险和内生风险。

（一）外生风险

外生风险主要包括由自然环境造成的自然风险，人为造成的诸如罢工、恐怖袭击等社会风险和市场与政策风险。

1. 自然风险

天灾常常是导致供应链供应、需求、制造不确定性的一个重要原因。地震、火山喷发、洪水等其他不可抗拒的自然灾害均会给供应链带来风险，且该类风险通常伤害巨大，难以预测和防范。

2. 社会风险

世界局势总是处于变化中，而局势的动荡会使商品供应链遭受各种损失。比如社会冲突事件、恐怖袭击、瘟疫、工人罢工等社会动荡的存在，会给货物和商品的流通造成巨大的伤害，甚至导致供应链中断。

3. 市场与政策风险

影响销售的市场因素是多方面的，市场波动带来的销售下滑将对供应链产生巨大的伤害。同时，政策的变化与不确定性也深刻影响着市场。特别是在我国，政策的影响力较大。一旦政策发生剧烈变化，对产品、原料或生产过程进行相关规定，若不能及时预知并做好防范准备，将使供应链受到影响。

（二）内生风险

内生风险主要为供应链内部成员间的相互作用产生的风险，主要包括信息风险、信用风险、需求风险和供应风险以及运输风险。

1. 信息风险

供应链中的信息流覆盖了从供应商、制造商、分销商再到零售商的所有环节，而信息风险则是指由于信息的不确定性以及信息在供应链传递过程中的扭曲失真引起的效率下降和成本增加。信息风险可以分为两类：一是信息本身的不确定性引起的风险，二是信息在传递过程中扭曲引起的风险。而在供应链信息风险中，由于各节点的企业只基于自身利益的考虑，只根据各自相邻的下游企业的需求进行决策，这让需求信息向上游传递时产生逐级放大的现象，因此，供应链源头获得客户的需求信息偏差远远大于零售商。这被称为著名的“牛鞭效应”。

2. 信用风险

由于供应链中信息不对称情况的客观存在，供应链成员的机会主义行为可能造成信息的扭曲。而供应链成员的机会主义行为导致的风险即为信用风险。需要指明的是，信用风险与信息风险存在差别。信息风险是信息的非人为扭曲，即在信息传递过程中，非供应链成员的主观故意造成的信息扭曲属于信息风险，主观故意造成的信息扭曲则属于信用风险。

3. 需求风险和供应风险

需求风险主要指供应链的需求方带来的风险，如依赖于少数大客户、很低的客户忠诚度、不可预测的季节性需求波动等。同理，供应风险主要指供应链上的供应方带来的风险，如依赖少数关键供应商、供应商质量问题和刚性供应商。同时，由于供应链上的各节点企业可能会占用上下游企业的大量资金，甚至相互形成信用关系，若供应方或需求方的哪家企业的财务状况不够稳健，则很可能对整条供应链造成致命打击。

4. 运输风险

在供应链内部，产品从供应商到需求商需要经过运输，在全球化的时代，许多供应链都是跨区界与国界的，这就为供应链各环节上的商品运输带来了很大挑战。供应链上的企业可能会因为交通条件不好、运输距离较远或运输技术不高而造成货物破损或供货延迟等问题，从而使整个供应链的运行风险升高（见图 11－3）。

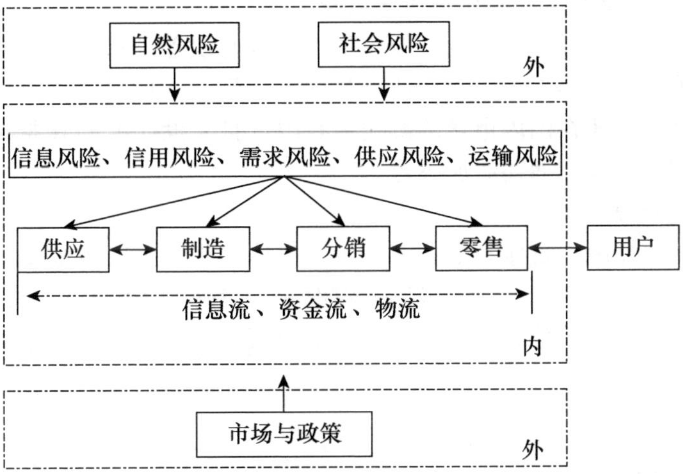

图 11－3　供应链风险分类模型图

二、农业企业中的供应链风险

由于农业供应链链条相较于一般工业品要长，农户生产比较分散且缺乏协调性，农产品生产的供销一体化的组织机构还未出现，这使得供应链源头的农户与供应链尽头的消费者之间联系分散，导致生产者的交易成本上升，提高了农产品价格风险的发生概率，增加了农产品供应链的不确定性，同时提升了其脆弱性。农产品供应直接关系着农业企业的供应链风险，这就需要农业企业密切关注供应链上下游的产品质量和供给周期问题。区别于一般的企业，农业企业的供应链风险在以下四个方面较为突出：

（一）技术风险

由于农产品生产具有区域性，而人们的需求是多样的，因而需要不同区域间进行流通交易。同时，农产品的生物性能（含水量高、保鲜期短、极易腐烂变质等）也对运输效率和保鲜条件提出了很高的要求。农业领域存在物流专业化程度低的问题。目前，我国农产品缺乏连贯成型的冷链物流，主要以常温物流或自然物流为主，在农产品运输、存储过程中缺乏保鲜技术，农产品耗损大。很多企业缺乏专业化运作意识，这使得农产品在物流环节中发生耗损。整体的物流技术落后，致使农产品在整个供应链的流通中耗损严重，给农产品供应链带来了不小的技术风险。

（二）信息化风险

我国农业信息化起步晚，整体水平低，这就造成了我国农业供应链总体信息化水平比较低，供应链结点间信息缺乏共享。同时由于需求信息的不确定性，销售市场价格波动大，不利于农产品的供求均衡。供应链上游的不确定性信息从最初的农产品供应商开始沿供应链向各级逐级传递，直接影响农产品的生产进程和交付时间；供应链下游信息的不确定性表现为需求从最终用户开始沿供应链的信息流方向朝供应商逐级传递，直接影响供应链上各级供应商的库存量和库存时间，从而使库存成本大大增加。这些现状所造成的信息化风险为农业供应链的发展造成了很大的阻碍。

（三）缺少核心企业而造成的协调组织风险

现在我国农业核心企业数量较少且规模不大，因此缺乏足够的能力重构供应链。农业企业的经营跨越了第一、第二、第三产业，过程十分复杂。目前，我国存在一些农业产业化龙头企业，但这些企业在国内市场的影响力有限，且与世界上的农业龙头企业相比，在供应链风险的管理和防范方面还有所不足。

（四）质量安全风险

农业企业的产出品因为直接影响着消费者的身体健康，所以质量安全防控就显得尤为重要，但是由于我国的农产品质量安全体系建设起步较晚，还没有形成完整的体系，这使得农产品的质量安全难以监控，农业质量安全事故频发，加大了农产品供应链的质量安全风险管理难度。

三、供应链风险管理方法

由于供应链风险对企业运营和绩效产生的影响非常大，近些年风险管理这一学科分支下的供应链风险研究也越来越被学界和商界关注。供应链风险管理就是与供应链中的各方共同协作或者独自进行，运用风险管理的工具去处理那些由物流或相关活动引起的或受其影响的供应链中的风险和不确定性。一般来说，针对供应链风险的特点所使用的主要方法有以下几种：

（一）加强信息共享

基于信息不对称产生的信息风险和信用风险，信息共享是从源头上避免风险的有效方法，也是减弱“牛鞭效应”的有效措施。共享的信息一般包括以下几类：库存信息、可供销售量的信息、订单信息、计划信息、最终客户需求信息和货物运输状态信息。同时，信息功效离不开有效的信息系统。依托现代信息技术设计一套基于互联网的供应链管理信息系统，消除通信障碍，改善所有供应链成员间的信息流，可以从传递渠道上减少信息不对称风险。

（二）加强风险分担

供应链风险分担是指在供应链成员间利用合同等形式，使风险在供应链成员间合理地分担。其侧重于各企业间的协作，以此来降低供应链的不确定性。通常来讲，常用的供应链风险分担形式有收入共享契约和回购契约。收入共享契约是供应商给零售商较低的批发价格，并获得一部分零售商的销售收入的协议。通过收入共享模型，供应链成员企业能直观地看到收益，调动供应链成员企业进行供应链风险分担的积极性，对供应链风险有很好的控制作用。回购契约是零售商把未出售的产品以介于生产成本和批发价格间的价格退回供应商，并通过分析给出其优化结果。回购契约解决了因数量问题导致的利益分配无法协调的问题，将供应链的合作风险分散到了供应链成员企业中。

（三）实现柔性的多头供应

供应链中的供应风险往往是由单一供应商机制引起的。为确保产品供应的稳定，重要产品应该由两个以上的供应商提供，不能单单依靠某一家供应商。并且各供应商之间的差异性应尽量小。多头的供应商机制不仅使供应链具有足够的柔性，而且还能在供应商之间形成竞争态势，保证产品的稳定供应。

（四）实行安全库存

一般来讲，企业通常要求减少库存来尽可能地降低成本，这是从企业利润最大化出发。但若从供应链风险规避的角度出发，突发事件发生时，供应链网络因为缺乏弹性就会变得极其脆弱。而安全库存的设置则能提升供应网络的弹性，可以保证对供应失效及生产失效做出快速反应，当上游企业的供应或下游消费者的需求因遭受突发事件或市场波动而产生大规模上升时，企业即可利用安全库存快速补充缺货损失。

【思考练习】

1. 风险包括哪些类型？
2. 风险的评估方法有哪些？
3. 风险管理的方法有哪些？
4. 农业企业的风险特征有哪些？
5. 请分析农业企业中的供应链风险。
6. 供应链风险管理方法有哪些？

【案例分析】

双汇面临的风险和风险应对方法

一、风险识别

1. 经营风险

(1) 主要原料供应方面。公司主要原料为生猪、活牛、冻猪肉、冻猪肥膘、冻牛肉等。生猪、活牛主要来自漯河附近地区，少量来自山东、河北等地；冻猪肉及冻猪肥膘主要来自四川；冻牛肉主要来自河南，其余来自山东、安徽、河北、湖北等地。主要原料约占材料成本的67%。由于我国猪、牛养殖主要是农户散养，缺乏规模养殖，生猪出栏淡旺季较为明显，价格波动较大，在一定程度上影响了产品成本。

(2) 主要辅料和包装材料方面。公司主要辅料是淀粉、调料、蔗糖、浓缩蛋白、分离蛋白等，包装材料是 PVDC 薄膜。主要辅料和包装材料约占材料成本的7%。从目前市场情况来看，货源供应充足，市场价格比较平稳，如果市场价格出现过度震荡，那么也会对产品成本有影响。

(3) 对主要客户的依赖方面。最近三年，公司出口产品销售收入平均约占总销售收入的4%。公司产品主要为内销，产品在全国 29 个省市均有销售。在销售份额中，大中城市占主导地位，农村为辅。其中，大中城市销售份额占总销售额的80%以上，集中在大中城市销售的销售商、批发商占大中城市总销售量的 95%以上。因此，主要客户需求发生变化，将会影响公司产品的市场销售，给公司经营带来一定的风险。

(4) 能源和交通方面。公司生产所需的能源主要是水、电、煤等。近几年能源上涨幅度较大，特别是水费的上涨，在一定程度上增加了公司成本，影响了公司既得利益。公司地处京广铁路和 107 国道沿线，国内方面的运输十分方便，公司交通制约因素主要是出口产品的铁路运输，涉及几个国家，特别是俄罗斯，每月所需车皮数量较大，且需国家有关主管部门统一安排，因此，公司出口产品所用车皮难以得到及时保证，从而给公司产品出口带来一定的影响。

(5) 新技术、新产品替代方面。公司主要生产设备及技术目前属世界一流水平，但面临着设备和技术更新的挑战，这将影响公司产品市场的竞争力。从公司最近几年肉制品出口的情况看，低温肉制品很受发达国家人们的喜爱。因此，公司传统产品火腿肠有向易开口、食用方便、营养丰富、包装多样化的低温火腿肠方向发展的倾向，存在着一定技术风险和市场风险。

(6) 外汇风险。最近三年，公司出口产品平均每年约 1 000 万美元，每年平均进口 3 017 万美元的原材料，进口的外汇来源主要来自银行调剂外汇，因此，公司经营存在着一定的汇率风险。

(7) 自然条件的限制。公司主导产品火腿肠销售受季节性影响较大，淡旺季明显，火腿肠销售与原料供应呈现出淡旺季对立的情形；夏季高温时节，火腿肠容易出现胀袋、破袋现象；公司生产用水对河水的依赖性较强。这些对企业产品的生产及销售将产生不利影响。

(8) 环保因素的限制。公司生产经营过程中的环境保护问题主要为屠宰污水的排放，需达到国家规定的标准，并缴纳相应的环保费用，1995 年、1996 年、1997 年以及 1998 年一季度所支付的环保费用分别为 61 万元、55 万元、68 万元和 15 万元。目前，公司在此方面符合国家环保标准，不会构成对环境的污染。但随着国家对环保标准的提高，公司将需要进一步增加在环保方面的投入。

2. 行业风险

(1) 产业政策的限制。公司属于食品加工工业，食品工业是国家推行卫生标准强制卫生检疫、实施卫生监督的重点行业之一，其生产中的全程质量监控正不断加强，国家对监检标准的修正，将影响公司的经营。

(2) 行业内部竞争情况。目前，国内肉制品行业有几家规模较大的生产企业，它们也在不断地扩大规模，研制新产品，提高企业形象。因此，行业内部在产品成本、产品质量、生产规模上的竞争日趋激烈，从而对公司的经营形成一定的挑战。

3. 市场风险

食品工业是关系国计民生的基础工业，其发展在一定程度上依赖于整个国家国民经济的发展。随着我国国民经济和社会福利事业的不断发展，国内市场的需求量将越来越大，产品逐渐趋于多样化、高档化，在一定时期内，难免会有起落；火腿肠生产销售受淡旺季周期性限制；国内市场的激烈竞争，海外市场的严峻挑战，特别是俄罗斯市场，1996 年占分割肉出口量 60%以上等市场不确定因素较多，从而给公司的经营带来一定的风险。

4. 政策性风险

公司所属的食品加工行业，目前受到国家产业政策的扶持，公司作为全国最大的肉制品加工企业之一，属于国家产业政策支持的对象。但随着我国市场经济逐渐成熟，不能排除今后国家的产业政策发生调整，不能排除金融政策的变化、银行利率的调整，不能排除国内税收、进口税率的变化，这些可能会不利于公司的经营和发展。

另外，经河南省人民政府的批准，公司将享受财政返还 18%、实际税负 15%的优惠政策。但是不能排除政府未来取消此项政策或减小返还比例的可能性，由此将可能在一定程度上对公司的经营业绩产生影响。

5. 本次募集资金投向新项目的风险

本次公司发行股票所募集的资金将投入肉类加工项目、养殖基地项目、肉制品配套包装膜项目，这些项目有一定的投资风险。

国内肉制品市场竞争已十分激烈，公司投资生产新型肉制品将面临市场的考验，如果不能很好地打开市场，将影响公司的经营收益。

目前，国内养殖行业市场发展不足，尚未形成竞争局面，但养殖行业如出现大范围的疫情，将会直接影响整个肉制品的加工与出口。

6. 兼并风险

公司在正式注册成立后，将采用注资控股的方式对华北双汇食品有限责任公司实施兼并。华北双汇的前身——原内蒙古集宁肉联一厂和二厂，由于管理混乱、设备陈旧和债务负担沉重，陷于连续亏损和资不抵债的境地。兼并能否顺利实施，兼并后能否实现生产经营的正常转换以及被兼并企业未来的原料供应和市场等方面仍存在一些不确定因素，从而在未来经济效益实现方面具有一定的风险。

同时，被兼并企业结构按照公司总体部署需要进行一定程度的调整，调整过程中可能会出现人员和技术不易沟通的现象，从而给公司的生产经营带来一定风险。

二、风险对策

针对以上风险因素，公司采取以下措施，以减少上述风险对公司的影响：

1. 针对经营风险的对策

(1) 主要原材料供应方面。公司将拿出部分资金扶植农民养猪，走“公司+农户”和集约化养殖相结合的道路，以形成稳定的货源；在收购旺季来临时，公司加大收购规模，存贮若干个月的需要量；严把收购质量关，力求高品质，为公司肉制品生产保证优质的肉源。

(2) 主要辅料和包装材料方面。公司主要辅料和包装材料的供应厂家，信誉方面有较好的保障；公司引进的PVDC生产线，基本上保障了对包装材料的需求，并大大降低了生产成本。公司将进一步投资引进高阻隔复合膜项目，使生产所需中高档包装薄膜实现自我配套。

(3) 主要客户依赖方面。公司注重市场分析和研究，做好销售全过程的服务，积极培育和发展新的、大的、好的客户；加速技术改造，调整产品结构，增加产品品种，走系列化发展之路。

(4) 能源和交通方面。公司加大技术改造投入，降低能源消耗，加快废水回收利用；公司正在和国家有关部门联系，并向地方政府提出申请，及时保证公司出口产品所需车皮。

(5) 新技术、新产品替代方面。公司将以最快的速度引进新一代设备技术，并加大对设备技术的研究；公司将利用其主要生产线灵活性强的特点，不断探索开发新型深加工产品，随时准备产品更新换代。

(6) 外汇风险方面。公司将不断加强对外汇汇率变化的分析、预测，及时掌握外汇汇率变动的信息，必要时将通过外汇保值的措施规避汇率风险。

(7) 自然条件的限制方面。集团公司已兼并原四川绵阳肉联厂，将可利用西南地区生猪出栏早的优势，缓解火腿肠销售与原料供应淡旺季的矛盾。

(8) 环保因素限制方面。目前公司的生产经营符合国家的环保标准，同时公司将积极履行国家的有关环保政策，保证环保达标的连续性，从而实现社会效益与经济效益的同步发展。

2. 针对行业风险的对策

(1) 产业政策限制方面。公司把卫生监管工作放在首位，具备严格的卫生质量管理，系列产品都通过了ISO9000系列质量认证。

(2) 行业内部竞争方面。公司将依靠技术改造提高产品质量，加大企业内部挖潜，完善辅料及部分主料的配套生产；公司将有选择地发展经销商，进一步巩固和扩大公司的营销网络。

3. 针对市场风险的对策

公司将保持巩固现有各系列产品在同档次产品中质量、价格、服务方面的优势；进行更深层次的市场开拓，不断满足不同层次消费者的需求；充分利用自营出口的优势，扩大产品出口销售渠道，结合海外市场特点不断研制、开发适合海外消费者需求的新产品。

4. 针对政策风险的对策

公司将加强对宏观经济政策和市场变化趋势的研究，谋求加强同国家、地方政府有关部门的沟通，适时调整经营决策。

5. 针对募集资金运用新项目的风险的对策

新产品项目方面，公司一贯重视新产品的开发和研制，注重对新产品的市场调研，本次拟投资的几个项目均已经过公司的详细论证，具有广阔的市场前景；加之公司将充分利用已有的销售网络推出新产品，使新产品的市场风险大幅度降低。养殖基地项目方面，通过强化内部管理，保证防疫设施的正常运作，加强进场家畜的疫情监测，预防疫情的发生。

6. 针对兼并项目的风险的对策

兼并项目方面，公司将成立兼并小组，做好兼并的可行性研究、兼并后的整合运作工作，并在当地政府的支持下，保证优惠政策的落实。同时，将组织得力人员进行调查和分析，加强对现已投产产品的深度开发，并加强公司异地员工和公司总部员工之间的交流与学习。

资料来源：食品行业营销风险识别与应对研究：以“双汇”为例［EB/OL］. https://www.docin.com/p-841257038.html.

獐子岛的扇贝又跑了

2018年1月30日晚间，獐子岛发布业绩预告修正公告称，公司预计2017年亏损5.3亿～7.2亿元。之前的2017年三季度报告中，公司还预计2017年归属于上市公司股东的净利润为0.9亿～1.1亿元，同比增长13.07%～38.20%。

业绩大变脸的原因可能是扇贝又跑了

獐子岛表示，2017年四季度，底播虾夷扇贝肥满度下降，境外扇贝产品冲击国内市场，对公司扇贝类产品的收入、毛利影响较大，底播虾夷扇贝收入及毛利下滑，部分库存扇贝类产品出现减值；另外，汇率波动对海外公司和出口业务造成冲击，导致公司四季度业绩与原业绩预测偏差较大。

而这已经是獐子岛“扇贝跑了”2.0版本了。

回想2014年10月30日晚间，獐子岛发布的2014年三季度报告在市场上引发“地震”。公司称由于北黄海遭遇异常冷水团，几年前在海里播下的价值7亿元虾夷扇贝遭灭顶之灾，前三季度业绩也因此变脸，由盈利转为巨亏8.12亿元。这成了2014年A股市场最大的一起“黑天鹅事件”，并使包括社保、人寿在内的众多机构纷纷躺枪。

当时，证监会也在第一时间对獐子岛巨亏事件进行了核查。2014年12月5日，证监会称：“经核查，未发现獐子岛2011年底播虾夷扇贝苗种采购、底播过程中存在虚假行为，未发现大股东长海县獐子岛投资发展中心存在占用上市公司资金行为，獐子岛存在决策程序、信息披露以及财务核算不规范等问题。”

即便如此，2014年12月8日复牌后，獐子岛还是应声跌停。到了12月10日，獐子岛在第三个跌停板尾盘上演绝地反击，一笔4 000万股买单将跌停股价打开，并瞬间拉升近9%。

而到了2017年，獐子岛终于步入正轨，前三季度实现净利润0.78亿元，同比增长144.02%。可谁想到，獐子岛的扇贝怎么就这么任性呢……

资料来源：任明杰. 獐子岛的扇贝又跑了，“旅行扇贝”将致巨亏5亿～7亿元［N］. 中国证券报，2018-01-31.

【参考文献】

［1］刘钧. 风险管理概论［M］. 北京：清华大学出版社，2008.

[2] 霍普金. 风险管理：理解、评估和实施有效的风险管理 [M]. 北京：中国铁道出版社，2013.

[3] 郑少红. 现代农业企业发展理论与实践 [M]. 北京：中国农业出版社，2013.

[4] 蔡根女. 农业企业经营管理学 [M]. 北京：高等教育出版社，2009.

[5] 刘布春. 农业保险的理论与实践 [M]. 北京：科学出版社，2010.

[6] 董智汉. 我国农业风险管理的实施方略 [J]. 江汉大学学报（社会科学版），2000 (4).

[7] 高倚云，盛洪源. 分散农业风险的对策 [J]. 辽宁大学学报（哲学社会科学版），2000 (1).

[8] 琚向红，王宁. 现代农业风险管理体系的构建 [J]. 现代农业，2006 (11).

[9] 刘金霞. 农业风险管理理论方法及其应用研究 [D]. 天津：天津大学，2004.

[10] 田野. 农业科技型企业投资风险管理研究 [D]. 长春：吉林大学，2011.

[11] 张峭，徐磊. 中国农业风险管理体系：一个框架性设计 [J]. 农业展望，2007 (7).

[12] 党夏宁. 供应链风险因素的分析与防范 [J]. 管理现代化，2003 (6).

[13] 丁伟东，刘凯，贺国先. 供应链风险研究 [J]. 中国安全科学学报，2003 (4).

[14] 韩东东，施国洪，马汉武. 供应链管理中的风险防范 [J]. 工业工程，2002 (3).

[15] 雷臻，徐玖平. 供应链中突发事件的应急管理探讨 [J]. 项目管理技术，2004 (5).

[16] 吴军，李健，汪寿阳. 供应链风险管理中的几个重要问题 [J]. 管理科学学报，2006 (6).

[17] 谢科范，彭华涛. 供应链管理中的"牛鞭效应"与信息风险 [J]. 中国机械工程，2003 (17).

[18] 张继永. 基于突发事件的供应链风险预防策略研究 [D]. 北京：北京交通大学，2013.

[19] 朱怀意，朱道立，胡峰. 基于不确定性的供应链风险因素分析 [J]. 软科学，2006 (3).

[20] 刘圻. 农业企业风险的整合治理研究：基于 COSO 报告的风险管理框架 [J]. 农业经济问题，2008 (4).

[21] ANUPINDI R，AKELLA R. Diversification under supply uncertainty [J]. Management science，1993，39 (8).

[22] CHOI T Y，KRAUSE D R. The supply base and its complexity：implications for transaction costs，risks，responsiveness，and innovation [J]. Journal of operations management，2006，24 (5).

[23] CHRISTOPHER M，TOWILL D R. Supply chain migration from lean and functional to agile and customised [J]. Supply chain management，2000，5 (4).

[24] CLAUSEN J，LARSEN J，LARSEN A，et al. Disruption management-opera-

tions research between planning and execution [J]. OR/MS today，2001，28 (5).

[25] LI G，YAN H，WANG S，et al. Comparative analysis on value of information sharing in supply chains [J]. Supply chain management，2005，10 (1).

[26] PASTERNACK B A. Optimal pricing and return policies for perishable commodities [J]. Marketing science，1985，4 (2).

[27] KNIGHT F H. Risk，uncertainty and profit [M]. Boston and New York：Houghton Mifflin Co.，1921.

[28] MARCH J G，SHAPIRA Z. Managerial perspectives on risk and risk taking [J]. Management science，1987，33 (11).

[29] 任明杰. 獐子岛的扇贝又跑了，"旅行扇贝"将致巨亏5亿～7亿元 [N]. 中国证券报，2018-01-31.

[30] 李素鹏. ISO风险管理标准全解 [M]. 北京：人民邮电出版社，2012.

[31] 武艳，张晓锋，张静. 企业风险管理 [M]. 北京：清华大学出版社，2011.

第十二章

农业企业国际化经营

【学习要点】

- 农业企业国际化经营的含义及特征
- 农业企业国际化经营环境分析与市场选择
- 农业企业国际化经营战略选择
- 农业企业国际化经营风险

第一节 农业企业国际化经营概述

随着世界经济全球化、区域一体化进程的加速发展以及我国加入世界贸易组织，在进一步融入经济一体化的浪潮之中，国内市场国际化趋向日渐凸显，实施国际化经营战略，在国际市场上寻找更大的生存空间，已成为我国企业一个重要的战略选择。农业是我国国民经济的基础，面对日益开放的市场以及激烈的全球竞争，农业企业如何在立足国内市场的同时，积极开拓国际市场，开展国际化经营战略，在国际市场上占有一席之地，是关系到我国农业能否取得大发展、从农业大国变为农业强国的关键。

一、企业国际化经营的含义

企业国际化经营的研究是以企业的跨国界经营行为为研究对象，从 20 世纪 50 年代开始逐步发展起来的，经历了进出口贸易、对外直接投资、许可经营等阶段。有关企业国际化经营内涵的界定，国内外的学者有不同的解释（见表 12 - 1）。

表 12-1　企业国际化经营的内涵

学者	出处	解释
约翰·费耶维舍	《国际经营管理》	国际化经营涉及两个或更多国家的经营活动，跨国经营所特有的一些概念必须直接来自被国界以某种方式所分割的经营过程
理查德·罗宾逊	《企业国际化导论》	国际化的过程就是在产品及生产要素流动性逐渐增大的过程中，企业对市场国际化而不是对某一特定的国家市场所做出的反应
鲁桐	《企业的国际化：兼评中国企业的海外经营》	企业国际化是指企业积极地参与国际分工，由国内经营向全球经营发展的过程，包括外向国际化和内向国际化两个方面的双向过程
梁能	《国际商务》	企业走向世界的过程可以从两个方面来讨论：其一是企业经营的国际化，也就是企业产销活动范围怎样从一国走向世界的问题；其二是企业自身的国际化，也就是一个原先土生土长的地方性企业，如何向跨国企业演变发展的问题
郑少红	《现代农业企业发展理论与实践》	企业国际化经营是指企业在全球范围内充分利用、合理配置资源和生产要素进行产品生产和交换的过程，通过生产成本更低、质量更高的产品和服务，以获得更多的资源和利润，实现企业的进一步发展的国际性经营活动
李玉明	《农业企业经营管理》	一个国家或地区的农业企业，依据本国农业企业的比较竞争优势参与国际分工，在全球农业企业协同发展的基础上调整和重组国内农业资源，使农业资源在世界范围内进行优化配置，实现资源和产品的国内和国际市场的双向流动，通过商品和劳务的交换、资本流动、技术转让等国际合作方式，形成相互依存、相互联系的全球农业经济体系

资料来源：蔡根女．农业企业经营管理学［M］．北京：高等教育出版社，2014．

企业的国际化经营，是指企业为了寻求更大的市场、寻找更好的资源、追逐更高的利润，而突破一个国家的企业国际化经营界限，在两个或两个以上的国家从事生产、销售、服务等活动。企业国际化经营是企业从国内市场经营转向国际市场经营的过程。一般都要经过以下阶段：（1）商品国际化阶段，即与国外厂商进行合作，把国内生产的商品直接出口到国外市场销售；（2）国外生产阶段，即通过许可证贸易、设立国外分销机构或在国外直接投资建厂生产；（3）跨国公司阶段，即在几个国家或地区建立生产基地，努力向国外市场渗透，或者与这些国家的企业建立战略联盟，再从这些基地向世界市场提供和销售产品。

国际化、企业国际化、跨国经营与企业国际化经营等几个概念的实质内涵是相同的，但表述的侧重点有所不同。国际化是企业有意识地追逐国际市场的行为体现，包括产品和生产要素的国际流动；企业国际化是指企业面向国际市场、逐步融入国际分工体系并最终成长为国际性企业的渐进过程，强调企业走向国际市场的过程；跨国经营是指企业在国内经营的基础上，开展跨国界经营，将经营活动扩张到其他国家，强调经营活动的范围的变动。本章的研究主题为企业国际化经营，为规范主题，下文将以上几个相似概念统一表述为企业国际化经营。

二、企业国际化经营的特征

农业企业国际化经营总的说来，具有以下六个方面的特征：

1. 生产国际化

不同国家或地区的农业企业为了在国际市场上获得比较利益，按照比较优势的原则开展生产经营活动，越来越多的农业企业选择在海外开办分公司，建立全球性的生产经营网络，与东道国的自然资源、劳动力和市场优势相结合，以实现生产要素的最优配置和企业利润的最大化。农业企业的国际分工格局由传统的垂直分工和产业分工，向国家间水平分工和产业分工转变。

2. 融资国际化

随着全球资本市场的形成，国际资本的流动达到了空前规模，各国经济的融合大大加强，这就为农业企业国际化经营的资金供应提供了有利的条件。农业企业国际化经营中所需资金大多是以跨国公司和国际金融机构投资为主要来源。

3. 经营全球化

农业企业的国际化经营特别是跨国公司的迅速发展和全球发展，进一步促进了国际农产品市场的形成。据联合国有关机构统计，迄今全球跨国公司已达 6.5 万家，它们的子公司约 80 万家。这些跨国公司的产值已占全球总产值的 1/3 以上，跨国公司直接投资已占全球跨国直接投资的 90%，跨国公司内部和相互贸易已占世界贸易的 60%以上。

4. 国际贸易自由化

进行国际化经营后，加速了世界多边贸易体制的形成，进一步推动了全球经济市场化，各国农业经济的联系更加紧密，在动植物品种、化肥、农药、饲料等农业资源和农用物资的推广与使用上打破了国界，实行国际化自由贸易。

5. 生产技术国际化

生产要素在全球范围内流动和配置的同时，各国间的农业企业生产技术交流与合作的领域也在不断拓宽，合作研究的范围不断延伸和扩展。特别是由于科学技术的迅速发展，出现了农业生产的新品种、新技术，这些新品种、新技术在全世界范围内广泛推广和使用。

6. 经营方式多样化

目前农业企业进行国际化经营的形式逐步从传统的市场开拓、劳务输出向资源利用、技术合作、产品营销、品牌建设、资本运作等方向转变。以独资、合资或参股等多种形式，通过租赁土地种植、购买捕捞许可证、建立生产和加工基地、进行农业资源开发和农产品贸易等，在境外从事农业开发与合作，同时投资领域涵盖农林牧渔各业，涉及粮食种植、经济作物种植、动植物保护、设施农业、农业机械、农村能源领域、生物能源农业、远洋渔业捕捞等。

三、农业企业国际化经营的必然性

综观当今国内外形势，中国的经济和对外贸易发展对于世界经济贸易的影响程度与日俱增，中国农业企业“走出去”既是顺应经济全球化的要求，也是中国经济和企业自身发展壮大的需要，有其客观必然性。

1. 适应世界经济发展趋势的需要

随着世界经济全球化、一体化趋势逐渐加强，各国之间经济的竞争也日益激烈。当今世界正处于经济全球化的浪潮中，各行各业的企业也不断趋向于进行国际经营与扩张，更多跨国公司参与到中国各行业的竞争中。随着中国经济对外开放程度的加深，农业企业国际化的趋势也应不断深入。现如今，一个国家拥有跨国公司的数量和规模，已经成为衡量这个国家经济实力和国际竞争力的重要标志。中国农业企业只有主动地抓住经济全球化的发展趋势，勇敢地迎接全球化的挑战，开展国际化经营，提高国际地位和竞争力，才能在激烈的国际市场中不断发展壮大。

2. 提高农业现代化水平的客观要求

目前，我国农业已经进入新的发展阶段，要对农业科技发展的方向进行战略性调整：从注重农业数量增长转向注重农业整体效益的提高，从为农业生产服务转向为生产、加工、生态协调发展服务，从以资源开发为主转向资源开发与市场开拓相结合，从面向国内市场提供技术服务转向面对国内、国际两个市场提供技术服务。伴随着经济全球化，我国的农业企业面临世界大市场的竞争，必须要加快技术创新，改变落后的生产方式，不断提高劳动生产率，向现代化发展，这也就推动传统农业向现代农业转化，实现农业结构优化升级。经济活动的国际化使发展中国家稀缺资本的外源供给不断扩大，进而带动发展中国家农业技术由劳动密集型向资本密集型转变。

3. 增强国际竞争力的必然要求

我国是一个幅员辽阔、资源丰富的国家，人口众多，各种自然资源和用于生产建设的资金的人均占有量却很低，因此我国又是一个资源相对紧缺的国家。随着我国经济的迅速发展和人民消费水平的提高，我国土地、水、化肥等资源的压力进一步加大，人均资源占有量相对短缺的矛盾日益突出，同时随着当前工业化、城市化进程的不断加快，农业发展受资源空间制约的问题更加突出，一些具有重要战略意义的自然资源，以贸易形式进口受很大限制，还易受国际市场波动的冲击。中国农业企业只有开展国际化经营，全方位、深层次地参与国际资源竞争，才能充分利用外国的各种自然资源，寻找新市场、新需求，规避外部环境的不利影响，实现中国农业的可持续发展。

第二节　农业企业国际化经营环境分析与市场选择

一、企业经营环境分析

企业经营环境是指企业经营活动所处的外部环境与内部环境的总和。企业外部环境是指处于企业实体之外，但对企业产生影响的诸多因素的综合体；企业内部环境是指影响企业生存和发展的内部因素的总和。

（一）企业外部环境分析

外部环境是指存在于企业之外、企业不能控制但是能对企业决策和绩效产生影响的外部因素的总和。外部环境分为宏观环境和微观环境。宏观环境，也称一般环境，是对所有行业和企业的运行产生影响的环境因素。宏观环境因素大致可以分为四类：经济、政治/法律、社会/文化和技术因素。微观环境，也称任务环境或产业环境，是直接影响一个企业及其竞争行动与反应的一组因素，如产品市场、顾客、竞争者、供应商等。

1. 宏观环境分析

对宏观环境进行分析多采用 PEST 方法，所谓 PEST，即 P 是政治（politics），E 是经济（economy），S 是社会与文化（society & cultural），T 是技术（technology），这些是企业的外部环境，一般不受企业掌握（见图 12－1）。

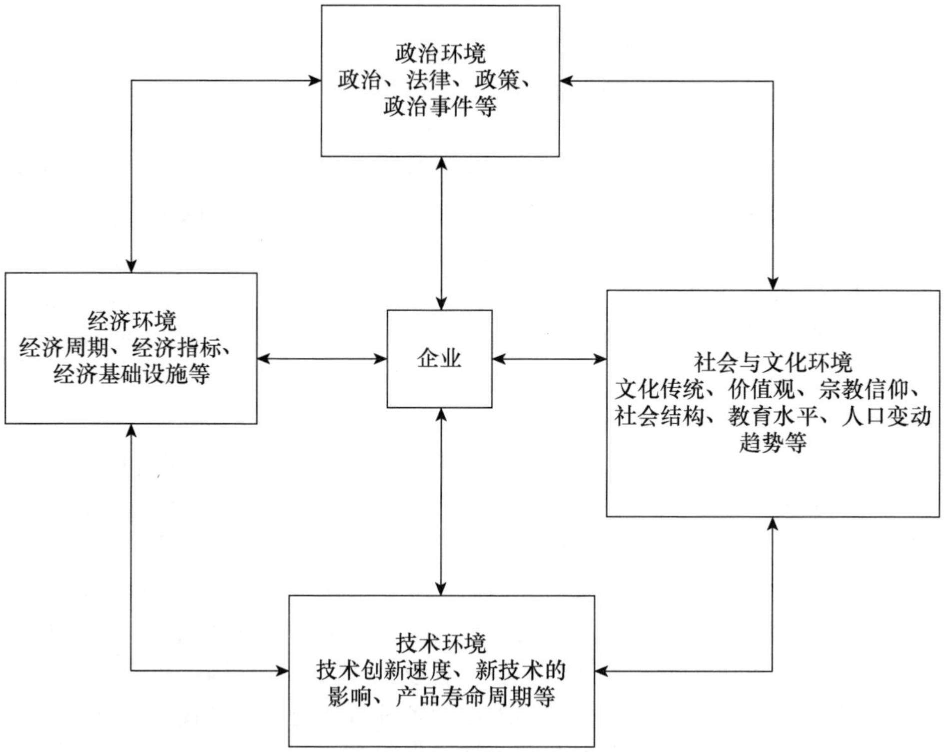

图 12－1　PEST 宏观环境分析模型

资料来源：沈梦涵，张建国. 基于 PEST 模型的德清休闲农业发展战略研究［J］. 中国农业资源与区划，2017，38（10）：99-106.

（1）政治环境。政治会对企业监管、消费能力以及其他与企业有关的活动产生十分重大的影响。一个国家或地区的政治制度、体制、方针政策、法律法规等因素常常制约、影响着企业的经营行为，尤其影响企业较长期的投资行为。政治环境因素可以参考以下几点：政治环境是否稳定？国家政策是否会改变，从而增强对企业的监管并收取更多的赋税？政府所持的市场道德标准是什么？政府的经济政策是什么？政府是否关注文化与宗教？政府是否与其他组织签订过贸易协定，如欧盟、北美自由贸易区、东盟等？政治环境因素对企业的影响有以下特点：不可预测性，企业很难预测国家政治环境的变化；直接性，国家政治环境直接影响企业的经营状况；不可逆转性，政治法律环境一旦影响到企业，就会发生十分迅速和明显的变化，而企业是无法推卸和转移这种变化的。

（2）经济环境。经济环境是指国民经济发展的总概况，国际和国内经济形势及经济发展趋势，企业所面临的产业环境和竞争环境等。经济环境的主要组成因素有社会经济结构（主要包括产业结构、分配结构、交换结构、消费结构和技术结构）、经济发展水平（常用指标有国内生产总值、国民收入、人均国民收入和经济增长速度）、经济体制、宏观经济政策（包括综合性的全国发展战略和产业政策、国民收入分配政策、价格政策、物资流通政策等）、当前经济状况与其他一般经济条件。经济环境因素可以参考利率与通货膨胀率。利率是决定企业资金成本的主要因素，同时也是企业筹资、投资的决定性因素，对金融环境的研究必须注意利率现状及其变动趋势。通货膨胀率反映货币购买力的下降程度，在实际中通过价格指数的增长率来间接表示。

（3）社会与文化环境。社会与文化环境是指一定时期整个社会发展的一般状况，主要包括社会道德风尚、文化传统、人口变动趋势、文化教育、价值观念、社会结构等。各国的社会与文化对于企业的影响不尽相同。社会与文化环境十分重要，主要包括人口因素（常用指标有结婚率、出生率和死亡率、人口平均寿命、人口的年龄和地区分布、人口在民族和性别上的比例、地区人口在教育水平和生活方式上的差异等）、社会流动性、消费心理、生活方式变化、文化传统与价值观。社会与文化环境因素可以参考以下几点：信奉人数最多的宗教是什么？这个国家的人对于外国产品和服务的态度如何？语言障碍是否会影响产品的市场推广？消费者有多少空闲时间？这个国家的男人和女人的角色分别是什么？这个国家的人长寿吗？老年阶层富裕吗？这个国家的人对于环保问题是如何看待的？

（4）技术环境。技术环境是指社会技术总水平及变化趋势，技术变迁、技术突破对企业的影响，以及技术与政治、经济、社会和文化环境之间相互作用的表现。技术环境具有变化快、变化大、影响面广等特点。科技不仅是全球化的驱动力，也是企业的竞争优势所在。技术进步能够使企业对市场及客户进行更有效的分析；新技术的出现使社会和新兴行业对本行业产品与服务的需求增加，从而使企业可以扩大经营范围或开辟新的市场；技术进步可创造竞争优势。技术环境因素可以参考以下几点：科技是否降低了产品与服务的成本，并提高了质量？科技是否为消费者和企业提供了更多的创新产品与服务？科技是如何改变分销渠道的？科技是否为企业提供了一种全新的与消费者进行沟通的渠道？技术进步可导致现有产品被淘汰，或大大缩短产品的生命周期；新技术的发展使企业更多地关注环境保护、企业的社会责任及可持续成长问题，也使生产越来越多地依赖于科技的进步。

2. 微观环境分析

对微观环境进行分析多采用波特五力分析模型，五力分析模型是迈克尔·波特（Michael Porter）于 20 世纪 80 年代初提出，用于竞争战略的分析，可以有效地分析客户的竞争环境。五力分别是供应商的议价能力、购买者的议价能力、潜在竞争者进入的能力、替代品的替代能力、行业内竞争者现在的竞争能力（见图 12－2）。五种力量的不同组合变化，最终影响行业利润潜力变化。

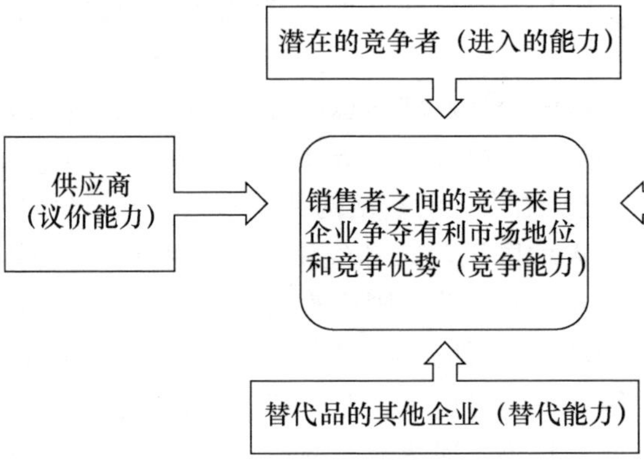

图 12-2　波特五力分析模型

资料来源：房昌琳．基于波特五力模型分析的企业发展策略探讨：以果汁饮料行业为例［J］．企业经济，2007（8）．

（1）供应商的议价能力。供方主要通过提高投入要素价格与降低单位价值质量的能力，来影响行业中现有企业的盈利能力与产品竞争力。供方力量的强弱主要取决于他们所提供给买主的是什么投入要素，当供方所提供的投入要素价值构成了买主产品总成本的较大比例、对买主产品生产过程非常重要或严重影响买主产品的质量时，供方对买主的潜在讨价还价力量就大大增强。

（2）购买者的议价能力。购买者主要通过其压价与要求提供较高的产品或服务质量的能力，来影响行业中现有企业的盈利能力。一般来说，满足以下条件的购买者可能具有较强的讨价还价力量：购买者的总数较少，而每个购买者的购买量较大，占了卖方销售量的很大比例；卖方行业由大量相对来说规模较小的企业组成；购买者所购买的基本上是一种标准化产品，同时向多个卖主购买产品在经济上也完全可行。购买方的议价能力还受买方选择替代产品的成本以及购买者的市场信息掌握程度的影响。

（3）潜在竞争者进入的能力。潜在竞争者在给行业带来新生产能力、新资源的同时，希望在已被现有企业瓜分完毕的市场中争得一席之地，这就有可能会与现有企业发生原材料与市场份额的竞争，最终导致行业中现有企业盈利水平降低，严重的话还有可能危及这些企业的生存。竞争性进入威胁的严重程度取决于两方面的因素，即进入新领域的障碍大小与预期现有企业对于潜在竞争者的反应情况。

（4）替代品的替代能力。两个处于同行业或不同行业中的企业，可能会由于所生产的产品互为替代品，从而在它们之间产生相互竞争行为，这种源自替代品的竞争会以各种形式影响行业中现有企业的竞争战略。第一，现有企业产品售价以及获利潜力的提高会受到限制；第二，迫使现有企业必须提高质量，或降低售价，或使其产品具有特色；第三，替代品生产者的竞争强度受产品买主转换成本高低的影响，替代品价格越低、质量越好、用户转换成本越低，其所能产生的竞争压力就越强。

（5）行业内竞争者现在的竞争能力。同一行业中的企业之间的利益紧密联系。各企业的目标都在于使自己的企业获得相对于竞争对手的优势，因此，在经营过程中就必然会产生冲突与对抗现象，这些冲突与对抗就构成了现有企业之间的竞争。现有企业之间的竞争常常表现在价格、广告、产品介绍、售后服务等方面。一般来说，当行业进入障碍较低，或市场趋于成熟，或竞争者提供几乎相同的产品或服务，或企业退出竞争障碍较高，或有大公司发起进攻性行动时，意味着行业中现有企业之间竞争加剧。

行业中的每一个企业或多或少都必须应付以上各种力量构成的威胁。根据以上五种力量的讨论，企业可以采取尽可能地将自身的经营与竞争力量隔绝开来、努力从自身利益需要出发影响行业竞争规则、先占领有利的市场地位再发起进攻性竞争行动等手段，来增强自己的市场地位与竞争实力。

（二）企业内部环境分析

企业内部环境是指企业内部的物质、文化环境的总和，包括企业资源、企业能力、企业文化等因素。企业内部环境分析的方法多种多样，包括企业资源竞争价值分析、比较分析、企业经营力分析、企业经营条件分析、企业内部管理分析、企业内部要素确认、企业能力分析、企业潜力挖掘、企业素质分析、企业业绩分析、企业资源分析、企业自我评价表、企业价格成本分析、企业竞争地位分析、企业面临战略问题分析、企业战略运行效果分析、核心竞争力分析、获得成本优势的途径、利益相关者分析、内部要素矩阵及柔性分析、企业生命周期矩阵分析、企业特异能力分析、SWOT 分析、价值链构造与分析、企业活力分析以及企业内外综合分析等。

二、农业企业国际化经营环境 SWOT 分析

本书采用 SWOT 分析模型对我国农业发展的内外部条件进行综合与概括，力图用系统的思想将关系企业发展的各个独立因素相互匹配，帮助企业厘清复杂的国际经营环境。

（一）农业企业国际化经营的优势分析

1. 农产品特色优势

中国地形复杂，气候条件复杂多样，自然资源丰富，这使我国不同地域的名优、特色农产品具有国际比较优势。丰富的自然资源有利于农业企业充分发挥自然优势，选择具有比较优势的农产品进行生产，走产业化、特色化的道路，发展名、特、优、新、奇农产品，以开拓和占领国际市场。

2. 劳动力成本优势

中国是世界上人口最多的国家，劳动力资源丰富，成本较低，拥有丰富且廉价的劳动力要素资源。目前，尽管面临印度、越南等发展中国家越来越激烈的竞争，导致我国劳动成本有上升的趋势，但中国农村有数亿剩余劳动力，加上城市中的剩余劳动力，劳动力数量庞大，劳动力市场总体上仍是供过于求。

3. 农业产业集聚效应

目前，世界农业正向着专业化、规模化、集约化方向发展，如美国的玉米带、棉花带，荷兰的花卉产业，创造了巨大的经济效益。目前我国优质专用小麦、玉米、棉花、牛奶、花卉、蔬菜等诸多农产品产业集聚现象已经相当明显，形成了多个农产品产业集聚区。这些地区农产品产业集聚的发展，使资源得到优化配置，新技术得到推广应用，农产

品质量不断提高，区域竞争优势明显提高。

4. 中国综合国力提升

雄厚的经济实力是企业国际化的强大保障，我国国内生产总值多年来稳定增长。2017年我国GDP达827 122亿元，比上年增长6.9%，三大产业占比分别为7.9%、40.5%和51.6%①。政治上，2018年美国智库大西洋理事会在《全球化世界中的权力和影响力》中指出，近年来中国全球影响力指数世界第二，仅次于美国。一个和平、合作、负责任的大国形象已经为国际社会所公认，这有助于提升人民币的国际地位。军事上，2017年4月26日，国产航母成功下水彰显了我国军事实力，强大的军事实力能够保障贸易的安全，能够有效支持和保护企业国际化顺利进行。

（二）农业企业国际化经营的劣势分析

1. 人均占有土地面积小，国际竞争力弱

我国传统农业生产方式以农村家庭为基本单位的分散式、粗放型经营为主，导致农业企业起步较晚，规模较小。我国从事境外农业投资开发的农业企业大多为中小企业，龙头企业、大型集团和跨国公司较少，企业自身实力有限，无法形成规模经济，又缺乏海外经营的经验，企业的内部机构和管理体制还难以适应国际市场竞争的要求，参与国际竞争无论从规模上还是实力上都无法与外国跨国公司相比。在国际化经营的过程中，我国的农业企业对国际规范、国际惯例不熟悉、不了解，缺乏长远发展的眼光和对未来形势的客观判断，盲目开展对外投资，追求短期利益，从而阻碍了自身的国际化经营。

2. 融资困难，资金严重不足

我国农业企业多为中小企业，资信度较差，造成贷款的资金风险大、成本高，与风险资产相匹配的补偿不够明确，因此商业银行一般都不愿意向农业企业提供贷款，其他融资渠道狭窄，融资难度大。很多境外农业开发项目前期基础设施和生产经营成本投资规模小，资金不足严重阻碍农业企业国际化经营的发展。如果要执行国际化经营战略，没有强有力的融资能力和外部资金的注入，难以取得大的发展。

3. 产品科技含量低，缺乏国际竞争力

农产品科技含量的高低决定了其附加值的多少，而农产品附加值的多少则在某种程度上影响了农业企业国际竞争力的强弱。科学技术是第一生产力，科学技术发展日新月异，依靠科学技术实现资源的可持续利用，满足国际市场多方面的要求，提高农产品质量要求，增强企业竞争力，日益成为农业企业开展国际化经营面临的战略选择。而目前，我国农业企业由于科技研发水平和财力支持上的不足，产品整体科技含量较低，不少生产设备仍相对落后，大多以生产劳动密集型产品为主，依赖劳动力成本优势，忽略技术创新与科技的投入，普遍缺乏持续开发独特产品和持续发明专有技术的能力，科研成果转化率也比较低。

4. 政府服务不到位，支持政策尚不完善

国家鼓励农业企业“走出去”，加大了政策扶持力度，出台了多项相关措施，但

① 参考2018年国家统计局的统计数据。

是依然存在较多的不足。在项目的审批程序、监管服务、法律法规等方面还存在很多不足，无法满足农业企业国际化经营的要求。在监管服务方面，我国对“走出去”的农业企业没有制定合理的战略规划，因而不能及时对企业进行宏观指导；没有建立专门的咨询服务机构，不能及时为企业提供投资国的政策、农业情况等信息。在法律法规方面，对促进农业企业“走出去”的信用担保制度、海外农业直接投资法律制度、保险制度、法律援助制度等方面没有系统全面的规定，同时对农业技术转让、物种资源保护等规定不严格。在政策支持方面，我国对农业企业的财政补贴、金融扶持、保险制度和税收优惠等还未形成配套完善的支持政策，这成为制约农业企业国际化经营的又一因素。

（三）农业企业国际化经营的机会分析

1. 国家政策的大力扶持

近年，我国的扶持政策聚焦“三农”领域。从《中共中央国务院关于实施乡村振兴战略的意见》等近 14 年的中央一号文件持续关注“三农”可以看出国家对“三农”问题的重视程度，近年来也出台了一系列相关扶持政策，包括国家农业扶持政策、农村创业扶持政策、家庭农场扶持政策、林业扶持政策等。比如农业方面有《关于调整完善农业三项补贴政策的指导意见》《关于调整和完善农业综合开发扶持农业产业化发展相关政策的通知》等，创业方面有《关于支持农民工等人员返乡创业的意见》《关于大力推进大众创业万众创新若干政策措施的意见》等。

2. 农业科技的强力支撑

农业科技是农业生产的强大推动力，提高农业生产中的科技含量对促进农业生产的良种化、机械化、集约化具有重要意义。在“科教兴农”发展战略的推动下，农业科技蓬勃发展，国家对农业领域科研投入也稳步增长，农业科技的探索和发展也取得了一系列科研成果。农业科技成果的最终实现基于农业科技的推广。

3. “一带一路”倡议等新时代国家战略的推出

党的十八大召开后，我国先后提出科技创新驱动发展、“一带一路”倡议与新常态产业结构重组升级等新时代国家战略。其中“一带一路”倡议是我国重点推进的区域经济发展战略，是中国新时代全方位扩大开放战略的重要组成部分。“一带一路”沿线地区潜在市场规模较大，与我国经济高度互补，具有广阔的投资与贸易前景。近年来，“一带一路”建设已取得丰硕成果，显著改善了境外投资环境，有力助推企业出海。中国广大农业企业应抓住机遇，化新时代国家战略为自身发展机会，力求实现新突破。

（四）农业企业国际化经营的威胁分析

1. 国际竞争日趋激烈

目前，农业企业国际化经营面临以下挑战：一是部分地区出口退税进度缓慢，使得对外贸易企业的出口积极性不高；二是贸易保护主义倾向加剧，部分周边国家为了保护本国资源性产业建立起各种贸易壁垒，这在一定程度上制约了贸易的发展；三是由于生产要素成本不断上涨，传统劳动密集型产业竞争力不断削弱，中国农业的发展水平与发达国家仍存在较大的差距，且随着各国对农业的重视与投入，我国农业企业面临的国际竞争日趋激烈。

2. 国内农业政策不完善

在当前中国农业发展机遇与挑战并存的背景下，中国农业支持政策主要采取的是对贸易没有或只有轻微扭曲作用的“绿箱”政策和微量许可政策，并且许多“黄箱”政策也不具扭曲作用。同时也存在以下问题：农业政策反复波折，缺乏长效稳定的机制；与发达国家相比，我国政府对农业财政支持不足；中国农业保险的功能性作用远未得到发挥，保险体系不完善；农业支持政策缺乏法律基础，且各部门在制定农业政策时缺乏整体性，从而影响了农业政策的实施效果。

3. 中美贸易战及特朗普“美国优先”政策

2017 年美国第 45 任总统特朗普在其就职演讲中强调美国利益优先，主张贸易保护主义。中美贸易争端，又称中美贸易战、中美贸易摩擦，是中美经济关系中的重要问题。中美贸易争端一直不断，2003 年至 2005 年末，由美国单方面挑起的一系列贸易摩擦给中美贸易关系蒙上了浓重的阴影，贸易大战似乎一触即发，中美两国进入了前所未有的贸易摩擦期。中美贸易摩擦作为中美经贸关系的一部分，随中美政治关系的发展和国际局势的变幻而发生变化。2018 年，特朗普政府不顾中方劝阻，执意发动贸易战，掀起了又一轮的中美贸易争端。这一轮贸易战与特朗普对华政策将不可避免地影响到我国经济、政治环境。

综上所述，农业企业国际化经营可以说是外部机遇和威胁并存，内部劣势与优势相当，我们要从问题中找劣势予以克服，从优势中找机会，发掘其市场潜力，探索发展模式和策略。

第三节 农业企业国际化经营战略选择

企业国际化经营战略，是指企业在国际化经营活动中，放眼全球，认真分析世界各国或地区的环境和市场竞争态势，让企业所拥有的有限资源在全球范围内进行最优配置，以追求企业最佳整体利益。

一、中国企业国际化战略的演变

中国企业国际化战略的演变大致经历了以下三个阶段①：

第一阶段：国际化经营的尝试性阶段（1979—1983 年）。在这一阶段，中国对外投资的数量很少。由于外汇非常短缺，在 1982 年以前每一宗对外投资项目都要经过国务院审批。从 1982 年起，国务院授权原外贸部对对外投资个案进行审批，并对经营型企业加以管理。

第二阶段：国际化经营管理框架形成并强化的阶段（1984—2000 年）。政府部门的相关政策开始逐步出台，对外投资的管理由投资个案审批向规范性审批转变，形成基本管理

① 中国企业国际化战略报告：2007 蓝皮书［EB/OL］. https://finance.cctv.com/20071115/102684.shtml.

政策框架，为日后对外投资的管理工作积累了经验。这期间，原对外经济贸易合作部于1984年5月出台了《关于在境外开办非贸易性合资经营企业的审批程序权限和原则的通知》，于1985年7月颁布了《关于在境外开办非贸易性企业的审批程序和管理办法的试行规定》。1993年后，对外投资的管理得到加强，单一部门的审批和管理发展为各部门在审批、管理和监督等方面的全面分工，管理程序走向规范，分工趋于明确，体制逐步完善，政策开始配套。

第三阶段：国际化经营迅速发展阶段（2001年至今）。“引进来”与“走出去”相结合战略纳入中国经济发展的总体战略之中，成为中国国家发展战略的重要组成部分，标志着国家发展战略在全球的延伸和体现。在这一阶段，中央和地方有关部门也不失时机地采取相应措施，积极支持企业国际化经营。国务院各相关部门制定了相关的管理法规和配套措施，涉及简化审批程序、提供资金支持、扩大进出口经营权范围、财税管理、外汇管理、外派人员审批、海外经营保险等，为全面实施“走出去”战略奠定了基础。

根据国际跨国公司的历史经验，时机选择对跨国经营异常重要，并且应在不同的阶段采用不同的经营战略（见图12-3）。当企业的产品多样化程度和区域分散度都较低时，战略选择应放在国内市场。当企业的产品多样化程度较高，而产品市场区域分散度较低时，应选择出口导向型企业战略，企业在此过程中开始走向国际化，主要任务是将本企业的产品打入国际市场。当企业在少数产品上有明显优势时，应寻找目标市场，或在国外设立销售子公司。当企业的产品多样化程度和产品市场区域分散度都较高时，就应采用全球战略，进入跨国公司阶段。此时，公司根据国外市场需求进行经营，在最有利的国家和地区进行研究、开发、生产和销售。在这一阶段，企业的经营战略应以国际市场为主，进行大规模的贸易，直接投资，逐步形成全球性的组织结构。

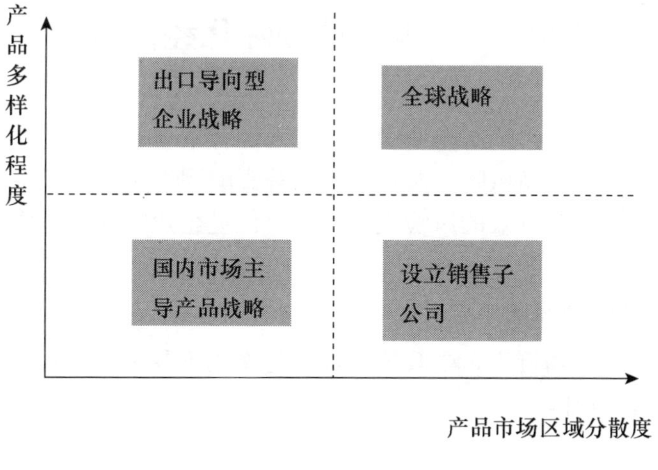

图12-3　企业国际化经营战略

资料来源：赵丽芬，张淑君．企业战略管理［M］．北京：中国人民大学出版社，2011.

二、中国企业国际化战略的定位

企业国际化战略具有纲领性、全局性、长远性与风险性的特征，农业企业选择何种竞争优势成为企业战略定位的关键问题。农业企业要想有效开展国际化经营活动，必须充分认识和把握自身优势进而科学选择竞争战略。我国农业企业必须善于运用自身的独特性和相对优势，实施差异化竞争战略，这不仅有利于企业在行业中获得高于平均利润的收益，而且有利于避开竞争对手，于特定领域开展经营并赢得市场份额。

定位理论认为，品牌就是某个品类的代表或者代表某个品类的名字，建立品牌就是要实现品牌对某个品类的主导，成为某个品类的第一。当今国际市场，厂商、产品之间的竞争将越来越体现为品牌之间的竞争，构建强有力的品牌已成为中小企业继低成本战略之后又一势在必行的战略选择，即基于品牌优势的国际化经营路径是现阶段发展的必由之路。因此，农业企业国际化经营品牌选择，成为农业企业战略定位的焦点问题。只有打造中国特色的国际化品牌，才能使自己的企业和产品与众不同，并形成核心竞争力，才能让品牌在消费者的心中占据最有利的位置，促进农业企业国际化经营健康可持续发展。

因此，依据企业战略定位理论分析，农业企业国际化总体战略定位的核心就是要充分发挥企业自身的优势和潜力，走专业化发展之路，生产、提供具有中国特色的产品或服务。竞争战略定位的关键就是选择决定企业竞争地位的竞争优势类型，由先前以低成本战略为主转向以实施差异化竞争战略为重点。战略定位的焦点则是在目标市场和顾客心中打造企业独一无二的品牌，使企业和产品与众不同，并形成核心竞争力。

三、农业企业进入国际市场的方式

农业企业进入国际市场的方式可分为直接出口、间接出口、特许经营与收购四类（见图 12 - 4）。

第四节　农业企业国际化经营风险

企业在国际化经营时，必须对企业国际化经营的背景与趋势进行全面的分析，对政治风险、市场与外汇风险、产品风险以及技术风险等影响因素进行全面而系统的分析，结合企业自身的实际情况，制定有效的风险应对机制，促进企业国际化运作的成功。

一、企业国际化经营风险

作为一种国际性的市场行为，受政治、经济与文化等各种主客观因素的相互作用，跨国企业经营存在着诸多风险。

1. 政治风险

由于各个国家的政治制度及文化等的不同，企业在走向国际化进程中必然会面临东道国政府的各种考验与挑战，从而产生较大的政治风险，影响企业的国际化经营。目前，社会各界对政治风险的定义尚未明确，有的将其定义为企业国际化经营所在国或者企业所属国所发生的政治事件，这些事件可能包括战争、保护政策、税收政策以及政治革命等，为跨国企业的国际化经营带来直接的资产损耗等可能性。为了更好地规避政治风险所带来的

直接出口

- 直接出口是指企业不通过国内中间商（机构），直接将产品销往国外客户
- 直接出口的四种途径：设立国内出口部，设立国外经销商和代理商，设立驻外办事处，建立国外营销子公司
- 直接出口的优势：（1）能较迅速地掌握国外市场动向，从而有利于农业企业改进产品，提高产品对国际市场的适应性和竞争力；（2）有利于积累跨国营销经验和树立农业企业在国际市场的声誉，从而有利于开拓国际市场；（3）增加了农业企业对产品流向和价格的控制能力
- 直接出口的劣势：（1）需要增设专门的外销机构和人员，承担直接渠道费用；（2）加重了资金周转的负担，增加了风险；（3）对一个初进行直接出口的企业来说，总要碰上如何寻找客户、建立自己的国外渠道这样一个困难

间接出口

- 间接出口指将产品卖给国内出口商或委托出口代理商代理出口
- 间接出口的形式：建立专业外贸公司，建立国际贸易公司，建立出口管理公司，合作出口，建立外国企业驻本国采购处
- 间接出口的优势：（1）利用出口商或出口代理商的国外渠道和外销经验，迅速打开国际市场；（2）不必增设外销机构和人员，节省直接渠道费用；（3）减轻资金负担和减少风险
- 间接出口的劣势：（1）对产品流向和价格控制程度较低，甚至不能控制；（2）难以迅速掌握国际市场信息，从而不利于提高产品对国际市场的适应性和竞争力；（3）无法获得跨国营销的直接经验；（4）难以建立企业自己在国际市场上的声誉

特许经营

- 特许经营是指特许经营权拥有者以合同约定的形式，允许被特许经营者有偿使用其名称、商标、专有技术、产品及运作管理经验等从事经营活动的商业经营模式
- 特许经营的类型：生产特许、产品-商标特许、经营模式特许、契约式生产经营
- 特许经营的优势：（1）加盟一家实力雄厚和信誉高的特许经营企业，投资风险小，并且可以得到特许人金融方面的帮助；（2）受许人可以得到特许经营企业系统的管理培训和指导；（3）可以享受特许经营企业大规模的广告宣传等各种促销活动，有利于提高竞争力；（4）特许经营企业集中进货，降低成本，保证货源
- 特许经营的劣势：（1）经营方式上没有自主权，受制于特许人，增长受限制；（2）支付昂贵的特许经营费，利润要按协议与特许人共享；（3）必须接受特许经营企业统一的供货价格；（4）一个特许经营加盟企业出现问题，会连累所有企业

收购

- 收购是指一个公司通过产权交易取得其他公司一定程度的控制权，以实现一定经济目标的经济行为
- 收购的类型：横向收购、纵向收购、混合收购
- 收购的优势：（1）可充分利用东道国企业的原料来源、销售渠道与市场份额，大幅度降低扩张的风险与成本；（2）可大大缩短投资项目的建设周期，迅速扩大生产规模；（3）可取得原企业的关键技术和人才，迅速获得科技上的竞争优势
- 收购的劣势：（1）企业规模与地址不易符合收购者的要求；（2）收购后的整合工作难度大；（3）失败率较高；（4）受限于原有契约关系的束缚

图 12-4　农业企业进入国际市场的方式

资料来源：蔡根女．农业企业经营管理学［M］．北京：高等教育出版社，2014.

损失，企业在其国际化进程中，必须对其所涉足的国家的政治历史、政治动向以及政治趋势进行充分的调研、分析以及预测，并在其国际化经营过程中根据政治态势的变化及时做好战略调整，争取在不同国家多样化的政治环境中谋得更好的发展。

2．市场与外汇风险

随着国际贸易全球化的不断推进，各国汇率的变动、税务制度的改革与调整，以及跨国资金流的变化等都将对企业的国际化经营产生巨大的市场冲击。所谓的市场风险，就是

指在证券市场中因股市价格、利率、汇率等的变动，导致未预料到的价值潜在损失的风险。市场风险有时候是不可预知的，企业往往只能做好预防，并及时做好预测与战略调整，以期最大限度地降低市场风险所带来的冲击。企业外汇风险管理是国际财务管理的一个重要内容，企业国际财务管理中的资金筹集、投资管理、营运资金管理，都涉及外汇风险问题。不同国家的货币制度不同，一般来说，某一国家的货币不能在另一国家流通使用，外汇成为清偿不同国家间的债权、债务的手段。外汇风险的种类主要包括交易风险、折算风险、经济风险等。

3. 产品风险

产品，是企业参与市场竞争的最直接武器，具有周期性的特点，从产品的引入到退出市场的整个过程，总是隐藏着诸多风险。一个全新的业务模式、解决方案的创新完全可以影响企业的发展，而错误的产品研发与坚持往往会给企业带来致命的打击。因此，企业在做产品研发时，不但要做好前期的市场调研、需求分析以及市场发展趋势预测，而且要做好随时退出市场的准备。因为要想在研发上取得持续不断的成功并不容易，这时取舍显得尤为重要。公司一旦缺乏全局意识，在研发前期无法对各种政策、技术发展趋势、竞争对手情况以及客户需求等进行准确的分析和判断，不能随时对产品设计进行及时的调整与改进，那么产品在设计、投入市场、参与国际竞争的过程中时刻都将为企业的发展带来风险，有时候甚至是毁灭性的。

4. 技术风险

技术风险的种类很多，主要类型是技术不足风险、技术开发风险、技术保护风险、技术使用风险、技术取得和转让风险。一项技术的开发、创新与投入使用往往需要强大的设施、先进的设备与技术，还有正确的市场战略措施。很多企业在国际化经营过程中，往往因为技术的不适应性、基础设施的不匹配而面临巨大的技术风险，导致企业经营亏损甚至破产。另外，企业在国际化经营过程中还可能由于对技术创新的市场预测不够充分，无法科学地预测技术的市场适应性、先进性和收益性，使得创新的技术本身在初始阶段就存在风险，技术创新并不是技术越先进越好。

二、现代农业经营风险防范

当前，我国现代农业企业在规避防范经营风险方面存在着不少困难和问题：一是与发达国家相比，政府对农业所提供的支持还不能满足现代农业企业发展的需要；二是现代农业企业发展仍面临资金供给短缺、农业保险体系不健全的制约；三是与国外农业企业相比，我国农业企业现代管理水平依然较低。因此，为了有效推动现代农业企业的发展，应加快建立一套结构完善、职责明确、功能健全、运行高效的多层次经营、多渠道支持和多方面分担的现代农业企业风险防范体系。

建立与现代农业企业相适应的宏观保护和支持体系。在现代农业企业经营过程中，政府应发挥市场机制的优势，扮演好公共物品的提供者、宏观经济运行的调控者、外在效应的管理者、利益分配的调节者和市场秩序的维护者的角色。另外，借鉴国际经验和结合本国国情，我国政府首先应制定现代农业企业经营规划，如建立价格保护制度、风险基金制度和缓冲储备体系“三维合一”的保障体系，建立农业投入的稳定增长机制；其次，要强化政府服务职能体系建设，中央和地方各级政府要为现代农业企业发展提供各种服务，包括农业科研、病虫害控制、农户培训、推广和咨询、检验检测、市场服务和基础设施服务等；最后，应注重健全农业保险体系，如积极发展多形式、多渠道的农业保险，健全农业保险制度，促进农业保险科学发展，加强国际交流与合作，完善农业保险相关研究工作。

【思考练习】

1. 企业国际化经营有哪些特征？
2. 如何对农业企业国际化经营环境进行分析？
3. 农业企业国际化经营有哪些风险？

【案例分析】

中粮集团的国际化

中粮集团有限公司成立于 1949 年，至今发展了 70 多年，是我国重要的国有控股企业，是目前国内市场上最大的粮食和食品加工企业。中粮集团从粮食食品贸易出发，不断向上下游延伸，逐步成为中国领先的农产品、食品领域多元化产品和服务供应商，还涉足金融、房地产等下游企业，在国内国际均拥有较高的市场占有率和品牌知名度。中粮集团积极探索国际化发展道路，取得了巨大的成功，其国际化进程可分为三个阶段：

1. 境外设立子公司和办事处阶段

改革开放前后，即在国际化的初期阶段，中粮集团采取直接进入方式，在政策的指引下，在海外设立办事处，建立了一批海外经营机构，并且主要以粮食贸易为主，直接进入一些国家和地区，还在一些国家和地区设立了子公司，主要负责原料的购买以及产品的销售等。

2. 探索境外投资阶段

随着国际化经营取得了一定的经验，中粮集团积极学习国外大型企业的国际化道路，结合当时的国内与国际环境，以及企业自身条件，开始采用股权合资方式进入市场。前期中粮集团设立了一批海外办事处和经营机构，已经取得了一定的发展，积累了一定的经营实力和资本基础，因此可以通过股份参与，建立股份合作公司。并且还兴办了一些实业项目。中粮集团不断创新经营手段和方式，开拓新的经营渠道，扩大市场，不断提高国际化水平。

3. 大规模并购阶段

中粮集团在国内积累了一定的资本和经验，在国际上也取得了一定的成就。此时，国际上出现了跨国并购的大趋势，中粮集团紧随时代潮流，根据企业自身情况和国际市场情况，选择并收购了一批企业，这使得中粮集团的国际竞争力不断提高。在这一阶段，中粮集团利用被收购企业原有的基础和销售渠道，快速进入东道国市场，更吸收了一些发达国家上市企业的先进技术和管理模式。

中粮集团在国际化经营中也表现出以下问题：

1. 纵向与横向产业链间缺少协同

近年来，中粮集团的规模越来越大，产业链条不断延伸，横向产业链也不断拓展，但是在此过程中，不可避免地出现纵向与横向之间缺乏协同的问题，导致运营成本提高。

2. 物流系统不健全

我国地域辽阔，粮食产区较大，但我国的粮食运输方式还较落后，粮食运输散乱、损耗较大，中间成本推高价格，使我国粮食在最终环节缺乏市场竞争力。在国际市场上，中粮集团的国际运输体系还存在很大的提升空间。

3. 信息技术有待发展

基础信息技术是当今企业发展的重要战略手段，对于中粮集团来说也不例外，因此，加强信息技术建设是促进中粮集团国际化的重要手段。但是中粮集团在信息技术方面还比较落后，跟发达国家的跨国粮商仍然存在很大的差异，特别是在粮食企业的上游，信息化技术仍然不成熟，这加大了农业发展的成本和风险，为粮食产业增加了更多的不确定性。

资料来源：张利庠. 大赢家Ⅱ：转型升级中的中国畜牧行业十大名牌案例研究［M］. 北京：企业管理出版社，2016. 本书编者有所改动。

案例思考题：

结合中粮集团情况，对比其他农业企业的国际化进程，思考二者之间有何相似与差异之处。面对中粮集团在国际化经营中的问题，有哪些可行的举措？

新希望集团在澳大利亚的投资

新希望集团是中国农业产业化国家级重点龙头企业，是中国最大的饲料生产企业，是中国最大的农牧企业之一，拥有中国最大的农牧产业集群，是中国农牧业企业的领军者。作为改革开放后最早走出国门的民营企业，新希望在全球30多个国家和地区建设、投资的企业迄今已有50余家。近年来集团积极响应国家“一带一路”倡议，在欧洲、大洋洲和非洲等地区加强技术合作、投资建厂。以下为近年来新希望集团在澳大利亚投资的情况：

2013年12月，新希望产业基金控股收购了澳大利亚第四大牛肉加工商基尔科伊(Kilcoy)畜牧业公司（简称KPC），总投资额近5亿元人民币。KPC成立于1953年，位于昆士兰州阳光海岸基尔科伊镇，是当时澳大利亚最大的牛肉加工和出口商之一，拥有700多名员工，每年可加工逾260 000头谷饲牛。

2014年，新希望集团刘永好董事长与澳大利亚知名企业家安德鲁·弗瑞斯特先生联合中澳30余家知名企业发起“中澳农业及食品安全百年合作计划”（简称ASA100），旨在进一步促进中澳两国在农业基础设施建设、农产品贸易、食品安全、农业产业链合作等方面的互利互补。这一国际民间合作平台，已促成了多起大型双边经贸合作。

2015年，新希望乳业海外布局再出手，与Moxey家族、Perich集团及澳大利亚自由食品集团合资成立“澳大利亚鲜奶控股有限公司”。根据新希望与澳大利亚方面的合作协议，新希望计划在未来三到五年，在澳大利亚农业与食品领域投资5亿澳元（约合22.64亿元人民币），大部分投资用于支持新希望乳业在澳大利亚的合作项目及产业发展。新希望集团对澳投资，将从“上游—加工—终端产品”的全产业链进行产业布局，将首先在维多利亚州建设万头奶牛规模的牧场。目前，新希望乳业是国内首家确定在澳投建万头牧场的乳企。同年，新希望地产与合作伙伴VIMG集团通过三轮竞标，从24

家参拍企业中脱颖而出，以总价约1.5亿澳元竞得位于澳大利亚新南威尔士州南部St Leonards的一块土地。新希望地产此番出海在澳大利亚完成土地投资，不仅为未来的海外投资奠定了基础，同时也是新希望集团继农牧、乳业两大板块之后，再次拓宽在澳投资领域。

2016年6月底，为了迎合国内保健品市场的特点和国民对保健品消费升级的要求，新希望集团旗下的草根知本集团全资收购拥有27年品牌历史的澳大利亚保健品品牌ANC，这也是新希望集团在高端健康食品、健康医疗领域海外战略布局的重要一环。管理层人员全部沿用澳大利亚当地团队，产品生产方面坚持产品的原产地生产，选择最优质的原料和最先进的制作工艺。ANC的收购表明，新希望集团在海外战略上迈出了新一步，正式进入营养健康领域。

2017年底，新希望集团联合厚生投资、新加坡主权投资公司淡马锡、中投海外直接投资有限责任公司、启承资本等投资者，收购了澳大利亚宠物食品公司——澳大利亚真诚爱宠公司（Real Pet Food Company）。真诚爱宠作为澳大利亚本土最大、澳新市场第二大的宠物食品企业，一直稳健地立足本土并积极拓展国际市场，公司旗下拥有丰富的宠物食品品牌组合，尤其在宠物冰鲜粮和天然粮领域，已经成为全球最大的宠物冰鲜粮生产商。这次收购是新希望ASA100计划推行下的重大成果，将有助于新希望集团围绕构建高端动物蛋白产业链进行的战略布局。

资料来源：张利庠．大赢家Ⅱ：转型升级中的中国畜牧行业十大名牌案例研究［M］．北京：企业管理出版社，2016．本书编者有所改动。

案例思考题：

结合课外知识，试讨论新希望集团的收购战略何以顺利开展，又存在哪些潜在风险。

【参考文献】

［1］郑少红．现代农业企业发展理论与实践［M］．北京：中国农业出版社，2013.

［2］王棣华．企业高级财务管理［M］．北京：清华大学出版社，2016.

［3］李玉明．农业企业经营管理［M］．哈尔滨：哈尔滨工程大学出版社，2012.

［4］郭复初，王庆成．财务管理学［M］．北京：高等教育出版社，2014.

［5］郄永忠．出海：中国企业国际化经营战略［M］．北京：中国经济出版社，2010.

［6］张利庠．大赢家Ⅱ：转型升级中的中国畜牧行业十大名牌案例研究［M］．北京：企业管理出版社，2016.

［7］蔡根女．农业企业经营管理学［M］．北京：高等教育出版社，2014.

［8］翟凯．廉政制度系统完善与发展策略的战略配置：基于熵理论复合SWOT-PEST矩阵的探讨与实证分析［J］．管理评论，2019（3）.

［9］房昌琳．基于波特五力模型分析的企业发展策略探讨：以果汁饮料行业为例［J］．企业经济，2007（8）.

［10］赵丽芬，张淑君．企业战略管理［M］．北京：中国人民大学出版社，2011.

图书在版编目（CIP）数据

农业企业管理学/张利庠主编 . --北京：中国人民大学出版社，2021.3
21世纪农业经济管理系列教材
ISBN 978-7-300-29061-4

Ⅰ.①农… Ⅱ.①张… Ⅲ.①农业企业管理学-高等学校-教材 Ⅳ.①F306

中国版本图书馆CIP数据核字（2021）第030912号

21世纪农业经济管理系列教材
农业企业管理学
主　编　张利庠
副主编　陈卫平　郑　适
Nongye Qiye Guanlixue

出版发行	中国人民大学出版社		
社　　址	北京中关村大街31号	**邮政编码**	100080
电　　话	010－62511242（总编室）		010－62511770（质管部）
	010－82501766（邮购部）		010－62514148（门市部）
	010－62511173（发行公司）		010－62515275（盗版举报）
网　　址	http://www.crup.com.cn		
经　　销	新华书店		
印　　刷	北京昌联印刷有限公司		
规　　格	185 mm×260 mm　16开本	**版　　次**	2021年3月第1版
印　　张	20 插页1	**印　　次**	2025年12月第3次印刷
字　　数	470 000	**定　　价**	58.00元